Handbuch Gottesdienstqualität

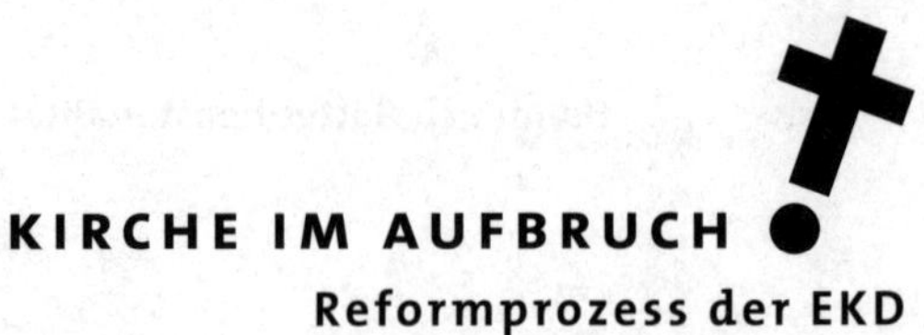

Herausgegeben vom Kirchenamt der EKD
Band 22

Handbuch Gottesdienst-qualität

Im Auftrag des Zentrums für Qualitätsentwicklung im Gottesdienst

herausgegeben von
Folkert Fendler, Christian Binder und Hilmar Gattwinkel

EVANGELISCHE VERLAGSANSTALT
Leipzig

Bibliographische Information der Deutschen Nationalbibliothek
Die Deutsche Nationalbibliothek verzeichnet diese Publikation in der Deutschen Nationalbibliographie; detaillierte bibliographische Daten sind im Internet über http://dnb.dnb.de abrufbar.

Das Buch wurde auf alterungsbeständigem Papier gedruckt.

Gesamtgestaltung: Kai-Michael Gustmann, Leipzig
Coverbild: © bht2000 – Fotolia.com
Druck und Binden: druckhaus köthen GmbH & Co. KG

ISBN 978-3-374-05084-0
www.eva-leipzig.de

Vorwort

Qualitätsentwicklung im Gottesdienst ist ein relativ junges Arbeitsfeld der Kirche. Es ist angesiedelt zwischen Praktischer Theologie, Aus- und Fortbildung von Gottesdienstverantwortlichen und der alltäglichen und sonntäglichen Aufgabe, Gottesdienste zu gestalten. Das Zentrum für Qualitätsentwicklung im Gottesdienst (ZQG), das von 2009 bis 2017 am Michaeliskloster in Hildesheim angesiedelt war, eines der Reformzentren, die vom Rat der EKD in Folge des Impulspapiers »Kirche der Freiheit« angestoßen worden waren, hat sich der Aufgabe gestellt, dieses Arbeitsfeld erstmals systematisch zu erschließen. In wissenschaftlicher Arbeit, in Modellprojekten mit Kirchenkreisen und Gemeinden, in Beratungsprozessen, in interdisziplinären Arbeitsgruppen und im ständigen Austausch mit den unterschiedlichen Protagonisten gottesdienstlicher Aus-, Fort- und Weiterbildung hat die Arbeit des Zentrums Gestalt angenommen.

Das Handbuch Gottesdienstqualität versteht sich als Bündelung und Dokumentation der Erkenntnisse und Ergebnisse dieser Arbeit. Zwar kam es im Verlauf dieser acht Jahre zu zahlreichen Einzelveröffentlichungen, auf die in den Texten des Handbuches auch verwiesen wird, ihre konzentrierte Darstellung ermöglicht aber nun einen umfassenden Überblick über und eine Einordnung der verschiedenen Modelle und Zugänge in das Ganze der Qualitätsarbeit. Das Handbuch stellt über diese Zusammenfassung der Arbeit des ZQG hinaus auch Qualitätsinitiativen, Modelle und Projekte anderer Player vor, ohne hier allerdings Vollständigkeit erreichen zu können.

Im Kapitel A (Grundlegendes) wird zunächst dargestellt, was unter Qualitätsentwicklung im Gottesdienst zu verstehen ist. Was unterscheidet diesen Zugang von bisheriger Arbeit am Gottesdienst, welche Impulse gehen davon aus *(Fendler)*? Der Qualitätsbegriff wird definiert, aber auch der Versuch gemacht, die Geschichte seines Aufkommens in der Kirche *(Fallbrüg)* nachzuzeichnen. Da Qualitätsarbeit am Gottesdienst regelmäßig auf Widerstände stößt, ist ihrer theologischen Verortung ein eigener Artikel gewidmet *(Binder)*. Ein dieses Kapitel abschließendes Essay zur »Theologie der Qualität – Qualität der Theologie« ordnet die im Handbuch verhandelte Fragestellung fundamentaltheologisch ein *(Arnold)*.

Kapitel B (Qualitätsmodelle) ist in gewisser Weise das Herzstück des Buches. Es beschäftigt sich mit Modellen der Qualitätsbetrachtung und Qualitätsanalyse. Neben einen schon vorher auch in der Theologie begegnenden Zugang der Qualitätsdimensionen nach Donabedian, der allerdings vom ZQG erheblich modifiziert und für die Praxis erschlossen wurde *(Binder)*, treten zwei Modelle, die in Auseinandersetzung und kritischer Aufnahme mit dem Qualitätsmanagement entstanden sind. Der Zugang nach Kano unterscheidet drei Erwartungsebenen und hat sich als verblüffend einfacher und zugleich ertragreicher Weg erwiesen, über Gottesdienstqualität auch mit Nichttheologen ins Gespräch zu kommen *(Kaiser)*. Das Modell der Wirkfelder des Gottesdienstes entdeckt vier Wirkpotentiale des Gottesdienstes, die in der Lage sind, auch gegensätzlichen Erwartungen an den Gottesdienst und ihm immanenten Spannungsfeldern gerecht zu werden *(Fendler)*. Ein ausschließlich durch Sichtung theologischer Gottesdiensttheorien gewonnener Qualitätszugang ist der der sogenannten »Gottesdienste in 3G«, der Qualitätsarbeit am Gottesdienst über drei als zentral erkannte »Wesensqualitäten« des Gottesdienstes, Gewissheit, Gemeinschaft und Geheimnis (die drei »G«), ermöglicht *(Gattwinkel)*. Alle Modelle verstehen sich als Analyse-, Gestaltungs- und Reflexionshilfen.

Qualität lässt sich je nach Themengebiet des Gottesdienstes spezifisch modifizieren. In der Arbeit des Qualitätszentrums sind mögliche Qualitätsfelder (Kapitel C) bislang noch nicht systematisch erschlossen worden, lag der Schwerpunkt doch vor allem auf der Grundlagenarbeit, der Entwicklung von Modellen und der Übertragung und Erprobung von Instrumenten. Ansätze zur qualitätsorientierten Durchdringung von zentralen Feldern des Gottesdienstes bilden gleichwohl die in diesem Kapitel zusammengestellten Artikel. Der Artikel zur Musik *(Kaiser)* ist dabei der einzige, der die im Zentrum entwickelten Modelle auf seinen Gegenstand anwendet und damit deren generelle Anwendbarkeit zeigt. Der Musik ist noch ein zweiter Artikel gewidmet *(Fendler)*, der zwar durch das Modell der Wirkfelder inspiriert ist, aber als eigenständiger Zugang zur differenzierten Wahrnehmung gottesdienstlicher Musik gewertet werden muss. Der Artikel zur Predigt *(Oxen)* nutzt das klassische »homiletische Dreieck«, um Qualitätsdimensionen und -kriterien einer guten Predigt herauszuarbeiten, während die Ausführungen zur Öffentlichkeitsarbeit *(Gattwinkel)* bei der qualitätsspezifischen Zielorientierung ansetzen. Das Kapitel wird abgeschlossen durch ein Essay zu Baustil und Raumästhetik *(Kutzner)*, das Kenntnisse über Raumgeschichte, -theorie und -wirkung vermittelt mit dem Ziel, zu einer Achtsamkeit gegenüber der Sprache des Raumes zu einer Passung von Raum und Gottesdienst zu verhelfen.

Als Qualitätsinstrumente werden Verfahren, Methoden, aber auch Standards bezeichnet, die dazu geeignet sind, die Qualitätsarbeit am Gottesdienst zu fördern. Ihnen ist das Kapitel D gewidmet. Eine zentrale Rolle spielen hier Instrumente des Feedback *(Binder)*. Die Förderung der Gesprächskultur war denn auch eines der Hauptziele des ZQG. Mit dem ältesten kirchlichen Feedbackinstrument wurden Erfahrungen gesammelt (*Gattwinkel*), neuere Instrumente wie Gottesdienstcoaching *(Tergau-Harms)* und Predigtcoaching *(Oxen)* aufgegriffen, analysiert und zum Teil standardisiert (Artikel »Rahmenordnung«). Aber es wurden auch neue Instrumente, insbesondere aus der Begegnung mit dem QM entdeckt und für den Gottesdienst adaptiert. So versteht sich die Studie zum Kundenhabitus im Gottesdienst *(Fendler)* in erster Linie als ein Wahrnehmungsinstrument bezüglich Logiken des Kirchgangs. Im weiteren Sinne versprechen Instrumente aus dem Kundenbeziehungsmanagement Fortschritte im Bemühen, das Gespräch über den Gottesdienst und eine Rückmeldekultur zu professionalisieren *(Fendler)*. Im Bereich der Predigerseminare entwickelte sich mit dem Erstellen einer Kompetenzmatrix *(Ulrichs)* ebenso ein eigenes Qualitätsinstrument wie im Kindergottesdienst mit der »Kigo-Card« *(Schliephake)*. Schon länger in Gebrauch und nicht unumstritten ist die Rolle von Predigtpreisen oder Gottesdienstwettbewerben als Instrumente zur Entwicklung von Predigt- und Gottesdienstqualität *(Oxen)*. – Viele der genannten Instrumente lassen sich mit den im Kapitel B vorgestellten Modellen verknüpfen, alle funktionieren aber auch unabhängig von ihnen.

Kapitel E verschafft einen Überblick über lokale, regionale, überregionale und landeskirchliche Initiativen und Projekte, die dezidiert unter dem Label »Gottesdienstqualität« durchgeführt bzw. angestoßen wurden. Die lokalen und regionalen Projekte *(Ebert, Fendler, Zahn)* beschäftigen sich mit Initiativen zur Fortbildung (Düsseldorf), Standardisierung von Gottesdiensten (Aachen) und zur Förderung des Gemeindefeedbacks (Salzgitter Bad, Goslar). Die Projekte in Köthen, Essen und Hanau waren demgegenüber in unterschiedlicher Weise mit dem Thema eines gottesdienstlichen Regionalkonzepts befasst. Aufgrund der zunehmenden Bedeutung dieses Themas für die gottesdienstliche Qualitätsentwicklung sind diesem Abschnitt von Kapitel E zwei Artikel mit grundlegenden projektunabhängigen Überlegungen zur Planung *(Alpermann)* und Durchführung *(Fendler)* von gottesdienstlichen Regionalisierungsprozessen angefügt. – Im Abschnitt »überregionale Projekte« werden die zwei vom ZQG durchgeführten Zählprojekte in Oldenburg und Herford dokumentiert, die unter anderem die EKD-Hochrechnungen zur Bestimmung der jährlichen Gottesdienstteilnehmerzahlen im Bereich der EKD erheblich in Frage stellen *(Fendler/Kaiser)*. Darüber hinaus wird das vom Zentrum für Mission in der Region aus England in den deutschen Kontext übertragene Projekt »Back-to-Church-Sunday« vorgestellt *(Pompe)* und mit dem Artikel »Qualität von Radwegekirchen« exemplarisch ein Übertrag des für den Gottesdienst entwickelten Qualitätsansatzes auf ein anderes kirchliches Arbeitsfeld versucht *(Fendler)*. – Um eine landeskirchliche Initiative handelt es sich beim Projekt in Schaumburg-Lippe zum Jahr und Tag des Gottesdienstes *(Binder/Herde)*. Qualitätsentwicklung im Gottesdienst wurde in Landeskirchen zum Teil aber auch institutionell aufgenommen. So haben die rheinische *(Schwab/Evang)* und die hannoversche Landeskirche *(Gerke)* bereits vor Gründung des ZQG Qualitätsinitiativen projektiert. In der badischen *(Beichert/Hautzinger)*, abermals der hannoverschen *(Uhlmann)* Landeskirche und – mit sehr eigener Handschrift – in der Schweiz (Kompetenzzentrum Liturgik, *Walti*) wurden sogar eigene Projektstellen eingerichtet.

Das ZQG versteht sich von Anfang an als forschende und lernende Organisation. Deshalb haben sich Einsichten und Erkenntnisse im Lauf der acht Jahre seines Bestehens bis 2017 auch weiterentwickelt und verändert. So haben etwa die Bezeichnungen der Wirkfelder im Zuge ihrer Anwendung Modifikationen erfahren. Es liegt in der Natur der Qualitätsarbeit, dass die Arbeit an Qualitätsentwicklung im Gottesdienst nicht abgeschlossen werden kann, sondern herausfordernd offen und ein dauerhafter Prozess bleibt.

Die Mitarbeitenden des Zentrums[1] danken an dieser Stelle allen Personen und Institutionen, mit denen sie diesen Lernweg beschreiten durften. Hier sind zuerst Rat und Synode der EKD zu nennen, die dieses Projekt allererst ermöglicht haben. Konstruktiv-kritisch begleitet wurde die Arbeit durch einen Beirat unter Vorsitz von Petra Bosse-Huber (später Achim Zobel), das Reformbüro unter Leitung von Thorsten Latzel und Konrad Merzyn und das Referat Gottesdienst der EKD (Stephan Goldschmidt).

Angesiedelt war das ZQG von 2009 bis 2017 am Michaeliskloster in Hildesheim. Dies war ein Glücksfall. Eingebettet in ein Team von Menschen unter dem Direktorat von Jochen Arnold, das seit Jahren an der Qualität von Gottesdienst und Kirchenmusik arbeitete, haben wir hier viel Unterstützung gefunden und einen kreativen Ort kollegialer Zusammenarbeit und gastfreundlichen Lernens erlebt. – Entscheidend für das Gelingen der Arbeit waren aber auch die Begegnungen gewissermaßen mit der »Basis« der Qualitätsarbeit am Gottesdienst, den Gottesdienstverantwortlichen, mit denen wir auf Konventen, in Seminaren und Workshops arbeiten konnten oder sogar längere Prozesse in Kirchenkreismodellprojekten durchführen konnten. Ohne ihre kritischen Anfragen, aber auch ihre ermutigenden Erfahrungen mit den Modellen und Instrumenten der Qualitätsentwicklung im Gottesdienst wäre unsere Arbeit bloße Theorie geblieben.

1 Folkert Fendler war Leiter des Zentrums von 2009 bis 2016. Die Referentenstelle übernahm von 2010 bis 2015 Christian Binder, in den Jahren 2016 und 2017 Hilmar Gattwinkel (das zweite Jahr zugleich als kommissarischer Leiter). Unterstützung erfuhr das Zentrum durch von der hannoverschen Landeskirche finanzierte Projektstellen, die mit Andrea Wauer-Höflich (2010–2013), Hans-Jürgen Kutzner (2010–2016) und Catharina Uhlmann (seit 2015) besetzt waren bzw. sind. Die Genannten sind alle Theologinnen und Theologen. Im Jahr 2017 war der Kirchenmusiker Jochen Kaiser als freier Mitarbeiter im ZQG tätig.

Großer Dank sei schließlich allen Autorinnen und Autoren dieses Buches ausgesprochen sowie Frau Annette Weidhas (stellvertretend für alle Mitarbeitenden der Evangelischen Verlagsanstalt Leipzig) für die geduldige Unterstützung nicht nur dieser, sondern auch der vorhergehenden Veröffentlichungen des Zentrums für Qualitätsentwicklung im Gottesdienst.

Die Herausgeber
(Folkert Fendler, Christian Binder, Hilmar Gattwinkel)

Inhalt

A Grundlegendes

B Qualitätsmodelle

C Qualitätsfelder

Landeskirchliche Initiativen

F Literatur zur Gottesdienstqualität

A

Grundlegendes

Folkert Fendler

Qualitätsentwicklung im Gottesdienst

Der Qualitätsgedanke begegnet den christlichen Kirchen bereits in den 1990er Jahren, nachdem sich diakonische Einrichtungen und Kindergärten in kirchlicher Trägerschaft mit neu aufgekommenen gesetzlichen Regelungen zu verbindlichem Qualitätsmanagement konfrontiert sahen. Auch im Bereich der Seelsorge und Religionspädagogik beginnt in diesem Zeitraum die Auseinandersetzung mit dem Qualitätsgedanken.[1] Gesamtgesellschaftlich finden sich Qualitätsmanagement- und damit einhergehende Zertifizierungsprozesse schon seit den 1960er Jahren. Für zahlreiche Produkte bzw. Produktionsprozesse und Dienstleistungen werden sie verbindlich.[2] Ziele des Qualitätsmanagements sind die Steigerung von Effizienz und Effektivität, die Verbesserung von Kommunikations- und Organisationsstrukturen, die Erhöhung der Kundenzufriedenheit und natürlich die Minimierung von Fehlern im Produktions- oder Dienstleistungsprozess.

Anfang der 2000er Jahre taucht der Qualitätsbegriff auch mit Bezug zu inhaltlichen Arbeitsfeldern der Kirche auf. Insbesondere die Impulsschrift der EKD »Kirche der Freiheit« verwendet sehr betont Begriffe wie Qualitätsanalyse, Qualitätsanforderungen und Qualitätssteigerung in Bezug auf die kirchliche Arbeit und deren Personal.[3] Damit werden unter der Überschrift »Lernen von wirtschaftlichem Denken«[4] zentrale kirchliche Handlungsfelder in die Nähe des klassischen Qualitätsmanagements gerückt und dezidiert auch auf die »geistlichen und seelsorgerlichen Kernvollzüge« (Leuchtfeuer 1) angewandt. Darunter fallen natürlich auch die Gottesdienste. Insbesondere die kirchlichen Amtshandlungen sollen, so die Autoren von »Kirche der Freiheit«, einer Diskussion unter Qualitätsgesichtspunkten unterzogen werden.[5]

---

1 Vgl. David Plüss, Was ist gute Praktische Theologie? Der Qualitätsbegriff aus praktisch-theologischer Perspektive, in: Christian Stäblein/Traugott Wrede, Lieder, Licht und Leidenschaft. Qualität im KirchenRaum (Loccumer Theologische Beiträge), Hannover 2012, 26–42, hier: 28 f.

2 Vgl. hierzu ausführlich den Artikel »Wie die Qualität in die Kirche kam« von Renate Fallbrüg in diesem Band.

3 Vgl. Kirchenamt der Evangelische Kirche in Deutschland (EKD) (Hg.), Kirche der Freiheit. Perspektiven für die evangelische Kirche im 21. Jahrhundert. Ein Impulspapier des Rates der EKD, Hannover 2006, 27 f., 38, 40 u. ö.

4 A. a. O., 42.

5 A. a. O., 102 f.

In der Folge kommt es zur Durchführung eines EKD-Workshops zum Thema »Von anderen lernen – Qualitätsentwicklung von Gottesdiensten« (2008)[6] und zu vereinzelten Aufsätzen über das Thema »Gottesdienstqualität«.[7] Mit dem »Zentrum für Qualitätsentwicklung im Gottesdienst« (ZQG, seit 2009) als einem der bereits in der Impulsschrift sogenannten »Kompetenzzentren« der EKD wird eine Einrichtung geschaffen, die sich ausschließlich mit dem Thema Gottesdienstqualität beschäftigt.

Angesichts der Herkunft des Begriffs aus dem wirtschaftlichen Bereich und der Zielrichtung des herkömmlichen Qualitätsmanagements auf Verbesserung, Steigerung von Effektivität und Effizienz und Orientierung an Kundenerwartungen und vorher verabredeten Zielen wird der Qualitätsbegriff im Blick auf den Gottesdienst bis heute zum Teil kritisch aufgenommen oder als ungeeignet zurückgewiesen. Assoziationen an endlose und fruchtlose Dokumentationen oder technokratisches Vorgehen werden wach, eine Orientierung an Defiziten und an bloßer Steigerung von Gottesdienstbesucherzahlen wird befürchtet. Theologisch liegt die Argumentation nahe, dass Qualitätsbestrebungen durch ihre oft standardisierten Handlungsanweisungen eine Machbarkeit des gottesdienstlichen Geschehens suggerieren, die ihm gerade nicht entspricht. Denn im Gottesdienst handelt nach evangelischem Verständnis in erster Linie Gott selbst. Das Ziel des Gottesdienstes (wie immer man es bestimmen mag, zum Beispiel: Glauben stärken oder wecken) bleibt daher menschlichem »Herstellungswillen« entzogen.[8]

Qualitätsentwicklung im Gottesdienst muss nun nicht notwendigerweise mit einem standardisierten (und möglicherweise zu zertifizierenden) Qualitätsmanagement gleichgesetzt werden – trotz der Herkunft des Begriffs aus der Betriebswirtschaft und seiner faktischen Nutzung im kommerziellen und auch längst schon im nichtkommerziellen Bereich. Die Zugänge zur Qualitätsarbeit am Gottesdienst, wie sie das Zentrum für Qualitätsentwicklung im Gottesdienst gewählt und erarbeitet hat und die in diesem Buch dokumentiert werden, sind zwar oft durch Modelle des Qualitätsmanagements inspiriert, gehen aber keineswegs in ihnen auf. Sie werden in Freiheit übertragen und der Eigenart des Gottesdienstes angepasst. Gleichwohl sind diese Zugänge von der Überzeugung geleitet, dass die Grundlinien des Qualitäts-

---

6 Dokumentiert in der epd-Dokumentation 18/2008 »Von anderen lernen«. Dokumentation des Workshops »Qualitätsentwicklung von Gottesdiensten«.

7 Exemplarisch Helmut Schwier, Liturgische Praxis und Theorie vor der Qualitätsfrage, in: Michael Meyer-Blanck/Klaus Raschzok/ders. (Hg. i.A. der Liturgischen Konferenz), Gottesdienst feiern. Zur Zukunft der Agendenarbeit in den evangelischen Kirchen, Gütersloh 2009, 170–179; vgl. für weitere Literatur zur Gottesdienstqualität die Literaturliste am Ende dieses Bandes.

8 Vgl. zu diesem grundlegenden Einwand auch den Artikel »Qualitätsentwicklung zwischen Ökonomisierung und Heiligem Geist« von Christian Binder in diesem Band.

managements: systematisches, planvolles und zielorientiertes Vorgehen auch einzelnen Phasen der Gottesdienstvorbereitung, -durchführung und -nachbereitung gut tun. Oft führen die Modelle dazu, dass Gottesdienstverantwortliche sich ihres Handelns und der ihm zugrunde liegenden Vorentscheidungen allererst bewusst werden – weiteres Kennzeichen von Qualitätsarbeit.

Wichtiger Ausgangspunkt von Qualitätsentwicklung im Gottesdienst ist die Klärung des Qualitätsbegriffs selbst, der zunächst einmal als Unbekannte in das Feld der Gottesdiensttheologie einbricht.[9] Zahlreiche Begriffsbestimmungen sind im Laufe der Geschichte und in unterschiedlichen Wissenschaftsgebieten bereits unternommen worden. Aus ihnen lässt sich eine zwei- bis dreifache Grundunterscheidung ableiten, die zur Klärung beiträgt[10]:

1) Qualität als beschreibender Begriff
2a) Qualität als wertender Begriff: Umgangssprache
2b) Qualität als wertender Begriff: Qualitätsmanagement

Von seiner griechischen (poiotes) bzw. lateinischen (qualitas, qualis) Ursprungsbedeutung her bezeichnet der Begriff »Qualität« die Beschaffenheit von Dingen oder Sachverhalten. Hier handelt es sich um ein beschreibendes Verständnis, wie es seine Wurzeln in der philosophischen Tradition hat. Es geht um die Eigenschaften einer Sache, also etwa um Größe, Farbe, Geruch etc., oder aber um die Merkmale und zentralen Inhalte eines Sachverhalts. Auf den Gottesdienst übertragen geht es in dieser Bedeutungsnuance um das Wesen des Gottesdienstes, seine zentralen Merkmale. Ob der Wesensbegriff hier angemessen ist, ist seinerseits umstritten, da er auch ontologisch als unverrückbare Größe missverstanden werden kann. Gemeint ist eine beschreibende Definition des Gottesdienstes, in der gegebenenfalls auch sein Ziel benannt wird, die sich dabei aber jeder Wertung enthält. Dass auch hier theologisch keineswegs Einhelligkeit besteht, ja sogar umstritten ist, ob man von einem »Ziel« des Gottesdienstes sprechen kann, ist in diesem Zusammenhang kein gültiger Einspruch gegen diese Verständnisvariante des Qualitätsbegriffs. Denn schon in seiner philosophischen Verwendung wird solche Beschreibung nicht zwangsläufig als objektive Größe, sondern in Abhängigkeit vom erkennenden Subjekt gesehen. Da die Qualitätsbestimmung des Gottesdienstes auf dieser ersten Verständnisebene nur theologisch geschehen kann, wird sie in der vom Zentrum herausgegebenen Literatur oft nicht

9 Vgl. hierzu auch die grundlegenden Überlegungen von Jochen Arnold in dem Artikel »Theologie der Qualität – Qualität der Theologie« in diesem Band.

10 Vgl. hierzu ausführlich Folkert Fendler, Von der »Qualitas« zur Messung – Theologisch verantwortet von Qualität reden, in: LuK 1–2011, 2–27.

nur als philosophisches, sondern auch als theologisches Qualitätsverständnis bezeichnet: Der erste Schritt jeder Qualitätsarbeit am Gottesdienst ist die theologische Bestimmung seines Wesens.

Die zweite Bedeutungsnuance des Qualitätsbegriffs ist die wertende. Umgangssprachlich wird Qualität meist automatisch als wertender Begriff verstanden. Wenn etwas »Qualität hat«, dann liegt darin eine klare positive Wertung: Es ist gut, es gefällt. Qualität wird zum Synonym für »Güte«. Gelegentlich schwingt in der umgangssprachlichen Verwendung auch ein Anspruch von Perfektion mit (»da wird Qualität gefordert«) oder eine Aura von Exklusivität, obwohl letztere Nuance durch den inflationären Gebrauch, die der Qualitätsbegriff in der Werbung erfährt, zunehmend verblasst. Gerade das durch die Werbung transportierte wertende Qualitätsverständnis prägt die umgangssprachliche Verwendung des Begriffs stark.

Ebenfalls wertend tritt das Qualitätsverständnis im Qualitätsmanagement auf. Eine bekannte Definition von Qualität lautet hier: Qualität ist der »Grad, in dem ein Satz inhärenter Merkmale eines Objekts Anforderungen erfüllt« (DIN EN ISO 9000: 2015-11; 3.6.2.). Qualität wird in eine Messbarkeitsskala eingezeichnet. Sie richtet sich an Anforderungen aus, die vorher gesetzt wurden, und kann daran objektiv beurteilt werden: Sind die Anforderungen erfüllt, ist die Qualität gut, sind sie nicht erfüllt, ist sie schlecht. Das bedeutet nicht, dass die Qualität selbst hier mit objektivem Anspruch auftritt, vielmehr ist die Bestimmung der Anforderungen immer ein Aushandlungsprozess, eine Setzung, die je nach Zielrichtung und Anspruchsniveau unterschiedlich ausfallen kann. Im Gegensatz zur umgangssprachlich-wertenden Verwendung des Begriffs »Qualität«, die sich nicht notwendig Rechenschaft über die eigenen Kriterien der Beurteilung ablegt, ist die Wertung im Kontext des Qualitätsmanagements immer transparent. Die Anforderungen sind klar genannt und ggf. schriftlich festgehalten. Im umgangssprachlichen Gebrauch gibt es wahrscheinlich ebenfalls Anforderungen, an denen das Urteil gemessen wird. Meist bleiben diese aber unausgesprochen, vielleicht sogar dem Urteilenden selbst unbewusst und geschehen stärker »aus dem Bauch heraus«.

Die Qualitätsverständnisse stehen nicht unverbunden nebeneinander. Vielmehr gibt es naturgemäß eine starke Verbindung zwischen dem als wesenhaft Erkannten eines Produktes oder einer Leistung und den Anforderungen, die für seinen rechten Gebrauch zu stellen sind. Ein Stuhl dient dazu, darauf zu sitzen. Je nachdem, ob es ein Bürostuhl, ein Küchenstuhl, ein Stuhl im Kirchenraum oder im Restaurant ist, können unterschiedliche Anforderungen an ihn herangetragen werden. Gesundheitliche, reinigungspraktische und ästhetische Aspekte können ebenso in das Qualitätsideal einfließen wie der finanzielle Rahmen, der zur Verfügung steht, ihn zu beschaffen. An diesem Ideal, das subjektiv ausgehandelt und in eine Reihe von Merkmalen überführt wird, kann dann die Qualität gemessen und beurteilt werden. Das beschreibende Qualitätsverständnis, man könnte es vielleicht auch das A-priori-Qualitätsverständnis nennen, ist also im besten Fall der Maßstab für das wertende Qualitätsverständnis, das die Ausprägungen und Merkmale von Produkten und Dienstleistungen in den Blick nimmt.

Der Zusammenhang zwischen der Qualität als normativer Setzung, die sich beschreiben lässt, und der Bewertung von Qualitätsanforderungen, erweist sich nun als sehr fruchtbar auch für die Reflexion und Praxis des Gottesdienstes. Zunächst zwingt sie zu einer theologischen Reflexion des Gottesdienstes an sich, aber auch zu einer Klärung der Ausrichtung des je besonderen Gottesdienstes, um den es im Einzelfall geht. Denn diese wird unterschiedlich ausfallen je nach regionalen Traditionen, Tageszeit und Ort, an dem er stattfindet, ggf. nach der Zielgruppe, die angesprochen werden soll, und vielen Faktoren mehr. Aus dieser Klärung erwachsen dann infrastrukturelle, liturgische und homiletische Einzelentscheidungen, die der Ausrichtung des Gottesdienstes möglichst gut entsprechen sollen. Auch solche sich aus der Gesamtausrichtung ergebenden Anforderungen sind nicht in jedem Fall zwingend, sondern als ggf. ausführende Aushandlungsprozesse der Gottesdienstverantwortlichen vor Ort zu verstehen.

Wurde nicht immer schon auf diese Weise Gottesdienst bedacht, geplant und vorbereitet? Ja und Nein. Unbestritten wird an der Qualität von Gottesdiensten gearbeitet, seit es Gottesdienste gibt, spätestens aber seit Liturgik und Homiletik Bestandteile der Aus- und Fortbildung von Gottesdienstverantwortlichen sind. Lesetrainings, Übungen zur Rhetorik und zur liturgischen Präsenz gehören in diesen Bereich, um nur den Bereich der Auftrittsqualität zu nennen. Aber es war bisher nicht üblich, homiletische und liturgische Bildung und ihre Praxis mit dem Begriff der Qualität zu verbinden. Sein Aufkommen ist dabei nicht nur ein neues Wort für alte Sachverhalte, sondern hat das Potential, der liturgischen und homiletischen Bildung und Praxis neue Impulse zu geben. Einige davon seien hier genannt. Sie werden zum Teil in den weiteren Artikeln dieses Handbuchs entfaltet.

1) Rückbindung von Qualitätsmerkmalen an theologische Grundentscheidungen

Der vielleicht wichtigste Impuls ergibt sich unmittelbar aus den vorgenommenen Begriffsbestimmungen und wurde oben schon angedeutet. Wenn Anforderungen an die Qualität von Gottesdiensten gestellt werden, müssen sie in Beziehung stehen zu theologischen Grundentscheidungen, die vorab getroffen wurden. Dies lässt sich am Beispiel des Strebens nach Stärkung der

Gemeinschaft im Gottesdienst zeigen. So ist es seit einiger Zeit vielfach verbreitet, sich nach Abschluss des Abendmahlsempfangs an den Händen zu halten, während das Entlass-Wort gesprochen wird. Dies betont einen möglichen theologischen Aspekt des Abendmahls auf eine bestimmte Weise, die aber keineswegs zwingend ist. Wenn etwa das Moment der individuellen Sündenvergebung und Heilsvergewisserung ins Zentrum gerückt werden soll, kann das An-die-Hände-Nehmen vom ins Gebet vertieften Empfangenden auch als störend empfunden werden. So geht mit der Rückkopplung von Gestaltungsentscheidungen an theologische Vorentscheidungen auch ihre Relativierung einher. Nicht dass ewas immer schon so war oder das man etwas von Kindheit an kannte, ist ein Gütekriterium des Gottesdienstes, sondern dass man etwas der theologischen Grundausrichtung des je konkreten Gottesdienstes entspricht.

2) Bewusstheit des inhaltlichen und gestaltenden Handelns

Eng mit dem ersten Impuls zusammen hängt die aus Qualitätsprozessen am Gottesdienst erwachsende Bewusstheit inhaltlicher oder gestalterischer Entscheidungen. Wovon wird der oder die Gottesdienstverantwortliche geleitet, wenn er den Abendmahlsempfang inszeniert oder eine Taufhandlung oder die Auswahl der Lieder? Vieles geschieht in Routine, weil es so vorgefunden wurde oder weil theologische Lehrerinnen und Lehrer einen in bestimmter Weise geprägt haben. Routine hat seine Zeit, gewiss, aber auch bewusstes Reflektieren des eigenen Handelns hat seine Zeit. Qualitätsmodelle und -methoden verführen dazu, sich über die eigenen Prägungen und unbewussten Vorentscheidungen klarer zu werden. Dadurch eröffnen sie ein neues Spektrum an Handlungsoptionen und neuer Sensibilität für die Angemessenheit von liturgischen Entscheidungen je nach Kontext und Profil des Gottesdienstes.

3) Transparenz in der Beurteilung

Der Bewusstheit über liturgische und homiletische Entscheidungen auf Seiten der Gottesdienstgestaltenden entspricht die Transparenz des Urteils über solche Entscheidungen auf Seiten von Gottesdienstteilnehmenden. Die Erfahrung zeigt, wie schnell Menschen Urteile über Gottesdienste fällen. Dem durchschnittlichen Gemeindeglied sei zugestanden, den Gottesdienst unter Nutzung des umgangssprachlichen Qualitätsverständnisses »schön« oder »langweilig« gefunden zu haben. Wer sich aber professionell mit dem Gottesdienst befasst und vielleicht sogar als Ausbilderin oder Prüfer in diesem Feld unterwegs ist, sollte wissen und benennen können, auf welchen Vorentscheidungen seine Urteile beruhen. Es ist noch nicht so lange her, dass Vikarsmentoren im apodiktischen Ton sagen konnten: Dies oder das geht gar nicht! Eine Herangehensweise unter Qualitätsgesichtspunkten fragt keck zurück: Warum nicht? Warum muss in jedem Gottesdienst das Glaubensbekenntnis gesprochen werden? Warum soll es das apostolische sein? Warum soll ich am Ausgang die Menschen verabschieden? – Gut, wenn es darauf plausible Antworten gibt.

4) Neue Betrachtungsweisen (Modelle)

Die Begegnung der praktischen Theologie mit der Bezugsgröße »Qualitätsmanagement« kann zur Übernahme neuer, bislang ungewohnter Sichtweisen auf den Gottesdienst führen und hat dies im Falle der Arbeit des ZQG getan. Beispiele für solche produktiven Übernahmen sind die Qualitätsdimensionen nach Donabedian[11] und das Kano-Modell[12]. Des Weiteren wurde das Modell »Wirkfelder des Gottesdienstes« entwickelt, das die bislang nur unzureichend beachteten Wirkungen eines Gottesdienstes in den Blick nimmt.[13] In jedem Fall führt die theologische Auseinandersetzung mit der Qualitätswissenschaft, wie es ein Kennzeichen interdisziplinärer Begegnung zu sein pflegt, zum Erproben neuer Perspektiven, zum Wahrnehmen eigentlich bekannter Phänomene in neuem Kontext und neuem Licht. Sie sind geeignet zur Reflexion des eigenen Standpunkts, aber auch hilfreich bei der Gestaltung des Gottesdienstes und beim Rückblick auf das dort Erlebte.

5) Neue Instrumente

Nicht nur neue Betrachtungsweisen auf den Gottesdienst stellt das Qualitätsmanagement zur Verfügung, sondern auch (für den Gottesdienst) neuartige Instrumente. Während es bei den Modellen um theoretische Konstrukte geht, den Gottesdienst zu betrachten, handelt es sich bei den Instrumenten um konkrete Vorgehensweisen, um an der Qualität des Gottesdienstes zu arbeiten.[14] So hat sich die sog. Kundenpfadanalyse oder Blueprintmethode für ein besseres Verstehen der Wünsche und Einstellungen von Kasualnachsuchen-

11 Vgl. hierzu den Artikel »Die Qualitätsdimensionen nach Donabedian« von Christian Binder in diesem Band.

12 Vgl. hierzu den Artikel »Gottesdienste im Kano-Modell« von Jochen Kaiser in diesem Band.

13 Vgl. hierzu den Artikel »Die Wirkfelder des Gottesdienstes« von Folkert Fendler in diesem Band.

14 Vgl. ausführlich zu den folgenden Beispielen den Artikel »Instrumente des Kundenbeziehungsmanagements« von Folkert Fendler in diesem Band.

den bewährt. Das unkonventionelle Konzept des »Mystery Worshipper«, das – verkürzt gesagt – analog zum Konzept eines Hotel- oder Restaurant-Testers funktioniert, trägt insbesondere in England gute Früchte. Auch die Bedeutung eines professionellen Umgangs mit Beschwerden (Beschwerdemanagement) wird in kirchengemeindlicher Arbeit generell und im Besonderen auch in Bezug auf Gottesdienste und Kasualien noch weitgehend unterschätzt.

6) Weitung des Horizonts der Qualitätsbetrachtung

Was die Qualität eines Gottesdienstes ausmacht, wird oft allein am Resultat gemessen, also mit Blick auf das gottesdienstliche Geschehen beurteilt, wie es sich nach dem Segen als abgeschlossenes »Ergebnis« präsentiert. Was hat geklappt, wo ist etwas schief gegangen, was hat es bei den Menschen hervorgerufen, wo wurden sie berührt und wo nicht? Das ist gewiss nicht falsch, es ist sogar zentral – aber es ist noch nicht die ganze Wahrheit. Besonders die von Donabedian eingeführten Grundunterscheidungen von Qualitätsdimensionen weiten den Horizont auf Qualitätsaspekte, die durch das Ergebnis allein nicht notwendig abgebildet werden, es aber nachhaltig beeinflussen. Gemeint sind etwa die Dimensionen der Strukturqualität und der Prozessqualität. So wird die Qualität maßgeblich durch strukturelle Gegebenheiten geprägt: die vorhandenen Räumlichkeiten, der Ausbildungsstand der Protagonisten, der Finanzrahmen der Gemeinde und gesellschaftliche Megatrends wie den der Individualisierung – um nur wenige Beispiele zu nennen. Die Prozessqualität beschäftigt sich mit Vor- und Nachbereitungsprozessen und der Gestaltung des Miteinanders der Akteure vor, während und nach dem Gottesdienst. Durch solche Qualitätsbetrachtung des Gottesdienstes wird nicht nur die Komplexität dieses Geschehens sichtbar, sie führt auch zur Einsicht, dass Veränderungen nicht durch das Bedienen weniger Stellschrauben zu erreichen sind, ja manche Stellschrauben individuellen Veränderungsbemühungen sogar entzogen sind. Diese Einsicht hat schon vielfach zu großer Entlastung geführt.

7) Rückkopplungsprozesse: Feedback zum Gottesdienst

Von Qualitätsentwicklung im Gottesdienst können weiterhin Impulse für eine systematischere und kontinuierlichere Arbeit am Gottesdienst ausgehen. Qualitätsentwicklung ist kein punktuelles Geschehen, sondern ein Kreislauf, der immer wieder von vorn beginnt und auf ständige Rückkopplungsprozesse angewiesen ist. Dieser Kreislauf wird im Qualitätsmanagement als

PDCA-Zirkel (von den englischen Begriffen: plan – do – check – act) oder als Demingzirkel (nach seinem Erfinder) bezeichnet. Er beschreibt die Phasen des sogenannten »kontinuierlichen Verbesserungsprozesses« (KVP). Der Planung folgt das Erproben, das darauf befragt wird, inwieweit es tatsächlich den geplanten Intentionen entsprach. Nach entsprechenden Veränderungen und Verbesserungsvorschlägen wird wiederum gehandelt (act). Da dem Handeln das erneute Planen folgt, ist der Kreislauf prinzipiell unabgeschlossen.

Der Schritt des »check« innerhalb des Demingzirkels ist ein heikler Punkt der derzeitigen Gottesdienstpraxis: Eine Rückkopplung an die Gottesdienstverantwortlichen oder sogar ein regelrechtes Feedback sind noch keineswegs selbstverständlich und verbreitet. Qualitätsentwicklung im Gottesdienst weist auf die Wichtigkeit einer solchen Kultur des Gesprächs über unsere Gottesdienste hin und bietet dafür zugleich zahlreiche Instrumente und Zugangsweisen an.[15]

15 Vgl. dazu ausführlich den Artikel von Christian Binder »Feedback zum Gottesdienst – Grundlagen und Instrumente« in diesem Band.

Renate Fallbrüg

Wie die Qualität in die Kirche kam

Die historische Perspektive

Das Impulspapier des Rates der EKD[1] als Ausgangspunkt zu markieren, wie das Thema Qualität in die Kirche kam, liegt nahe. Begriffe wie: Qualitätsniveau[2], Qualitätsstandard[3], Qualitätsmanagement[4] und Qualitätskompetenz[5] werden hier explizit benannt. Der Grundimpuls des im Jahr 2006 angestrebten Reformprozesses war es, das Thema Qualität ins Zentrum kirchlichen Bemühens zu stellen.[6] Bei näherer Betrachtung zeigt sich jedoch, dass das *Impulspapier* – bildlich gesprochen – den starken Ausläufer eines bereits in den 90er Jahren in Bewegung geratenen, fließenden Stroms darstellt, der von unterschiedlichen Seitenarmen mit Impulsen, Fragen und Argumenten zur Frage nach Qualität gespeist wurde.

Einen dieser Zuflüsse bildet die Finanzkrise der Kirche, die mit Beginn der 90er Jahre die Frage nach Einsparmöglichkeiten, Finanzierungssystemen und Finanzierbarkeiten auf die Tagesordnung aller kirchlichen Gremien gesetzt hat.[7] Die intensive Beschäftigung mit ökonomischen Fragen geht von der Annahme aus, dass das bisherige kirchliche Finanzierungssystem in die Krise geraten ist. Als Ursachen hierfür werden in Westdeutschland die Abhängigkeit des Kirchensteuersystems vom Arbeitsmarkt und der Konjunktur sowie zu erwartende demographische Umbrüche, gesellschaftliche Entwicklungen und die Spätfolgen zurückliegender Austrittswellen genannt.[8] In Ostdeutsch-

1 Kirche der Freiheit. Perspektiven für die evangelische Kirche im 21. Jahrhundert. Ein Impulspapier des Rates der EKD, hg. Vom Kirchenamt der EKD, 2006. Im Folgenden zitiert als *Impulspapier*.

2 »Ein vergleichbares Anspruchs- und Qualitätsniveau in allen geistlichen und seelsorgerlichen Kernvollzügen zeichnet die Erkennbarkeit und Beheimatungskraft der evangelischen Kirche aus.« *Impulspapier, 49.*

3 »Unter der Wahrung der individuellen und regionalen Gestaltungsfreiheit gilt es, stärker als bisher vergleichbare Qualitätsstandards in den Kernvollzügen der evangelischen Kirche sicherzustellen.« *Impulspapier, 51.*

4 Ebd.

5 »... gabenorientierte Motivations- und Qualitätskompetenz, die das Engagement der Ehrenamtlichen fördert und stärkt.« *Impulspapier, 73.*

6 Vgl. Folkert Fendler/Christian Binder, Gottes Güte und menschliche Gütesiegel. Qualitätsentwicklung im Gottesdienst (Kirche im Aufbruch. Reformprozess der EKD, Bd. 3, hg. vom Kirchenamt der EKD), Leipzig 2012, 5.

7 Birgit Klostermeier, Das unternehmerische Selbst der Kirche. Eine Diskursanalyse, Berlin 2011, 1 ff.

8 *Impulspapier, 21 f.*

land sind dazu die Folgen der Kirche zur DDR-Zeit zu berücksichtigen. In dieser breit geführten Debatte zeigt sich, dass die Frage nach der Zukunft der Kirche in ihren Aufgaben, Arbeitsbereichen, personellen Ressourcen und Gebäuden an die Frage der Finanzierbarkeit gebunden ist.

Im Umgang mit der Finanzkrise finden die einzelnen Landeskirchen, Kirchenkreise und Gemeinden ein je eigenes Tempo und setzen dabei unterschiedliche Schwerpunkte. Gemeinsam ist ihnen jedoch die Orientierung an betriebswirtschaftlichen Modellen der Personalführung und Organisationsentwicklung, die aus kirchenleitender Perspektive danach fragt, wie bei sinkenden Einnahmen, die vorhandenen Ressourcen optimal eingesetzt werden können. Diese Methoden implizieren die Frage nach Qualität. Qualität verbindet sich dabei mit Erfolg, Marke[9], Leistung, Effektivität und Effizienz und führt in dieser Zuspitzung ökonomischen Denkens zu der Frage, inwieweit betriebswirtschaftliches Denken mit kirchlichem Handeln verbindbar ist.[10]

Wer den Zufluss, den die kirchliche Finanzkrise darstellt, zurückverfolgt, wird entdecken, dass bereits in den 1960er bis 80er Jahren Krisenphänomene in der westdeutschen Kirche erkennbar waren. Gesellschaftlicher Wandel, Massenmedien und wissenschaftliche Entwicklungen führten in der Kirche zu einer Relevanz- oder Mitgliederkrise. Die entspannte Finanzlage in den westdeutschen Kirchen machte es jedoch möglich, sowohl in Quantität – Erschließung neuer Arbeitsfelder, räumliche Ausweitung, Aufstockung des Personals – als auch in Qualität zu investieren, um den Krisenphänomenen zu begegnen. So werden in der seelsorgerlichen Arbeit zusätzliche Qualifikationen und Zusatzausbildungen selbstverständlich.[11] Auch pädagogische und liturgische Kompetenzen[12] sowie Grundfertigkeiten im Umgang mit den Methoden der modernen Kommunikation in der Öffentlichkeitsarbeit werden bis in die Gegenwart immer weiter professionalisiert.

---

9 Dieser Diskussionsstrom ist nicht neu, bereits Ende der 1980er Jahre wurden die Begriffe »Marke«, »Produkt« und »Vermarktung« im Zusammenhang mit kirchlicher Öffentlichkeitsarbeit kritisch angefragt. Marketing, ebenfalls ein Bereich der Betriebswirtschaftslehre, sollte hier stärker auf kirchliche Öffentlichkeitsarbeit bezogen werden. Die Diskussion verlief zwischen höchsten Professionalisierungsansprüchen und einer rigorosen Abwehr von betriebswirtschaftlicher Sprache und umzusetzender Form. Dazu: Holger Tremel (Hg.), Öffentlichkeitsarbeit der Kirche, Gemeinschaftswerk Evangelischer Publizistik, Frankfurt/Main 1995.

10 Jan Hermelink, Pfarrer als Manager? – Gewinn und Grenzen eine betriebswirtschaftlichen Perspektive im Pfarramt, ZThK 95 (1998), 536–563; Reiner Preul, Kirche als Unternehmen – Kirche auf dem Markt/Geistliche Kommunikation und Management/Kirchlicher Auftrag und Marketing, in: Wilhelm Gräb/Birgit Weyel, Handbuch Praktische Theologie, Gütersloh 2007, 555–565.

11 Michael Klessmann, Pastoraltheologie. Ein Lehrbuch, Neukirchen-Vluyn 2006, 104 ff.

12 Thomas Kabel, Handbuch Liturgische Präsenz. Zur praktischen Inszenierung des Gottesdienstes, Bd. 1, Gütersloh 2002.

Eine Folge dieser Professionalisierung ist, dass die Frage, was genau Qualität in der kirchlichen Arbeit ist, unterschiedlich beantwortet wird. Es entstehen konkurrierende Pfarr- und Kirchenbilder, die auf die Frage, wie sich Qualität in der Kirche darstellt und mit welchen Methoden und Prozessen sie erreicht werden kann, unterschiedliche Antworten geben.[13]

So sehen die einen die Fehlentwicklung der Kirche darin, dass sie ihr spezifisches Profil verloren hat und sich sozusagen selbst säkularisiert, indem sie sich an gesellschaftliche Entwicklungen anpasst und dabei den missionarischen Auftrag vernachlässigt. Die Position, die dem entgegensteht heißt: Eine zu starke Binnenorientierung in Sprache und Angebot, sowie eine Milieuverengung haben dazu geführt, dass kirchliche Angebote nur noch für einen Teil der Gesellschaft interessant und verständlich ist. Zwischen diesen Polen lassen sich auch Zwischentöne ausmachen, die sich in der Kunst der Graduierung versuchen. So zeigt sich hier Qualitätssuche beispielsweise in dem Versuch zu beschreiben, an welcher Stelle ein Gottesdienst nicht mehr Gottesdienst ist, sondern zur Unterhaltung wird, oder eine feierliche Stimmung ins Museale kippt. Dazu ist es notwendig, Kriterien und Formen zu entwickeln, die es ermöglichen, graduelle Unterschiede benennen zu können.[14]

Ein weiterer Zufluss in den breiten Strom zur Frage der Qualität in der Kirche lässt sich in der Einführung des Gesundheitsreformgesetzes von 1989 erkennen, mit dem der Begriff der »Qualitätssicherung« Teil des bundesdeutschen Gesetzes wurde. Die Diakonie wurde dadurch mit der Anfrage nach Qualität, Qualitätssicherung und Qualitätsstandards konfrontiert. Über ihre diakonischen Trägerschaften war Kirche gezwungen, sich mit dem Thema Qualität auseinanderzusetzen. Die Diakonie wurde dadurch zur Vorreiterin kirchlicher Qualitätsentwicklung.[15]

Die bald 30-jährige Entwicklung der Qualitätssicherung in der Diakonie macht zugleich deutlich, dass die Frage nach Qualität kein allein kirchliches, sondern ein gesellschaftspolitisches Thema ist. Gefragt wird nicht allein nach

---

13 Jens Beckmann, Wohin steuert die Kirche? – Die evangelischen Landeskirchen zwischen Ekklesiologie und Ökonomie, Stuttgart 2007; Uta Pohl-Patalong, Kirchliche Strukturen im Plural. Analysen, Visionen und Modelle aus der Praxis, Schenefeld 2004; Isolde Karle, Der Pfarrberuf als Profession. Eine Berufstheorie im Kontext der modernen Gesellschaft, Gütersloh 2001; Hans-Jürgen Abromeit/Kristin Butzer-Strothmann (Hg.), Spirituelles Gemeindemanagement. Chancen – Strategien – Beispiele, Göttingen 2002.

14 Eberhard Hauschildt, Praktische Theologie – neugierig, graduell und konstruktiv. Verabschiedungen, Trends und Optionen in: ders./Ulrich Schwab (Hg.), Praktische Theologie für des 21. Jahrhundert, 79–100; Folkert Fendler/Christian Binder (Hg.), Gottes Güte und menschliche Gütesiegel. Qualitätsentwicklung im Gottesdienst, Leipzig 2012.

15 Paul Gerhard Hanselmann, Qualitätsentwicklung in der Diakonie. Leitbild, System und Qualitätskultur, Stuttgart 2007.

der Qualität, sondern auch nach dem Wert von Arbeit in und für die Gesellschaft.

Das Nachdenken über die Qualität in der Kirche zeigt sich damit als Teil eines gesamtgesellschaftlichen Stroms, in dem die Qualität von Arbeit der Fokus ist. Die gesellschaftliche Bedeutung lässt sich in einer gemeinsamen Initiative von Bund, Ländern, Sozialversicherungsträgern, Arbeitgebern, Gewerkschaften, Stiftungen und Unternehmen sichtbar machen, die sich zu einer Interessengemeinschaft[16] zusammengeschlossen haben. Durch einen breiten Schulterschluss will die »Initiative Neue Qualität der Arbeit« vor allem die Qualität von Arbeit fördern. Die Förderung der Qualität von Arbeit durch Aus- und Weiterbildung, Gesundheitsschutz, mehr Flexibilität in der Arbeitsorganisation und durch die stärkere Berücksichtigung familiärer Interessen sehen alle Beteiligten als zukunftsweisende Aufgabe und gemeinsame Herausforderung in Deutschland an. Die Allianz so unterschiedlicher Initiatoren zeigt, dass der Strukturwandel in Wirtschaft und Gesellschaft, die Globalisierung der Märkte, der Demographische Wandel und die sich immer schneller entwickelnde Kommunikationstechnologie ein grundlegender Prozess ist, der vor den Kirchentüren nicht halt macht.[17]

Employability oder individuelle Arbeitsmarktfitness, so das angestrebte Ziel, zeigen sich in einer veränderten Haltung, die geprägt ist von Eigeninitiative, Eigenverantwortung, Veränderungsbereitschaft, Engagement und Lernbereitschaft. Diese Haltung soll die in Aus-, Fort- und Weiterbildung sowie durch Berufserfahrung erworbenen Qualifikationen ergänzen. Als weiterer Baustein zählen überfachliche Kompetenzen wie Team-, Konflikt-, Reflexions- und Kommunikationsfähigkeit sowie Empathie, unternehmerisches Denken und Handeln. Die Verantwortung für die Entwicklung dieser Kompetenzen und Haltungen liegt beim Individuum. Unterstützende Rahmenbedingungen zu schaffen, ist die Aufgabe von Führungskräften und Personalmanagement, die in einer sich verändernden Gesellschaft zunehmend auf wettbewerbsfähige Mitarbeitende angewiesen sind. Was entstehen soll, ist ein »unternehmerisches Selbst«.

Mit der Anrufung des Selbst soll ein Prozess in Gang gesetzt werden, der dazu führt, dass der oder die Einzelne, angetrieben von dem Wunsch, kommunikativ anschlussfähig zu bleiben, und getrieben von der Angst, ohne diese Anpassungsleistung aus der sich über Marktmechanismen assoziierenden gesellschaftlichen Ordnung herauszufallen, reagiert. Aus der Chance zu Bildung und individueller Entwicklung wird der Zwang zu Bildung und fortwährender Neu- und Weiterentwicklung.

16 Die »Initiative Neue Qualität der Arbeit« ist dokumentiert unter: www.inqa.de; Abruf am 1. Februar 2017.

17 *Impulspapier*, 7.

Birgit Klostermeier kann in ihrer Diskursanalyse zum unternehmerischen Selbst in der Kirche[18] sichtbar machen, wie diese gesellschaftlichen Phänomene »neoliberaler Rationalität«[19] in der Kirche greifen. Grundlage ihrer Untersuchung sind u. a. Veröffentlichungen des Deutschen Pfarrerblattes aus den Jahren 1995–2005 sowie Internetpräsentationen aus den Jahren 2004–2007.[20]

Jeder Flusslauf entspringt einer Quelle. Für die Frage, wie die Qualität in die Kirche kam, lässt sich der Weg zur Quelle bis zur Alten Kirche zurückverfolgen.[21] Mit der Professionalisierung des religiösen Berufs besteht bereits hier die Notwendigkeit, verbindliche Formen des religiösen Handelns festzulegen. Formen und Aufgaben werden benannt, gelehrt und so geordnet, dass überall in der Kirche auf möglichst einheitliche Weise gehandelt wird. Bereits diese Verbindlichkeit und Vergleichbarkeit impliziert die Frage nach Qualität. Aus reformatorischer Sicht lässt sich die Visitation als Quelle der Qualitätsprüfung nennen. In ihrer ekklesiologischen Bedeutung dient sie seit ihren Anfängen dazu, in der Vielfalt der Situationen und Formen gemeindlichen und kirchlichen Lebens den Zusammenhalt der Kirche durch eine reformatorische theologische Ausrichtung und durch eine allgemein verbindliche Handlungspraxis zu wahren.[22] Die Visitation lässt sich als institutionalisiertes Reflexionsinstrument der Kirche beschreiben. Sie macht es der Kirche möglich, Korrekturen vorzunehmen, Ziele zu entwickeln und die Motivation der jeweiligen Organisation sowie der in ihr arbeitenden Personen zu stärken.

Von der Quelle bis zur Gegenwart lässt sich erkennen, dass sich ein Strom durch die Geschichte zieht: »Je brüchiger das Gefüge von Religion und Kirche erscheint, je fragwürdiger die Institution Kirche erlebt wird, desto größeres Gewicht kommt der glaubwürdigen Integrität der Repräsentanten der Kirche, den Pfarrern zu.«[23] Das *Impulspapier* spricht von einem »Schlüsselberuf der evangelischen Kirche«, den es zu stärken und dessen »Schlüsselkompetenzen« es auszubilden gilt.[24]

---

18 A. a. O.

19 A. a. O., 55.

20 A. a. O., 12.

21 Dietrich Rössler, Grundriß der Praktischen Theologie, Berlin ²1994, 129 ff.

22 Vgl. dazu Mareile Lasogga/Udo Hahn (Hg.), Die Visitation. Eine Studie des Theologischen Ausschusses der VELKD, Hannover 2010.

23 Michael Klessmann, Pfarrerbilder im Wandel. Ein Beruf im Umbruch, Neukirchen-Vluyn 2001, 36; Jan Hermelink, Der Pastorale Zweifel und seine Darstellung, in: Jan Hermelink (Hg.), Kirche leiten in Person. Beiträge zu einer evangelischen Pastoraltheologie (Arbeiten zur Praktischen Theologie 54), Leipzig 2016, 187–204.

24 *Impulspapier*, 71.

Zusammengefasst lässt sich sagen, dass die Frage nach Qualität in der Kirche zu jeder Zeit Teil der Kirche war. In Zeiten von Krise und Relevanzverlust wird sie jedoch deutlicher zur Sprache gebracht. In den Antworten und Lösungsversuchen lassen sich die Fragen und Themen der jeweiligen Zeit erkennen, so dass Begriffe wie »kommunikative Kompetenz, Teamfähigkeit und Leistungsbereitschaft ... lebenslanges Lernen und beständige Fortbildung« Ausdruck der Jahrtausendwende unserer Zeit sind.

Bereits heute zeigt sich, dass mit der fortschreitenden Digitalisierung neue Fragen beantwortet werden müssen.

Christian Binder

Qualitätsentwicklung im Gottesdienst als nota ecclesiae

> *»Es wird auch gelehrt, dass allezeit eine heilige, christliche Kirche sein und bleiben muss, die die Versammlung aller Gläubigen ist, bei denen das Evangelium rein gepredigt und die heiligen Sakramente laut dem Evangelium gereicht werden.«*
> (CA VII)

Es ist gar nicht so viel, was es braucht, damit eine Versammlung von Menschen als Kirche angesehen werden kann. Es braucht keine Pfarrer, keine Kirchengebäude, keine Orgel, keine Lieder, keine Kerzen, Altäre oder Kanzeln. Es braucht nur ein Qualitätsmanagement im Gottesdienst.

Denn die »heilige, christliche Kirche« ist überall dort zu finden, wo »das Evangelium rein gepredigt und die Sakramente laut dem Evangelium gereicht werden« (CA VII). Was hier zum Ausdruck kommt, ist eine qualitative Abgrenzung im Bereich von Verkündigung und Sakramentsverwaltung, die notwendigerweise Kriterien und eine an ihnen mögliche qualitative Unterscheidung mit sich führt. Damit Kirche Kirche bleibt, ist eine Unterscheidung und Feststellung von reiner Predigt des Evangeliums und evangeliumsgemäßer Sakramentsverwaltung konstitutiv notwendig, es muss feststellbar sein, dass die zentralen Lebensäußerungen von Kirche: Predigt und Sakrament, den vorgegebenen Kriterien qualitativ entsprechen. Die Überprüfung und Feststellung, dass Verkündigung und Sakramentsverwaltung die im Bekenntnis vorgegebenen Anforderungen erfüllen, also »die Gesamtheit von Merkmalen einer Einheit bezüglich ihrer Eignung, festgelegte und vorausgesetzte Erfordernisse zu erfüllen« (DIN EN ISO 8402), geschieht definitionsgemäß durch Qualitätsmanagement. Damit ist Qualitätsmanagement im Bereich Verkündigung und Sakramentsverwaltung konstitutives Kennzeichen wahrer Kirchlichkeit, ist Qualitätsmanagement im Gottesdienst hinreichendes und notwendiges und nach CA VII sogar einziges Kennzeichen von Kirche. Kirche kann nur dort sein, wo in einem Vollzug von Qualitätsmanagement die reine Predigt des Evangeliums und die evangeliumsgemäße Verwaltung der Sakramente festgestellt werden kann.

Angesichts dieser nachgerade heilsnotwendigen Bedeutung von Qualitätsentwicklung im Gottesdienst erstaunt die vehemente Kritik, die die Verwendung des Qualitätsparadigmas, der Begrifflichkeiten und Prozesse des Qualitätsmanagements im Hinblick auf kirchliche Vollzüge in Kirche und akademischer Theologie hervorgerufen hat. Besonders heftig trifft die Kritik die für Qualitätsmanagement notwendigen geregelten Rückmeldeprozesse, z. B. in Form von regelmäßigem und regelgerechtem Feedback auf gottesdienstliche Vollzüge.

Dabei schließt sich die theologische Kritik eng an soziologische Argumentationsmuster an.[1] So wird soziologisch konstatiert, der Zweck von Feedback »liege in der Nötigung zur Selbstreflexion, die wiederum zu verbesserter Selbststeuerung führen soll«.[2] Damit werde eine »unabschließbare Dynamik der Selbstoptimierung in Gang«[3] gesetzt: »Das Gebot ›Erkenne dich selbst!‹ (im Blick der Anderen) wie auch die Nötigung, sich selbst zu optimieren (auf der Grundlage aggregierter Fremdwahrnehmungen)«,[4] führten zu »strukturelle[r] Überforderung«, die den Einzelnen »in einem Zustand fortwährender Kritisierbarkeit« hält und eine »Daueranspannung« erzeugt, »die ihn niemals zur Ruhe kommen lässt«.[5] Feedback sei damit ein Instrument einer gesamtgesellschaftlich wahrnehmbaren Subjektivierungsstrategie, die in Form des »unternehmerischen Selbst« auch zu einer »Ökonomisierung aller sozialen Beziehungen – einschließlich der zu sich selbst«[6] – führe.

Die soziologische Analyse zeige, dass »die Theorien und Programme unternehmerischer (Selbst-) Mobilisierung in die unterschiedlichsten Bereiche des Sozialen diffundieren und über politische Fraktionierungen und soziale Milieus, über Disziplingrenzen und fachliche Zuständigkeiten hinweg fraglose Plausibilität beanspruchen«.[7] Diese Grenzüberschreitung des ökonomischen »Subjektivierungsregime[s]«[8] wird auch im Hinblick auf die Religion und hier insbesondere auf die evangelische Kirche festgestellt, die sich vor allem im Impulspapier »Kirche der Freiheit« und dort beispielhaft mit seiner Orientierung am Qualitätsbegriff, diesem »Primat der Ökonomie«[9] ausgeliefert habe. Es werde dabei nicht reflektiert, dass »der Religion die Applikation der ökonomischer [sic!] Sprache und Logik nicht äußerlich bleibt, sondern sie immer mehr in den Bann des Ökonomiesystems und seiner Rationalität zieht«.[10]

1 Vgl. Ulrich Bröckling, Das unternehmerische Selbst. Soziologie einer Subjektivierungsform, Frankfurt/M. 2007, und dann Birgit Klostermeier, Das unternehmerische Selbst der Kirche. Eine Diskursanalyse, Berlin 2011.

2 Bröckling, Das unternehmerische Selbst, a. a. O., 239.

3 A. a. O., 239.

4 A. a. O., 241 f.

5 A. a. O., 244.

6 A. a. O., 243.

7 A. a. O., 50.

8 A. a. O., 39.

9 A. a. O., 52.

10 Isolde Karle, Kirche im Reformstress, Gütersloh 2010, 109.

Die dieser Kritik zugrunde liegende Analyse anhand der Luhmann'schen Systemtheorie, die die Eigengesetzlichkeit und Eigensprachlichkeit der jeweiligen Systeme behauptet, zwingt dazu anzunehmen, dass »eine theologische oder religiöse Sprache [...] sich nicht in eine ökonomische Sprache übersetzen« lässt. »Beide Semantiken sind durch ganz unterschiedliche Formen der Rationalität geprägt und deshalb inkompatibel.«[11] Diese Inkompatibilität führt in dieser Argumentation folgerichtig dazu, dass das ökonomische System im theologischen Diskurs in religiöser Sprache als eine Macht charakterisiert wird, die »in den Bann [...] zieht«.[12] Weil die Rationalitäten nicht kompatibel sind, wird das ökonomische System durch die Theologie dämonisiert. Dies führt letztlich sogar zu Argumentations- und Denkverboten im theologischen Diskurs: »Über den Nutzen religiöser Handlungen darf nicht reflektiert werden«.[13] In diesem dualistischen Gegenüber können sich Kirche und Theologie zum ökonomischen System nur in Widerstand oder Ergebung verhalten, ein wissenschaftlich-erprobender oder auch nur phantasievoll-spielerischer Umgang mit dessen Sprach- und Denkfiguren liefert sie notwendig dessen »Bann« aus. Da scheinen die Kinder der Welt unter ihresgleichen immer noch klüger zu sein als die Kinder des Lichts, die noch immer nicht gelernt haben, mit dem ungerechten Mammon und seiner Eigenrationalität souverän umzugehen. Überraschend an diesen Denkfiguren ist, wie selbstverständlich sie davon ausgehen, dass »die Übernahme ökonomischer Sprache und Paradigmen« dazu führt, dass »religiöse Begriffe profanisiert und banalisiert werden«,[14] eine Befürchtung, die z. B. den biblischen Gleichnissen fremd ist und wenig Vertrauen in die Macht der Eigengesetzlichkeit Gottes und seines Wortes zeigt. Könnte die Theologie nicht damit rechnen, zumindest aber darauf vertrauen, dass der, dem alles unter die Füße getan ist, auch auf der Grundlage ökonomischer Sprache und Rationalitäten standhaft bleibt und beständig seine Macht erweist? Woher kommt nur der Kleinglaube, das Gesetz Gottes müsste gegenüber dem Gesetz des Marktes notwendig den Kürzeren ziehen? Mag der Glaube die Kraft des Wortes Gottes nicht erkennen, nur weil er nicht über den Augenschein der soziologischen Analyse hinausblicken mag? Als gäbe es Bereiche unseres Lebens, in denen wir nicht Jesus Christus, sondern anderen Herren zu eigen wären (Barmen II).

Sind also auch ein Qualitätsmanagement und die dafür notwendige Rückmeldekultur im kirchlichen Kontext eine Selbstauslieferung an das Subjekti-

---

11 A. a. O., 116.

12 A. a. O., 109.

13 Jens Schlamelcher, Unternehmen Kirche?, Neoliberale Diskurse in den deutschen Großkirchen, in: Walter Ötsch/Claus Thomasberger (Hg.), Der neoliberale Markt-Diskurs, Marburg 2009, 213–256, 258, cit. bei Karle, Kirche (s. Anm. 10), 111.

14 Karle, Kirche (s. Anm. 10), 116.

vierungsregime des ökonomischen Systems und seine Selbstoptimierungsspirale, die notwendig zur Überlastung des Einzelnen führt?

Tatsächlich lässt sich wohl auch der christliche Glaube als ein Subjektivierungsregime verstehen, das auf die Selbstoptimierung des Einzelnen zielt, die in den Forderungen nach Buße und Heiligung gefasst ist. Zugleich bekennt er die Wirklichkeit des Menschen als eines Sünders, der selbst das Gute, das er vollbringen mag, nicht aus eigener Kraft vollbringen kann. Diese Spannung von forderndem göttlichen Gesetz und sündhafter menschlicher Schwachheit, in der der Mensch notwendig den Tod finden muss, wird durch die Zusage der Rechtfertigung aus Gnaden allein so aufgelöst, dass daraus dem Menschen eine neue Lebensmöglichkeit eröffnet wird. Dieses neue Leben im Licht der Rechtfertigungsbotschaft, die Existenz als *simul iustus et peccator*, als Sünder und Gerechtfertigter zugleich, ist ein Leben, in dem die Tod bringende Spannung von Gesetz und Sünde durch die Leben bestimmende Spannung von Rechtfertigung und Heiligung abgelöst wird. Der gerechtfertigte Sünder weiß, dass er aus der Todesforderung des Gesetzes entlassen ist, zugleich spürt er voller Dankbarkeit die Kraft des Heiligen Geistes, die ihn zur Neuausrichtung seines Lebens befähigen will.

Die Forderungen des Gesetzes Gottes haben ihre Todeswirksamkeit verloren und haben eine neue Lebenswirksamkeit erlangt in seiner erneuerten Existenz als Gerechtfertigter, der er dankbar Raum gibt. Er muss kein anderer werden, um als geliebter Mensch vor Gott zu stehen, aus der Kraft der Liebe Gottes erwächst ihm zugleich die Freiheit, eine neue, liebevolle Existenz auf Gott und den Nächsten hin zu gestalten.

Der gerechtfertigte Sünder weiß um die notwendige Unvollkommenheit und Fehlerhaftigkeit seines Handelns, zugleich bemüht er sich voll Dankbarkeit gegenüber Gottes Güte um die Güte seiner eigenen Werke. Er bemüht sich in seinem Sein und Tun um stetige Umkehr zum Besseren, nicht aus Angst oder Ruhmsucht, nicht zur Verbesserung seiner Marktfähigkeit oder in der Hingabe an die unbarmherzige ökonomistische Eigengesetzlichkeit, sondern in Dankbarkeit und Freiheit in der Hingabe an seinen gnädigen Gott. An der Botschaft von der Rechtfertigung zerbricht so jede unheilvolle Dynamik der Selbstoptimierung, sie immunisiert gegen die scheinbare Eigengesetzlichkeit des unternehmerischen Selbst und befreit zu einer dankbaren Wahrnehmung und verantwortlichem Einsatz der eigenen Gaben und Charismen. In der durch die Rechtfertigung gestifteten Freiheit kann es auch gelingen, Wahrnehmungs- und Handlungsinstrumente aus den Vollzügen der Welt in den Dienst des Evangeliums zu nehmen und zur Ehre Gottes und zum Nutzen des Menschen zu gebrauchen.

In diesem Gebrauch durch den gerechtfertigten Sünder, gleichsam einem tertius usus weltlicher Instrumente, sind diese aus ihrer möglicherweise unheilvollen Einbindung in weltliche Zusammenhänge und Gesetzmäßigkeiten befreit und als Instrumente zur Verkündigung des befreienden Wortes Gottes und des Dienstes seiner Gemeinde nutzbar. Kriterium ihrer Nutzbarkeit ist nur noch die Nützlichkeit zum Aufbau der Gemeinde. Diese Nützlichkeit haben zahlreiche Instrumente des Qualitätsmanagements in ihrer Anwendung in erfolgreichen Projekten exemplarisch erwiesen, wie die Praxisberichte in diesem Band zeigen.

In aller evangelischen Freiheit sind sie von der Gemeinde der gerechtfertigten Sünder in den Dienst des Evangeliums genommen worden und haben in diesem *tertius usus* ihren Nutzen zum Aufbau der Gemeinde ebenso erwiesen wie ihre Widerständigkeit gegen einen behaupteten Supremat des ökonomistischen Geistes. Statt einer wohlfeilen Verteufelung eines vermeintlich allmächtigen Ökonomismus aus dem Geist von Soziologie und Sozialismus ist dazu nicht viel mehr notwendig als etwas unerschrockene evangelische Freiheit und ein gläubiges Vertrauen auf die Durchsetzungskraft des Heiligen Geistes.

Jochen Arnold

Theologie der Qualität – Qualität der Theologie

Eine **Theologie der Qualität** reflektiert Begriff und Praxis der Qualität aus theologischer Perspektive. Sie setzt Gottes gütiges Sein und Handeln zu menschlichem Sein und Handeln in Verantwortung vor Gott in Beziehung.[1]

Innerhalb eines praktisch-theologischen Diskurses scheint es mir naheliegend, das Qualitätsparadigma analog zur kritisch verantworteten Aufnahme anderer Bezugswissenschaften wie Soziologie, Psychologie oder Kybernetik zu gebrauchen. Für einen systematisch-theologischen Diskurs ist es dagegen angemessen, über den anthropologischen, soziologischen und ökonomischen Fragehorizont hinaus, auch an *philosophische und im engeren Sinne theologische Bestimmungen des Guten anzuknüpfen.*[2] Die theologische Grundannahme lässt sich dahingehend formulieren, dass »alle gute Gabe und alle vollkommene Gabe von Gott« komme (Jak 1,17).[3]

Die folgenden Thesen zur Theologie der Qualität nehmen zur Kenntnis, dass es durchaus divergierende Verständnisse von Qualität gibt. Zum einen wird Qualität (umgangssprachlich) mit Güte, Klasse oder Exklusivität konnotiert, nach den Maßstäben aus dem Qualitätsmanagement wird Qualität als kontinuierlicher Verbesserungsprozess betrachtet, der z. B. Struktur-, Prozess- und Ergebnisqualität unterscheidet.[4] Gehen wir dagegen von der Überlegung

---

1 Vgl. dazu Luthers Bestimmung des Gegenstands der Theologie als »Homo reus et perditus & Deus iustificans vel salvator« (WA 40 II, 328). Gott rechtfertigt und rettet den sündigen und daher verlorenen Menschen. Damit ist einerseits eine Konzentration auf das Ereignis der Rechtfertigung vorgenommen, die auf die Relation von Evangelium und Glaube zielt. Zugleich ist damit die Gefahr einer Engführung gegeben. Der Mensch erscheint hier nicht als Geschöpf und Mitgestalter Gottes in der Welt, sondern zunächst einmal nur als »Verlorener«, der ganz und gar auf Gott angewiesen ist. Die Frage ist aufgeworfen: Gibt es trotz des Bruchs zwischen Gott und Mensch eine bleibende (anthropologische) Kontinuität?

2 Vgl. dazu die klassische Thesenreihe Luthers in seiner Disputatio de homine, WA 39 I, 175–177, bzw. Gerhard Ebeling, Disputatio de homine, Tübingen 1982 ff.

3 Zugleich ist zu fragen, ob auch das Böse in der Welt von Gott zugelassen oder gar bewirkt wird (vgl. Luthers Aussage, dass Gott alles in allem wirkt, Gutes und Böses, WA 18, 685).

4 Mit Folkert Fendler, Von der »Qualitas« zur Messung. Theologisch verantwortet von Qualität reden, in: LuK 2 (1–2011), 4–27, können wir drei divergierende Qualitätsbegriffe unterscheiden, einen umgangssprachlichen, einen QM-orientierten und einen philosophischen. Vgl. dazu auch Jochen Arnold, Was ist ein (guter) Gottesdienst?, in: Folkert Fendler/Christian Binder (Hg.), Gottes Güte und menschliche Gütesiegel. Qualitätsentwicklung im Gottesdienst, Leipzig 2012, 97–105.

aus, dass der Begriff Qualität ursprünglich von *qualitas* (Wesen, Beschaffenheit) kommt, wird unser Blick in eine andere Richtung gelenkt. Im philosophisch-theologischen Zusammenhang ist sehr viel grundsätzlicher, nach dem schlechthinnig Guten und dem Wesen der Welt zu fragen. Ja, letztlich ist dann theologisch auch das Wesen Gottes im Fokus. Eine Theologie der Qualität wird folgenden Fragen nicht ausweichen können: Wie ist Gott und wie ist er erkennbar? Aber auch: Woran erkennen wir, dass Gott gut (gütig), gerecht, weise und barmherzig ist? Welche Konsequenzen hat das für die Anthropologie bzw. für die Beziehung von Gott und Mensch in der Welt der Dinge und der Natur?

I Theologie der Qualität

1 Das Wesen und Wirken Gottes

Die Gott zugeschriebenen Eigenschaften sind in der christlichen Theologie klassischerweise: Güte, Liebe und Barmherzigkeit. Sie zielen auf eine Rede vom liebenden oder zugewandten Gott (vgl. Joh 3,16) bzw. einem Gott, der die Liebe ist (vgl. 2 Kor 13,11; 1 Joh 4,7).[5] Daneben stehen Aussagen über Gottes Weisheit (vgl. Röm 11,33–36), Gerechtigkeit und Macht, ja sogar über seine Allwissenheit (vgl. Ps 139,2–4) und Allmacht. Wie werden sie erkennbar? Wie sind sie untereinander und im Verhältnis zur Rede von der unbedingten Liebe Gottes zu gewichten?[6]

Mittelalterliche Theologie (im Gefolge von Anselm und Thomas) hat – ausgehend vom Primat des Seins vor dem Handeln – Gott als das beschrieben, »worüber hinaus Größeres nicht gedacht werden kann«.[7] Ist Gott das, worüber hinaus Größeres nicht gedacht werden kann, dann muss er auch existieren. Denn etwas, was nicht existiert, wäre nicht das Größte (ontologisches Gottesargument). Noch bei Paul Tillich wird Gott essentialistisch als »Sein-Selbst« bezeichnet. Es ist für ihn der einzig angemessene (symbolische) Gottesname.

Damit deutet sich an: Gott ist so groß, dass er unser Denken und unsere Erfahrung prinzipiell übersteigt. Dies gilt auch und gerade dann, wenn Gott sich in Krippe und Kreuz erniedrigt (vgl. 1 Kor 1,18–25).[8] Damit ist auch eine

---

5 Vgl. dazu Winfried Härle, Dogmatik, Berlin/New York ^{2}2000, 242.

6 Vgl. Härle, a.a.O., 273 f. In der sog. Theodizee-Problematik entsteht die Aporie, dass angesichts des Übels in der Welt entweder Gottes Liebe oder aber seine Allmacht bzw. Allwissenheit als eingeschränkt betrachtet werden müssen.

7 Anselm von Canterbury, Proslogion, cap. II, vgl. Ingolf U. Dalferth, »Fides quaerens intellectum«, in: ZThK 81 (1984), 54–105.

8 Vgl. Karl Barth, KD II/1, Zürich-Zollikon, 1932 ff., 340–361.

gleichsam doxologische Spur vorgegeben, die Melanchthon so formuliert hat: »Die Geheimnisse der Gottheit sollten wir lieber anbeten als zu ergründen suchen«.[9]

Zahlreiche biblische Bücher erzählen im Gegensatz zu den eben genannten Definitionen *Geschichten* von Gott. Aus Gottes schöpferischem und rettendem, richtendem und strafendem, bewahrendem oder segnendem Handeln lesen sie ab, wie Gott ist. Gottes Sein wird aus seinem Handeln und natürlich besonders aus seinem Wort erkennbar. Gottes Wesen und sein worthaftes Wirken bilden dann nicht nur einen »engen, unauflöslichen Zusammenhang«[10], es gibt auch ein *a priori* der Erkenntnis: Eine Theologie, die nach dem Wesen Gottes fragt, hält sich zunächst an sein Wort, etwa an die Zusage vor dem Dekalog: »Ich bin der Herr, dein Gott« (Ex 20,2). Sie schließt angesichts unserer Erfahrung in Natur, Geschichte, Bibel und Gottesdienst von Gottes (gutem) Wort auf Gottes (gutes) Sein.

Dennoch bleiben dabei Fragen offen. Die brennendste – angesichts von Naturkatstrophen, Shoa und Kriegen – lautet: Ist Gott unbedingte Liebe?[11] Damit verbunden werden kann eine zweite große Frage: Kann und musste der liebende Gott für uns leiden? Konnte er so (womöglich nur so?) die Schrecken des Bösen und des Todes aus der Welt schaffen?

Was ist durch die Rede von Gott als einem drei-einigen, in sich selbst beziehungsreichen Gott qualitätstheologisch gewonnen? Stimmt es, dass ein Gott, dessen Wesen Liebe ist oder der unbedingt liebt, gar nicht anders als beziehungsreich gedacht werden kann? Und um dieses Problem wieder in der Welt zu verorten, ist dann zu fragen: An welchen Orten und in welchen Worten ist Gott als zugewandter, beziehungsreicher, liebender Gott erkennbar?

Antworten darauf kann eine Theologie des Gottesdienstes geben, die Gottes Wesen als kondeszendentes (sich herabneigendes) Lieben versteht. Oder vielleicht müsste man besser sagen: Eine Theologie der Qualität bestimmt göttliches Handeln als Dienen. Ihre Magna Charta ist der Dienst Jesu, wie es

9 Melanchthon, Loci communes (1521), StA II/1, 6,16 f.: »Mysteria divinitatis rectius adoraverimus quam vestigaverimus.«

10 Härle, a. a. O., 242.

11 Ein alternativer Zugang dazu ist die Rede von vier Widerfahrnissen Gottes, wie sie erstmals Oswald Bayer entwickelt hat (vgl. Bayer, Theologie [HST 1], Gütersloh 1994, 413–418). Gott wird hier in Anknüpfung an Luthers Theologie nicht anhand seiner (einander ergänzenden) Eigenschaften, sondern von vier (durchaus gegensätzlichen) Wirkweisen beschrieben. Dem verborgenen Gott (*Deus absconditus*) steht der offenbare Gott (*Deus revelatus*) wie Tod und Leben gegenüber. Der offenbare Gott wird im bewahrenden und richtenden Gesetz (*primus et secundus usus legis*) und im rettenden Evangelium erfahren. Hier ist der eigentliche Herzschlag der Theologie: Gott sagt sich zu als Gott für uns. – Vgl. dazu auch Jochen Arnold, Theologie des Gottesdienstes, Hannover ^{2}2008, 569–574, und ders., Von Gott poetisch-musikalisch reden. Gottes verborgenes und offenbares Handeln in Bachs Kantaten, Göttingen 2009, 97–100.

Markus beschreibt (vgl. Mk 10,45): *Des Menschen Sohn ist nicht gekommen, dass er sich dienen lasse, sondern dass er diene und gebe sein Leben zu einer Erlösung für die Vielen.* Seine Hingabe macht auch vor dem Letzten, Gewalt und Tod, nicht Halt.

Eine Theologie der Qualität kommt von der Qualität göttlicher Liebe bzw. göttlichen Dienens auch zur Frage nach der Qualität menschlicher Antwort. Im Gottesdienst entspricht die Kirche Gottes gütiger Zuwendung dadurch, dass sie Gott die Ehre gibt, mithin Gott durch ihr Lob verherrlicht oder »schön macht«. Dieser gleichsam vertikalen Ausrichtung menschlicher Antwort auf Gottes Güte als Doxologie entspricht die horizontale Antwort gegenüber der Welt im Dienst am Menschen (Diakonie und Zeugnis) bzw. in der Bewahrung der Schöpfung.

2 Vom Schönen und Guten – die Qualität der Dinge, der Welt und des Menschen

Der Gegenstand einer Theologie der Qualität ist (auch) die Frage nach dem Wesen/der Beschaffenheit (qualitas) der Welt der Dinge und nach dem Wesen des Menschen in Bezug auf ihren göttlichen Ursprung. Anders gesagt: Es geht um eine theologisch qualifizierte Rede vom Schönen und Guten in der Welt (des Menschen) in seiner Beziehung zu Gott.

Dazu ein Blick in die Bibel.

Im ersten Schöpfungsbericht heißt es, dass die Welt, die Gott geschaffen hat, »sehr gut« war – also umgangssprachlich »von höchster Güte« oder »bester Qualität«. In dieser Welt ist der Mensch einerseits Geschöpf, zugleich aber auch Stellvertreter Gottes (Gen 1,27) oder mit Psalm 8: Kind und König. In ähnlicher Weise rühmen die Hymnen des Psalters (vgl. Ps 19,2–7; 65,7–14; 96) die Schönheit und Größe der Natur als Spiegel göttlicher Weisheit und Kraft. Beschreibungen menschlicher Schönheit (vgl. Ps 45; Hhld) oder des Gelingens menschlicher Arbeit (vgl. Ps 104), menschlichen Zusammenlebens und seines künstlerischen Schaffens können an diese grundsätzlichen Vorstellungen anknüpfen. Zunächst einmal ist die Welt gut und schön, und der Mensch als gottähnlicher Gesandter und als zur Verantwortung gerufenes Beziehungswesen ein Segen für die Erde und ihre Geschöpfe.

In diesem Sinne können ökologische und letztlich auch ökonomische Qualitätszusammenhänge zunächst einmal positiv in den großen Kontext der Schöpfungstheologie bzw. einer theologischen Anthropologie oder Kosmologie eingeordnet werden.

3 Gesetze/Normen und ihre Übertretungen – Qualität und »Nicht-Qualität« (allgemein-menschlich)

Zugleich ist der Mensch als Einzelperson und als Beziehungswesen auch gefährdet. Er erfährt eigenes Scheitern und Enttäuschung durch andere, übertritt eigene und fremde Regeln und Normen. Diese Einsicht ist uralt. Im Spiegel der biblisch bezeugten Geschichte Gottes mit dem Menschen ist er nicht nur als geliebtes Geschöpf, sondern auch als Sünder zu qualifizieren. Die Welt als Ganze ist eine »gefallene« oder zumindest stets »bedrohte«.[12] Es liegt auf der Hand, dass angesichts von Krieg und Terror in Geschichte und Gegenwart auch diese dunkle Seite des menschlichen Lebens zu deuten ist.

Viele Fehler und Verletzungen lassen sich vermeiden, im Kleinen und im Großen. Vieles lässt sich – wie im Qualitätsmanagement gedacht – im Sinne eines kontinuierlichen Verbesserungsprozesses »optimieren«. Die Rede von Strukturqualität ist aber immer auch eine politische Frage nach Ressourcen, nach Bildungsmöglichkeiten und Verteilungsgerechtigkeit. Möglicherweise wird allein die Verteilung des Wassers in Zukunft die Gefahr kriegerischer Auseinandersetzungen erhöhen.

Eine theologische Theorie der Qualität wird den Gedanken einer Null-Fehler-Strategie aus dem Qualitätsmanagement jedenfalls kritisch hinterfragen, weil er anthropologisch unrealistisch ist und der biblisch-theologischen Wahrnehmung des Menschen als Sünder nicht entspricht. Die Aufgabe, die sich aus der Auseinandersetzung mit dem Qualitätsparadigma ergibt, lautet: Inwiefern ist menschliches Handeln einfach »missglückt«, weil z. B. Anforderung und Maßnahme nicht kongruent waren oder sich überraschenderweise zusätzliche Faktoren ergeben haben, die zu einer neuen Situation führten? Wo gab es echte Versäumnisse? Wo haben diese die Arbeit oder den Einsatz anderer Personen beschädigt?

Hier wäre auf der einen Seite darauf zu achten, dass das Eingeständnis von Fehlern nicht mit einer Verurteilung der Akteure einhergeht. Auf der anderen Seite wird durch die wichtige Unterscheidung von Person und Werk ein Reden über Fehler auch möglich. Sie müssen gerade nicht – wie sonst so oft im kirchlichen Alltag – vertuscht oder ignoriert werden.

---

12 Davon berichten schon die biblische Urgeschichte (Gen 2–11) und zahlreiche andere biblische Texte. Erzählt wird, wie die Beziehung zwischen Gott und Welt bzw. Gott und Mensch immer mehr getrübt wird. Kains Mord an Abel steht für die Spur der Gewalt (Gen 4), die bis hinein in die Familie reicht. Gleichgültigkeit gegenüber Gott (Gen 6) und menschliche Hybris nehmen überhand (Sintflut) und kulminieren im Turmbau zu Babel. Die Geschichte des Menschen wird zunehmend zu einer Geschichte der Verstrickung, die auch durch den Neubeginn im Anschluss an die Sintflut (Gen 8 bzw. 9) nicht aufgehoben wird.

In zahlreichen Fällen ist menschliches Scheitern allerdings auch mit tatsächlichen Kränkungen oder Verletzungen verbunden. Sie können die eigene Person oder andere betreffen, ja auch die Gottesbeziehung belasten.

In diesem Fall ist hier zu fragen, inwiefern eine menschliche Handlung Gottes (gütigem) Willen (vgl. Dekalog, Ex 20,2 ff bzw. Doppelgebot, Mk 12,29–31, und Goldene Regel, Mt 7,12) entsprochen oder widersprochen hat. Damit ist eine normative Seite beschrieben, die deutliche hamartiologische und ethische Implikationen hat. Zugespitzt: Die theologische Rede von Qualität(snormen) mit Blick auf menschliches Handeln bzw. menschlich gesteuerte Prozesse evoziert die Rede von »Nicht-Qualität«. Bruchstellen werden erkennbar. Sie sind unter Umständen (wenigstens teilweise) durch menschliches Handeln verschuldet. In gewissen Fällen lässt sich dieses als Versäumnis oder als Schuld beschreiben.

Theologisch ist dieses Thema durch die Rede von der menschlichen Verstrickung in Sünde (vgl. Röm 1–3) beschrieben oder wenigstens zu ergänzen. Hier wäre unbedingt die Frage zu stellen: Welche menschlichen Fehler müssen als »Sünde« bezeichnet werden? Wo gibt es Grauzonen, in denen das eigene Gewissen und andere Erwartungen kollidieren? Ja, gibt es nicht sogar »Übertretungen« von (menschlichen) Gesetzen oder Regeln, die im Namen Gottes geschehen können und geschehen müssen? (Vgl. dazu Apg 5,29: *Man muss Gott mehr gehorchen als den Menschen*, und das jesuanische: *Gebt dem Kaiser, was des Kaisers ist und Gott, was Gott gehört*, Mk 12,17)

In komplexeren ethischen Fragen kollidieren unter Umständen religiöse und zivilrechtliche Vorstellungen und Regeln. Das christliche Gewissen hat natürliches Rechtsempfinden, die Weisungen des Dekalogs bzw. des Bergpredigers und aktuelle Gesetzgebung (positives Recht) zu gewichten und miteinander zu vermitteln.

4 Theodizee?

Es gibt sicherlich auch menschliches Leid, das nicht durch Menschen verschuldet, sondern z. B. durch Krankheit und Naturkatastrophen ausgelöst wurde (vgl. die Hiobgeschichte und Naturkatastrophen wie das Erdbeben von Lissabon 1755 oder den Tsunami 2004). Sowohl in individuellen menschlichen Biographien als auch in globalen Zusammenhängen ist dies theologisch zu bedenken.

Eine Theologie der Qualität als Rede von der Güte/vom Wesen Gottes muss daher auch fragen, inwiefern sich Gottes Güte bisweilen nicht mehr zeigt, ja vielleicht sogar deutlich machen, dass Gottes Wesen nicht nur Güte und Liebe ist. Sie verleiht der Erfahrung Ausdruck, dass es auch eine dunkle Seite in Gott gibt. Sie wird nach biblischer Tradition in der Klage artikuliert und vor Gott gebracht (vgl. Ps 18,12; 22,2 f; Jes 54,7). Jesus selbst hat in größter Not so gehandelt (Mk 15,34 par). Hier hat die Rede Luthers vom Deus absconditus (oder abgeschwächt vom opus absconditum Dei)[13] ihren Ort. Die eigentliche Schärfe der Theodizee käme in der Frage zum Ausdruck: Kann man auch von »Fehlern Gottes« sprechen? Oder hat Gott Fehler in Kauf genommen, um sie dann in der Geschichte mit den Menschen wieder »aufzuheben«? (vgl. dazu Gen 6,6 bzw. 8,21; 9,12–17)

5 Qualität als kirchliche Aufgabe!? (spezifisch-christlich)

Eine Theologie der Qualität reflektiert das Verhältnis von Gottes Güte (Gottes Willen) und menschlichen Gütesiegeln bzw. menschlicher Bemühung um angemessenes Handeln in der Welt. Dies gilt zunächst für jedes menschliche Handeln (vgl. oben 3), in besonderer Weise aber für das christliche Handeln im Raum der Kirche und darüber hinaus auch wieder in der Gesellschaft. So drängt sich bei der Bearbeitung dieses Themas die Frage auf, inwiefern es z. B. für kirchliche Einrichtungen und christliche Handlungsvollzüge einen spezifischen »Qualitätsauftrag« und daher auch eine »Qualitätsdifferenz« im Handeln geben kann und soll.

Diakonisches und ordnendes oder leitendes Handeln im Raum der Kirche weiß sich durch einen spezifischen Auftrag zur Nachfolge Christi (etwa im Doppelgebot der Liebe, Mk 12,29–31) motiviert. Paradigma ist klassisch das Gleichnis vom Barmherzigen Samariter (Lk 10,29 ff), aber auch die ersten Gemeindeordnungen. Durchdacht und ausformuliert wird dieser Zusammenhang exemplarisch in der 3. These der Barmer Theologischen Erklärung.[14]

Diakonische Protagonisten werden kaum für sich beanspruchen, automatisch »besser« zu sein als ihre Partner in »weltlichen« Einrichtungen. Ein kirchlich geführter Kindergarten muss pädagogisch nicht besser sein, als ein staat-

13 Vgl. Eberhard Jüngel, Quae supra nos, nihil ad nos. Eine Kurzformel der Lehre vom verborgenen Gott – in Anschluss an Luther interpretiert, in: ders., Entsprechungen: Gott – Wahrheit – Mensch. Theologische Erörterungen (BEvTh 88), München 1986, 202–251.

14 »Die christliche Kirche ist die Gemeinde von Brüdern, in der Jesus Christus in Wort und Sakrament durch den Heiligen Geist als der Herr gegenwärtig handelt. Sie hat mit ihrem Glauben wie mit ihrem Gehorsam, mit ihrer Botschaft wie mit ihrer Ordnung mitten in der Welt der Sünde als die Kirche der begnadigten Sünder zu bezeugen, dass sie allein sein Eigentum ist, allein von seinem Trost und von seiner Weisung in Erwartung seiner Erscheinung lebt und leben möchte. Wir verwerfen die falsche Lehre, als dürfe Kirche die Gestalt ihrer Botschaft und ihrer Ordnung ihrem Belieben oder dem Wechsel der jeweils herrschenden weltanschaulichen oder politischen Überzeugungen überlassen.« (Alfred Burgsmüller/Rudolf Weth [Hg.], Die Barmer Theologische Erklärung. Einführung und Dokumentation, Neukirchen [3]1984, 36).

licher. Dasselbe gilt für ein kirchliches Krankenhaus usw. Aber der Umgang mit den Mitarbeitenden entspricht Regeln, die ihrerseits mit dem Evangelium übereinstimmen sollen. Dazu gehören ein wertschätzender Umgang mit Personen und eine »fehlerfreundliche« Weiterentwicklung z. B. durch Instrumente von Supervision, Jahresgesprächen und konkreten Zielvereinbarungen.

So können wir als Kirche einerseits von Qualitätsprozessen in anderen Zusammenhängen lernen, andererseits aber auch selbst Standards setzen, die für andere Einrichtungen wiederum eine Orientierung, z. B. für einen menschenfreundlichen Führungsstil, darstellen. Möglicherweise – dies wäre zumindest eine Hypothese – sind Qualitätsprozesse im Raum der Kirche anders motiviert und insgesamt besser (sorgfältiger bzw. bewusster) begleitet. Dies wäre allerdings Gegenstand einer eigenen Untersuchung.

Demgegenüber ist gottesdienstliches Handeln der Kirche mit analogen Vollzügen in anderen Religionsgemeinschaften oder weltlichen Institutionen nicht ohne Weiteres vergleichbar. Es geschieht worthaft und ohne Gewalt, darstellend nicht direktiv. Zwar können etwa Rituale oder Zeremonien vergleichend betrachtet werden, die Rede von Qualität lässt sich hier aber nicht ohne den Horizont der heiligen Schrift (vgl. Kol 3,16 f oder Act 2,42–47) oder ohne gesamtkirchliche »Aufträge« (vgl. CA VII/XIV[15]) beschreiben. Nach evangelischem Verständnis ist jeder Gottesdienst ein besonderes Ereignis, das unabhängig von menschlichen Voraussetzungen geschieht: Christus verspricht seine Gegenwart, wenn sich Menschen in seinem Namen versammeln (Mt 18,20). Diese »Qualität« (Beschaffenheit) kirchlichen Handelns unterscheidet sich m.E. von einer Sitzung des Kirchenvorstands oder dem Treffen einer Frauengruppe.

6 Christliche Ethik im Horizont einer Theologie der Qualität

Damit sind wir bei der unabwendbaren Frage angelangt, wie christliches Handeln durch den Qualitätsbegriff beschrieben werden kann. Eine theologische Ethik der Qualität hat zunächst die Aufgabe zu erheben, was Menschen, gleich welcher Religion oder Herkunft, im Allgemeinen tun können und tun sollen. Mögliche Antwort: *Sie sollen Gott fürchten und andere Menschen in ihrer Würde respektieren.* Eine solche Ethik zeigt ehrlicherweise auch menschliches Scheitern auf und beleuchtet in diesem Zusammenhang Situationen, die nicht durch menschliches Versagen, sondern durch strukturelle Zusammenhänge oder »höhere Gewalt« bedingt sind. Der Überschuss kirchlichen Handelns besteht darin, die Motivation vom Evangelium her deutlich zu machen,

15 Bekenntnisschriften der Evangelisch-Lutherischen Kirche, Göttingen 1930 ff., 61 und 69.

mithin aufzuzeigen, was in der Nachfolge Jesu Christi klarer und eindeutiger wird bzw. aus der Kraft der Auferstehung tatsächlich gelebt werden kann.

Aufgrund einer positiven Sicht der Welt als versöhnte Welt (2 Kor 5,14–21; Kol 1,16–19), die auf die Herrlichkeit des Reiches Gottes wartet (Röm 8,18–22), bedenken Christen ihre strukturellen Möglichkeiten und Ressourcen, planen Durchführungsprozesse und werten diese anschließend aus. Das Thema Nachhaltigkeit ist damit – wenn auch nur mit einem kräftigem Seufzen (Röm 8,19) – im Blick.

Eine theologische Ethik der Qualität hat somit die Leistungsfähigkeit von Menschen und ihre Belastbarkeit im Blick. Sie wehrt sich gegen Optimierungssysteme, die immer mehr von (einzelnen) Menschen fordern, ohne ihnen dafür auch Freiheit und Schutz einzuräumen. Sie widerspricht der Vorstellung, dass alles durch Menschen (oder durch Technik) machbar sei. Auch ein durch Qualitätsmanagement oder eigene Mechanismen bedingter Perfektionismus, der Menschen schadet und überfordert, wird zurückgewiesen. Insofern ist eine Theologie der Qualität auch eine wichtige (und wirksame) »Burnout«-Prävention.

7 Verbesserung von Lebenszusammenhängen – unter eschatologischen Vorzeichen

Eine theologische Ethik der Qualität fragt darüber hinaus, wie Lebenszusammenhänge insgesamt verbessert werden können. Vorausgesetzt sind dabei die Grundrechte des Menschen und seine Würde sowie die Achtsamkeit gegenüber den Ressourcen der Natur. An dieser Stelle wird deutlich, dass normative Regelungen, z. B. zum Klimaschutz oder zum Asyl, immer in Abwägung verschiedener Faktoren geschehen müssen. Je komplexer eine Thematik sich darstellt und je mehr Personen und Körperschaften dabei involviert sind, desto weniger wird es möglich sein, sich auf ein Qualitätsregelwerk zu einigen. Theologisch bleibt als Ziel der Schalom bzw. das Reich Gottes im Blick, Ereignisse, die Menschen nicht herbeiführen oder gar herbeizwingen können. Vielmehr ist vorausgesetzt, dass Gott selbst als der gedacht ist und geglaubt wird, der am Ende »alles neu« macht, wenn Himmel und Erde vergehen (Mt 24,35).

Damit ist abschließend ein »eschatologischer« Vorbehalt ausgesprochen, der Menschen in ihre Grenzen weist und Gott die Ehre gibt, zugleich von diesem aber auch alles erwartet.

II Qualität der Theologie

1. Qualität der Theologie – Qualität ist jetzt wieder in einem eher umgangssprachlichen Sinne verstanden – zeigt sich darin, dass sie über das Rechenschaft gibt, *worauf sie sich bezieht, welches Ziel sie hat und wem sie verantwortlich ist.*

Systematische Theologie versteht sich primär als zeitgenössische Theologie. Sie stellt Fragen der Gegenwart und versucht, darauf im Horizont christlichen Glaubens zu antworten.[16] Insofern wäre die Qualität von Theologie in der Fähigkeit, auf Menschen zu hören und ihnen zu antworten, begründet. Zugleich weiß sie sich einem Anderen verantwortlich. Sie hat ihren Grund und ihre Mitte, ihre Verheißung und ihren Auftrag im Evangelium von Jesus Christus, wie es die Bibel bezeugt. Calvin sieht das Ziel der Theologie »in der Erkenntnis bzw. der Weisheit Gottes und unserer selbst (cognitione [sapientia] Dei ac nostri)«,[17] womit wieder die gott-menschliche Korrelation beschrieben ist.

Allerdings ist diese Erkenntnis praktisch ausgerichtet.[18] Sie stellt ihre Aussagen auf den ständigen Prüfstand des »gelebten Lebens«. Der in der Schrift bezeugte Christus wird im Glauben »erfasst« und im Alltag als gegenwärtig und wirkmächtig erfahren. Klassischerweise argumentiert Theologie deshalb zwar mit den Regeln menschlicher Vernunft (Dialektik, Logik, Widerspruchsfreiheit), weiß sich darüber hinaus aber auch durch den Heiligen Geist geleitet, der sich zur Vernunft metakritisch verhält.

2. Qualität der Theologie zeigt sich an einer angemessenen *Verhältnisbestimmung des Natürlichen und des Heiligen*, der »allgemeinen« und der »besonderen« Offenbarung.[19] Gibt es zwischen Natur und Offenbarung (in Christus) einen massiven Bruch[20] oder sind beide in einem gleichsam linearen oder analogen Verhältnis aufeinander bezogen? Von hier aus stellt sich die Frage,

16 Vgl. dazu exemplarisch Paul Tillichs Methode der Korrelation, vgl. ders., Systematische Theologie I, Stuttgart 1955, 79 f. Die Korrelationsmethode wird als vierte Methode beschrieben, die sich von der supranaturalistischen, naturalistischen (liberalen) und dualistischen unterscheidet. Zur Kritik vgl. Bayer, Theologie, 226: »Indem die Botschaft vom Neuen Sein Antwort auf die Entfremdung und die Zweideutigkeiten des Lebens ist, fallen für Tillich alle spezifisch theologischen Sätze in den Verstehenshorizont der nach sich selbst fragenden Existenz.«

17 Vgl. J. Calvini Opera Selecta ed. Petrus Barth et Guilelmus Niesel, 5 Vol, München 1526–36 bzw. 1539.

18 Luthers Satz »vera theologia est practica«, WATR 1, 72,16 Nr. 153, gehört hierher. Dieses Diktum grenzt sich ausdrücklich von spekulativer Theologie ab. Die Fortsetzung lautet allerdings pointiert christologisch: »et fundamentum eius est Christus, cuius mors fide apprehensitur«.

19 Vgl. dazu auch Bayer, a. a. O., 395–399, wo von allgemeinem und besonderem Gottesdienst die Rede ist.

20 Vgl. Karl Barth, Nein! Antwort an Emil Brunner, in: W. Fürst (Hg.): »Dialektische Theologie« in Scheidung und Bewährung, 1933–1936 (TB 34), München 1966, 208–258.

ob Theologie gleichsam von der Mitte der Christusoffenbarung nach außen denkt[21] oder eher von außen nach innen entwickelt wird (vgl. das Modell von Natur und Gnade).[22]

3. Qualität der Theologie zeigt sich daran, ob sie für das (konkrete) Leben *relevant* ist. Die Theologie stellt die großen Fragen der Menschen, dazu gehören die Fragen nach Herkunft oder Ursache von Leid und Schuld in der Welt, aber auch nach Glück (Partnerschaft, Familie) und Erfolg (Arbeit) sowie Sterben, Tod und ewigem Leben.

4. Qualität der Theologie manifestiert sich in der *Unterscheidung des Letzten vom Vorletzten* (Bonhoeffer). Sie versucht zu unterscheiden, was uns rettet oder tröstet und was uns nützt bzw. aufgetragen ist (Soteriologie und Ethik). Sie unterscheidet Indikativ und Imperativ, mithin das, was wir geschenkt bekommen und was wir tun sollen (Evangelium und Gesetz). Qualität der Theologie besteht darin, dass sie beides im Blick hat: Vergewisserung des Glaubens (samt Hoffnung auf ewiges Leben) und Orientierung zum Handeln (Dienst der Liebe). Die dazu gehörigen Fragen lauten (in Anlehnung an I. Kant): Was dürfen wir hoffen? Was sollen wir tun?

5. Qualität der Theologie zeigt sich in ihrer *Reichweite und Nachhaltigkeit*. Kann Theologie innerhalb politischer und wissenschaftlicher Diskurse situativ antworten? Können theologische Diskurse ethische Orientierung zu aktuellen Herausforderungen wie Bioethik, Sterbehilfe, Umgang mit Migranten oder dem Dialog der Religionen bieten?

6. Qualität der Theologie zeigt sich formal in der *Rückbindung an die Bibel* (*norma normans*) und substanziell daran, ob sie sich an der Rechtfertigungslehre bzw. an der Mitte der Schrift orientiert (Joh 3,16 u. a., vgl. Luthers *Was Christum treibet*). Diese Orientierung gilt auch für die Feier des Gottesdienstes (vgl. CA VII: »pure docetur« und »recte administrantur«).

7. Qualität der Theologie manifestiert sich *in ökumenischer Verantwortung*. Sie nimmt die Entwicklungen des weltweiten Christentums wahr und deutet sie vom eigenen (bewusst reflektierten und ausgewiesenen) Standpunkt her. Dieser ist sowohl biblisch-theologisch als auch systematisch (ekklesiologisch) zu begründen. Dabei sind historische Entwicklungsprozesse und aktuelle Gegebenheiten zu bedenken und zu gewichten (vgl. aktuell das Versöhnungshandeln innerhalb der großen Kirchen angesichts des Reformationsjubiläums

21 Vgl. klassisch, Karl Barth, Christengemeinde und Bürgergemeinde, in: ThSt 20, Zürich 1946, und ders.: Rechtfertigung und Recht. Christengemeinde und Bürgergemeinde (ThSt 104), Zürich [3]1984, 49–82.

22 Biblische Texte, die ähnliche Wege beschreiten, sind z. B. Psalm 19 (Schöpfung und Tora) oder Joh 1,1–14 (Schöpfung und Inkarnation des Logos). In beiden ist jeweils keine lineare Entsprechung ausgesagt, sondern von menschlicher Zielverfehlung und Erlösungsbedürftigkeit die Rede (vgl. Ps 19,12–15 und Joh 1,10 f.).

mit Feiern wie dem *healing of memories* am 11.3.2017). Kirchengemeinschaft bleibt Aufgabe und Ziel jeder christlichen Theologie.

8. Qualität der Theologie manifestiert sich in *interreligiöser (und interkultureller) Präsenz und der Mitgestaltung des Dialogs der Religionen*. Dabei sind sowohl spezifisch theologische (Reden von Gott, religiös-spirituelle Praxis) als auch ethische Aspekte (Frieden, Gerechtigkeit, Bewahrung der Schöpfung) aus christlicher Perspektive einzusprechen. Zugleich gilt es, die jeweils Anderen zu verstehen, und das Eigene im Fremden, bzw. das Fremde am Eigenen immer wieder neu zu entdecken und entsprechend weiterzuentwickeln.

9. Qualität der Theologie besteht darin, dass sie sich in *herrschaftsfreien Diskursen* ereignet, in denen die Freiheit des Denkens möglich ist. Von hier aus ist eine kritische Wahrnehmung von Kirche zum einen, aber auch von politischen Systemen und gesellschaftlichen Praktiken möglich. Theologie hat daher die Aufgabe, politische Verantwortung und ethische Entscheidungsbildungen zu begleiten oder anzufragen.

10. Qualität der Theologie zeigt sich daran, dass sie sich inneren theologischen Systemzwängen widersetzt. Sie bleibt *widerständig gegen geschlossene dogmatische Systeme*. Nur in sich logische Lehrsätze (vgl. Scholastik) beweisen wenig.

11. Qualität der Theologie besteht vielmehr darin, dass sie *nicht auf jede existenzielle Frage gleich eine »fertige« Antwort* gibt. Wo Theologie allerdings prinzipiell Antworten verweigert, muss sie sich fragen lassen, ob sie noch bereit ist, »Rechenschaft« zu geben über den »Grund unserer Hoffnung« (vgl. 1 Petr 3,15). Bisweilen können theologische Antworten auch in bekennender, oder gar doxologischer (d. h. hymnischer) Sprache daherkommen. Sie transzendieren dann den klassischen Rahmen einer wissenschaftlichen Fachsprache.

12. Qualität der Theologie zeigt sich an der bewussten *Rückbindung an den Gottesdienst* als den Ort »erster Theologie« (*theologia prima*), d. h. einen Ort, wo eine Rede von Gott her (Predigt, Segen) und zu ihm hin (Gebet) stattfindet.[23] Demgegenüber ist (wissenschaftliche) Theologie ein davon abgeleitetes »Reden über Gott« (*theologia secunda).*[24] Beide sind und bleiben aufeinander bezogen: »Theologie kommt vom Gottesdienst her und geht auf ihn hin.«[25]

---

23 Vgl. Dazu Prenters Spitzensatz:»The liturgy of the Church is theological. It speaks to God and man about God and man.« (Regin Prenter, Liturgy and Theology, Aarhus 1977, 151)

24 Vgl. dazu exemplarisch Arnold, Theologie, 58 f.; 106–109 bzw. 515–559.

25 Bayer, a. a. O., 493.

B

Qualitätsmodelle

Christian Binder

Die Qualitätsdimensionen nach Donabedian

Die Festlegung, Wahrnehmung und Bewertung der Qualität eines Produktes oder einer Dienstleistung ist nur ein Schritt im Rahmen eines Qualitätsprozesses. Um sicherzustellen, dass qualitätsvolle Produkte entstehen können, müssen weitere Dimensionen von Qualität Beachtung finden. Dies hat zuerst der Arzt und Gesundheitswissenschaftler Avedis Donabedian im Bereich des Gesundheitswesens strukturiert dargestellt. Danach treten neben die Ergebnis- oder Produktqualität, die die Qualität eines Produktes oder einer Dienstleistung bestimmt und bewertet, die Fragen nach der Struktur- und der Prozessqualität.[1]

Die Strukturqualität fragt nach den Bedingungen, unter denen Qualität entsteht. Sie betrachtet die Ressourcen, Strukturen und Rahmenbedingungen, die notwendig sind, damit ein gutes Produkt hergestellt wird. Die Prozessqualität bestimmt die Angemessenheit, Sicherheit, Verlässlichkeit und Zielorientierung der Arbeitsprozesse, die zur Entstehung eines Produktes führen. Sie fragt, wie ein qualitätsvolles Produkt entsteht.

Das Modell von Donabedian wurde in zahlreichen anderen Handlungsfeldern produktiv aufgenommen und hat sich zu einem grundlegenden Standard des Qualitätsmanagements entwickelt. In einigen Fachbereichen, insbesondere im Bereich der sozialen Arbeit, wurde das Modell um einen Aspekt erweitert. Hier fragt die Konzept- oder Planungsqualität nach Sinnhaftigkeit, Angemessenheit und Zielorientierung einer geplanten Maßnahme: Wozu ist das Produkt da, welchen Bedarf deckt es ab, welchen übergeordneten Zielen dient es?

Auch im Hinblick auf die Qualität von Gottesdiensten haben sich diese Qualitätsdimensionen des Modells von Donabedian als hilfreich, klärend und strukturierend erwiesen.

1 Vgl. zu den Qualitätsdimensionen nach Donabedian den von Folkert Fendler und Christian Binder herausgegebenen Band: Gewissheit, Gemeinschaft, Geheimnis. Qualitäten des Gottesdienstes (Kirche im Aufbruch. Reformprozess der EKD, Band 15, hg. vom Kirchenamt der EKD), Leipzig 2016.

A Konzeptqualität

Dabei steht die Frage nach der Konzeptqualität an erster Stelle. Sie fragt nach den grundlegenden theologischen Bestimmungen von Gottesdienst, nach seiner Theologie: Was ist ein Gottesdienst? Wer handelt wie im Gottesdienst? Wann ist ein religiöser Vollzug kein (evangelischer) Gottesdienst mehr? Erst wenn diese Fragen eine Antwort gefunden haben, kann weiter nach der Qualität der Prozesse, der Strukturen und der Ergebnisse gefragt werden. Erst wenn klar ist, was ein Gottesdienst ist, kann geklärt werden, wie er am besten entsteht, was zur Entstehung notwendig ist und woran man am Ende einen qualitätsvollen Gottesdienst erkennt. Die Frage nach der Theologie des Gottesdienstes bestimmt also die Fragen und Urteile in den weiteren Qualitätsdimensionen.

B Strukturqualität

Die Strukturqualität fragt nach den Bedingungen, unter denen ein qualitätsvoller Gottesdienst entstehen kann. Sie nimmt die weltlichen wie kirchlichen Rahmenbedingungen in den Blick, fragt nach verfügbaren Ressourcen materialer wie personaler Art: Es geht um die Arbeitsbedingungen von Pfarrerinnen und Kirchenmusikern, um ihre Aus-, Fort- und Weiterbildung, um Räume und ihre Erhaltung und Gestaltung, um kirchenrechtliche Setzungen und agendarische Vorgaben. Es geht aber auch um die Stellung der Kirche in der Gesellschaft, um die Relevanz der christlichen Botschaft im öffentlichen Diskurs, um Säkularisierung und Individualisierung. Strukturqualität braucht Zeit, Geld und Engagement, doch ohne sie kommt kein guter Gottesdienst in die Welt.

C Prozessqualität

Die Prozessqualität fragt nach den Abläufen, die für das Entstehen eines qualitätsvollen Gottesdienstes notwendig sind. Dies sind vor allem die Fragen nach der Kultur der Vorbereitung, der Durchführung und der Nachbereitung.

Die Kultur der Vorbereitung hat sich über Jahrhunderte entwickelt und auch in der praktischen Theologie der letzten Jahrzehnte viel Beachtung gefunden: Vom Gebet als ursprünglicher christlicher Zurüstung über meditatio und tentatio, historisch-kritische Exegese von Predigttexten, dem Dreiecksverhältnis von Hörer, Text und Situation bis hin zu soziologischen Analysen von Zielgruppen gibt es zahlreiche Konzepte, um dramaturgische, kommunikative, narrative oder meditative Predigten und Gottesdienste entstehen zu lassen. Welche Methodik hier als angemessen angesehen wird, ist eine Frage der Theologie des Gottesdienstes, die im Rahmen der Konzeptqualität vorgängig beantwortet werden muss.

Sehr viel weniger Aufmerksamkeit der praktischen Theologie hat die Kultur der Nachbereitung erfahren. Dabei ist der Rückblick auf den gefeierten Gottesdienst, auf seine Performanz und seine Wirkungen eine erste Perspektive für den Ausblick auf den nächsten Gottesdienst: Im Rahmen eines zirkelhaften Qualitätsprozesses ist die Wahrnehmung des Gewesenen und Vorhandenen ein notwendiger Schritt für die Entstehung des Neuen: Nach dem Gottesdienst ist vor dem Gottesdienst.

Methoden und Techniken der Wahrnehmung des Gottesdienstes, des strukturierten Feedbacks und der Gesprächskultur über den Gottesdienst sind unabdingbar für die dauerhafte und nachhaltige Entwicklung einer qualitätsorientierten Gottesdienstkultur. Gerade solche Prozesse der Kultur der Nachbereitung sind durch das Zentrum für Qualitätsentwicklung entwickelt und erprobt worden.[2]

Die Kultur der Durchführung schließlich ist als eine Kultur des Miteinanders ein für das kirchliche Selbstverständnis eigentlich überraschend umkämpftes Feld. Das Miteinander der verschiedenen Dienste, klassisch zwischen Pfarrerinnen und Kirchenmusikern, aber auch zwischen Pfarrern und Prädikantinnen und vor allem zwischen Pfarrern unterschiedlicher theologischer Prägung, ist notorisch konflikthaft. Überraschend selten findet eine Verständigung über ein gemeinsames Konzept von Gottesdienst statt (Konzeptqualität!), was dann allzu oft in Rang- und Revierstreitigkeiten seinen Niederschlag findet. Dabei legt das Evangelische Gottesdienstbuch hier eine deutliche Spur zu gemeinsamer Verantwortung: »Der Gottesdienst wird unter Verantwortung und Beteiligung der ganzen Gemeinde gefeiert.«[3] Wie Beteiligung als Haltung, Verantwortung und Mitwirkung entsprechend strukturell gestaltet werden kann, ist ein Hauptaugenmerk der Prozessqualität.

D Ergebnisqualität

Die Vielzahl der theologischen Konzepte von Gottesdienst macht schließlich auch die Bestimmung der Ergebnisqualität zu einem komplexen Unterfangen. Zu unterschiedlich sind hier die Vorstellungen von Wesen, Sinn und Ziel

2 Vgl. zum Thema der Rückmeldung auch den Artikel von Christian Binder, Feedback zum Gottesdienst, in diesem Band.

3 Evangelisches Gottesdienstbuch, 15.

von Gottesdienst, als dass es eine einfache und übersichtliche Liste von Kriterien für die Qualität eines Gottesdienstes geben könnte. Dazu kommt der theologische Einspruch, dass ein Gottesdienst immer auch Werk des Heiligen Geistes sei und er daher nicht als menschliches Werk wahrnehmbar oder machbar sei.

Da aber auch im Gottesdienst Gott notwendig immer in, mit und unter menschlichen Worten und Taten handelt, sich diese Handlungssphären in der menschlichen Wahrnehmung allerdings nicht sicher unterscheiden lassen, hat es sich als hilfreich erwiesen, die Frage nach der Qualität eines Gottesdienstes nach menschlichen Grundfertigkeiten zu strukturieren. So kann menschliches Handeln im Gottesdienst wahrnehmbar und gestaltbar angesprochen und beurteilt werden.

Dazu dient das Modell der Qualitätsdimensionen, das sich an der im Ausbildungs- und Personalwesen etablierten Struktur der Schlüsselqualifikationen orientiert und zwischen Fach-, Sach-, Selbst- und Sozialperspektive unterscheidet. Es hilft zu erkennen, wo menschliches Handeln die Qualität eines Gottesdienstes mitbestimmt und welche Kriterien für die Qualität eines Gottesdienstes sich daraus erheben lassen.

1. Sachperspektive

Dabei orientiert sich die Sachperspektive sehr direkt an den Vorgaben der Konzeptqualität und beleuchtet, ob der Gottesdienst bei seiner Sache bleibt, ob er also dem entspricht, was im theologischen Konzept von Gottesdienst als Sinn, Zweck und Ziel von Gottesdiensten bestimmt worden ist: Es ist die Frage nach dem Gehalt des Gottesdienstes, nach dem, worum es in ihm geht, die Frage nach der Botschaft und ihrem biblisch-theologischen Kern, nach dem Evangelium.

2. Selbstperspektive

In der Selbstperspektive steht der Einzelne mit seinem persönlichen Handeln und Erleben im Gottesdienst im Mittelpunkt: Inwieweit wird er im gottesdienstlichen Geschehen als handelndes und erlebendes Individuum sichtbar, und inwieweit ist der Gottesdienst aus seiner individuellen Perspektive Teil seines Handlungs- und Erlebnishorizonts? Dies betrifft zum einen die von der Kirche zum Handeln im Gottesdienst beauftragten Funktionsträger, die in ihrem Amts- und Rollenverständnis wahrnehmbar werden. Es geht hier aber auch um den einzelnen Gottesdienstteilnehmer: Inwieweit kommt er mit seiner persönlichen Weise, Gott und die Welt zu sehen, mit seinen Erfahrungen und seinem Erleben im Gottesdienst vor?

3. Sozialperspektive

Die Sozialperspektive konzentriert sich auf den Gemeinschaftscharakter des Gottesdienstes und sieht ihn als Ausdruck unterschiedlicher Formen von Beziehung und Gemeinschaft. Ist der Gottesdienst ein Nebeneinander von Einzelnen, oder ist in ihm eine Gemeinschaft erlebbar, die sogar über den Rahmen der Anwesenden hinausreicht in die Ökumene, die Welt gar in den Kosmos von Himmel und Erde? In dieser Perspektive wird auch deutlich, dass Gottesdienst kein Geschehen ist, das von einzelnen Verantwortlichen »gemacht« oder »gehalten« wird, sondern von einer Gemeinschaft getragen wird, die über die Anwesenden hinaus die Dimensionen von Raum und Zeit übersteigen kann.

4. Fachperspektiven

Die Fachperspektiven schließlich nehmen Fragestellungen auf, die andere Wissenschaften an den Gottesdienst herantragen. Dies reicht von Nachbarwissenschaften wie Philosophie, Psychologie und Philologie gar zu Neurowissenschaften und in den oft dämonisierten Wirtschafts- und Managementbereich. Gerade hier ist es wichtig, dass im Rahmen der Konzeptqualität darüber entschieden wird, welche dieser Anfragen und Anstöße als berechtigt, hilfreich und weiterführend aufgenommen werden und was als dem Wesen des Gottesdienstes unangemessen abgewiesen wird.

Die folgende Aufzählung zeigt einen Großteil der Fachbereiche, aus denen Praktische Theologie und kirchliche Praxis bereits Anregungen aufgenommen haben, sie kann aber der Sache nach weder jetzt noch in Zukunft als abgeschlossen angesehen werden.

Gottesdienst als Handlungsorientierung (Ethische Perspektive)

Tun und Lassen im Gottesdienst sind immer auch verbunden mit spezifischem Tun und Lassen außerhalb der Liturgie, im Gottesdienst des Alltags. Die ethische Perspektive auf den Gottesdienst betrachtet besonders diese Verbindung und nimmt wahr, wie der Gottesdienst das Handeln in der Welt berucksichtigt. Hier kann erlebbar werden, wie die Wirklichkeit des Reiches Gottes die vermeintliche Eigengesetzlichkeit der Welt in Frage stellt. Die prophetischen

Aspekte der biblischen Überlieferungen kommen hier zur Geltung und entfalten ihre politische Dimension.

Gottesdienst zwischen Tradition und Situation (Historische Perspektive)

Die historische Perspektive macht deutlich, dass durch alle Zeiten hindurch die Aufgabe bestand, bei der Gestaltung eines Gottesdienstes zwischen traditionell und situativ bestimmten Elementen zu vermitteln und die aus dem Gegenüber von Tradition und Situation entstehende Spannung produktiv und kreativ zu nutzen.

Gottesdienst als Mitte der Gemeinde (Kybernetische Perspektive)

In dieser Perspektive steht der Gottesdienst als zentrales Medium des Gemeindeaufbaus und der Gemeindeleitung im Fokus. In ihm kommen die unterschiedlichen Ämter und Dienste der Gemeinde zusammen, hier treffen sich die Teilnehmenden der verschiedenen Gruppen und Kreise, werden in ihrem Glauben gestärkt und auf ihren Dienst vorbereitet. Gottesdienst und Gemeinde konstituieren einander: Das Gemeindeleben führt die Menschen im Gottesdienst zusammen, der Gottesdienst stärkt die Menschen zu einem gemeinsamen Leben als Gemeinde.

Gottesdienst als Geschmacksmuster (Lebensweltliche Perspektive)

Die Gesellschaft lässt sich soziologisch nach lebensweltlichen Milieus differenzieren, die sich durch ihr Wertesystem, ihre bevorzugten Erlebnisaspekte, ihr Genussschema und ihr ästhetisches Paradigma unterscheiden, also danach, was die Menschen als richtig und wichtig, interessant, angenehm und schön empfinden. Jedes dieser Milieus hat spezifische Erwartungen daran, was in einem Gottesdienst wie geschehen oder nicht geschehen soll. Diese divergierenden, sich teilweise sogar fundamental widersprechenden Erwartungen müssen nach dieser Perspektive wahrgenommen werden, um Menschen in ihrer Lebenswelt gottesdienstlich ansprechen zu können.

Gottesdienst als Dienstleistung (Marketing-Perspektive)

Marketing als Teilbereich der Betriebswirtschaft ist zugleich Handlungsanleitung und Reflexion für das Verhalten auf Märkten. Voraussetzung dafür ist ein Markt, also die Begegnung mehrerer Anbieter mit möglichen Kunden. Deshalb hat das Marketing konsequent die Kunden im Blick: Die Marktforschung, also die Erkundung des Kunden (Lebenswelt, Einstellungen und Interessen, ökonomische Situation und Kaufbereitschaft, ...), spielt eine erhebliche Rolle. Aus Kundensicht stehen an einem durchschnittlichen Sonntagmorgen dann auch mehrere Anbieter zur Verfügung, die um Aufmerksamkeit und Zuwendung ringen. Auch wenn die Marketingperspektive bei der Planung und Durchführung von Gottesdiensten eher selten reflektiert wird, spielt sie faktisch eine große Rolle.

Gottesdienst als Klangraum (Musikalische Perspektive)

Der Glaube aber kommt aus dem Hören – nicht nur von gesprochenen Texten, sondern auch aus der Musik, der sich gegenseitig bestärkenden Verbindung von beidem im Lied und aus der bewussten Abwesenheit beider in der Stille. Gottesdienst ist gestaltbar als Klangraum, in dem sich die Grundklänge von Wort, Musik und Stille mit weiteren Klängen und Nachklängen zu einem rhythmischen und dynamischen Gesamtgeschehen verbinden.

Gottesdienst als erfahrungsorientiertes Geschehen (Neurobiologische Perspektive)

Eigene emotionale Beziehungserfahrungen werden besonders intensiv in den ersten Lebensjahren in sogenannten handlungsleitenden Mustern im Gehirn verankert. Diese emotionalen Erfahrungen (innere Bilder) prägen lebenslang das künftige Denken, Fühlen und Handeln. Sie stärken in Krisen die Widerstandskraft (Resilienz).
Der Gottesdienst kann zu einem wichtigen Ort werden, in dem Menschen an die eigenen handlungsleitenden Muster anknüpfen und mit sich selbst, mit Anderen und mit Gott neue Beziehungserfahrungen machen können. Dazu müssen die individuell mitgebrachten Erfahrungen mit den biblisch-theologischen Erfahrungen verwoben werden können.

Gottesdienst und die Rolle von Quantitäten (Ökonomische Perspektive)

Ökonomie als ein Teilbereich der Betriebswirtschaftslehre setzt hier zwei Akzente: Es geht um die Quantitäten, also um das Zählbare und Messbare. Und es geht um den Einsatz von Ressourcen (Zeit, Geld, Material). Hinter diesen beiden Akzenten steht die analytische Frage, welcher Aufwand welches Ergebnis erzeugt hat, und die planerische Frage, welche Ressourcen in welchem Umfang eingesetzt werden sollen.

Gottesdienst als Bildungsgeschehen (Pädagogische Perspektive)

Dem Wesen des Gottesdienstes als einer zweckfreien Feier der Gottesbegegnung widerspricht jede Art absichtsvoller pädagogischer Verzweckung. Gleichwohl ist der Gottesdienst durch den schlichten Mitvollzug der Mitfeiernden auch ein Bildungsgeschehen. Es werden Informationen aufgenommen und verarbeitet, es wird Wissen vermittelt und angeeignet, es werden geistige und leibliche Vollzüge gestaltet und eingeübt. Menschen werden ermutigt und befähigt, die so erworbenen Kenntnisse und Fähigkeiten im Gottesdienst des Alltags anzuwenden und umzusetzen.

Gottesdienst als offenes Kunstwerk (Rezeptionsästhetisch-semiotische Perspektive)

So wie nach dem Verständnis der Rezeptionsästhetik in der Literaturwissenschaft in jedem Leser ein eigener Text entsteht, so entsteht auch in jedem Teilnehmer eines Gottesdienstes ein eigener Gottesdienst. Gottesdienst und Predigt sind offene Kunstwerke. Wer sie gestaltet, kann nicht vorhersehen oder gar verbürgen, wie sie von den Teilnehmenden erlebt werden, kann nicht sicherstellen, welche Botschaft sie hören und welche Bilder sich in ihnen ausprägen. Die Teilnehmenden sind mehr als nur passive Empfänger einer Botschaft, sie sind Co-Autoren, Mitgestaltende ihres individuellen Gottesdiensterlebens. Es geht dann bei der Gestaltung eines Gottesdienstes darum, den Mitfeiernden durch die sorgsame Auswahl von Texten, Liedern und Symbolen einen spezifisch umrissenen Raum der inneren Mitgestaltung zu eröffnen.

Gottesdienst als Sprachraum (Rhetorische Perspektive)

Gottesdienstliche Sprache in Predigt und Gebet ist öffentliche Rede, die sich von alltäglichem Gespräch unterscheidet. Diese öffentliche Rede muss bewusst gestaltet werden, um der ihr zugewiesenen Wirkung und Funktion gerecht zu werden. Die Kriterien für diese bewusste Gestaltung erwachsen aus dem zugrunde liegenden theologischen Konzept.

Gottesdienst als gemeinschaftliches Ritual (Ritualwissenschaftliche Perspektive)

Der Gottesdienst ist ein öffentlich und gemeinschaftlich gefeiertes Ritual, bei dem es keine Zuschauer gibt, sondern nur Beteiligte – in ganz unterschiedlichen Abstufungen von Beteiligung. Die Gestaltung eines Gottesdienstes, der diese unterschiedlichen Formen der Beteiligung ermöglicht, bemüht sich um Vertrautheit und Wiederholbarkeit der gemeinschaftlichen gottesdienstlichen Vollzüge und um die Verwendung nicht ausgrenzender Vollzüge in Sprache, Musik, Setting und gemeinschaftlichen Handlungen. Leitbild in dieser Perspektive ist der partizipationsoffen gestaltete Gottesdienst, der durch klare Symbole und anschlussfähige Zeichenhandlungen die Teilnahme und Teilhabe möglichst vieler Menschen in unterschiedlichen Rollen und Funktionen ermöglicht. Dabei kann die Beteiligung nicht auf das kognitive Nachvollziehen beschränkt sein, sondern muss auch in sinnlicher und leibhaftiger Umsetzung Herz, Hirn und Hand aktivieren.

Gottesdienst als öffentliche Aufführung (Theaterwissenschaftliche Perspektive)

Der Gottesdienst kann als öffentliche Aufführung unter theaterwissenschaftlicher, choreographischer oder dramaturgischer Perspektive wahrgenommen werden. Dies kann auf drei Ebenen geschehen:

Dramaturgie: Was spielen wir?
Diese Ebene bezieht sich vor allem auf die dramaturgische Anordnung des zugrunde liegenden Stoffes: Sie nimmt Spannungsebenen, Höhepunkte und innere Bezüge wahr, betrachtet die Struktur des Gesamtzusammenhangs, die Zu- und Anordnung einzelner Sequenzen und die Gestaltung der Übergänge zwischen diesen Elementen. Es geht um die Strukturierung der gottesdienstlichen Kommunikation in Gattungen und Elementen, die Auswahl der Texte, die Beziehung der Texte untereinander und zur Grundbotschaft (roter Faden) und die so entstehende Spannungskurve.

Inszenierung: Wie spielen wir?
Diese Ebene reflektiert, wie der dramaturgisch gestaltete Stoff in einer spezifischen Situation in Szene gesetzt wird: Wie wird das Drama an diesem Ort, zu dieser Zeit, mit diesen Mitteln inszeniert? Bei der Inszenierung eines Gottesdienstes geht es dann unter anderem um die Gestaltung und Nutzung des Raumes, um die Zuordnung von Personen und Objekten, um das Verhältnis von Klang und Stille, Wort und Musik, um die Zuordnung von Akteuren und Publikum und ihre räumliche Positionierung, um die Verwendung von Medien, um den Einsatz von Licht und Klang und insgesamt um die Angemessenheit der verwendeten Darstellungsmittel.

Performanz: Wie haben wir's erlebt?
Die dritte Ebene schließlich unterzieht den erlebten Gottesdienst gewissermaßen einer Aufführungsanalyse: das beobachtbare tatsächliche gottesdienstliche Geschehen mit seinen sinnlich wahrnehmbaren Äußerungen. Dazu gehören Raumempfinden, akustische Verständlichkeit, musikalische

Aufführungsqualität, liturgische Präsenz, Körperlichkeit, aber auch die empfundene Nähe oder Distanz, der Kontakt zu den Mitfeiernden und den handelnden Verantwortlichen. Die Beobachtungen in diesem Bereich sind notwendigerweise subjektiv und sollten deshalb von mehreren Teilnehmenden vorgenommen werden.

Jochen Kaiser

Gottesdienste im Kano-Modell

Schneeflocken treibt der Wind in mein Gesicht. Ich haste vorwärts, kann den Schnee gar nicht genießen, denn ich bin spät dran, zumindest für mein Gefühl spät. Die Kirche taucht auf. Dunkel hebt sich der Schatten vom Himmel ab, aus dem weiße Flocken segeln. Immer mehr Menschen streben in die gleiche Richtung, hin zum großen Eingang der Kirche. Mit mir treibt der Wind eine Wolke von Schnee in die Kirche, doch dann ändert sich die Atmosphäre schlagartig: dämmriges Licht, ein gleichmäßiges Gemurmel von Stimmen, ein riesiger Weihnachtsbaum, viele Kerzen, erwartungsfrohe Stimmung. Ich finde noch einen einzelnen Platz in der Mitte der Kirche, die schon fast voll besetzt ist. Es dauert eine Weile, bis ich mich eingerichtet habe: Es ist nicht gerade warm, aber für den Mantel zu warm, doch dieser ist etwas feucht vom Schnee, die Bank ist eng und etwas zu hart. Ich öffne den Mantel, schlüpfe aus den Ärmeln, nehme den Schal ab und rücke mich zurecht. Dann werde ich ruhig. Mich durchströmt ein frohes und bekanntes Gefühl: Es ist Heiligabend, wie jedes Jahr. Kinder laufen durch den Mittelgang, sie haben leuchtende Augen und rote Wangen, einer der schönsten Momente an diesem Tag. Vertraute Orgelklänge setzen ein, vertraute Worte, die mich heimatlich bergen, und dann die Weihnachtsgeschichte. Bei diesen Worten schwingen in mir die Töne aus der Schütz'schen Weihnachtshistorie und dem Bach'schen Oratorium mit, die unendlich oft gehörten Klänge wecken meine Erinnerungen. Doch ich werde aus meiner Geborgenheit herausgerissen, denn Josef machte sich, so höre ich eben, von Nazareth auf »in das judäische Land zur Stadt Davids, die da heißt Bethlehem«. In mir klingen die alten Worte »in das jüdische Land«. Schon schweifen meine Gedanken ab, rufen mir ins Bewusstsein, dass es eine neue Luther-Bibel gibt. Ich bin etwas unzufrieden, denn nun habe ich den Schluss der Erzählung verpasst. Wir singen »Ich steh an deiner Krippen hier«, eines meiner liebsten Weihnachtslieder, das ich schon als Kind auswendig lernte, und die Pfarrerin predigt genau in diese weihnachtliche Stimmung hinein. An den Schluss – das gemeinsame Singen des »O du fröhliche«, nur Kerzen und alle stehen, die Kirche ist von friedlichen Klängen erfüllt – habe ich hohe Ansprüche. Letztes Jahr war ich, das fühle ich noch, etwas enttäuscht, ohne sagen zu können, warum. Bei der zweiten Strophe singen die Chorfrauen von der Orgelempore eine wunderbare Oberstimme, faszinierend. Plötzlich höre ich Engelsglocken, hoch vom Himmel erreichen sie mein Ohr, durchströmen meinen ganzen Körper, überwältigend. Am Ausgang höre ich, dass das der neue Zimbelstern der Orgel war, der in diesem Jahr eingebaut worden war. Nun ist wirk-

lich Weihnachten. Vor der Kirche ist alles weiß und friedlich, Sterne blinken vom Himmel.

Der japanische Wissenschaftler Noriaki Kano entwickelte in den späten 1970er und frühen 1980er Jahren ein Modell, das die Kundenzufriedenheit messen soll. Das nach ihm benannte Modell – Kano-Modell – unterscheidet drei Ebenen, die mit der Zufriedenheit von Kunden oder Teilnehmenden (z. B. auch an Kulturveranstaltungen oder Gottesdiensten) zu tun haben. Das »Zentrum für Qualitätsentwicklung im Gottesdienst« hat das Kano-Modell auf den Gottesdienst übertragen.[1]

Das ist herausfordernd:

1. Das Kano-Modell ist ein Modell, das im Rahmen kapitalistischer Wirtschaft die Zufriedenheit der Kunden misst und stetige Steigerung zur Folge hat: Immer neue Erfindungen und Annehmlichkeiten sollen die Kunden locken und dann zufrieden stellen.
2. Das Kano-Modell orientiert sich stark an der subjektiven Zufriedenheit. Eine Gemeinschaft oder ein transzendentes Gegenüber ist nicht eingeplant.

Im folgenden Artikel soll ein herausfordernder und verfremdender Blick durch die »Kano-Brille« auf den Gottesdienst gewagt werden, um zu prüfen, ob hilfreiche Erkenntnisse für den Gottesdienst und seine Qualität entdeckt werden können.

Das Kano-Modell

Es werden drei Stufen unterschieden.

1. Grunderwartungen/Grundmerkmale: In dieser Stufe sind alle unbewusst vorausgesetzten Erwartungen zusammengefasst. Erst ihr Fehlen fällt auf. Dann ist Unzufriedenheit sicher und eine Beschwerde erwartbar. Diese Grunderwartungen müssen erfüllt sein, doch sie rufen keine Zufriedenheit hervor, sondern sind »selbstverständlich«.
2. Leistungserwartungen/Leistungsmerkmale: Diese Stufe entscheidet über Zufriedenheit und Enttäuschung. Es sind die bewussten Erwartungen, die Teilnehmende und Ausführende an das Produkt, auch an den Gottesdienst haben. Diese Erwartungen können recht gut in Worten ausgedrückt und in empirischen Fragebögen abgefragt werden. Für diese Stufe gibt es viele Fortbildungen für Kirchenmusiker und Kirchenmusikerinnen sowie Pfarrer und

1 Das Buch »Qualität im Gottesdienst. Was stimmen muss, was wesentlich ist, was begeistern kann.« ist ausschließlich der Übertragung des Kano-Modells auf den Gottesdienst gewidmet (hg. im Auftrag der Liturgischen Konferenz von Folkert Fendler, Gütersloh ^{2}2017).

Pfarrerinnen, beispielsweise zu liturgisch-improvisierendem Orgelspiel oder zur dramaturgischen Predigt, zur Gebetssprache oder zu populärer Musik.
3. Begeisterungsfaktoren: Erst seit einigen Jahren, vielleicht Jahrzehnten, ist Begeisterung ein Wort, das auch für den evangelischen Gottesdienst wieder in den Blick gekommen ist. Der Gottesdienst – das klingt jetzt pointiert und darin auch überzeichnet – wurde als ernste Angelegenheit des sündigen Menschen mit dem hoffentlich gnädigen Gott angesehen. Dafür war eine angemessene Sonntagskleidung, Körperhaltung und reumütige Geisteseinstellung Voraussetzung. Doch durch den Einfluss der weltweiten Christenheit, die mit Begeisterung Gospelsongs singen oder körperlich aktive Tänze aufführen, wurden die ernsten Aspekte um fröhlich-begeisternde auch in den evangelischen Gottesdiensten Deutschlands ergänzt. Das deutsche Wort »BeGEIST-erung« verleitet vielleicht zu schnell dazu, das Hervorrufen dem Heiligen Geist zuzuschreiben. Im englischen »excitement« taucht weder »ghost« noch »spirit« auf. Begeisterung wird in der Neurowissenschaft z. B. von Gerald Hüther[2] als ein Zustand beschrieben, in dem die emotionalen Zentren des Gehirns aktiviert sind, die Botenstoffe aussenden, sodass der ganze Körper und Geist des Erlebenden in einen positiv-aktiven Zustand gerät. Kinder erleben diesen Zustand zwischen zwanzig und fünfzig Mal am Tag, da sie immer neue und spannende Dinge in der Welt entdecken. Für Herangewachsene, die schon viel erlebt und von der Welt gesehen haben, nimmt die Häufigkeit dieses elektrisierenden Zustandes natürlicherweise ab.

Die drei Stufen dieses Modells sind nicht statisch bzw. unveränderlich, denn sie unterliegen Gewöhnungseffekten. Diese Gewöhnungseffekte treten auf mindestens zwei Ebenen auf:

- Begeisternde Elemente, z. B. ein durch die Kantorin angeleitetes Lied, können nach einigen Gottesdiensten, in denen die Kantorin Lieder anleitet, zu einer Leistungs- und nach weiteren zu einer Basiserwartung werden. Die Gemeinde gewöhnt sich an die neue Form des Singens, es wird dann beurteilt, ob es heute genauso »schön« war wie beim letzten Gottesdienstbesuch, und nachdem diese Form des Singens quasi ritualisiert wurde, könnte es sein, dass nur noch das Fehlen des angeleiteten Singens auffällt, was der Stufe der Grunderwartungen entsprechen würde.
- Die Erwartungen an den Gottesdienst, auch die unbewussten, sind geprägt vom subjektiven Erleben früherer Gottesdienste, insbesondere den Gottesdiensten der Kinder- und Jugendzeit. So begeistert den einen ein Element des Gottesdienstes, weil es überraschend ist, während die andere

2 Vgl. Gerald Hüther im Gespräch mit Dr. Maya Götz: <www.br-online.de/jugend/izi/deutsch/publikation/televizion/23 2010 1/huether lernen%20ist%20begeisterung.pdf>; Abruf am 6.2.2017.

das gleiche Element aus jedem vergangenen Gottesdienst kennt und es so als Basiserwartung gar nicht mehr bewusst bemerkt.

Diese Gewöhnungseffekte weisen das Kano-Modell – wie schon gesagt – als ein typisch kapitalistisches Modell aus, das auf Steigerung angelegt ist. Für Gottesdienste muss deshalb kritisch beobachtet werden, ob dieses »Steigerungsspiel«[3] mit vollzogen werden soll oder ob nicht auch die Kraft des wiederholten Rituals in der bewussten Verweigerung immer neuer Ideen liegen könnte.

Das Ziel des Kano-Modells ist es, die Kundenzufriedenheit besser einschätzen zu können. Deshalb steht der einzelne (Kunde) im Mittelpunkt des Interesses. Während das Modell von Donabedian – mit Konzept-, Struktur-, Prozess- und Ergebnisqualität – eher die Leitenden und besonders Aktiven untersucht, das Modell 3G aus theologischer Perspektive auf den Gottesdienst schaut und die Wirkfelder die Wirkung des gottesdienstlichen Geschehens auf Agierende und Rezipierende beobachtet, will das Kano-Modell die Teilnehmenden und ihr subjektives Erleben schärfer in den Blick nehmen.

Das Kano-Modell als Analyse des subjektiven Erlebens eines Gottesdienst (am Heiligabend)

Teilnehmende in Gottesdiensten haben Erwartungen, bewusste und unbewusste. Um diese wahrzunehmen und zwischen erfüllten und enttäuschten Erwartungen zu unterscheiden, ist das Kano-Modell ein ausgezeichnetes Hilfsmittel. Die Erwartungen haben mit dem einzelnen Subjekt zu tun, seiner Sozialisation, den früher erlebten Gottesdiensten und der aktuellen Stimmung. In der beispielhaften Erzählung am Anfang dieses Artikels begegnen wir einem Gottesdienstteilnehmer, der einige Erwartungen äußert und dessen Stimmung sich im Gottesdienst wandelt. Die Kirchenschwelle markiert für den hastigen Kirchgänger den Wechsel der Atmosphäre, und die Kindergesichter beglücken ihn. Doch vorher hat er sich schon mit einigen Erwartungen auseinandergesetzt, die in den Bereich der Grunderwartungen gehören: Raumtemperatur, Garderobe für die (feuchten) Mäntel und Sitzgelegenheiten. Alle drei Aspekte, so wie sie hier vorgefunden werden, würden in einem Theater oder Konzertsaal, in einem Museum oder der Deutschen Bahn zu Unzufriedenheit und Beschwerden führen, doch hier, in einer Kirche, sind sie erwartbar und werden akzeptiert. Auch die Grunderwartungen sind orts- und gelegenheitsspezifisch. Die Hast des Kirchgängers könnte darauf hindeuten, dass er

3 Vgl. zu dieser Idee der Fortsetzung und Steigerung ausführlich Gerhard Schulze: Die beste aller Welten. Wohin bewegt sich die Gesellschaft im 21. Jahrhundert?, Frankfurt am Main 2004.

befürchtet, in der Kirche keinen guten Platz mehr zu bekommen. Das wäre für ihn enttäuschend, würde eine Grunderwartung nicht erfüllen, gleichzeitig weiß er selbst, dass er »spät« dran ist. Doch er hat Glück, ein Platz in der fast voll besetzten Kirche ist frei, und nachdem er sich eingerichtet hat, erfüllt sich die vielleicht zentrale Grunderwartung: Ein frohes und bekanntes Gefühl durchströmt ihn, denn es ist Heiligabend, und die leuchtenden Kinderaugen wecken unbewusst die vergangene Aufregung seiner eigenen Kindheit – ein Ausdruck für die Gewöhnung, die Begeisterung nur noch von Ferne ahnen lässt. Er ist angekommen, vertraut, schön und heimatlich geborgen fühlt er sich. Sogar musikalische Klänge hört er innerlich, die aber abrupt unterbrochen werden. Ein einziges Wort, nicht eine große spektakuläre Störung, nur ein einziges Wort, reißt ihn aus seiner Geborgenheit: »judäisches« statt »jüdisches« Land. Diese Unterbrechung ist ein gutes Beispiel für die changierenden Grenzen zwischen Grund- und Leistungserwartungen. Der Kirchgänger ist in den Raum der Weihnachtsgeschichte eingetaucht, er hört in fast ritueller Wiederholung die bekannten Worte, die gar nicht bewusst wahrgenommen und verstanden werden, er durchlebt sie, so, wie er sie schon unendlich oft gehört hat, gesungen und gesprochen. Ein »fremdes« Wort bricht seine Stimmung. Unzufriedenheit keimt auf, weil er nun nicht mehr im Erleben dieser alten Geschichte geborgen ist. Wenn er vorab gefragt worden wäre, was er in diesem Gottesdienst erwartet, hätte er vielleicht gesagt: Ich will die Weihnachtsgeschichte hören. Unbewusst hätte er damit gemeint, die bekannte und vertraute Geschichte mit den Worten der (alten) Lutherbibel. Diese Interpretation klassifiziert die Unterbrechung auf der Ebene der Grunderwartung. Doch er hätte die Erwartungen an den Gottesdienst auch so formulieren können: Ich will die mir sehr vertraute Weihnachtsgeschichte hören. Dann würden das fremde Wort und die daraus entstehende Unterbrechung eher in den Bereich der Leistungsmerkmale gehören. Doch er findet durch das Singen zurück in die friedlich weihnachtliche Stimmung, die er ersehnte. Kurz vor dem Schluss des Gottesdienstes klingt noch einmal eine Befürchtung an, die auf der Ebene der Leistungserwartungen angesiedelt ist: Er hat hohe Erwartungen an »O du fröhliche«. Dass er die Enttäuschung des vergangenen Jahres noch spürt, es scheint eher ein körperlich verankertes Gefühl zu sein, das sich der Wortsprache entzieht, ist wieder halb Grund- und halb Leistungserwartung. Doch dann ist er begeistert. Alle Befürchtungen sind verflogen, denn die faszinierenden Oberstimmen und der Glockenklang des Zymbelsterns zeigen ihm den offenen Himmel und die musizierenden Engel. Das ist ein typisches Beispiel für die Begeisterung. Sie durchströmt ihn, er kann es körperlich fühlen und ist überwältigt. Wenn, wie es hier der Fall ist, eine gewisse Furcht vor Enttäuschung mitschwingt, ist es einfacher, Begeisterung zu spüren, wenn der gottesdienstliche Abschnitt gelingt. Die nachträgliche Erklärung, dass der neue Zimbelstern dieses »Engelsklingeln« hervorrief, schmälert die Begeisterung nicht. Allerdings könnte es sein, dass im nächsten oder übernächsten Jahr der Einsatz des Zimbelsterns als Leistungserwartung einzuordnen ist.

Die praktische Anwendung des Kano-Modells für die Vor- und Nachbereitung eines Gottesdienstes

Sinn und Ziel der verschiedenen Modelle für Qualitätsentwicklung im Gottesdienst ist es zuerst, die Wahrnehmung für den Gottesdienst und seine Qualität zu schärfen. Die Modelle sollen nicht alle Probleme lösen, sondern sie sollen durch einen neuen Blick auf einzelne Passagen oder den ganzen Gottesdienst, auf seine Abläufe, seine inhaltlichen Glaubensaussagen, auf das »Was« und »Wie« inspirierend wirken. Das Inspirierende betrifft den Inhalt und die Form, betrifft die Vor- und Nachbereitung des Gottesdienstes. Dieser abschließende Abschnitt versucht, Aspekte für die praktische Anwendung des Kano-Modells zu entwickeln.

Das Kano-Modell geht vom Erleben der Teilnehmenden im Gottesdienst aus. Denn ob die Grund-, die Leistungserwartungen und die Begeisterungsfaktoren erfüllt sind, kann nicht deduktiv festgelegt, sondern muss induktiv gespürt werden.

In dieser Perspektive ist das Kano-Modell besonders stark in der nachträglichen Reflexion über die Zufriedenheit der Teilnehmenden am Gottesdienst. Die drei Ebenen öffnen ein detailreiches Wahrnehmen und Beschreiben einzelner gottesdienstlich-liturgischer Elemente und auch des gesamten Gottesdienstes.

Grunderwartungen

Scheinbar nebensächliche Dinge wie die Raumtemperatur kommen in ihrer (ungewollten) Einflussnahme in den Blick. Beschränkungen des Raumes, z. B. die harten Bänke, können hier eingeordnet werden. Vorherrschend sind technische Gegebenheiten wie funktionierende Mikrofone, eine nicht zu verstimmte Orgel oder Sauberkeit und Ordnung in der Kirche. Inhaltliche Aspekte sind seltener. Diese Grunderwartungen sind in der Regel unbewusst, können aber das Wohlbefinden der Teilnehmenden so besetzen, dass die Botschaft des Evangeliums nicht durchdringen kann. Wenn am Kirchenausgang solche enttäuschten Grunderwartungen benannt werden, dann sind das immer negative Aussagen. In diese Ebene würde ich auch rituelle Elemente, die dazugehören, ohne dass sie das Bewusstsein bestimmen, einordnen wie das Vaterunser oder eine übliche Schlussstrophe, z. B. »Verleih uns Frieden«, die in jedem Gottesdienst erklingt.

Die Beschwerden der Gottesdienstteilnehmenden sollten aufmerksam vermerkt werden, um dann (zumindest manchmal) planend für den nächsten Gottesdienst Störfaktoren dieser Grunderwartungen ausschließen zu können.

Leistungserwartungen

Die Leistungserwartungen sind im Vollzug und im Rückblick zu entdecken. Sie bestimmen maßgeblich, ob die Teilnehmenden zufrieden oder enttäuscht sind. Um diese Wahrnehmungsebene zu stärken, ist ein Gottesdienst-Tagebuch empfehlenswert.

Zuerst sollte geklärt werden, was ich vom Gottesdienst erwarte. Steht die »gute« Predigt im Mittelpunkt, oder inspirieren mich eher die Lieder; erwarte ich aktuelle und kraftvolle Fürbitten oder meditative Gebetsstille, in der ich meine eigenen Bitten vor Gott tragen kann; möchte ich Gemeinschaft erleben, die auch körperlich, z. B. durch das Anfassen im Abendmahlskreis sichtbar und spürbar wird, oder bevorzuge ich die beruhigende Anonymität in einem Winkel der Kirche.

Diese bewussten Erwartungen sind häufig der Grund, warum ein bestimmter Gottesdienst aufgesucht wird, und eine Enttäuschung führt nicht so direkt zu einer negativen Beurteilung oder gar Beschwerde, wie dies bei den Grunderwartungen ist, aber eine wiederholte Enttäuschung entfremdet uns dem Gottesdienst und führt letztlich dazu, dass wir andere oder keine Gottesdienste mehr besuchen.

Die Leistungserwartungen können sich deutlich von Gemeinde zu Gemeinde unterscheiden. Vielleicht wird anhand dieser bewussten Erwartungen der Fingerabdruck einer jeden Gemeinde erkennbar. Dann könnte nach intensiven Erkundungen der Erwartungen das Kano-Modell in einer konkreten Gemeinde auch für die Planung von Gottesdiensten eingesetzt werden.

Begeisterungsfaktoren

Damit die Teilnehmenden in einem Gottesdienst begeistert sind, muss etwas Unerwartetes und/oder Neues geschehen. Dieses Geschehen muss unmittelbare Relevanz für die Teilnehmenden erlangen, und es muss emotional anregend oder beruhigend sein. Dann können die Teilnehmenden in einen Zustand der Begeisterung, wie er oben beschrieben wurde, eintreten. Begeisterung ist nicht herstellbar, aber es gibt einige Faktoren, die beeinflussend wirken. Beispielsweise:

- Im Gottesdienst sollten unerwartete und emotionalisierende Elemente vorkommen.
- Jeder Gottesdienst sollte etwas Neues enthalten, was fast natürlich gegeben ist, denn selten wird immer wieder die gleiche Predigt gehalten. Allerdings ist hier mit »Neuem« eher etwas Formales gemeint, wenn, um ein Beispiel zu benennen, in die Predigt ein Gesang oder eine Musik eingeflochten ist. Zu beachten ist auch, dass Neues mit jeder Wiederholung altert und bald in die Ebene der Leistungsmerkmale wandert.
- Eine wichtige Übung wäre es, Gottesdienst-Improvisation zu trainieren. Ungeplant kommt im Gottesdienst eine bestimmte Stimmung auf, befördert vom Licht in der Kirche, den Klängen der Musik und den Resonanzen der Gemeinde auf die Predigt. Die Pfarrerin spürt dies, doch sie macht einfach im üblichen Ablauf weiter. Hier wäre aber eine (spontane) Änderung der aufgeschriebenen Liturgie, die flüchtige, aber aktuelle Stimmung aufnehmend, förderlich, um Begeisterung auszulösen.
- Begeisterung fördern zu wollen, ist immer eine Wanderung auf einem schmalen Grad. Es bedarf großen Mutes, sich auf diese emotionale und vielleicht nicht mehr kontrollierbare Ebene einzulassen.
- Das Singen und die Musik sind ideal, um Begeisterung zu fördern. Ein Lied, das die Gemeinde begeistert singt, kann mehrfach wiederholt werden und zeigt immer wieder begeisterte Singende.[4]
- Begeisterung meint nicht nur eine ständige Steigerung der Aktivitäten, sondern kann auch gerade in beruhigender Stille und Meditation erlebt werden, was beispielsweise die Faszination von Taizé-Gebeten (auch bei Jugendlichen) zeigt.

Verantwortliche für den Gottesdienst sollten ein Gottesdienst-Tagebuch mit ausführlichen Erwartungen und Erlebnissen führen. Alle drei Ebenen sollten in diesem Tagebuch vermerkt werden, und es sollte sowohl die Gottesdienste enthalten, in denen Verantwortung getragen wird, als auch Gottesdienste, die als Teilnehmende erlebt werden. Dieses Tagebuch wirkt dann wie eine Wahrnehmungsschulung und kann nach einiger Zeit für die Planung von Gottesdiensten, also nicht mehr nur rückblickend, sondern auch vorausschauend genutzt werden.

4 Vgl. <www.musik-und-gottesdienst.de/aktuelles/forschungsanliegen/singen-in-der-evangelischen-kirche>; Abruf am 8. März 2017.

Trotz des wunderbaren und am Ende überwältigenden Erlebens im Gottesdienst des Heiligen Abends verabschiedet sich unser Gottesdienstteilnehmer für ein Jahr vom Gottesdienst. Erst im nächsten Jahr, hastig, aber pünktlich zur Christvesper, wird er wieder mit seinen Erwartungen in der Kirche sitzen.

Folkert Fendler

Die Wirkfelder des Gottesdienstes

Die Wirkfelder des Gottesdienstes nähern sich der Gottesdienstqualität über die Wahrnehmung, Analyse und Gestaltung von Wirkungen des Gottesdienstes. Sie sind zum Zeitpunkt der Abfassung dieses Artikels noch nicht empirisch überprüft und sind insofern ein theoretisches Konstrukt. Ihnen zugrunde liegt die Auswertung empirischer Studien zum Gottesdienst, theoretische Überlegungen, die Rezeption der morphologischen Psychologie Wilhelm Salbers samt ihrer Aufnahme durch die Marktforschung in Form des sogenannten »Verfassungsmarketing« sowie gottesdienstliche Erfahrungen der an der Entwicklung des Modells Beteiligten. Der nachfolgende Artikel skizziert den Prozess der Entstehung des Modells sowie seinen Inhalt und seine Funktion.

Die Entwicklung des Modells

Die Wirkfelder entstanden in einem Arbeitskreis des Zentrums für Qualitätsentwicklung im Gottesdienst, der aus Theologen und Personen aus dem Bereich des Qualitätsmanagements bestand und über einen Zeitraum von ca. drei Jahren wiederholt zusammenkam.[1] Ausgangspunkt war die Leitfrage: Was ist ein guter Gottesdienst? Die Beantwortung der Frage setzte bei den Erwartungen der Menschen Gottesdiensten gegenüber an. Diese Erwartungen wurden durch eine Analyse bereits vorliegender empirischer Studien zum Gottesdienst erhoben. Rezipiert wurden insbesondere die in der vierten Kirchenmitgliedschaftsuntersuchung (KMU IV) abgefragten Erwartungen an Gottesdienste,[2] die im Zusammenhang derselben Studie gebildeten sechs

1 Die Theologen des Arbeitskreises waren Prof. Dr. Jochen Arnold, Christian Binder, Dr. Thilo Daniel, Christhard Ebert und Dr. Folkert Fendler. Die über das Netzwerk der Deutschen Gesellschaft für Qualität (DGQ) gewonnenen Personen waren die Psychologin und Unternehmensberaterin Regina von Diemer, Geschäftsführer Dipl. Ing. Harry Kuckelkorn und Prof. Dr. Horst Methner (ehem. Rektor der Fachhochschule Heidelberg mit Arbeitsschwerpunkt Qualitätswesen in der Bildung). – Vgl. auch die Darstellung der Entstehung des Modells in: Arbeitskreis Qualitätszirkel, Gegensätze ziehen sich an: Wirkfelder des Gottesdienstes, in: Folkert Fendler/Christian Binder (Hg.), Gottes Güte und menschliche Gütesiegel. Qualitätsentwicklung im Gottesdienst (Kirche im Aufbruch. Reformprozess der EKD, Band 3, hg. vom Kirchenamt der EKD), Leipzig 2012, 183–209.

2 Vgl. Huber, Wolfgang/Friedrich, Johannes/Steinacker, Peter (Hg.), Kirche in der Vielfalt der Lebensbezüge. Die vierte EKD-Erhebung über Kirchenmitgliedschaft, Gütersloh 2006, 454.

Milieus und ihre Vorstellungen eines »guten Gottesdienstes«[3] sowie die Bayreuther Gottesdienststudie[4].

Die zehn Items zu gottesdienstlichen Erwartungen, die den Befragten der KMU IV vorgelegt wurden, liegen auf unterschiedlichen Ebenen und sind daher nur bedingt aussagekräftig. Zumindest kann festgehalten werden, dass gegenüber eher formalen Sachverhalten wie der Musikrichtung oder neuen Formen des Gottesdienstes das Erleben von Gemeinschaft, eine »fröhlich-zuversichtliche Grundstimmung« und vor allem die Predigt und das Verstehen für Gottesdienstbesucher eine hohe Bedeutung haben.

Als sehr aufschlussreich erweist sich die Erklärung gottesdienstlicher Erwartungen, wenn sie differenziert nach unterschiedlichen Lebensstilen und Sozialmilieus dargestellt werden. Hier steht nicht ein Ranking von Erwartungen der heterogenen Grundgesamtheit »Gottesdienstteilnehmende« im Vordergrund, sondern deren differenzierte Wahrnehmung entsprechend unterschiedlicher Lebensstile, Werteorientierungen, Interessen, Bedürfnisse und ästhetischer Vorlieben. Diese Betrachtung mündet einerseits in ein besseres Verständnis der Menschen hinsichtlich ihrer Beurteilung und ihres Idealbilds von Gottesdiensten. Sie kann weiter dazu führen, dass Gottesdienste angemessener für das tatsächlich in der Gemeinde dominierende »Milieu« konzipiert und gestaltet werden. An dieser Stelle aber setzen auch Fragen an: Müsste man nicht für jedes der sechs aus den Erzählinterviews abgeleiteten Milieus (Hochkulturelle, Bodenständige, Gesellige, Kritische, Mobile und Zurückgezogene) Gottesdienste mit der je bevorzugten Ästhetik, Predigtform, Liturgie etc. gestalten? Aber wie sollte man die Anforderungen, die damit einhergingen, bewältigen? Wie verhielte sich solche Passgenauigkeit zum Ideal eines Gottesdienstes als Mitte der Gemeinde? So führt das Ernstnehmen gerade auch der Grenzen, die die Lebensstile unterscheiden – gern festgemacht am Musikgeschmack, aber auch an unterschiedlichem Gemeinschaftsbedürfnis –, leicht in die Aporie, dass es keinen Gottesdienst zu geben scheint, der die unterschiedlichen, ja teilweise unvereinbaren Erwartungen und Bedürfnisse befriedigen kann.

Einen erheblichen Einfluss auf die Entstehung der Wirkfelder hatte die 2003 bis 2005 durchgeführte sogenannte »Bayreuther Studie«. Diese qua-

3 Wohlrab-Sahr, Monika/Sammet, Kornelia, Weltsichten – Lebensstile – Kirchenbindung. Konzeption und Methoden der vierten EKD-Erhebung über Kirchenmitgliedschaft, in: Jan Hermelink/Ingrid Lukatis/Monika Wohlrab-Sahr, Kirche in der Vielfalt der Lebensbezüge, Band 2, Analysen zu Gruppendiskussionen und Erzählinterviews, Gütersloh 2006, 21–32; vgl. Schulz, Claudia/Hauschild, Eberhardt/Kohler, Eike, Milieus praktisch. Analyse und Planungshilfen für Kirche und Gemeinde, Göttingen 2008.

4 Martin, Jeannett, Mensch – Alltag – Gottesdienst. Bedürfnisse, Rituale und Bedeutungszuschreibungen evangelisch Getaufter in Bayern (bayreuther forum TRANSIT. Kulturwissenschaftliche Religionsstudien 7), Berlin 2007.

litative Untersuchung von ca. 50 evangelisch Getauften aus Bayern fragte nicht ausdrücklich nach dem Gottesdienst, sondern setzt bei der persönlichen Bedeutung von Alltagsritualen der Befragten an. Der Titel der Studie lautet denn auch: »Rituale, Sinngebung und Lebensgestaltung in der modernen Welt. In der Auswertung treten sieben »subjektiv wichtige Bedürfniskomplexe« zutage: Lebensfreude, Selbstbestimmung, sinnvolles Leben, Locality[5], Selbstsorge, Strukturierung/Orientierung und Ästhetik. Diese aus der Analyse von Alltagsritualen gewonnenen Bedeutungsaspekte lassen sich nun auch auf den Gottesdienst übertragen und fragen, ob und inwieweit sie auch in ihm eine Rolle spielen.

Die Komplexität und Fülle möglicher Erwartungen an den Gottesdienst und deren Abhängigkeit von Vorprägungen der Menschen lassen sich nun in Beziehung setzen zu einer Strömung des gegenwärtigen Marketing. Danach verlieren Zielgruppen zunehmend an Bedeutung. Die herkömmliche Orientierung des Marketing bei Werbung und Produktdesign an soziodemographischen Merkmalen wie Alter, Geschlecht, Bildung etc. werde dadurch obsolet, dass der moderne Mensch diese Merkmale immer stärker selbst transzendiere und die damit verbundenen Erwartungen und Profile immer seltener zuträfen. Frauen kaufen ehemals klassische Männerprodukte (und umgekehrt), alte Menschen geben sich jung, auch in ihrem Kaufverhalten, junge geben sich alt, kurz: Dass die Oma im Hühnerstall Motorrad fährt, scheint mittlerweile eine soziale Gegebenheit zu sein, die sich mit der klassischen Sozialstatistik nur noch schwer erklären lässt und mit Zielgruppenorientierung nur noch bedingt beworben werden kann. Das neue Erklärungsmodell, das das »rheingold institut« für Marktforschung in Köln unter Bezugnahme auf die Wirkungspsychologie Wilhelm Salbers[6] »Verfassungsmarketing« nennt, denkt und plant Marketingstrategien anhand von Stimmungen bzw. inneren Verfassungen, von denen Menschen sich bestimmen lassen. Anhand psychologischer Interviews erhebt das Institut dabei, welche Verfassungen von Kunden mit bestimmten Produkten oder Marken verbunden werden. Diese Erkenntnisse helfen wiederum dem Design der Werbung und der Produktplatzierung. Interessanterweise verbinden sich mit einem Produkt oft gegensätzliche Verfassungen (Salber spricht von »Zwei-Einheiten«), beim Zigarettenrauchen beispielsweise Freiheitsdrang mit Abhängigkeitsgefühlen. Es versteht sich von selbst, dass das Marketing lediglich die als positiv konnotierte Verfassung auf-

5 Dieser Begriff wurde vom amerikanischen Kulturanthropologen A. Appadurai geprägt. Er meint damit »Orte der persönlichen Identifikation, Bereiche der sozialen und emotionalen Zugehörigkeit, häufig auch imaginierte, selbst erschaffene Welten, die für Menschen identitätsstiftend wirken.« (Martin, Mensch, 54)

6 Vgl. zu Salbers sogenannter »morphologischer Psychologie« ausführlicher: Arbeitskreis »Qualitätszirkel, Gegensätze, 196–201.

greift. Das Verfassungsmarketing analysiert also die Wirkungen, die Produkte und Dienstleistungen bei Kunden hervorrufen, und knüpft mit seiner Marketingstrategie daran an. Den Verfassungen, Bedürfnissen oder Stimmungen entsprechen Potentiale des jeweiligen Produkts, die diese aufzunehmen bzw. zu befriedigen in der Lage sind. Es besteht eine Wechselwirkung zwischen dem Produkt und seinem Nutzer: Der Nutzer verbindet nicht nur bestimmte Verfassungen mit dem Produkt, seine Verfassung wird ihrerseits durch die spezifischen Potentiale des Produkts beeinflusst.

Wenn man den Zugang des Verfassungsmarketings auf den Gottesdienst überträgt, ergeben sich für diesen neue Perspektiven. Die Frage wird aufgeworfen, welche Wirkungen der Gottesdienst frei setzt. Welche Potentiale enthält das gottesdienstliche Geschehen – seinem Selbstverständnis nach – und welche werden ihm darüber hinaus zugeschrieben? Insbesondere die oft als gegensätzliche Duale oder Pole auftretenden Verfassungen eröffnen die Möglichkeit, unterschiedliche Erwartungen an Gottesdienste und ihre Potentiale in einem Modell zu integrieren. Verbunden mit der Einsicht, dass Verfassungen und Stimmungen auch wechseln und die Menschen sich zunehmend weniger auf eine einzige reduzieren lassen, relativiert sich die bei der auf Abgrenzung bedachten Milieubetrachtung auftretende Aporie, dass es für gegensätzliche Erwartungen letztlich keine befriedigende gottesdienstliche Antwort gibt.

Aus diesen Analysen und Überlegungen erwuchs das Modell der Wirkfelder des Gottesdienstes.

Inhalt und Funktionen des Modells

Die Wirkfelder des Gottesdienstes

Es gibt vier Wirkfelder des Gottesdienstes: Lebensdeutung, Handlungsorientierung, Beziehung und Empfindung. Der Gottesdienst, als Kommunikation des Evangeliums, richtet sich an den Menschen mit der Botschaft der in Jesus Christus erkennbar und Fleisch gewordenen Liebe Gottes. Die Aneignung dieser Botschaft führt im Glauben zu einer neuen Sicht auf das eigene Dasein und das Leben. Die Erkenntnis des eigenen Sünderseins und zugleich die Rechtfertigung dieses Daseins sowie der Blick auf die Welt als einer Schöpfung Gottes seien als zentrale theologische Weisen der *Lebensdeutung* exemplarisch genannt, die zu den wesentlichen Funktionen des Gottesdienstes gehören. Die Aneignung der christlichen Botschaft, die Begegnung mit ihr im Gottesdienst nimmt aber potentiell auch Einfluss auf das Handeln des Einzelnen und der Gemeinschaft. Der Gottesdienst hat das Potential, *Handeln zu orientieren*, in Entscheidungssituationen Hilfe zu leisten, Initiativen frei zu setzen,

Lebensfreude Lebensernst	**Empfindung**	**Lebensdeutung**	Selbstbestimmung Wahrheit Gottes
Gottesdienst Wie: liturgische Gestalt Was: Wort & Sakrament			
Nähe Distanz	**Beziehung**	**Handlungs-orientierung**	Selbstsorge Nächstenliebe

Die Wirkfelder des Gottesdienstes

als falsch erkanntes Handeln einzustellen. Gottesdienst bedeutet immer auch Gemeinschaft, ja, er ist geradezu definiert als die Versammlung der Heiligen. Der Teilnehmende tritt in der Feier in *Beziehung* zu anderen. Der Beziehungsaspekt lässt sich dreifach entfalten. Zum einen tritt der oder die Teilnehmende in Beziehung zu den übrigen Mitfeiernden, zum Zweiten in Beziehung mit Gott, und drittens kann bei diesem Wirkfeld auch die Beziehung zwischen aktiv Agierenden (Gottesdienstverantwortlichen) und den übrigen Mitfeiernden in den Blick genommen werden. Schließlich wirkt der Gottesdienst auch immer auf die *Empfindung*. Dieses Wirkfeld trägt der Tatsache Rechnung, dass Emotionen und Atmosphären im Gottesdienst im kognitiv dominierten evangelischen Gottesdienst gelegentlich unterschätzt werden.

Betrachtet man die Wirkfelder im Ganzen unter dem Aspekt kognitiv/emotional, so ist ein gewisser Schwerpunkt des Kognitiven bei den im Modell rechts dargestellten Wirkfeldern erkennbar: *Lebensdeutung* und *Handlungsorientierung* kommen diskursiv etwa in der Predigt, ggf. bei den Abkündigungen und in Gebetsform oft bei den Fürbitten zur Sprache. Demgegenüber kommt die Dimension des Emotionalen bei den Wirkfeldern der linken Seite des Modellschema besonders zum Tragen: Während es im Wirkfeld *Empfindung* eigens thematisiert wird, spielt es im Wirkfeld der *Beziehung* eine tragende Rolle. Weitere Schwerpunkte des Modells werden deutlich, wenn man die im Modell oben angesiedelten Wirkfelder den unteren gegenüberstellt: Die oberen werden stärker vom Individuum her gedacht, während in den unteren die soziale

Komponente dominiert. Indem diese Schwerpunkte namhaft gemacht werden, soll zugleich betont sein, dass dies nicht im Sinne einer strikten Trennung gemeint ist, da natürlich auch *Lebensdeutung* und *Handlungsorientierung* emotionale Aspekte aufweisen und vice versa bei den beiden anderen Wirkfeldern. Zugleich hat das Wirkfeld der Handlungsorientierung im Pol der Selbstsorge (s. u.) auch einen Selbstbezug wie umgekehrt Lebensdeutung natürlich nicht ohne die soziale Komponente gedacht werden kann. Ohnehin sind bei aller Unterscheidung die Grenzen zwischen den einzelnen Wirkfeldern nicht undurchlässig. Offensichtlich ist etwa, dass *Handlungsorientierung* nahezu immer mit einem Beziehungsaspekt einhergeht, aber auch aufs engste mit der *Lebensdeutung* zusammenhängt. Insofern wäre auch eine Modellgraphik denkbar, in der die vier Wirkfelder als sich überschneidende Felder dargestellt werden, in denen jeweils gemeinsame Teilmengen erkennbar wären.

Im Sinne des sich gegenseitig beeinflussenden Wechselspiels zwischen den Wirkfeldern als Potentialen des Gottesdienstes und als Verfassungen bzw. Bedürfnissen, aus denen heraus Menschen Gottesdienste aufsuchen, könnten die Wirkfelder auch von den Teilnehmenden her beschrieben werden: Menschen suchen im Gottesdienst *Lebensdeutung*, *Handlungsorientierung*, *Beziehung* und/oder *Empfindung*.

Die Wirkfelder bewegen sich jeweils zwischen zwei Polen. Das Wirkfeld der *Lebensdeutung* geschieht im Spannungsfeld zwischen *Wahrheit Gottes* und *Selbstbestimmung* (des Menschen). Der Pol des Wortes Gottes, das dem Menschen mit dem Anspruch der Wahrheit begegnet, repräsentiert die Anrede Gottes an den Menschen, das verbum externum, das Wort, das der Mensch sich nicht selbst sagen kann.[7] Dem stehen Wunsch und Anspruch des modernen Menschen gegenüber, das eigene Leben auch selbstbestimmt führen zu können, kreativ zu sein, sich an eigener Schaffenskraft zu freuen und dem Leben selbst Sinn und Bedeutung zu verleihen. Man könnte in der Spannung dieses Wirkfeldes auch die Wahrheit verborgen sehen, dass Gottesdienst kein kommunikatives Einbahnstraßensystem, sondern dialogisch angelegt ist. Gott spricht und der Mensch antwortet, so die klassische aus Torgau gewonnene Formel. Aber der Mensch hat vorher auch schon gesprochen und er wird nachher weitersprechen. Seine Antwort wird nicht immer Dank und Lobgesang sein, wie die Torgauer Formel einseitig nahelegt, er wird vielmehr auch widersprechen, klagen, zweifeln. – Es deutet sich an, welche Herausforderung das Wirkfeld der *Lebensdeutung* für Liturgie und Predigt bedeutet, wenn Gottesdienst nicht scheinbar eindeutig als Vermittlung einer vermeintlich ewigen Wahrheit verstanden wird.

---

7 In einer früheren Version des Modells der Wirkfelder hieß das Wirkfeld *Sinndeutung* mit den Polen *Selbstbestimmung* und *ewige Wahrheit*.

Die *Handlungsorientierung* lässt sich durch zwei Pole beschreiben, die schon im Gebot der Nächstenliebe angelegt und ausgesprochen sind: »Liebe deinen Nächsten, wie dich selbst.« Das Handeln kann durch das gottesdienstliche Geschehen auf den Nächsten hin orientiert werden, aber auch auf sich selbst gerichtet sein. Die zweite Hälfte des Gebotes führte gelegentlich ein Schattendasein gegenüber der ersten, so dass Nächstenliebe, obwohl schon alttestamentlich grundgelegt, zu einem Markenzeichen der Christen wurde. Ja, die Selbstsorge, das Achten auf eigene Bedürfnisse, das Grenzen-Ziehen, das Sich-selbst-eben-auch-Lieben stand und steht unter dem Verdacht des Egoismus. Inwieweit Gottesdienste heute beide Pole auf angemessene Weise berücksichtigen, bleibt der Wahrnehmung und Analyse jedes Einzelnen vorbehalten. Das Wirkfeld der *Handlungsorientierung* schärft den Blick dafür.

Das Wirkfeld der *Beziehung* erscheint in seiner Bedeutung klar zu sein, wie oben schon angedeutet: Gottesdienst ist per definitionem Gemeinschaft und Begegnung. Dennoch sind auch hier unterschiedliche Ausprägungen denkbar und werden auch unterschiedlich gewünscht und gelebt. Es gibt nahe Gemeinschaft, Austausch, persönliches Interesse aneinander, Wiederbegegnung von guten Bekannten, Gespräche bis hin zu Berührungen, Umarmungen und An-den-Händen-Halten. Es gibt aber auch distanzierte Gemeinschaft,[8] sich als Teil eines Ganzen zu sehen, ohne direkten Kontakt aufzunehmen, Bedürfnis nach Anonymität, Scheu vor oder gar Ablehnung von Nähe-Inszenierungen im Gottesdienst. Dabei kann der Wunsch zu einer spirituellen Nähe zu Gott gleichzeitig sehr ausgeprägt sein. Das Wirkfeld der Beziehung im Spannungsfeld zwischen *Nähe* und *Distanz* richtet die Aufmerksamkeit auf die reichen Potentiale, die der Gottesdienst mit Blick auf die Gestaltung von Beziehung bietet.

Lebensfreude und *Lebensernst* sind im Modell als komplementäre Pole des Wirkfeldes *Empfindung*[9] benannt. Die fröhlich-zuversichtliche Stimmung, die sich viele Befragte der KMU IV wünschen, und die zentrale Rolle, die das Empfinden von Lebensfreude in Alltagsritualen spielt, sind im ersten Pol aufgenommen. Gleichwohl tritt dem der *Lebensernst* oder auch der *Todesernst* gegenüber, insofern Gottesdienst immer auch die grundlegenden existentiellen Fragen etwa von Leiden und Tod thematisiert. *Lebensfreude* ohne *Lebensernst* wird fahl, *Lebensernst* ohne *Lebensfreude* wird düster. – Beide Empfindungen stehen exemplarisch für weitere komplementäre Emotionen wie Zuversicht und Zweifel, Freude und Trauer, Beunruhigung und Erleichterung, die im Gottesdienst eine Rolle spielen können. Das Wirkfeld hebt die gottes-

8 Auf diesen Punkt weist vor allem Gerald Kretschmar immer wieder hin, vgl. nur: Kirchenbindung. Praktische Theologie der mediatisierten Kommunikation, Göttingen 2007.

9 In einer früheren Version des Modells der Wirkfelder hieß das Wirkfeld E*mpfindung* »*existentielle Erfahrung*«.

dienstliche Bedeutung von unterschiedlichen und sich widersprechenden Emotionen ins Bewusstsein.

Die Komplementarität der Verfasstheiten führt im Marketing oft zu einer Bewertung, in der der eine Pol erwünscht, der andere aber unerwünscht und daher verschwiegen wird (vgl. das obige Beispiel des Rauchens). Im Modell der Wirkfelder werden die Pole demgegenüber jeweils beide als legitime Ausprägungen des Wirkfeldes verstanden. Auch etwa die Pole *Distanz* oder *Selbstbestimmung* sind nicht zwangsläufig zu überwindende Zustände, sondern können ihr Recht haben neben dem je komplementären Pol. Damit ist die Frage aufgeworfen, in welchem Verhältnis die Pole der Wirkfelder im Gottesdienst idealerweise stehen sollten. Sollen sie ausgewogen sein und dies, wenn schon nicht in jedem Gottesdienst, dann vielleicht im »Durchschnitt des Kirchenjahres«? Auf diese Frage wird es keine quantitativ »richtige« Antwort geben. Vielmehr folgt das Modell an diesem Punkt der Maxime jeder Qualitätsarbeit, dass kein Ideal vorgegeben wird, sondern dieses ausgehandelt werden muss. Dabei stellt sich die Frage situativer Angemessenheit, es stellt sich die Frage nach Zielen, es stellt sich vor allem die Frage nach dem Auftrag, der ausgerichtet werden soll und der natürlich in dem situativen Kontext eines Kasus, eines theologischen Profils (Proprium des Sonntags) und örtlicher Traditionen steht.

Die Wirkfelder konzentrieren die Betrachtung des Gottesdienstes auf das Wesentliche. Sie abstrahieren dabei das Verkündigungsgeschehen der gottesdienstlichen Feier derart, dass das Modell tauglich wird, auch andere, ja nichtchristliche Veranstaltungen mit Gewinn zu betrachten. Diese unverhoffte Allgemeingültigkeit des Modells muss nun nicht gegen es sprechen, sondern zwingt im Gegenteil im Gebrauch zu christlicher Konkretisierung. Erst die Offenheit der Begrifflichkeit ermöglicht dabei, ein großes Spektrum unterschiedlicher theologischer Positionen aufzunehmen. Die klassischen Gegenstände gottesdienstlicher Betrachtung: Predigt, Liturgie, Musik, liturgische Präsenz, Gastfreundschaft und vieles mehr werden im Modell als *Wirkfaktoren* bezeichnet. Das bedeutet, dass solche Faktoren gewissermaßen die Stellschrauben sind, die die Wirkungen des Gottesdienstes in der einen oder anderen Weise hervorrufen, die die Potentiale des Gottesdienstes öffnen oder auch schließen.

Wie andere Qualitätsmodelle auch hat das Modell der Wirkfelder eine dreifache Funktion. Es kann erstens als Instrument der eigenen Reflexion der Gottesdienstverantwortlichen genutzt werden: Welche Wirkfelder spielen für mich eine besonders wichtige, welche vielleicht eine untergeordnete Rolle? Gibt es blinde Flecken? In welcher Ausprägung begegnen in meinen Gottesdiensten die Pole der Wirkfelder? Welche theologischen Grundentscheidungen stehen dahinter? *Stehen* theologische Grundentscheidungen dahinter? – Das Modell ist zweitens ein Hilfsmittel zur Gestaltung von Gottesdiensten: In der Vorbereitung können intendierte Ausprägungen der Wirkfelder bewusst gemacht werden. Was wird durch das Proprium eines Sonntags nahegelegt? Welche Wirkfaktoren können auf welche Weise eingesetzt werden, damit Wirkfelder und ihre Pole stark oder schwach präsent werden? – Das Modell kann schließlich zur Beurteilung, Nachbereitung oder zum Feedback auf erlebte Gottesdienste genutzt werden. Dabei kommt ihm zugute, dass Wirkungen zunächst nicht wertend beschrieben werden müssen. Im zweiten Schritt kann dann überlegt werden, inwieweit diese Wirkungen mit der Absicht der verantwortlich Gestaltenden übereinstimmten oder inwieweit sie mit Blick auf Situation, Thema, Proprium oder Kasus als angemessen empfunden wurden.

Hilmar Gattwinkel

Gottesdienste in 3G

Dieses Mal findet die Andacht zu Beginn der Kirchenvorstandssitzung im Sitzungsraum statt. Pfarrerin Schröder hat Gesangbücher auf die Tische gelegt. Als alle eingetroffen sind und ihren Platz gefunden haben, beginnt Pfarrerin Schröder die Andacht mit einer Begrüßung, und dem ersten Lied »Such, wer da will, ein ander Ziel« (EG 346). Gemeinsam betet die Andachtsgemeinde Worte aus Psalm 36. Pfarrerin Schröder erinnert im Anschluss an den Bericht aus dem Konfirmandenunterricht, der in der letzten Sitzung einen großen Raum eingenommen hatte. »Was lernen die jungen Menschen in der Vorbereitungszeit – dieser Aspekt hatte uns ja alle beschäftigt. Und so – als Lerngemeinschaft – haben sich die christlichen Gemeinden von Anfang an verstanden. Etwa die Frage, wie sich Mensch und Gott in Jesus Christus zueinander verhalten? Wie können wir das denken? Eine Antwort gibt ein Abschnitt aus dem Philipperbrief, vermutlich ein altes christliches Lied.« Pfarrerin Schröder liest den Christushymnus aus dem Philipperbrief vor, die Andachtsgemeinde liest im Gesangbuch mit. »Was löst dieser Text in Ihnen aus?« Mit dieser Frage eröffnet Pfarrerin Schröder eine erste Gesprächsrunde, die in das Lied mündet: »Lasset uns mit Jesus ziehen, seinem Vorbild folgen nach« (EG 384). »Was bedeutet das für Sie persönlich?«, steht als Frage über der zweiten Gesprächsrunde. Erst etwas stockend, dann auch angeregt durch die anderen übersetzen die Angesprochenen den Hymnus in ihr eigenes Leben: Christus für mich. Staunen über die Vielfalt und Fülle, die Christus für mich auslöst, ein gelöstes staunendes Lächeln. Vaterunser, Segen und das Lied: »Ich bin getauft auf deinen Namen« (EG 200) schließen die Andacht. Christus für mich – das Lächeln bleibt. Auf in die Sitzung.

Die verfügbare Seite von Andacht und Gottesdienst[1] ist menschliches Tun: Verantwortliche planen und bereiten den Gottesdienst vor, feiern ihn gemeinsam mit der Gemeinde und reflektieren im Nachhinein sein Gelingen – eine vertraute Abfolge einzelner Schritte. (Die unverfügbare Seite des Gottesdienstes wäre anders zu bedenken, nämlich als das Tun Gottes.)

Dieses menschliche Tun sucht Orientierung: Nach welchen Kriterien treffen wir die Entscheidungen in den einzelnen Schritten und dazwischen? Der

1 Auch wenn im Folgenden durchweg von Gottesdiensten die Rede sein wird: Das vorgestellte Modell eignet sich auch zur Arbeit an Andachten. Vgl. Wolfgang Ratzmann, Kleiner Gottesdienst im Alltag. Beiträge zur Liturgie und Spiritualität, Leipzig 1999, 14–23.

klassische Ort für diese Orientierung ist im evangelischen Kontext die Praktische Theologie mit ihren Arbeitsfeldern Gottesdiensttheologie, Liturgik und Hymnologie. Besonders die Gottesdiensttheologie versucht in immer neuen Anläufen zu erfassen, wie sich die verfügbaren und die unverfügbaren Seiten im Gottesdienst zueinander verhalten: Was ist (uns) der Gottesdienst, welche Aufgaben erfüllt er, und wie tut er das am besten?

Die praktisch-theologischen Antworten auf diese Fragen folgen den konfessionellen Prägungen innerhalb des Protestantismus, den Herausforderungen durch die jeweilige Gegenwart und den persönlichen Neigungen der Theolog*innen. Wolfgang Ratzmann hat sich der Mühe unterworfen, die Ansätze evangelischer Gottesdiensttheologien im deutschsprachigen Raum nach 1945 systematisch zu sichten und zu ordnen.[2] Diese Arbeit hat Jochen Arnold weitergeführt und im Rahmen einer Arbeitsgruppe im Qualitätszentrum diesen Ansätzen acht Grundformen zugeordnet[3]:

- Der dialogische Typ: Heilsempfang und Verherrlichung Gottes
- Der ethische Typ: Liebende Tat im Alltag der Welt
- Der ludisch-messianische Typ: Spiel vom kommenden Frieden im Fest
- Der mystagogische Typ: Begegnung mit dem Heiligen
- Der dramaturgische Typ: Inszenierung des Evangeliums
- Der ästhetisch-rituelle Typ: Weg im Geheimnis
- Der missionarische Typ: Einladung zum Glauben und zur Gottesliebe
- Der hermeneutisch-authentische Typ: Christliche Lebensdeutung und Spiritualität

Das Modell

Aus diesen Grundformen hat die Arbeitsgruppe anschließend das Modell der »Gottesdienste in 3G«[4] entwickelt: Evangelische Gottesdienste können mit Blick auf ihren theologischen Hintergrund als ein Geschehen in einer Dreiecksfläche mit drei Eckpunkten verstanden werden. Diese drei Eckpunkte bilden idealtypische Profilierungen: Gewissheit der Liebe Gottes erleben, Gemeinschaft der Hoffnung gestalten, Geheimnis des Glaubens feiern.

---

2 Vgl. Wolfgang Ratzmann, Gegenwärtige evangelisch-theologische Positionen zum Gottesdienst als Anfragen an eine zukünftige evangelische Gottesdiensttheologie, in: ders., »Gott ist gegenwärtig«. Aufsätze zum Gottesdienst, Leipzig 2010, 45–57.

3 Vgl. ausführlich: Folkert Fendler/Christian Binder, Gewissheit, Gemeinschaft, Geheimnis. Qualitäten des Gottesdienstes, Leipzig 2016, 28–39.

4 Das Modell ist nach den Anfangsbuchstaben der drei im Folgenden aufgeführten Profilierungen benannt.

Dabei ist jeder Gottesdienst ein Gottesdienst »in 3G«. Denn diese drei zentralen Profile ergänzen und durchdringen sich, sind letztlich nicht ganz trennscharf. Das macht die Differenzierung auf der Modellebene aber nicht weniger sinnvoll.

Zu den einzelnen Profilen[5]

Gewissheit der Liebe Gottes erleben

- Gottesdienste im Profil der Gewissheit wenden sich zunächst an den Einzelnen im Zwiespalt von Glauben und Zweifel, belastet durch Leid, Not und Schuld, verwirrt im Chaos von Irrtum und Ausweglosigkeit; sie sprechen den Einzelnen an als trotzdem angenommen und geliebt, als trotzdem gerechtfertigt.
- Im Gottesdienst erfährt der Mensch erneut, wie wichtig seine Beziehung zu Gott, sein Glaube für sein Leben ist. Es geht darum, dass Gottes Wort ihn anspricht und er auf diese Weise sich, sein Leben und sein Sterben aus der Perspektive des Glaubens neu wahrnehmen kann. Er wird in seinem Glauben und damit auch für den Alltag gestärkt.
- Das Verlangen nach der Liebe Gottes und die Erfahrung ihrer Wirklichkeit sprechen sich aus in Psalmen und Gebeten, in vertrauten oder Vertrauen erweckenden biblischen Texten und in erlebbaren Zeichen der Zuwendung in Taufe, Mahlgemeinschaft und Segen.
- Die Predigt zeichnet Spuren der Liebe Gottes im Leben der Menschen aktuell nach, etwa wenn die Helden- und Siegergeschichten des Alltags ersetzt werden durch Geschichten der Liebe des barmherzig entgegenkommenden Gottes.
- Die zahllosen Lob- und Danklieder der weltweiten Christenheit bringen die Gewissheit der Liebe Gottes zum Ausdruck.
- Der Zuspruch der Liebe und Gnade Gottes, auch in Gestalt des Freispruchs von Sünde und Schuld, enthält zugleich den Anspruch auf das ganze Leben des Glaubenden: Die Liebe Gottes fordert zu einer verantwortungsvollen Lebensführung heraus, die im Gottesdienst immer neu Orientierung und Vergewisserung sucht.

Gemeinschaft der Hoffnung gestalten

- Gottesdienste im Profil der Gemeinschaft stärken die Hoffnung auf eine gelingende, friedvolle und gerechte Gemeinschaft der Menschen untereinander, als gastfreundlichen Vorschein der Wirklichkeit Gottes.

5 Die Darstellung folgt, teilweise wörtlich: Fendler/Binder, a. a. O., 40–47.

- Die Gemeinschaft, die hier Gestalt gewinnt, schließt Menschen aller Generationen, mit und ohne Behinderung, Fremde und Einheimische ein. Dieser Akzent auf dem großen »Wir« schafft Abstand zu den Routinen und Zwängen des Alltags im Leben der Einzelnen, der Gemeinde und der Welt.
- Der Gottesdienst ist geprägt von den hoffnungsvollen Zeugnissen der Bibel, von erfahrungsgesättigten Liedern, Mut machenden Bekenntnissen und vom zuversichtlichen Feiern der Sakramente. So erhält das Abendmahl seinen Akzent als Vorgeschmack auf das große Festessen in Gottes Reich: Hier wird am deutlichsten, dass in der gottesdienstlichen Feier Vergangenheit, Gegenwart und Zukunft in eins fallen.
- Konkrete Liturgie und kraftvolle Aktion verbinden sich: Projekte werden in den Fürbitten Gott ans Herz gelegt und in den Abkündigungen anderen Menschen bekannt gemacht. Werbung für Hoffnungsprojekte ist hier geradezu erwünscht.
- Wenn in paulinischer Weise das ganze Leben als ein einziger Gottesdienst verstanden wird, fällt das Leben und das Ehren Gottes zusammen und ergänzt sich in der menschlichen Lebenszeit. Dieser Gottesdienst bringt die Welt vor Gott, wie sie ist; die christlichen Hoffnung orientiert das Handeln im Alltag.

Geheimnis des Glaubens feiern

- Gottesdienste im Profil des Geheimnisses sind ein feiernder Weg, dessen Verlauf und Ziel nur schemenhaft zu erahnen sind. Gott zeigt sich und entzieht sich zugleich. Die von der Erfahrung vieler Generationen gefügte liturgische Struktur des Gottesdienstes markiert Schritte und Regeln auf diesem Weg.
- Dieser Weg ist nicht ohne Risiken, zuweilen auch irritierend und verstörend. Deshalb braucht es eine kundige Begleitung, erfahren in Mystagogie und im Umgang mit dem Geheimnis, in spirituellem Wissen und Herzensbildung, in Abgründen und gleißenden Horizonten.
- Auf diesem Weg gilt es, Spannungen auszuhalten und nicht vorschnell aufzulösen, das Heilige zu begehen und tastend dem Heiligen zu begegnen. Loslassen des Alltäglichen, Konfrontation mit dem ganz Anderen und ungeahnte Einheitserfahrungen, mehr mit dem Herzen geschaut als rational begriffen, können so im tiefsten Sinne Seele und Leib nachhaltig befriedigen. Individuelle Motive und gemeinschaftlicher Vollzug verschmelzen geheimnisvoll.
- Gottesdienst ist auch dann ein Weg im Geheimnis des Glaubens, wenn dunkle Seiten des Gottesgeheimnisses Menschen erschauern lassen oder sie seine Verborgenheit beklagen.
- Rituelle Elemente ohne Worte, Musik, Singen, Gesten, Feier der Sakra-

mente und Stille schaffen Raum für die Begegnung mit dem Geheimnis. Texte und Gebete in geprägter Sprache, anspruchsvoll ansprechend, nehmen den Einzelnen und die Gemeinschaft in sich auf. Wie in einem goldenen Rahmen präsentiert sich die meditative Predigt mit Pausen, in denen sich individuelle Erwartungen mit der Botschaft geheimnisvoll vereinigen zu etwas Neuem. Das liturgische Tempo entschleunigt und gewährt Raum zum Durchatmen. Der Nachhall beginnt zu sprechen und trägt den Segen weiter in die neue Woche.

*Dieses Mal findet die Andacht zu Beginn der Kirchenvorstandssitzung im Eingangsbereich statt. Pfarrerin Schröder bittet alle, im Stehen einen Halbkreis zu bilden. »Schauen Sie auf die Garderobe: Die Haken für die Großen und für die Kleinen, für die im Rollstuhl und die mit den großen Schildern für die, die nur noch schwer sehen können. Die Garderobe erzählt: So viele sind wir, so verschieden. Und doch eine Gemeinde, mit einem Herrn in der Mitte. Du hast uns, Herr, gerufen.« Die Andachtsgemeinde singt vom Lied EG 168 die ersten beiden Strophen. Reihum lesen nun alle die Worte des Christushymnus aus dem Philipperbrief, jede*r einen Vers. Pfarrerin Schröder schließt die Lesung mit einer offenen Frage: »Wo erleben wir das – miteinander?« Die Andachtsgemeinde überlegt einen kurzen Moment, dann tragen alle gemeinsame Erlebnisse und Erfahrungen in das Gespräch ein. Es mündet in das Vaterunser und das Segenslied »Ausgang und Eingang« (EG 175), das als kräftig gesungener Kanon die Andacht beendet. Die letzten Töne sind noch im Ohr, die Worte noch im Sinn. Auf in die Sitzung.*

Anwendungen auf einen konkreten Gottesdienst

Das Modell der Gottesdienste in 3G kann aus der Sicht der Gottesdienstverantwortlichen und -gestaltenden in allen drei Phasen angewendet werden:
a) in der Phase der Planung und Vorbereitung
b) in der Phase der Durchführung
c) in der Phase der Reflexion

zu a) Die Phase der Planung und Vorbereitung umfasst zuerst eine vierfache Analyse: Sind die eher äußeren »Rahmenfaktoren«[6] des zu planenden Gottesdienstes festgelegt oder beweglich? Zu den Rahmenfaktoren zählen

6 Diese »Rahmenfaktoren« zählen zu den Elementen der »Strukturqualität«, vgl. den Artikel von Christian Binder, Die Qualitätsdimensionen nach Donabedian, in diesem Band.

unter anderem der konkrete Gottesdienstraum[7] mit seinem Licht und seiner Temperatur, der Anordnung von Sitzmöglichkeiten für die Gemeinde und der Möglichkeit musikalischer Begleitung.[8] Die zweite Analyse bezieht sich auf den Sonntag mit seinen vorgeschlagenen Texten, Liedern, mit dem Predigttext. Legen diese Elemente des Propriums eine bestimmte Profilierung nahe?[9] Die dritte Analyse bezieht sich auf die Gemeinde: Was bewegt diese Menschen an diesem Sonntag, was haben sie in der jüngeren Vergangenheit erlebt und erfahren, welche Erwartungen bringen sie in diesen Gottesdienst mit?[10] Die vierte Analyse richtet sich auf die Personen, die planen und vorbereiten: Welches der Profile hat sie biographisch geprägt? Welches der Profile zieht sie heute besonders an, welches stößt sie eher ab? Letztlich führen die vier Analysen auf eine Entscheidung hin: Welchem Profil soll sich genau dieser Gottesdienst mit diesen Menschen an diesem Ort und zu dieser Zeit besonders nähern?

Je nach Ergebnis der Analysen und den daraus erwachsenen Entscheidungen folgt nun die profilbewusste Auswahl der Musik und Lieder, Lesungen und Gebete, der Predigt und weiterer Texte wie Begrüßung und Segen. Immer bestehen Wahlmöglichkeiten: Soll mit diesem gottesdienstlichen Element das gewählte Profil gestärkt werden oder geht es hier um einen kalkulierten Gegenakzent?

Eine Konzentration für genau diesen Gottesdienst an diesem Ort zu dieser Zeit auf eines der Profile trägt zur Orientierung der Gemeinde maßgeblich bei. Diese Konzentration bildet, ähnlich wie eine Zielorientierung, möglicherweise ein Meta-Kriterium für Gottesdienste, die gelingen.

zu b) In der Phase der Durchführung stärken die getroffenen Entscheidungen für eines der drei Profile die Handlungssicherheit der Beteiligten: Die konkrete musikalische Gestaltung (Bestimmung von Vor- und Nachspielen, Liedbegleitungen in Anmutung, Tempo, Registerwahl, Mitwirkung weiterer musizierender Personen und Ensembles),[11] die konkrete sprachliche Gestal-

---

7 Vgl. den Artikel von Hans-Jürgen Kutzner, Baustile und Raumästhetik, in diesem Band.

8 Es gibt gottesdienstliche Räume, die in ihrer Grundgestalt ein bestimmtes Profil des Gottesdienstes vorgeben bzw. ein anderes Profil erschweren. Ein prägnantes Beispiel bildet etwa der Berliner Dom, in dem ein Gottesdienst im Profil der Gemeinschaft nur schwer zu feiern wäre.

9 Es liegt in der Verantwortung der Verantwortlichen, welcher Schluss aus einer solchen Analyse gezogen wird: Dem naheliegenden Profil folgen oder bewusst ein anderes Profil starkmachen? Vermutlich sind nur die wenigsten der christlichen Sonn- und Feiertage auf ein Profil festgelegt; vgl. dazu Fendler/Binder, a. a. O., 149–171.

10 In Anlehnung an Ernst Lange wäre hier von der »gottesdienstlichen Großwetterlage« zu sprechen; vgl. Ernst Lange, Zur Theorie und Praxis der Predigtarbeit (1967); wiederabgedruckt in: Ernst Lange, Predigen als Beruf, München 1982, 9–51, hier: 38.

11 Vgl. den Artikel von Jochen Kaiser, Musik, in diesem Band.

tung (»Spine« der Mitwirkenden,[12] also die leitende eigene innere Haltung; der gesamte körperlich-sprachliche Ausdruck) und die konkrete Inszenierung (Festlegung der zeitlichen Abläufe und deren Verortung, Einsatz von Licht) lassen sich aus den Ergebnissen der Analyse und dem gewählten maßgeblichen Profil dieses Gottesdienstes ableiten.

zu c) Die Phase der Reflexion im Sinn der Selbstevaluation der Verantwortlichen und Mitwirkenden fragt nach den Absichten, die mit einem Gottesdienst verbunden gewesen sind, (also auch nach den Analysen und den daraus folgenden Entscheidungen) und nach dem Erleben des gefeierten Gottesdienstes: »Stimmten« die einzelnen Aspekte und Elemente? Und: »Stimmte« der ganze Gottesdienst?[13] Wenn Planung, Vorbereitung und Durchführung im Zusammenhang mit dem Modell der Gottesdienste in 3G standen, schließt sich die Reflexion sinnvollerweise an. Die Reflexion kann ausgeweitet werden auf die Rückkopplung der feiernden Gemeinde nach dem Gottesdienst: Wie ist deren Erleben gewesen? Hier ist nach den Erfahrungen das Modell der Gottesdienste in 3G eher ein Hintergrundmodell für das Fragen der Verantwortlichen.[14]

Weitere Anwendungen

Das Modell der Gottesdienste in 3G kann auch für die Arbeit der Gemeindeleitung fruchtbar gemacht werden:[15] Es kann zu einer Analyse des gegenwärtigen Gottesdienstgeschehens genutzt werden und damit – milieuübergreifend – nach der Anschlussfähigkeit der gefeierten Gottesdienste für die ganze Gemeinde fragen. Es kann eine theologische Verständigung über die zukünftige Gestaltung der eigenen »Gottesdienstlandschaft« inspirieren. Es kann schließlich auch bei der Entwicklung und Umsetzung von regionalen Gottesdienstkonzepten Anregungen schenken.

Das Modell der Gottesdienste in 3G ist ein Modell: Es rekonstruiert drei idealtypische Profile, die gemeinsam ein Feld eröffnen. Nicht mehr, nicht weniger.

---

12 Vgl. Thomas Kabel, Handbuch Liturgische Präsenz, Band 1, Gütersloh ²2003, 238 f.

13 Die Metapher der Stimmigkeit kann durchaus auch Elemente der Spannung beinhalten: Spannungen zwischen einzelnen gottesdienstlichen Elementen, Spannungen zwischen einzelnen Moves der Predigt. Zu letzterem vgl. Martin Nicol, Einander ins Bild setzen, Göttingen ²2005, 102–113.

14 Die gottesdienstliche Gemeinde könnte mit der unvermittelten Anwendung dieses Modells, etwa durch eine unvorbereitete Rede von den drei Profilen, leicht überfordert werden.

15 Immerhin trägt in den evangelischen Kirchengemeinden die Gemeindeleitung die Verantwortung für das gottesdienstliche Geschehen, je nach landeskirchlicher Prägung im Zusammenwirken mit den Pfarrpersonen.

Dieses Mal findet die Andacht zu Beginn der Kirchenvorstandssitzung in der Kirche statt, nicht im Sitzungsraum. Pfarrerin Schröder hat in dem dunklen Raum Kerzen aufgestellt und die Stühle der ersten Reihe in einem Halbkreis angeordnet, ausgerichtet auf Kreuz und Altar. Der Schlag an die Klangschale markiert den Beginn. Das Atmen der Menschen wird langsamer und ruhiger. In das Schweigen spricht Pfarrerin Schröder: »Im Namen des Vaters und des Sohnes und des Heiligen Geistes«. Sie nennt das erste Lied und stimmt es an: »Gott ist gegenwärtig, lasset uns anbeten und in Ehrfurcht vor ihn treten« (EG 165). Im Anschluss erklingt wieder die ruhige Stimme von Pfarrerin Schröder: »Wer kann es fassen, wer begreifen? Gott ist Mensch geworden und doch Gott geblieben. – Ich lese den Christushymnus aus Philipper 2.« Dem Hymnus folgt ein Schweigen, das mit dem Vaterunser sein Ende findet und in den aaronitischen Segen mündet. Mit einem weiteren Schlag an die Klangschale beendet die Pfarrerin die Andacht. Der warme Klang löst sich langsam im Raum auf, die andächtige Stimmung bleibt. Auf in die Sitzung.

C

Qualitätsfelder

Jochen Kaiser

Musik im Gottesdienst – Qualität

»Vielen Dank, die Musik war heute wieder wunderschön!« »Bei der Musik nach der Predigt war ich den Tränen nahe.« »Das Niveau der Musik war heute unterirdisch.« »Also diese neuen Lieder sind mir zu seicht, ich liebe die alten Choräle, doch die kennt heute niemand mehr.« »Das Singen hat mich heute fröhlich gemacht!«

So oder ähnlich lauten viele Äußerungen über Musik (im Gottesdienst). Häufig beurteilen wir die Musik nach unserem subjektiven Empfinden, und das ist geprägt von unserem Aufwachsen und früheren Erleben. Wir messen die Musik an unseren (un-)bewussten Präferenzen und grenzen uns von anderer Musik ab.

Dieser Artikel versucht einen anderen Weg vorzuschlagen, wie mit dem Musikerleben umgegangen werden kann. Dafür werden die im Zentrum für Qualitätsentwicklung im Gottesdienst entwickelte Qualitätsdefinition sowie die in Kapitel B dieses Handbuchs dargestellten Qualitätsmodelle auf die gottesdienstliche Musik übertragen. Das Ziel dieses Artikels ist es, für Diskussionen und Aushandlungsprozesse im Bereich der gottesdienstlichen Musik neue Methoden und Perspektiven anzuregen.

1. Definitionen des Qualitätsbegriffs – Übertragung auf die Musik

Der Begriff »Qualität« wird unterschiedlich verstanden.[1]

a) Qualität meint im ursprünglich philosophischen Sinn das Wesen eines Dings oder einer Sache. Die Merkmale, die das Ding ausmachen und von anderen Dingen unterscheiden, werden beschrieben. Der Qualitätsbegriff ist in diesem Verständnis nicht wertend, sondern beschreibend.

Das Wesen der Musik im Gottesdienst ist es, in vielfältigen Klängen und Rhythmen Lob und Klage vor Gott zu bringen. Sie kommuniziert das Evangelium und hat darin eine verkündigende Dimension. Musik im Gottesdienst ist Teil des kommunikativen Prozesses zwischen Gott und Menschen sowie zwischen den Menschen. Das Spezifische der Musik, noch mehr des Singens, ist die emotionale und ästhetische Ebene der Kommunikation, die nonverbal die

1 Vgl. hierzu den Artikel von Folkert Fendler, Qualitätsentwicklung im Gottesdienst, in diesem Band.

Musizierenden mit Leib und Seele, mit Verstand und besonders dem Gefühl (aktiv) einbezieht.

b) Umgangssprachlich wird Qualität als etwas besonders Wertvolles, Gutes und Schönes verstanden. Die Kriterien, woran man diese Güte erkennen könnte, sind häufig unbewusst, vielleicht geprägt von Vorerfahrungen, und können gegen andere abgrenzend sein. Dieser Gebrauch des Wortes Qualität ist wertend. In Diskussionen um populäre oder klassische Musik im Gottesdienst wird häufig mit diesem Verständnis von Qualität argumentiert, der eigene Musikgeschmack ist bestimmend und inhaltliche Argumente sind oft nur nachträgliche und oberflächliche Begründungen der eigenen Präferenz. Dieser umgangssprachliche Gebrauch ist im Alltag akzeptabel, doch die Modelle des »Zentrums für Qualitätsentwicklung im Gottesdienst« versuchen, ihn zu überwinden und über die Motive von bestimmten Vorlieben zu reflektieren, damit dieser abgrenzende Sprachgebrauch besser verstanden und rational argumentativ aufgearbeitet werden kann.

c) Dies leitet zum dritten Bereich des Begriffes Qualität weiter, der seine Wurzeln im Qualitätsmanagement hat. Qualität wird hier auch wertend verstanden, aber die Kriterien werden offengelegt, häufig in einem Aushandlungsprozess erst festgelegt und damit für ein rationales Erfassen vorbereitet. Es wird dann beurteilt, ob die Kriterien erfüllt wurden – dann ist es eine gute Qualität – oder nicht erfüllt wurden – dann ist es eine schlechte Qualität.

Der Kirchenmusikausschuss einer Gemeinde hat sich mit der Entwicklung der Kirchenmusik beschäftigt und einige Ideen vorgeschlagen, die in den nächsten Wochen und Monaten umgesetzt werden sollen. Beispielsweise haben sie sich darauf geeinigt, dass in jedem Gottesdienst ein Lied durch die Kantorin angeleitet wird und mindestens ein weiteres Lied kein klassischer Choral sein soll. Diese Kriterien sind recht einfach zu überprüfen. Schwieriger sind andere Aushandlungen, die das Einüben von neuen Liedern oder die Begleitung des Singens durch Body-Percussion bzw. körperliche Bewegungen vorschlagen. Dass neue Lieder gesungen werden sollen, ist einfach, aber wie sie eingeübt werden, damit sie bei der Gemeinde »gut« ankommen, ist eine komplexe Frage, die didaktisches Geschick und Übung verlangt. Der einen hat die Performance mit Vor- und Nachsingen, mit Rhythmus und fröhlichem Klang sehr gut gefallen, während der andere eher peinlich berührt war. Qualität wird bei gottesdienstlicher Musik niemals vollkommen ohne subjektive Einschätzungen auskommen. Die Qualitätsmodelle wollen die subjektiven Gefühle nicht ausblenden, sondern stellen Hilfen zur Verfügung, damit das subjektiv Erlebte sprachlich besser kommuniziert werden kann.

2. Qualitätsaspekte der Musik im Modell »3G«

Das Modell des Gottesdienstes in 3G[2]: Gewissheit, Gemeinschaft und Geheimnis ist auf der Ebene des Wesens des Gottesdienstes angesiedelt. Es ist ein theologisches Modell, das den Kern des gottesdienstlichen Geschehens in drei Begriffen ausdrückt. Ein Gottesdienst soll die Gewissheit der Liebe Gottes verkündigen, soll die Gemeinschaft der Hoffnung zwischen Gott und Menschen sowie zwischen den Menschen erleben lassen und wird im Geheimnis des Glaubens gefeiert. Das Modell will in diesen drei Begriffen die jüngeren theologischen bzw. theoretischen Ansätze der Praktischen Theologie, Gottesdienste inhaltlich zu beschreiben, bündeln. Es versteht diese Begriffe nicht additiv. »Es geht vielmehr darum, den Gottes-, Welt- und Selbstbezug des Gottesdienstes der christlichen Gemeinde so zu beschreiben, dass eine frische Neubegegnung möglich wird.«[3]

Ohne diese drei Begriffe in der Feier und Planung des Gottesdienstes trennscharf unterscheiden zu können und zu wollen – sie werden als analytische Aspekte verstanden, die sich in der gottesdienstlichen Feier miteinander verbinden –, sind doch gewisse Schwerpunkte in den einzelnen Aussagen verankert.

a) Die Gewissheit der Liebe Gottes richtet sich besonders auf das Subjekt. Dem Einzelnen gilt die Zusage, dass Gott ihn liebt. Deshalb gehört in diesen Bereich auch die Spannung zwischen Zweifeln und Glauben.
b) Die Gemeinschaft der Hoffnung nimmt deutlicher die soziale Ebene auf und thematisiert als vereinigendes Band die Beziehung zu Gott. Der Blick überschreitet die körperlich Anwesenden und bezieht die Welt, die Ökumene und die (religiöse) Gastfreundschaft ein.
c) Das Geheimnis des Glaubens thematisiert die Unverfügbarkeit des Glaubens. Gottes Wege sind oft nur schemenhaft erkennbar. Gottesdienst ist in dieser Ebene die Begegnung mit dem Fremden und mit dem (ganz) Anderen.

Für die gottesdienstliche Musik sind alle drei Aspekte unmittelbar einleuchtend:

Die Gewissheit der Liebe drückt sich in gottesdienstlicher Musik aus, die eine fröhlich zuversichtliche und Mut machende Atmosphäre verbreitet. Die Zusage der Liebe Gottes ist im Konkreten an den Text gebunden, aber Musik kann diese Aussage in die Herzen der Menschen tragen. Zwei Beispiele: Die

2 Vgl. hierzu den Artikel von Hilmar Gattwinkel, Gottesdienste in 3G, in diesem Band.

3 Folkert Fendler/Christian Binder (Hg.), Gewissheit, Gemeinschaft, Geheimnis. Qualitäten des Gottesdienstes, Leipzig 2016, 40.

Melodie von Johann Crüger für den Paul-Gerhardt-Text »Wie soll ich dich empfangen« (EG 11) ist in einem zuversichtlichen Dur, endet in den Zeilen häufig mit dem Grundton, sodass eine positive Stimmung erklingt. Dazu passt dann besonders die fünfte Strophe, die das »geliebte Lieben« Gottes thematisiert. Anders ist es bei dem Lied »Gott liebt diese Welt« (EG 409). Der Text hat als Anapher diese Grundaussage und entfaltet in den Strophen Gottes Heilshandeln mit der Welt. Die Melodie ist auch in Dur, aber ihre Zeilen enden nie (bestätigend) auf dem Grundton. Um Gottes Liebe klanglich zu bestärken, ist eine besondere Begleitung gefordert. Das bedeutet, dass durch gespannte Harmonien die Aussage »Gott liebt diese Welt« infrage gestellt werden könnte, dass so Zweifel an der Liebe Gottes erklingen könnten.

Die Gemeinschaft der Hoffnung ist musikalisch eindrucksvoll zu erleben, wenn die Gemeinde sich als gemeinsam singende und darin als *ein* Klangleib erfährt. Jede und jeder ist notwendig und gibt mit seiner Stimme einen unverwechselbaren Klangabdruck seiner Person in die Gemeinschaft hinein. Allerdings, wenn eine unbekannte Melodie mit einem fremden Text gesungen wird, sind alle Singenden auf ihr Gesangbuch fixiert und, obwohl der Text vielleicht von der Gemeinschaft singt, erleben die Singenden sich als Einzelne. Ein ähnliches Gefühl kann sich einstellen, wenn altbekannte Lieder mit neuartigen Klängen oder musikalischen Formen verbunden werden und die Singenden darauf konzentriert sind, ihre Stimme zu halten oder die richtigen Töne zu treffen. Das behindert dann das Erleben einer Gemeinschaft.

Das Geheimnis des Glaubens könnte in mystischen Klängen musikalisch umgesetzt werden. Beispielsweise hat Oliver Messiaen Orgelwerke in diesem Duktus komponiert. Aber auch gregorianische Gesänge in einer gotischen Kathedrale können diese Ebene fördern. Vielleicht ist das Geheimnis des Glaubens eher im hörenden Wahrnehmen zu finden. Wobei auch ein häufig wiederholter Taizégesang das Potential hat, diese Ebene zu öffnen. Wenn ein mystisch-poetischer Text gelesen wird, der das Geheimnis des Glaubens anklingen lässt, könnte eine allzu volksliedhafte Melodie, diese Wirkung (negativ) beeinflussen.

Die Übersetzung des theologischen Konzeptes 3G auf die musikalischen Vollzüge eines Gottesdienstes steht erst am Anfang und sollte in der kommenden Zeit weiterentwickelt und vertieft werden. Gewissheit, Gemeinschaft und Geheimnis können sehr gut musikalisch ausgedrückt werden und dadurch die sprachliche Ebene dieses theologischen Konzeptes um emotionale Klänge und Rhythmen erweitern. Damit dies in gefeierten Gottesdiensten gelingt, ist eine gemeinsame Vorbereitung von Pfarrerin und Kirchenmusiker notwendig. Beide müssen die Perspektiven von 3G kennen und sich darauf verständigen, wie sie im Gottesdienst umgesetzt werden sollen.

3. Qualitätsdimensionen der Musik (Modell Donabedian)

In den Anfängen des Qualitätsmanagements entwickelte Avedis Donabedian drei Ebenen für die Qualität: die Struktur-, die Prozess- und die Ergebnisqualität.[4] Später wurde dieser Trias noch die Konzeptqualität vorangestellt, die wieder auf der Ebene des Wesens des Gottesdienstes angesiedelt ist und mit dem theologischen Konzept des Gottesdienstes in 3G ausreichend aufgenommen wurde.

Die bisherigen Ausführungen zum Wesen des Gottesdienstes, dem theologischen Konzept 3G und der Konzeptqualität bewegten sich auf einer Metaebene, die eher als allgemeingültig erscheint. Die folgenden Ausführungen konzentrieren sich daher auf die drei weiteren Ebenen.

a) Die Strukturqualität

Mit der Strukturqualität kommen ein konkreter Kirchenraum, eine Gemeinde und die dort Mitarbeitenden in den Blick. Auf dieser Ebene werden die Rahmenbedingungen untersucht, die nur teilweise durch die Akteure im Gottesdienst beeinflusst werden können, die aber trotzdem erhebliche Auswirkungen auf die Qualität haben und deshalb beobachtet werden müssen. Der Kirchenraum hat Einfluss: Einer Band in einer romanischen Kirche sind andere Grenzen gesetzt als in einem modernen Gemeindezentrum. Eine kleine Orgel mit zehn Registern hat eine andere Wirkung als eine große Orgel mit französischen Zungenregistern. Ereignisse in der Gesellschaft haben Einfluss, beispielsweise, wenn Fußballweltmeisterschaft ist und zeitgleich eine Geistliche Abendmusik stattfinden soll. In diese Ebene gehören auch die Qualifikationen der Agierenden: Eine Kirchenmusikerin, die ein Studium absolviert hat, hat andere Fähigkeiten erworben als ein Kirchenmusiker, der nebenberuflich ausgebildet wurde. Um einen Gottesdienst zu feiern, der auch musikalisch befriedigend ist, sind diese gesellschaftlichen, kirchlichen, materiellen und menschlichen Rahmenbedingungen zu beachten.

b) Die Prozessqualität

Alle Prozesse, die zum »guten« Gottesdienst führen, also die Vorbereitung, das gemeinsame Feiern und die Nachbereitung, werden hier untersucht. Diese Ebene ist für die Musik im Gottesdienst eine ganz zentrale, und hier schlummert in vielen Gemeinden Entwicklungspotential. Es geht um die Kultur einer umfassenden Zusammenarbeit zwischen den Agierenden im Gottesdienst,

4 Vgl. hierzu auch den Artikel von Christian Binder, Die Qualitätsdimensionen nach Donabedian, in diesem Band.

also konkret auch um das Gemeinsame zwischen Pfarrer und Kirchenmusikerin. Ein ideales Ziel dieser Zusammenarbeit könnte so formuliert werden: Pfarrperson und Kirchenmusiker werden sich auf eine Glaubensaussage, die in diesem Gottesdienst das Evangelium kommuniziert, geeinigt haben. Sie werden ihre Fähigkeiten und ihr Können aus der jeweiligen Profession, eingebracht haben. Durch dieses Eingebrachte aus zwei differierenden Blickrichtungen wird etwas Neues, etwas Drittes, entstanden sein, das sowohl Spuren des Theologischen als auch Spuren des Musikalischen enthält und trotzdem etwas eigenständig Neues ist.

c) Die Ergebnisqualität

Hinsichtlich der Ergebnisqualität werden vier Perspektiven unterschieden:

- Die Sachperspektive fragt, wie die Kommunikation des Evangeliums gelingt, wie Bilder von Hoffnung und Trost, wie Gott den Teilnehmenden vermittelt wird.
- Die Selbstperspektive fragt, ob und wie sich die/der Einzelne mit ihren/seinen Bedürfnissen im Gottesdienst wiederfindet.
- Die Sozialperspektive untersucht die Gemeinschaftserfahrung im Gottesdienst.

Und die Fachperspektiven sammeln zahlreiche Blickrichtungen, die aus anderen wissenschaftlichen Disziplinen stammen, beispielsweise die historische, semiotische, theaterwissenschaftliche und viele weitere Blickrichtungen. Der Musik gilt eine eigene Perspektive, die unter dem Titel »Musik als Klangraum« besprochen wird.[5] Allerdings sollten die unterschiedlichen Fachperspektiven insgesamt auf die Musik übersetzt werden, auch wenn dies nicht bei allen zu neuen Einsichten führt.

Die vier Perspektiven der Ergebnisqualität können ebenso an die Musik im Gottesdienst herangetragen werden, wie die folgenden Beispiele zeigen sollen.

Sachperspektive: Die Lieder »Herr, deine Liebe ist wie Gras und Ufer« und »Komm in unsre stolze Welt« führen klanglich ein unterschiedliches Bild Gottes vor Ohren.

Selbstperspektive: Wie nimmt die Musik die unterschiedlichen Fähigkeiten der Teilnehmenden auf? Beispielsweise wird ein Lied mit geklopftem Rhythmus gesungen. Einige, die nicht so gerne und in ihrer Selbstperspektive auch nicht so gut singen, sind beteiligt durch den Rhythmus. Die wirklich Geübten können Rhythmus und Singen gleichzeitig ausführen etc.

Sozialperspektive: Das Erleben des Singens wird häufig mit großartigem Gemeinschaftserleben verbunden, doch zu klären ist, wie dieses Gefühl gefór-

5 Fendler/Binder, a. a. O., 110–114.

dert und wo individueller Freiraum gelassen werden kann, falls einigen Teilnehmenden die Nähe zu stark wird.

Schließlich sind die Fachperspektiven auf die Musik anzuwenden. Ein Beispiel soll genügen: »Gottesdienst als öffentliche Aufführung (Theaterwissenschaftliche Perspektive).«[6] Gerade Musikerinnen und Musiker kennen diese Perspektive, weil das Üben von Musik als Ziel die Präsentation für andere hat. Der Chor übt wochenlang im Gemeindesaal an einer Motette für den Karfreitag. Diese Motette nimmt Verse des Gottesknechtsliedes aus Jesaja 53 auf. Kurz vor dem Gottesdienst am Karfreitag sind einige Fragen zu klären: Wie singen wir, also gibt es eine Inszenierung? Singen wir von der Orgelempore oder von vorne, in schwarzer Kleidung, mitten in der alttestamentlichen Lesung, also als Verkündigung? Dann kommt der Karfreitag und die Performanz. Das ist der Moment, auf den alles Vorbereiten ausgerichtet war, und jetzt »gilt es«. Die Klänge entstehen und verfliegen, die Töne und Worte erreichen die Hörenden und prägen die Atmosphäre.

4. Musikqualität im Lichte des Kano-Modells

Das sog. Kano-Modell ändert die Blickrichtung insofern, als nun die zufriedenen oder enttäuschten Teilnehmenden im Zentrum des Interesses stehen[7] und nicht die Agierenden wie bei Donabedian. Das von Noriaki Kano entwickelte Modell soll die subjektive Zufriedenheit der Kunden messen und unterscheidet dafür drei Ebenen.

a) Die Grunderwartungen sind eher unbewusst und fallen erst auf, wenn sie fehlen. Dass eine Orgel im Gottesdienst spielt und Kirchenlieder gesungen werden, ist selbstverständlich und ruft erst Unverständnis, wenn nicht Ärger hervor, wenn dies ausbleibt.

b) Die Leistungserwartungen umfassen die Dinge, die bewusst erwartet werden, in Sprache ausgedrückt werden können und über Zufriedenheit oder Enttäuschung der Teilnehmenden entscheiden.

c) Die Begeisterungsfaktoren – sie sollen in diesem Abschnitt über die Musik etwas genauer betrachtet werden – sind ebenfalls eher nicht bewusst erwartet, sondern überraschen die Teilnehmenden und haben den Hauch des Neuen.

Das Kano-Modell zeigt sich als ein Modell, das auf ständige Steigerung angelegt ist. Es gibt starke Gewöhnungseffekte, und so müssen immer neue Ideen entwickelt werden, um die Kunden zu binden und zu begeistern. Dies ist für einen Gottesdienst nicht das erste Ziel.

---

6 Fendler/Binder, a. a. O., 121–124.

7 Vgl. zum Kano-Modell den Artikel von Jochen Kaiser in diesem Band.

Begeisterung ist ein körperlicher Zustand, bei dem die emotionalen Zentren des Gehirns aktiviert sind, der Körper mit Botenstoffen überflutet wird und eine sehr positive Stimmung einsetzt. Um diesen Zustand zu erreichen, ist es gut, wenn etwas Neues oder Ungewohntes passiert. Was wir in- und auswendig kennen, wird uns nicht mehr wirklich begeistern. Doch beim Singen ist das anders. Ein Lied, schon häufig gesungen, kann immer wieder unsere emotionalen Zentren im Gehirn aktivieren und uns in einen Zustand der Glückseligkeit versetzen. Aus diesem Grund sind Musik und besonders das Singen im Gottesdienst wichtige Faktoren, um, ohne das Steigerungsspiel des Kano-Modells mitzuspielen, mit Wiederholungen Glaubensbegeisterung zu fördern. Dass hier der Heilige Geist eine gewichtige Rolle spielt, muss nicht eigens entfaltet werden.

5. Wirkfelder gottesdienstlicher Musik

»Gottesdienst wirkt!« so titelt eine kleine Veröffentlichung des »Zentrums für Qualitätsentwicklung im Gottesdienst«. Diese Studie entwickelt die Wirkfelder des Gottesdienstes, die die Milieus aufnehmen und das Modell der milieuspezifischen Gottesdienste teilweise überwinden. Eine bayerische Studie zu Ritualen im Alltag[8] und deren Übertragung auf den Gottesdienst wird eingebunden und schließlich die neue Idee des Verfassungsmarketing für den Gottesdienst fruchtbar gemacht. Einige Werbestrategen setzen mit ihren Kampagnen nicht mehr bei Zielgruppen und Milieus an, die sich durch Werte und soziale Fakten, wie Alter, Geschlecht, Einkommen, Bildung unterscheiden, sondern nehmen Stimmungen auf. Beispielsweise ist es vorstellbar, dass ein Maurer, ein Finanzbeamter und ein Pfarrer sich ähnlich fühlen, wenn sie nach getaner Arbeit (egal ob eine Mauer gemauert, eine Steuererklärung geprüft oder für eine Seele gesorgt wurde) auf dem Heimweg sind. Die Dunkelheit bricht langsam herein, und alle drei freuen sich auf ein kühles Bier, das im Kühlschrank auf sie wartet.

Als Ergebnis sind mit den Wirkfeldern vier anthropologische Felder entwickelt worden, die jeweils zwischen zwei spannungsvolle Pole ausgespannt sind.[9] Zwischen diesen Polen gibt es unendlich viele Abstufungen. Im Mittelpunkt steht der Gottesdienst. Um ihn, seine Planung und Analyse geht es.

8 Vgl. Jeannett Marin, Mensch – Alltag – Gottesdienst. Bedürfnisse, Rituale und Bedeutungszuschreibungen evangelisch Getaufter in Bayern, Berlin 2007.

9 Vgl. zu den Wirkfeldern den Artikel von Folkert Fendler in diesem Band.

Sowohl der Inhalt als auch die Form, die theologische und performative Ebene, sind im Blick, also das »Was« und »Wie« wird gleichermaßen untersucht.

<table>
<tr><td colspan="2">stärker emotional wirkend</td><td colspan="2">stärker kognitiv wirkend</td></tr>
<tr><td>glücklich/
fröhlich sein

unglücklich/
traurig sein</td><td>Empfindung /
(sich) empfinden</td><td>Lebensdeutung /
(sich) deuten</td><td>selbst bestimmen

sich sagen lassen</td></tr>
<tr><td colspan="4">Gottesdienst
Wie: liturgische Gestalt
Was: Wort & Sakrament</td></tr>
<tr><td>vertraut sein

fremd sein</td><td>Beziehung /
(sich) begegnen</td><td>Handlungs-
orientierung /
(sich) orientieren</td><td>für sich selbst
sorgen

für andere sorgen</td></tr>
</table>

Die Musik und das Singen im Gottesdienst wirken! Im folgenden Abschnitt sollen die Wirkfelder auf ihr musikalisches Potential hin untersucht werden. Die Graphik schlägt für die vier Wirkfelder eine idealtypische Unterteilung in »stärker emotional« und »stärker kognitiv« ansprechende Felder vor. Idealtypisch meint, dass diese Zuordnung nicht immer Realität sein muss, weil typisch kognitiv wirkende Gottesdienstteile wie die Predigt auch sehr emotional erlebt werden können. Die Musik wird stärker auf der Seite der emotionalen Wirkung eingeordnet – natürlich kann Musik auch analytisch gehört werden, und in manchen Protestsongs sind deutliche Handlungsimpulse ausgedrückt. Doch sollen in diesem Überblicksartikel nur die Wirkfelder »Empfinden« und »Beziehung« für die gottesdienstliche Musik besprochen werden.

Musik und Singen sind eng mit Stimmungen und Emotionen verbunden. Wir hören Musik, wenn wir traurig sind, und die Musik verstärkt unsere Trauer oder vermittelt uns neue Zuversicht. Wenn wir vor Freude tanzen wollen, dann geht das mit Musik viel leichter.

Um Glaubensbotschaften emotional zu kommunizieren und die Herzen der Menschen zu erreichen, haben Musik und besonders das Singen eine zentrale Bedeutung, wie schon Martin Luther wusste. Problematisch ist es, dass unsere gottesdienstliche Kultur – ebenso die Konzertkultur im klassischen Bereich – das emotionale Erleben domestiziert hat. Wir hören ein fröhliches Orgelspiel, wir wissen, dass dies fröhliche Musik ist, und bei einer Nachfrage würden wir es auch sagen, doch wir selbst werden dadurch nicht fröhlich, wir sitzen weiterhin regungslos in den Kirchenbänken, obwohl die Musik dazu anregt, aufzuspringen und Gott mit einem Halleluja zu loben. Diese in der Musikpsychologie als ästhetische Gefühle bezeichnete kulturelle Prägung bedarf einer dringenden Revision. Beispielsweise haben Gospelchöre und andere populäre Musik schon andere emotional-körperliche Rezeptionsweisen in den Gottesdienst gebracht. Das Wirkfeld »Empfinden« hilft, die Musik und das Singen als emotionalen Glaubensausdruck zu erkennen. Es macht Mut, diesen Weg zu fördern sowie traurige und fröhliche Momente im Gottesdienst bewusst zu gestalten.

Das Singen im Gottesdienst ist eine gemeinschaftliche Aktivität der ganzen Gemeinde. So führt das Singen in ein Gemeinschafts- oder Zusammengehörigkeitsgefühl, was durch das Wirkfeld »Beziehung« beschrieben bzw. analysiert wird. In der idealtypischen Zuordnung wird die Beziehung als ein emotionales Geschehen qualifiziert. Deshalb kann die Musik in diesem Zusammenhang besprochen werden. Es geht nicht um verbale Zuschreibungen von Gemeinschaft, sondern es geht um temporäre Momente der Vergemeinschaftung. Beim Singen sollen alle Anwesenden mit ihrer Stimme zum Gesamtklang beitragen. In der Musikpsychologie wurde das gemeinsame Singen untersucht und herausgefunden, dass sich die Tiefe und Frequenz der Atmung sowie der Puls unter den Singenden angleicht. Wir schwingen uns singend auf die gleiche Welle ein. Trotzdem wirkt dieses Gemeinschaftsgefühl hauptsächlich dann, wenn jede und jeder sich darauf einlassen will. Musik lässt den Freiraum, sie in distanzierter Entfernung zu beobachten, zu beurteilen und vielleicht deutend zu erleben. Im Wirkfeld »Beziehung« kann das Singen als emotionale Vergemeinschaftung der im Gottesdienst Anwesenden profiliert werden.[10] Das Singen kann die Nähe Gottes spüren lassen. Dieses Erleben einer Gemeinschaft mit Gott wird beispielsweise von Singenden beschrieben, die Taizégesänge in einer ruhigen, kerzenhellen Atmosphäre vielfach wiederholt sangen.

10 Vgl. für eine ausführliche Untersuchung des Singens, für fördernde und behindernde Aspekte des Zusammengehörigkeitsgefühls beim Singen: Jochen Kaiser, Singen in Gemeinschaft als ästhetische Kommunikation. Eine ethnographische Studie, Wiesbaden 2017.

6. Musik und Qualität im Gottesdienst

Dieser knappe Überblick, der eine Übertragung der Modelle für einen qualitätsvollen Gottesdienst auf die Musik versuchte, zeigt einige wichtige Aspekte, wie auf neue Weise und vielleicht weniger subjektiv über Musik im Gottesdienst diskutiert werden kann. Einige Punkte sollen noch einmal stichpunktartig und zusammenfassend benannt werden. Sie können als Handlungsanleitung für die Entwicklung gottesdienstlicher Musik genutzt werden und konkretisieren Aspekte, an denen zukünftig im Sinne einer qualitätsvollen gottesdienstlichen Musik weitergearbeitet werden sollte:

Die Musik im Gottesdienst hat funktionale Anteile, und über diese muss reflektiert werden. Es geht um das Wesen der Musik im Gottesdienst: Was sind die spezifischen Merkmale? Kriterien für »gute« und »schlechte« Musik und deren Aufführung im Gottesdienst sollten in der Gemeinde ausgehandelt werden, damit eine unbewusste Wertung von Musik, die durch den eigenen Musikgeschmack bestimmt ist, überwunden werden kann.

Ein gemeinsames Vorbereiten des Gottesdienstes durch Pfarrer und Kirchenmusikerinnen ist das Ergebnis der Übertragung des Modells 3G auf den Gottesdienst. Es muss geklärt werden, welches »G« wie in den gottesdienstlichen Teilen vorkommen soll. Die Aufgabe der Kirchenmusik ist es dann, jenseits vom Text Gewissheit, Gemeinschaft und Geheimnis spürbar werden zu lassen.

Die Aufnahme des Modells nach Donabedian zeigt, dass es keine allgemeingültige Bestimmung von »guter« Musik für den Gottesdienst gibt. Die Güte ist immer beeinflusst von:

- der Struktur, also dem Raum, den Instrumenten und der Ausbildung der Agierenden;
- dem Prozess der Zusammenarbeit und
- dem Ergebnis, das die Fähigkeiten und Bedürfnisse der Gemeinde beachtet, zwischen Individuellem und Gemeinschaftlichem abwägt und bewusste Inszenierungen der Musik vollzieht, damit die Kommunikation des Evangeliums gestärkt wird.

Die Neuentdeckung mit dem Modell nach Kano offenbarte die Bedeutung der Musik für die Begeisterung im Glauben. Das gleiche Lied kann vielfach Begeisterung auslösen, und darin hilft die Musik, das Steigerungsspiel nicht mitspielen zu müssen.[11]

11 In der Logik des Kano-Modells müssen immer neue Features erfunden werden, damit die Begeisterung und Kundenzufriedenheit (dauerhaft) erhalten bleibt.

Die Wirkfelder des Gottesdienstes weisen der Musik noch einmal verstärkt die Aufgabe zu, emotionale und körperliche Aspekte in den Gottesdienst hineinzutragen. Das Singen unterstützt die emotionale und temporäre Vergemeinschaftung der Gemeinde.

Die vorgestellten Modelle für die Entwicklung, Analyse und Diskussion über qualitätsvolle Musik im Gottesdienst werden die subjektiven Feedbacks der Gottesdienstteilnehmenden vielleicht nicht verändern, aber sie helfen den Kirchenmusikern und Pfarrerinnen, konzeptionell und konkret Musik als Glaubensausdruck und religiöses Kommunikationsgeschehen im Gottesdienst zu verstehen.

Musik im Gottesdienst – Spannungspole wahrnehmen und gestalten

Arbeitskreis Kirchenmusik im Michaeliskloster[1]

Zusammengefasst von Folkert Fendler

Musik lässt sich nicht fassen, weder haptisch noch begrifflich, weder kognitiv noch emotional – und die Musiker im Michaeliskloster versuchten es doch! Freilich mussten sie sich nach diesem Versuch eingestehen, dass er nur Annäherung bleiben konnte, Herantasten, Reichtum entdecken, Komplexität bestaunen. Eine Komplexität, die sich allen Einordnungen in Kategorien verschmitzt widersetzte. Das hat die wackeren Musiker nicht gehindert, trotzdem solche Kategorien zu formulieren, weniger um die Musik doch noch zu zähmen, als vielmehr um ihren sprudelnden Ideen zu und der Fülle ihrer Erfahrungen mit diesem göttlichen Phänomen Halt und Ordnung zu geben. Und so fingen sie auch konsequent mit außermusikalischen Phänomenen an, dem Kontext der Musik. Was beeinflusst die Musikwahrnehmung, das Hören von Musik? Schon die Frage, entdeckten sie schnell, wird der Musik nicht gerecht. *Höre* ich denn die Musik nur? Ist sie nicht etwas, das den Hör-Sinn weit übersteigt, weil Musik auch durch andere Sinne zu uns durchdringt? Musik hat neben akustischen auch räumliche, visuelle, soziale, individuelle und körperliche Dimensionen.

Was beeinflusst die Wahrnehmung von Musik?

Musik geht einen Pakt mit dem **Raum** ein. Sie braucht ihn, den Resonanzraum. Ohne ihn würde sie sphärisch und ungehört ins Weltall entschwinden. So aber werden Schallwellen zurückgeworfen, treffen auf Hart-Reflektierendes und Weich-Schluckendes. Der Raum weiß um seine Bedeutung und fordert seinen Tribut. Seine Einflüsse mischen sich in das Wahrnehmungserlebnis der Musik. Seine Gerüche können den Hörgenuss überlagern. Seine Temperatur kann zu einer Gänsehaut führen, die der musikalischen Gänsehaut frech zuvorkommt bzw. sie meist wohl verhindert. Seine Ecken und Winkel, seine Größe, seine Akustik eben, kann die Musik verzerren und verschwimmen lassen oder aber

1 Dem Arbeitskreis gehörten an: Jochen Arnold, Fritz Baltruweit, Christian Binder, Folkert Fendler, Mathias Gauer, Günter Marstatt, Hans-Joachim Rolf, Dirk Schliephake und Wolfgang Teichmann.

gerade zur Entfaltung bringen. Es kommt darauf an, wo man sitzt oder steht (oder liegt). Helligkeit oder Dunkel, elektrische Beleuchtung oder Kerzenlicht beeinflussen die Wahrnehmung von Musik.

Ja, Musik ist auch ein **visuelles Phänomen**. »Hast du diese Musik gesehen?« Die Eleganz der Ausführenden oder ihre Unbeholfenheit, die Ruhe oder Nervosität, die sie ausstrahlen, die Ästhetik ihrer Erscheinung und Bewegungen haben unmittelbaren Einfluss auf mein Musikerlebnis. Manchmal schaue ich besser nicht hin, um höheren Genuss zu haben, ein anderes Mal entschädigt mich das Gesehene für das Gehörte. Das Auge hört mit, wenn es nicht hinter Säulen versteckt bleibt – und selbst dann mögen sich im Betrachten anderer Dinge oder Menschen frappierende Assoziationen einstellen.

All das hängt natürlich davon ab, ob ich Musik live erlebe oder mir auf der CD in meinem Wohnzimmer anhöre. Es macht einen Unterschied, ob ich sie nebenbei höre oder mich auf sie konzentriere, ob ich allein bin oder mit anderen zusammen. Bin ich im Konzert oder im Gottesdienst, ist die soziale Komponente stark ausgeprägt. Meine persönliche Gestimmtheit, die auch Einfluss auf mein Erleben hat, ordnet sich in die Stimmung und Erwartung der Gemeinschaft ein. Vielleicht möchte ich mich nur sehen lassen. Vielleicht möchte ich durch mein Klatschen oder Nicht-Klatschen an den richtigen Stellen klammheimlich oder im Pausengespräch ganz beiläufig meine Bildung durchscheinen lassen. Musik kann auch zum Vorwand werden.

Wie die Musik sich mir erschließt (**individuelle Dimension**), hängt weiter davon ab, was für ein Typ ich bin, wie ich geprägt bin, ob ich die Musik kenne oder nicht, sie hängt von meiner augenblicklichen Verfassung ab und u.U. auch davon, wie viel ich über die Musik weiß. Eine Konzerteinführung, die Moderation zwischen den Stücken kann das Erleben vertiefen, kann es von einer rein emotionalen auf eine analytische Ebene heben. Heben? Oder senken? Wer sagt denn, dass das Analytische dem Emotionalen überlegen ist? Ist es umgekehrt? Wer mag hier werten? Bei der Musik ist es eben wie im richtigen Leben. Man kann Zugang bekommen durch unmittelbares Erleben, durch Assoziationen und innere Bilder, die sich einstellen, oder durch geordnete, vom analytischen Geist strukturierte Wahrnehmung, die musikalische Muster (wieder-)erkennt und sogar zu benennen weiß.

Und doch bleibt die Musik kein geistig-emotionales Phänomen allein. Als wolle sie sich der Einengung entziehen, dringt sie zuweilen massiv auf die Körper der ihr Ausgesetzten ein. Nicht nur Besucher von lautstarken Rockkonzerten können Musik mit jeder Faser ihres Körpers erleben, und ihre Trommelfelle werden im wahrsten Sinne des Wortes auf eine Zerreißprobe gestellt. Aber sogar Gehörlose können sich in Gottesdiensten darüber freuen, wenn die Orgel mit starken Bässen gespielt wird. Sie spüren die Schwingungen und Vibrationen, die der Schall hervorruft, sie erleben Musik körperlich, ein Erlebnis, das natürlich nicht nur Menschen mit eingeschränktem Hör-Sinn vorbehalten ist. Ja, Musik kann **körperliche Reaktionen** hervorrufen, die schon erwähnte Gänsehaut, Beschleunigung oder Verlangsamung des Herzschlags und der Atmung, den Drang, sich rhythmisch dazu bewegen zu müssen, und manches mehr.

Von so vielen Faktoren hängt Musik ab, wahrscheinlich noch von vielen weiteren! Ist Musik ein Spielball ihres Kontextes, radikal abhängig von subjektiven und objektiven Phänomenen? Ist sie eine Variable? Oder ist sie die Konstante, von der andere und anderes abhängen? Gibt es das unantastbare Wesen der Musik, das lediglich durch die Gebrochenheit der Kontexte sichtbar, hörbar und fühlbar wird?

Musik im Gottesdienst

Vom Nachdenken über die allgemeinen Wahrnehmungsbedingungen von Musik schritten die Musiker des Michaelisklosters weiter zum Bedenken von Faktoren, die für die Musik im Gottesdienst eine Rolle spielen. Vom Allgemeinen sich immer mehr dem Gottesdienst nähernd, fragten sie: Was macht Musik mit uns, mit den sie Hörenden bzw. Wahrnehmenden? Eine individuelle und eine soziale Dimension wurde ausgemacht: Musik hat Einfluss auf den einzelnen Menschen (Musik und ich), und sie hat Einfluss auf das Miteinander (Musik und wir), sie kann bedacht werden in ihrer Fülle und in ihren spezifischen Funktionen im und für den Gottesdienst (Musik und Gottesdienst), Musik ist Kunst und Handwerk zugleich, sie kann zu Gott und zur Welt in Beziehung gesetzt werden.

Musik und Ich

Musik, so hat schon mancher geschwärmt, ist eigentlich nicht von dieser Welt. Sie führt mich in die Höhe oder in die Tiefe, egal, bei der Musik ist das dasselbe. Sie ist himmlisch. Und daran, dass im Himmel musiziert wird, hat noch keiner gezweifelt. Jedoch, merkwürdiger Gegensatz, zugleich kann sie stark im Irdischen wurzeln! Klänge der Kindheit, Klänge der Heimat oder auswendig gelernte Lieder vermitteln ein Gefühl von Vertrautheit und Gut-Aufgehobensein, das – selbst wenn es lange Zeit verschüttet war – sogar unter Bedingungen der Demenz Menschen tief bewegt. So spannt die Musik den Bogen zwischen Himmel und Erde, zwischen Fremdem und Vertrautem. Ja, Musik kann auch fremd sein. Nicht nur, wenn ich sie nicht kenne, sondern weil immer etwas mitschwingt, das mein Verstehen, mein Fühlen übersteigt. Neben allem Vertrauten enthält Musik immer auch etwas »Unerhörtes«, manchmal wohl auch Überraschendes, das sich schwer in Worte fassen lässt, das ich allenfalls ahnen kann.

Selbst wenn ich es nicht erklären kann – vielleicht ist es gerade diese Polarität der Musik zwischen Himmel und Erde –, berührt Musik mich. Sie kann definitiv Affekte auf mich ausüben bzw. in mir auslösen, die eher auf der emotionalen als auf der rationalen Ebene angesiedelt sind. Musik übersteigt eben das mit Worten Sagbare, weshalb ihre Affekte auch schwer zu beschreiben sind und immer ein Moment der Unschärfe behalten. Musik kann heilen, Musik kann trösten, sie kann mich stabilisieren und beruhigen, aber auch beleben, wecken, in Bewegung bringen, aufrütteln, ja, aufwühlen. Musik kann machen, dass ich mich lebendig fühle und zugleich, dass ich mich vergesse und alles um mich herum, dass ich in den Flow komme und nur noch Klang erlebe. Wieder diese gegensätzlichen Wirkpotentiale der Musik! Tremendum und Faszinosum – wie auch immer, wenn ich mich einer Musik aussetze, muss ich damit rechnen, dass etwas mit mir geschieht.

Musik und wir

Musik wirkt nicht nur auf den Einzelnen, sie wirkt auf die Gemeinschaft, ja, sie stiftet diese. Chormitglieder können davon ein Lied singen. Ebenso wie Instrumentalisten, die gemeinsam musizieren. Aber auch der Projektchor, zu dem jede Gemeinde während des liturgischen und choralgebundenen Singens wird, weiß zu schätzen und spürt unmittelbar, wie Gemeinschaft entsteht, wenn die eigene Stimme sich mit denen der anderen zu einem Klang vereint, wenn es darum geht, sich auf ein Tempo einzuschwingen. Wenn der Gesang frisch und kraftvoll erklingt, dann stärkt die Musik, in diesem Fall das gemeinsame Singen, solche Gemeinschaft. Wem die Gabe gegeben ist, mehrstimmig zu singen, der wird diese Ausdifferenzierung der Stimmen zusätzlich als Bereicherung erleben. Denn allein könnte er den Zusammenklang nicht erzielen. Viele Gaben, ein Geist, viele Stimmen, ein Lied. Der weniger Sangesfeste freilich verzweifelt ob des jähen Stimmengewirrs und fällt kurzerhand aus der Gemeinschaft heraus. Wer Ohren hat, das Verstummen zu hören, leiste Stimmendiakonie, statt seine Partiturvirtuosität zu beweisen.

Vielfalt von Musik im Gottesdienst

Der Gottesdienst wird durch die Musik reich, bunt und lebendig. Wenn das schon für die Musik an sich gilt, selbst wenn a cappella gesungen wird, so wird es besonders sinnenfällig durch die Vielfalt, mit der Musik allenthalben erklingt. Da ist natürlich an erster Stelle die Orgel mit ihrem breiten Spektrum von feiner, leiser Melodie bis hin zum vollen Klang aller Register. Die Königin der Instrumente ist das Markenzeichen christlicher Musik geworden, so prägend und so unbedingt dazugehörend, dass selbst Menschen, die nicht auf die Idee kämen, jemals freiwillig eine Orgel-CD aufzulegen, diese Musik im Gottesdienst oder bei Kasualien erwarten, ja einfordern. Aber auch die Glocken gehören zu dieser unverzichtbaren musikalischen Ausstattung unserer Kirchen und der Gottesdienstkultur. Gott ruft Menschen im christlichen Kontext musikalisch. Das ist doch beachtlich und gar nicht selbstverständlich, wie andere Religionen zeigen, in denen Musik längst nicht eine solch wichtige Rolle spielt.

Seit mehr als 150 Jahren gehört in den evangelisch-musikalischen Kontext auch der Posaunenchor. Zu vielen Anlässen möchten Gottesdienstbesucher das klingende Blech nicht missen. Und spätestens mit dem Aufkommen des neueren geistlichen Liedguts, mit der Entdeckung der Bedeutung anderer Musikstile als der klassischen Kirchenmusik wurden Gitarren, Schlagzeuge und Bands hoffähig, um nicht zu sagen »kirchenfähig«. Psalm 150 wird neu entdeckt und führt aus der Verengung instrumentaler Monokultur in eine Vielfalt, hinter die heute keiner mehr zurückgehen kann. Live soll die Musik möglichst erklingen, um den gemeinschaftsstiftenden Effekt voll auszuschöpfen. Wer aber wollte hier gesetzlich sein? Wenn niemand da ist, den Ton zu geben oder zu halten, dann tut es zur Not auch ein CD-Player, der unterstützt oder ersetzt. Denn die Alternative: dass gar keine Musik erklänge, wäre ja noch trauriger.

Funktionen von Musik im Gottesdienst …

Die Fähigkeit der Musik, sowohl Unerhörtes als auch Vertrautes zum Ausdruck bringen zu können, begegnet im Gottesdienst wieder. Sie kann ganz Dienerin sein, sie nimmt Inhalte auf, sie passt sich an. Sie intoniert dezent, fängt Atmosphäre ein und verklanglicht sie. So stimmig kann sie sich in den Kontext von Kirchenjahr und Proprium, von Agende und Ordinarium, von Dramaturgie und Stimmung, von Predigt und gemeindlicher Großwetterlage einfügen, dass sie völlig dahinter verschwindet. »Das war aber ein schöner Gottesdienst«, denkt die Gottesdienstbesucherin, und weiß gar nicht recht, warum. Die Predigt war's nicht, auch sonst fällt ihr nichts Besonderes ein. – So bescheiden und doch wirkmächtig kann Musik sich geben.

Aber die Musik ist nicht nur Magd, sie ist – ganz im Sinne lutherischer Freiheit – Herrin zugleich. Sie kann Neues schaffen, Inhalte nicht nur spiegeln und vertiefen, sondern allererst kreieren: einen Kontrapunkt nach der Predigt, ein Proteststück innerhalb einer Lesungs-Collage, die Stiftung eines musikalischen Sinnzusammenhangs über den textlichen Zusammenhang hinaus oder im Gespräch mit ihm. Nicht nur Vokalmusik, die selber Text transportiert, ist dazu in der Lage, sondern auch reine Instrumentalmusik durch Zitierung musikalischer Motive, durch »Programmmusik«, durch eigenwillige Harmonien und Rhythmen, durch Improvisationen, Lautstärken und Registrierungen.

Und der Ohrwurm? Der ist ein populärwissenschaftlicher Begriff für musikalische Nachhaltigkeit. Wo Musik eingängig ist, wo sie vertraut wurde, da lauert er. Man kann sein Kommen nicht erzwingen, ebenso wenig, wie man ihn aus eigener Kraft wieder loswird. Er ist eine mögliche Linie des Gottesdienstes, die direkt in den Alltag führt.

... und was sie fördert

Wie aber die Musik zur Geltung bringen, damit diese unglaublichen Funktionen, nun ja, »funktionieren«? Ein Zauberwort heißt »Angemessenheit«. Oder, für die Musik vielleicht noch passender: »Stimmigkeit«. Musik muss zur Gemeinde passen. Was kennt sie, was liebt sie, was kann man ihr zumuten? Theorie ist hier ein schlechter Ratgeber. Musikgeschmäcker und -gewohnheiten müssen gewiss nicht für ewig festgeschrieben sein, sie lassen sich aber auch nicht mit Gewalt ändern. Das braucht Zeit. Man kann Altes einmal verfremden durch ein neues Gewand, man kann die Vielfalt lebendig halten und neu entdecken, die Vielfalt der Musikstile und der Instrumente, der neuen und der alten Lieder.

Schon auf der rein »technischen« Ebene werden wichtige Weichen gestellt. Musik ist auch Handwerk. Beim Singen etwa heißt technische Stimmigkeit: der Stimme der Sängerinnen und Sänger eine Chance geben. Wenn ich mit Freude singen will, dann muss auch die Begleitung stimmen, die Tonhöhe, das Tempo der Begleitung, die Lautstärke. Dieser hohen Kunst der »beatmeten« Begleitung kommt nahe, wer als Organistin oder Organist selber mitsingt oder das Mitsingen innerlich mitvollziehen kann. Die Orgelvorspiele können Lust machen und zum Singen einladen, sie können ermüden oder in die Irre führen. Die Übergänge zwischen den Strophen können das Weitersingen befördern oder behindern, je nach rhythmischem Gespür des Begleiters. Es muss auch nicht nach jeder Strophe ein Zwischenspiel erklingen.

Stimmigkeit kann für die Liturgie bedeuten: Der Liturg kann singen! Er trifft die Töne. Er ermöglicht der Gemeinde, sangessicher zu antworten. Wer nicht singen kann, bittet die Kantorin oder spricht die Liturgie.

»Stimmigkeit« legt für die Musiker des Michaelisklosters auch die Fährte zum Verständnis von Qualität. Was heißt hohe Qualität, wenn es um Musik im Gottesdienst geht? Einig waren sich die Musiker, dass diese nicht um jeden Preis am Maßstab der Professionalität (und Künstlichkeit!) von CD-Aufnahmen gemessen werden darf und wahrscheinlich von den Gottesdienstbesuchern auch gar nicht erwartet wird. Es geht um die Stärkung von Live-Qualitäten. Musik ist zunächst einmal nicht digital, sondern homolog: von Menschen gemacht. Gerade in der Kirche hat auch das »Imperfekt« seinen Raum. Ja, es spiegelt die Tatsache, dass die versammelten Christen auch im »richtigen Leben« ein Orchester der noch nicht Perfekten sind. Auch dort werden sie ihr Bestes geben und doch hin und wieder scheitern.

Komplexität handhabbar machen – geht das?

Man soll nicht so tun, als ob man Nicht-Fassbares schließlich doch fassen kann. Musik ist unfassbar. Diese Einsicht bleibt. Insofern ist es gut, Musik schlicht zu beschreiben, sich ihr essayistisch, analytisch, emotional, tastend – wie auch immer – zu nähern; und das ohne den Anspruch, als die großen »Musikerklärer« auftreten zu wollen. Schon das Bewusst-Werden über die vielen Aspekte und Zusammenhänge führt vermutlich schon zu mancher Nachdenklichkeit, Denk-Öffnung, zu Aha-Effekten, vielleicht sogar zur Lust, im nächsten Gottesdienst eine Kleinigkeit anders zu machen. Das allein schon ist Qualität: bewusstes Handeln.

Allerdings bleibt auch eine Sorge: Wenn man Weisen, Wahrnehmungen und Wirkungen von Musik so unbefangen und scheinbar neutral einfach nur beschreibt, hilft das wirklich weiter? Denkt die Leserin nicht: »Dies ist möglich und das. Das eine, aber auch sein Gegenteil. Wohlan, liebe Seele, dann sei zufrieden und mach weiter wie bisher.«

Alles sei möglich? Dies Missverständnis soll gründlich ausgeräumt werden. Alles ist möglich, ja, aber nicht alles frommt! Jedenfalls nicht in jeder Situation! Wie kann diese Einsicht vermittelt werden, ohne in unübersichtliche Kasuistik zu verfallen? Komplexität reduzieren, um nicht in ihr unterzugehen? Das kann es nicht sein. Man mache die Dinge so einfach wie möglich, ja. Aber nicht einfacher! Das soll Einstein gesagt haben. Im Spagat zwischen Komplexität und Einfachheit kann es helfen, wenigstens ein paar Orientierungspunkte aufzustellen, Spannweiten zu benennen, von den Extremen her zu denken. Das Zauberwort heißt: Spannungspole!

Spannungspole der Musik

So begannen die Musiker des Michaelisklosters, das bisher Erdachte und Gesagte zusammenfassend zu systematisieren, begrifflich schärfer zu fassen und mit möglichen Ausprägungen solcher Pole zu jonglieren. Sie fanden beeindruckende Begriffe: die »kognitive Dimension« der Musik zum Beispiel, die aufs Verstehen zielt, oder die biographisch kulturelle, die Musik freudig wiedererkennt, ja, sie »erinnernd schon vorausahnen« kann, freilich auch abgeschreckt sein kann von dem, was andere noch als Musik bezeichnen, sie selbst allenfalls unter Lärmbelästigung fassen würden. Sie nickten wissend, als sie die »somatische Dimension« zwischen »ergotroper« und »trophotroper« Funktion ausspannten. Sich immer weiter in Abstraktionen steigernd geboten sie sich schließlich selbst Einhalt. Ist das wirklich neu, was wir hier zusammentragen? Vor allem: Ist es hilfreich? Und wenn ja, für wen? Wenn wir schon wiederkäuen, was andere vor uns schon längst herausgefunden haben, wollen wir es dann nicht wenigstens so sagen, dass auch Laien es verstehen können, dass es etwas austrägt für diejenigen, die im Gottesdienst Musik machen und Musik erleben? Sie besannen sich auf eine der wichtigsten Grundregeln der Rhetorik: Sag's durch Verben! So fassten sie, was sie im Blick auf gottesdienstliches Musizieren und seine Wahrnehmung für wichtig erachteten, verbal in sieben Dimensionen, die jeweils Raum eröffneten für spannungsvolle Zweiheit.

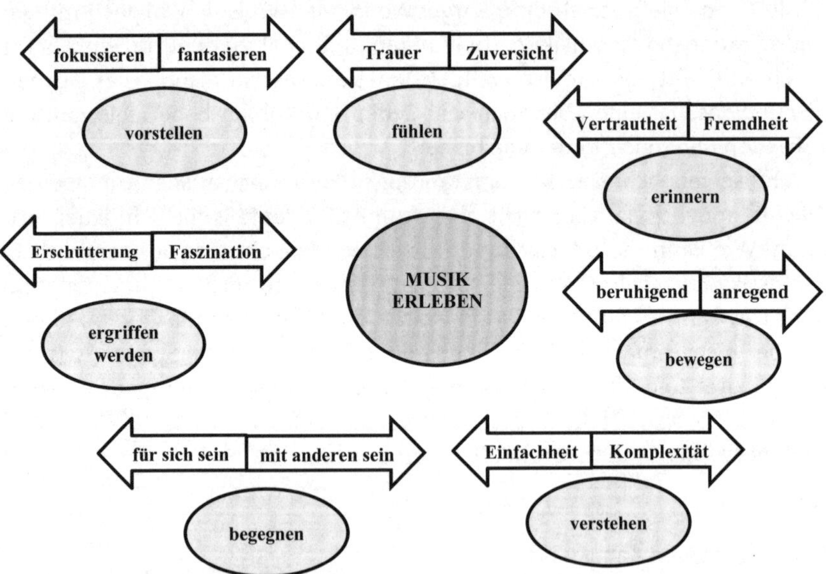

Die Wirkfelder der Musik

Wirkfelder der Musik

Musik vermag in eine Phantasiewelt zu entführen und zum Träumen anregen. Sie kann aber auch die Aufmerksamkeit auf bestimmte Dinge lenken, zum Beispiel Aspekte eines Textes lautmalerisch oder rhythmisch aufnehmen und so zur Fokussierung anregen. Musik hilft Menschen, sich etwas **vorzustellen.**

Viel mehr gerühmt ist die Funktion der Musik, Gefühle anzusprechen, ja, den Menschen ins **Fühlen** zu bringen. Ist das ihre vornehmste Funktion? Denn Unsagbares kann man nicht nur durch Blumen (und andeutungsweise durch Verben…), sondern vor allem durch Musik zum Klingen und zum Schwingen bringen: Von Trauer und Angst bis hin zu Freude und Zuversicht reicht die schier unerschöpfliche Palette der Emotionen, die Musik aufnehmen und erzeugen kann.

Musik ruft Geborgenheit wach, schafft Beheimatung und Vertrautheit, wenn man sie kennt, sich also an sie **erinnert**. Sie macht neugierig oder führt zu Enttäuschung, wenn man sie nicht kennt. Fremdheit der Musik kann zu Abgrenzung oder zu neuen Ufern führen. So kann die Musik fest verwurzeln und Flügel verleihen, je nachdem, und manchmal sogar gleichzeitig.

Musik **bewegt**. Nicht nur innerlich, sondern auch äußerlich. Hände und Füße können nicht mehr still halten, ja, der ganze Körper kommt in Bewegung. Aber auch umgekehrt: Unrast wird besänftigt unter den Klängen der Musik, nervöses Zucken und Wippen kommen zur Ruhe.

Es wird schon deutlich: Musik verlangt nicht, dass man sie versteht, um sie genießen zu können. Aber man kann sie **verstehen**. Genauer, man kann den Verstand von ihr anregen lassen, dass er sich in analytische, abstrakte, hoch konzentrierte Erkenntnissphären aufschwingt, oder genau im Gegenteil: dass er zerstreut wird, entspannt und plötzlich merkt: Es ist doch eigentlich ganz einfach.

Wer Musik macht oder hört, **begegnet** in der Regel anderen als Mit-Musiker oder als Mit-Hörer. So ist sie meistens zwischenmenschliches Geschehen. Selbst wer allein musiziert oder Musik hört, kann sich darüber mit anderen verbunden fühlen. In allen Konstellationen ist es aber auch möglich, verstärkt sich selbst zu begegnen, für sich zu sein oder zu bleiben.

»**Ergriffen werden**« schließlich. Das einzige Passiv in der Reihe der Verben. Ein absichtsvolles Passiv, in dem Gott das heimliche Subjekt wäre, wenn man's aktiv formulierte. Denn auch das ist eine Funktion oder Wirkweise der Musik im Gottesdienst, dass Gott sich ihrer bedient. Dann wird die Musik kaum unterscheidbar von seinem Wort, ja, sie ist sein Wort, das in die Anbetung führt, ins Gefühl der Erhabenheit, im besten Fall in die Gewissheit des Heils. Aber sie bzw. es kann auch anders: kann produktiv verunsichern, herausfordern, ja, erschüttern. – Ergriffen werden durch Musik als Medium des Wortes Gottes in Evangelium und Gesetz.

Vielleicht ist diese letzte Dimension sogar eine Art Zusammenfassung der sechs vorigen. Denn von Gott ergriffen zu sein, ist auch schwer zu trennen vom Gefühl, vom Verstand, vom Körper usw. Gott ergreift den ganzen Menschen, der eine spürt's mehr hier, der andere mehr dort. Nicht umsonst ist es eben das »passivum divinum«, denn wie Gott es genau anstellt, Menschen zu ergreifen, das verrät er nicht, das bleibt verborgen, da kann er sehr menschliche Gestalt annehmen.

Sind all das nun Funktionen, sind es Wirkungen? Eine Grundunterscheidung von Musikwissenschaftlern bleibt hier unberücksichtigt und ein wenig in der Schwebe, nämlich die zwischen funktionaler Musik auf der einen und absoluter Musik auf der anderen Seite. Damit einhergehend stellt sich die Frage, inwieweit Musik zweckgebunden oder zweckfrei ist bzw. sein sollte, eine Unterscheidung, die ja auch für den Gottesdienst als ganzen kontrovers diskutiert wird. Hier wie dort geht es wohl um die *Absicht*, mit der Dinge eingesetzt werden. Wird mit bestimmter Absicht (Hinterabsicht gar?) musiziert oder Gottesdienst gefeiert? Darf so etwas überhaupt sein? Oder geschieht alles »zweckfrei«? Die berüchtigte »Verzweckung« lässt freie Theologen- und Musikerherzen oft unruhig werden. Zugleich sind nahezu alle Spannungspole auch als Funktionen der Musik zu verstehen, erfüllen also bestimmte Zwecke, ob man nun will oder nicht. Insofern ist die Grundunterscheidung von funktionaler und absoluter Musik wohl eine den anderen Unterscheidungen vorgeordnete bzw. quer zu ihnen stehende. Denn auch zweckfrei zur Aufführung gebrachte Musik wird Wirkungen haben, und funktional eingesetzte kann an ebendiesen intendierten Funktionen haarscharf vorbeigehen. Funktional oder absolut? Sagen wir: potentiell.

Die Spannungspole als Wahrnehmungs- und Gestaltungshilfe

Was trägt er nun aus, dieser Schneisenschlag zwischen Einfachheit und Komplexität, dieser Versuch, das unfassbare Phänomen der Musik mit Hilfe von Begriffen, Verben zumal, und Spannungspolen ein wenig einzugrenzen? Wenn Menschen dadurch sensibilisiert werden, was alles möglich ist, ist schon einiges gewonnen. Und wenn sie nicht gleich sagen: So muss es sein und nicht anders! Wenn sie sich herausfordern lassen durch die enormen Potentiale, die die Musik enthält. Wenn sie vielleicht sogar auf neue Ideen gebracht werden, wie Musik im Gottesdienst noch eingebracht werden kann, wie man mit Musik Gottesdienst feiert. Oder wenn sie verstehen, woher die bisherigen Streitigkeiten und Reibereien eigentlich kamen.

Stimmigkeit ist schon vorher ein entscheidendes Stichwort gewesen, um den Einsatz der Musik und ihre Qualität zu beschreiben. Was stimmt in *diesem* Moment, für diesen Gottesdienst, für *diese* Absicht, für die Menschen, *die da sind* als Hörerinnen und Musiker? Bisher blieb dieses Kriterium noch unbestimmt. Es ist immer in Gefahr, aus subjektiv-unbewusster Stimmung heraus beurteilt zu werden und dann zu besagten Reibereien zu führen, wenn sich nicht alle einig sind. Eingezeichnet in Spannungspole aber könnte das Kriterium der Stimmigkeit an Kontur gewinnen. Dabei eignen sich die Spannungspole sowohl zur Wahrnehmung und Analyse von Musik im Rückblick als auch zur Planung und Entscheidungsfindung über ihren Einsatz in der Vorbereitung. Wenn beides zusammenfällt, wenn Geplantes und Erreichtes übereinstimmen, dann ist das schon ein gewichtiges Qualitätsargument.

Die Musiker des Michaelisklosters haben in einem letzten Schritt ihrer Überlegungen versucht, einige »Erschließungsfragen« für die sieben Dimensionen zu formulieren. Manchmal sind es kaum mehr als Stichworte, Merkposten sozusagen. Sie verstehen sich als exemplarische Sätze zu den Spannungsfeldern. Sie müssen keinesfalls »abgearbeitet« werden, sondern regen entweder zur Diskussion und Gestaltung an oder können getrost links liegen gelassen werden. Idealerweise finden Interessierte ihre eigenen Fragen. Denn wenn erst einmal die Fragestellung klar ist, dann ist der Weg zur Antwort gar nicht mehr so weit.

Erschließungsfragen:

Erinnern: Vertrautheit / Fremdheit

- Hat Musik im Gottesdienst dazu beigetragen, dass Sie sich im Gottesdienst zuhause gefühlt haben? Wenn ja, welche Musik?
- Welche Erinnerungen hat die Musik in Ihnen wachgerufen?
- Welche Musik im Gottesdienst war Ihnen fremd? Fanden Sie sie eher anregend oder eher irritierend?
- Welche Musik im Gottesdienst war Ihnen vertraut? Fanden Sie sie eher wohltuend oder eher langweilig?
- Wie empfanden Sie das Verhältnis von bekannten und neuen musikalischen Elementen im Gottesdienst?

Ergriffen werden: Erschütterung/Faszination

- Gab es Momente im Gottesdienst, an denen die Musik Sie ergriffen hat?
- Stärkte die Musik die spirituelle Dimension des Gottesdienstes?
- Hat die Musik dazu beigetragen, dass im Gottesdienst heilige Momente erlebbar waren?

- Hat die Musik Sie ergriffen, und welches Erleben hat die Musik im Gottesdienst bei Ihnen ausgelöst?
- Aus der Bahn geworfen
- In den Grundfesten erschüttert
- Ins Mark getroffen
- Erschrocken
- Verunsichert
- Fasziniert
- Angerührt
- Begeistert
- Im Glauben bestärkt

Bewegen: beruhigen/anregen
- Hat die Musik Sie dazu angeregt, sich im Gottesdienst zu bewegen?
- Hat Ihnen die Musik dabei geholfen, im Gottesdienst zur Ruhe zu kommen?
- Wurden Sie durch die Musik in die Stille geführt?
- Hat die Musik Sie innerlich in Bewegung gesetzt?
- Fühlten Sie sich zur Bewegung genötigt?
- Hätten Sie sich gerne mehr körperlich bewegt?
- War durch die Musik Kraft und Energie im Gottesdienst spürbar?

Begegnen: für sich sein/mit anderen sein
- Hat die Musik dazu beigetragen, dass Sie im Gottesdienst ganz bei sich sein konnten?
- Haben Sie zur Musik im Gottesdienst die Augen geschlossen?
- Hat Ihnen das gemeinsame Singen dazu verholfen, sich anderen Menschen im Gottesdienst näher zu fühlen?
- Haben Sie beim gemeinsamen Singen eine kraftvolle Gemeinschaft erlebt?
- Haben Sie beim gemeinsamen Singen oder Hören eine Gemeinschaft im Einklang erlebt?
- Gab es Momente, in denen die Musik Sie eher in eine Beobachterhaltung versetzt hat?
- Hat die Musik dazu geführt, dass Sie sich ausgeschlossen gefühlt haben?
- Hat die Musik geholfen, mit anderen in Kontakt zu treten?

Vorstellen: fokussieren/phantasieren
- Hat die Musik im Gottesdienst in Ihnen innere Bilder wachgerufen?
- Haben Sie durch die Musik eine klarere Vorstellung von Inhalten des Gottesdienstes gewonnen?
- Hat die Musik im Gottesdienst Sie zum Träumen eingeladen?

Verstehen: Einfachheit/Komplexität

- Hat Ihnen die Musik geholfen, sich im Gottesdienst zu konzentrieren?
- Hat Ihnen die Musik geholfen, im Gottesdienst präsenter und aufmerksamer zu sein?
- Hat die Musik Sie dazu eingeladen, sich im Gottesdienst zu entspannen?
- Hat die Musik Ihnen geholfen, etwas zu erahnen, das man mit Worten nur schwer ausdrücken kann?
- Hat die Musik Ihnen geholfen, den Gottesdienst bewusster wahrzunehmen?
- Hat die Musik Ihnen geholfen, während des Gottesdienstes Klarheit zu gewinnen?
- Hat die Musik dazu geführt, dass Sie im Gottesdienst Ihre Gedanken schweifen lassen konnten?

Fühlen: Trauer/Freude – Angst/Zuversicht

- Welche Gefühle hat die Musik im Gottesdienst in Ihnen wachgerufen?
- Haben Sie im Gottesdienst emotionale Momente erlebt, die durch die Musik hervorgerufen oder verstärkt wurden?
- Sind Ihnen durch die Musik Ihre eigenen Gefühle im Gottesdienst stärker bewusst geworden?
- Stellen Sie sich vor, es hätte keine Musik im Gottesdienst gegeben. – Welche emotionalen Aspekte hätten dann gefehlt?
- Hat Musik im Gottesdienst Sie froh gemacht?
- Hat Musik im Gottesdienst Sie zum Weinen gebracht?
- Hat Musik im Gottesdienst Sie zu einem Seufzen gereizt oder zu einem Lächeln?

Kathrin Oxen

»Das war eine gute Predigt!« – Zur Qualität der Kanzelrede

1. Die fragliche Frage: Was ist eine gute Predigt?

Der Versuch, Qualitätskriterien für die Predigt zu bestimmen,[1] sieht sich von jeher mit seiner grundsätzlichen Infragestellung konfrontiert. Dies lässt sich zum Teil mit der besonders im deutschsprachigen Kontext vorzufindenden Hochschätzung prinzipiell- und material-homiletischer Fragestellungen erklären, die die Fragen nach dem Wesen und Inhalt der Predigt immer schon leidenschaftlicher diskutiert als formal-homiletische Überlegungen zu ihrer Gestalt und Wirkung.

Was ist eine *gute* Predigt? Um diese Frage beantworten zu können, müsste demnach zunächst einmal geklärt werden, als was eine Predigt überhaupt verstanden werden kann und welche Inhalte und Themen in ihr zur Sprache gebracht werden sollen.

Seit etwa 25 Jahren, nach der ästhetischen Wende in der Homiletik, treten jedoch mehr und mehr formal-homiletische Aspekte in den Vordergrund, die – auch unter Wiederaufnahme poetischer und rhetorischer Predigttheorien – danach fragen, wie eine Predigt als sprachliches »Kunstwerk«[2] wirkungsvoll gestaltet werden kann. Dieser Perspektivwechsel ist für die Frage danach, was eine gute Predigt sei, insofern verheißungsvoll, als dass für die Wirksamkeit von Predigt*sprache* wesentlich leichter poetologische und rhetorisch begründbare Kriterien benannt werden können als für die notorisch strittigen inhaltlichen Fragen. Der Versuch, Kriterien für eine gute Predigt zu definieren, kann natürlich trotzdem die enge Beziehung zwischen Inhalt und Form der Predigt nicht umgehen.

Im Folgenden wird die Frage nach der »guten Predigt« deswegen mit einer Verklammerung dieser beiden Ebenen zu beantworten versucht. Für den Inhalt der Predigt wird dabei das klassische »homiletische Dreieck« zu Grunde gelegt, das die Predigt in den Relationen von biblischem Text, predigender Person und Situation der Hörerinnen zu erfassen versucht. Aus der Akzen-

---

1 Vgl. zum Thema auch Kathrin Oxen/Holger Eschmann, Predigt, in: Folkert Fendler (Hg.), Qualität im Gottesdienst. Was stimmen muss – was wesentlich ist – was begeistern kann, Gütersloh [2]2017, 234–242, einzelne Passagen des folgenden Artikels finden sich zum Teil wörtlich auch dort.

2 Vgl. zum Begriff der Predigt als »offenes Kunstwerk« Gerhard Marcel Martin, Predigt als »offenes Kunstwerk«? Zum Dialog zwischen Homiletik und Rezeptionsästhetik, in: EvTh 44 (1984), 46–58.

tuierung dieser Dimensionen ergeben sich, wie deutlich werden wird, Qualitätsdimensionen für die Predigt. Ihre Sprachgestalt bildet eine davon nicht zu trennende, aber doch identifizierbare eigene Größe, die in ihrer Akzentuierung ebenfalls Qualitäten der Predigt zu beschreiben vermag.

2. »Das hat mich angesprochen!« Rezipientenorientierung als Maßstab für die »gute Predigt«

Um Antworten auf die Frage geben zu können, was eine gute Predigt sei, ist es geraten, rezipientenorientiert vorzugehen und die Erwartungen derjenigen in den Blick zu nehmen, die Predigten hören. Daran schließt sich die Frage an, was diese Erwartungen für die Arbeit derer, die predigen, bedeuten.

Ohne die Problematik empirischer Predigtforschung hier im Einzelnen diskutieren zu können, ist doch festzustellen, dass es auch in diesem Bereich in den vergangenen Jahren gelungen ist, die oftmals eher numinosen Hörerwartungen in eine homiletische Kriteriologie zu überführen. So nennt etwa Helmut Schwier als Fazit aus seinen 2006 und 2009 erschienenen Studien zur empirischen Predigtforschung fünf grundlegende Erwartungen an die Predigt, die durchaus als Qualitätserwartungen verstanden werden können.[3] Hörerinnen und Hörer von Predigten erwarten danach:

- eine *Gratifikation durch Impulse* aus der Predigt,
- eine *Auslegung biblischer Texte mit erkennbarem Lebens- und Gegenwartsbezug*,
- eine *lebendige und verständliche Predigtsprache*,
- einen *klaren und prägnanten Predigtaufbau* und
- die *Glaubwürdigkeit* und professionelle *performance* der predigenden Person.

Leicht lassen sich in diesen Erwartungen sowohl die Dimensionen des homiletischen Dreiecks als Beschreibung inhaltlicher Erwartungen an die Predigt als auch die sprachlich-rhetorische Dimension als Beschreibung von Erwartungen an ihre Form wiederfinden.

Was bedeuten diese Erwartungen nun für diejenigen, deren Aufgabe es ist zu predigen? Im Qualitätshandbuch des Protestantischen Predigerseminars der Pfalz sind mit diesen Erwartungen korrespondierende homiletische Kompetenzen benannt worden, die in ihrer Weise den engen Zusammenhang zwi-

3 Helmut Schwier, Inhalte, Formen, Hörerinnen und Hörer. Homiletische Aspekte zur empirischen Untersuchung der Predigtrezeption, in: Alexander Deeg (Hg.), Erlebnis Predigt, Leipzig 2014, 81–97

schen inhaltlichen und formalen Fragen noch einmal bestätigen. Gleichzeitig wird an der Vielzahl und Komplexität der dort geforderten Kompetenzen, die beim Abschluss der zweiten Ausbildungsphase erreicht sein sollen, deutlich, dass die Predigt bereits mit Blick auf die an sie gestellten Grunderwartungen ein hohes Qualitätsniveau erreichen muss.[4]

Die erste Voraussetzung zur Erfüllung der genannten Grunderwartungen besteht für die Predigenden darin, dass sie die hier benannten Erwartungen zur Kenntnis nehmen und in der Lage sind, ihre Predigtarbeit in Inhalt und Form darauf abzustimmen.

Damit ist bereits eine erste Grunderwartung an eine gute Predigt benannt. Inhaltlich wäre dann danach zu fragen, ob die Dimensionen des homiletischen Dreiecks in der Predigt gleichmäßig gewichtet erscheinen, die Predigt also weder zum exegetischen Vortrag noch zum politischen Statement oder zur Selbstoffenbarung der predigenden Person mutiert ist – oder Gefahr läuft, so wahrgenommen zu werden. Die Verhältnisbestimmung zwischen den Dimensionen »Text für sich«, »Text für mich« und »Text für dich«[5] ist von der predigenden Person sehr sorgfältig zu reflektieren, gerade auch mit Blick auf ihre quantitative Verteilung innerhalb der Predigt.

Der biblische Text sollte in der Predigt ausgelegt werden und nicht etwa nur als Assoziationsgrundlage oder Stichwortgeber fungieren. Dabei ist besonders darauf zu achten, dass der Gegenwartsbezug der Auslegung nicht ausgeblendet wird und die Relevanz der biblischen Aussagen für die Lebenswelt der Hörerinnen und Hörer deutlich wird. Ebenso sorgfältig muss die Situation der Hörerinnen und Hörer mit Blick auf die Einzelnen, aber auch auf die »homiletische Großwetterlage« (Ernst Lange) wahrgenommen und in der Predigt angesprochen werden. Schließlich zählt zu den Grunderwartungen auch, dass der oder die Predigende als Person in der Predigt sichtbar wird, in der sorgfältigen und mitunter diffizilen Unterscheidung von notwendigen persönlichen und zu privaten Äußerungen.

Sprachlich-rhetorisch müssen Predigerinnen und Prediger mit poetologischen und rhetorischen Grundlagen für die Verfertigung eines Textes vertraut sein, der für das Hören geschrieben ist. Zu einer guten Predigt gehört zudem die Reflexion der Produktionsbedingungen einer Predigt, unter Berücksichtigung des kreativen Prozesses beim Schreiben des Predigtmanuskripts.[6] Predigerinnen und Prediger sollten an der sprachlichen Gestaltung und am Auf-

4 Potenziale entdecken. Pastorale Identität entwickeln. Qualitätshandbuch des Protestantischen Predigerseminars der Pfalz, zugänglich unter <www.evpfalz.de/zentrum_typo3/fileadmin/user_upload/predigerseminar/Dateien/Qualit%C3%A4tshandbuch07.09.2012.pdf>, Abruf am 3. April 2017.

5 Vgl. dazu Peter Bukowski, Predigt wahrnehmen, Neukirchen-Vluyn [3]1995, 50 f.

6 Vgl. zum Schreibprozess der Predigt Annette C. Müller, Predigt schreiben. Prozess und Strategien der homiletischen Komposition (APth 55), Leipzig 2014.

bau ihrer Predigt besonders mit Blick auf die Bedürfnisse der Hörerinnen und Hörer arbeiten und dabei ihre je eigenen sprachlichen Möglichkeiten kennen und einsetzen können. Ihnen muss bewusst sein, dass das »Schreiben fürs Hören« in der Predigt formalen Bedingungen unterliegt, die sich von anderen Arten der Textproduktion unterscheiden. Insbesondere die Fragen nach Aufbau und Intention der Predigt sind für eine gelingende Predigtkommunikation wesentlich.

Zur Kompetenz der Predigenden gehört weiter auch, dass sie in der Lage sind, das Verhältnis zwischen ihrem Predigtmanuskript (oder entsprechender anderer Vorbereitung als Predigtgrundlage) und der gehaltenen Predigt im Ergebnis zeitlich exakt zu bestimmen, um die Länge ihrer Predigt an die Gegebenheiten des Gottesdienstes, besonders mit Blick auf dessen Gesamtlänge, anpassen zu können.

Für die Einbindung der Predigt in das »Gesamtkunstwerk« Gottesdienst müssen Predigende zudem überlegen, welche liturgischen Entscheidungen, besonders im Bereich der Text- und Liedwahl und in der Formulierung von Gebeten der Predigt, vorausgehen oder nachfolgen sollen bzw. welche Verknüpfungen zu den übrigen Teilen des Gottesdienst in der Predigt angelegt werden können. Es ergeben sich mithin die folgenden Grunderwartungen:

Predigerinnen und Prediger

- kennen die Erwartungen von Predigthörerinnen und -hörern an die Predigt,
- berücksichtigen die homiletischen Dimensionen *Text*, *Situation* und *predigende Person* und gewichten sie gleichmäßig,
- haben ein Bewusstsein für den besonderen Charakter der Predigt als einen für das Hören geschriebenen Text entwickelt,
- verfügen über sprachliche Gestaltungsfähigkeit,
- klären die Intention ihrer Predigt,
- verfügen über Mittel zur Gestaltung des Predigtaufbaus und beachten die entstehende Predigtlänge und
- binden die Predigt in das Gesamtkunstwerk Gottesdienst ein.

Dieser umfängliche Bestand an Grunderwartungen an eine gute Predigt zieht für Predigende nach sich, dass ausreichend Zeit für die Predigtvorbereitung aufgewendet werden muss. Die Predigt muss am Ende der Vorbereitung in einer Form vorliegen, die als Grundlage für einen etwa 15-minütigen Predigtvortrag im »normalen« Gottesdienst geeignet ist.

In Musterdienstanweisungen verschiedener Landeskirchen werden für die Vorbereitung eines Predigtgottesdienstes etwa acht Arbeitsstunden angesetzt. Diese Vorbereitungszeit sollte nicht wesentlich unterschritten werden.

Um die zur Verfügung stehende Zeit effizient nutzen zu können, sollten Predigende die Phasen des Predigtprozesses kennen und entsprechend gewichten können. Es bietet sich eine (unterschiedliche Modelle des Predigtprozesses vereinende) Unterscheidung zwischen einer Meditationsphase, der Inkubationsphase, der Produktionsphase und der Redaktionsphase zur Verfertigung der Predigtgrundlage sowie eine anschließende Einübung der Predigtperformance an.

Hilfreich ist, wenn sich die Predigenden zudem bewusst sind, dass sich der Prozess der Predigtproduktion wie alle kreativen Prozesse gelegentlich der Steuerung entzieht und sie ihr Zeitmanagement entsprechend darauf abzustimmen vermögen. Auch die individuelle Arbeitsweise sollte nicht vorrangig defizitorientiert betrachtet (»nie fällt mir was ein«, »immer werde ich so spät fertig«), sondern vielmehr als Ausdruck des individuellen Arbeitsstils verstanden werden, etwa mittels hilfreichen Unterscheidung zwischen Top-down- und Bottom-up-Schreibtypen.[7]

Insbesondere eine durchgeführte *Redaktionsphase als abschließende Überarbeitung* des Predigtmanuskripts und die *Einübung der Predigtperformance* sind für eine überzeugende Qualität der Predigt wesentlich. Gerade diese Arbeitsschritte unterbleiben aber unter dem allgegenwärtigen Zeitdruck im Alltag der Predigtarbeit vielfach. Schon das laute Lesen des Predigtmanuskripts *vor* der eigentlichen Predigt wäre eine unaufwändige, aber hilfreiche Methode, um sowohl die Notwendigkeit redaktioneller Bearbeitungen festzustellen, als auch die *performance* der Predigt zu üben.[8]

Ein weiterer Schwerpunkt liegt auf der Erarbeitung einer homiletischen Präsenz im Zusammenspiel von Körper und Stimme des Predigers oder der Predigerin in der Darbietung des vorbereiteten Textes der Predigt. Ein Bewusstsein für die Notwendigkeit homiletischer Präsenz zu gewinnen und nach Möglichkeiten zu suchen, auch diese performativen rhetorischen Fähigkeiten zu trainieren, kann ebenfalls zu einer Grundbedingung für die von den Hörerinnen und Hörern vorausgesetzte professionelle *performance* eines Predigers oder einer Predigerin gezählt werden.

Zur Vorbereitung der Predigt im weiteren Sinne gehört als Element einer professionellen *performance* dann auch die rechtzeitige und vollständige Einrichtung der »Arbeitsmaterialien« und des »Arbeitsplatzes«, näherhin die zweckmäßige Vorbereitung der Predigtgrundlage (Manuskript, Stichwortsammlung, Karteikarten, Bibel für Textlesungen) und die Einrichtung des Predigtortes. Dazu gehören auch so banale Dinge wie die Anpassung der Höhe des Lesepultes/der Kanzel ebenso wie die Wahrnehmung der dort vorfindli-

7 Vgl. a. a. O., 96 ff.

8 Vgl. a. a. O., 353 f.

chen Licht- und Tonverhältnisse, die vor dem Gottesdienst noch einmal überprüft werden sollten. Zu den genannten Grunderwartungen wären demnach noch hinzuzufügen:

Predigerinnen und Prediger
- haben ein Bewusstsein für den besonderen Charakter des Predigtvorbereitungsprozesses und seiner Phasen entwickelt,
- verfügen über ein an den individuellen Arbeitsstil angepasstes Zeitmanagement bei der Predigtvorbereitung unter Berücksichtigung zeitlicher Vorgaben,
- erkennen die *performance* der Predigt und ihre eigene homiletische Präsenz als Gestaltungsaufgabe und
- bereiten nicht nur die textliche Grundlage ihrer Predigt, sondern auch ihre *performance* professionell vor.

Deutlich wird, dass bereits die von den Predigthörern als selbstverständlich vorausgesetzten Erwartungen an eine gute Predigt von den Predigenden eine überaus sorgfältige Vorbereitung verlangen.

3. »Heute war es ja besonders schön!« – Von der guten zur besonderen Predigt

Anknüpfend an die genannten Grunderwartungen mit Blick auf eine »gute Predigt« werden nachfolgend nicht Kriterien für eine »bessere« Predigt benannt, sondern Akzentuierungen in Richtung einer noch stärkeren Wirksamkeit der Predigt vorgestellt. Auch dabei sind die Erwartungen der Hörerinnen und Hörer bestimmend, für die die Bewertung des gottesdienstlichen Erlebens nicht unwesentlich von der Qualität der Predigt abhängt.[9] Das Wissen um bestimmte Akzentuierungen kann bei den Hörerinnen und Hörern durchaus die Entscheidung leiten, ob und wenn ja, welcher Gottesdienst besucht wird.

Die Akzentuierung jeweils einer Dimension des homiletischen Dreiecks macht eine gute zu einer besonderen Predigt und kann gleichzeitig auch zur Entwicklung eines persönlichen, wiedererkennbaren Stils des Predigers oder der Predigerin beitragen.

9 Vgl. dazu die in der KMU V wie in früheren KMUs formulierten hohen Zustimmungswerte von über 90% zur Aussage: »Der Gottesdienst soll vor allem eine gute Predigt enthalten.« Heinrich Bedford-Strohm/Volker Jung (Hg.), Vernetzte Vielfalt. Kirche angesichts von Individualisierung und Säkularisierung. Die fünfte EKD-Erhebung über Kirchenmitgliedschaft, Gütersloh 2015, 480.

Wenn es sich dabei um die *Dimension des Textes* handelt, können Predigthörerinnen und -hörer beispielsweise damit rechnen, eine besonders textgebundene, exegetisch fundierte Predigt zu hören. Auch die Anwendung von Formen engagierter Exegese in der Predigt, wie etwa die dem christlich-jüdischen Dialog verpflichtete, die befreiungstheologische oder die feministische Auslegung, trägt zur Akzentuierung der Textdimension der Predigt bei.

Erweiterungen der Textebene der Predigt durch korrespondierende »Texte«, wie etwa Bilder, Lieder und Musik, Film und Literatur, sind ebenfalls deutliche Akzentuierungen. Aus ihnen sind eigene Predigtgenres wie Bildpredigt, Liedpredigt, Predigt zu musikalischen Kunstwerken (wie etwa Bachkantaten), Literaturpredigt, Filmpredigt und Theaterpredigt entstanden, die in der Regel auch zu einer besonders reflektierten Einbindung der Predigt in den gesamten Gottesdienst führen.

In der *Dimension der Situation* wird die Predigt dann akzentuiert, wenn mit Blick auf die einzelnen Predigthörerinnen und -hörer deren Situation in besonderer Weise zur Sprache gebracht wird. Vor allem in Kasualpredigten dürfen die Angesprochenen diese Akzentuierung erwarten. Sie findet sich aber auch in einer eher seelsorglichen, an existenziellen Fragen orientierten Predigt, in einer Predigt, die Stellung zu aktuellen gesellschaftlichen und politischen Problemen bezieht, oder in Predigten innerhalb »riskanter Liturgien« (Thomas Klie/Kristian Fechtner), etwa anlässlich erschütternder öffentlicher Ereignisse.

Die *Dimension der Person* der Predigenden wird durch die Bereitschaft und Offenheit verstärkt, in der Predigt von sich und von eigenen Erfahrungen zu sprechen. Sie bewegt sich dabei, wie eingangs erwähnt, auf einer Gratwanderung zwischen zu privaten Auskünften und dem Ausdruck persönlicher Lebens- und Glaubenserfahrungen, die immer auch anschlussfähig für Menschen in ganz anderen Lebenssituationen sein müssen. Die so akzentuierte Dimension wird sich häufig mit der der Situation der Hörerinnen und Hörer überschneiden.

Die genannten Akzentuierungen erinnern durchaus an die sog. »Adverb-Homiletik« (Henning Schröer), wie sie in der zweiten Hälfte des 20. Jahrhunderts *en vogue* war. Ansätze wie »Biblisch predigen« (Horst Hirschler), »Seelsorgerlich predigen« (Christian Möller) und »Persönlich predigen« (Axel Denecke) können aber immer noch als Anregung für Predigende verstanden werden, bestimmte inhaltliche Akzentuierungen ihrer Predigt auszubilden.

Auf der sprachlich-rhetorischen Ebene der Predigt sind Qualitätsmerkmale etwas schwieriger zu bestimmen. Eine kontinuierliche Weiterarbeit der Predigenden an ihrer eigenen sprachlichen Ausdrucksfähigkeit und ihrer homiletischen Präsenz, etwa durch Fortbildungen in diesen Bereichen, können dazugehören. Insbesondere auf die Vermeidung der vielfach und nachdrücklich kritisierten sprachlichen und performativen Stereotypen[10] wäre dabei ein besonderes Augenmerk zu richten.

Auch die Ausbildung eines eigenen, unverkennbaren Predigtstils, der seinerseits nicht zum Muster erstarrt, sondern beweglich und an die Predigtsituationen angepasst bleibt, dürfte zur sprachlich-rhetorischen Qualität der Predigt beitragen. Ein bestimmter »Predigtstil« wird von den Hörerinnen und Hörern oft sehr bewusst wahrgenommen und ist ebenfalls ein wesentlicher Faktor bei der Entscheidung für den Gottesdienstbesuch.

Das Angebot, für die persönliche Nachbereitung des Predigterlebnisses einen Audio-Mitschnitt der Predigt oder das Predigtmanuskript zur Verfügung gestellt zu bekommen, ist für nicht wenige Hörerinnen und Hörer eine attraktive Möglichkeit, das in der Predigt Gehörte noch einmal in Ruhe für sich nachzuvollziehen oder auch mit anderen zu teilen.

4. Die Predigt als Ereignis

Neben die einer guten und einer besonderen Predigt tritt die Dimension der Predigt als »Ereignis«. Ihrem Wesen nach ist jede Predigt ein Ereignis. Aber ein Blick in die Predigtgeschichte zeigt, dass es immer wieder Predigten gegeben hat, denen im Nachhinein die Kategorie des Ereignisses zugeschrieben wurde.[11] Hier tritt das Nicht-Erwartbare und Nicht-Machbare der Predigt hervor, der vielzitierte Bereich des Unverfügbaren wird erreicht.«

Ob eine Predigt ereignishaften Charakter bekommt, hängt stark von der Wahrnehmung der Hörerinnen und Hörer ab. Dass ihnen die Predigt »etwas sagen« kann, dafür schaffen Predigerinnen und Prediger Voraussetzungen dadurch, dass sie zumindest zu vermeiden suchen, was der Wirkung der Predigt entgegensteht. Ob die Predigt dann aber tatsächlich zum *Ereignis* wird, liegt nicht in der Macht der Predigenden allein.

Die rezeptionsästhetisch grundierten Predigttheorien der vergangenen Jahrzehnte haben das Bewusstsein für die Autonomie der Hörenden und für ihre »tragende Rolle« im Predigtgeschehen deutlich geschärft. Das bedeutet eine gewisse Entlastung für die, die zu predigen haben. Diese Entlastung kann – dies sei an dieser Stelle noch einmal betont – aber erst dann einsetzen, wenn zuvor Qualitätsaspekte bereits berücksichtig worden sind.

---

10 Vgl. dazu Erik Flügge, Der Jargon der Betroffenheit. Wie die Kirche an ihrer Sprache verreckt, München [6]2016.

11 Vgl. z. B. Johann Hinrich Claussen/Marin Rössler (Hg.), Große Predigten. 2000 Jahre Gottes Wort und christlicher Protest, Darmstadt 2015.

Die Betonung des Unverfügbaren darf nicht als Dispens von sorgfältiger Predigtarbeit verstanden werden!

Dass und wie die Predigt zum Ereignis wird, lässt sich nach dem vorgestellten Modell dennoch umreißen. Auf der inhaltlichen Ebene dürfte die *Akzentuierung und Verknüpfung mehrerer inhaltlicher Dimensionen* (Text, Situation und Person) das Potential dazu besitzen. Die Erfahrung, dass es etwa dem Prediger gelingt, einen biblischen Text mit der persönlichen oder gemeinschaftlichen Situation der Hörerinnen und Hörer so zu »versprechen«, dass sie ihre Wirklichkeit im Licht des biblischen Textes neu wahrnehmen können, ist ein solches Ereignis.

Ähnliches gilt für das Verhältnis der Predigerin als Person und der Situation – eine Verknüpfung, in der das prophetische Moment der Predigt besonders hervortreten wird. Ein Blick auf historische »Sternstunden der Predigt« könnte Anhaltspunkte dafür bieten, unter welchen Konstellationen aus Text, Person und Situation Predigten zu Ereignissen geworden sind.[12]

Für die *Sprachebene der Predigt* bleibt zu sagen, dass die Verbindung von inhaltlicher und sprachlicher Ebene der Predigt, mithin die *Einheit von Inhalt und Form*, ebenfalls den Ereignischarakter des Predigtgeschehens fördert. Wenn die Sprache der Predigt vom Formenreichtum und der Sprachkraft biblischer Texte geprägt ist, wenn sie konkret und anschaulich die Situation beschreibt, auf die sie sich bezieht, oder in spürbarer Emotionalität und direkter Anrede die Hörerinnen und Hörer berührt, kann eine Predigt entstehen, die wirklich »tut, was sie sagt« (Martin Nicol). Sie lässt Predigthörerinnen und -hörer getröstet und voller Hoffnung, aber auch aufgerüttelt und in Frage gestellt aus dem Gottesdienst nach Hause gehen. Damit wird der Zuspruch und Anspruch des in der Predigt ausgesagten Wortes Gottes zu einer Wirklichkeit.

12 Vgl. in dem o.g. Band etwa die Predigten von Martin Luther King und Klaus-Peter Hertzsch.

Hilmar Gattwinkel

Öffentlichkeitsarbeit

Zur Geschichte des Begriffs Öffentlichkeitsarbeit

Der Sache nach beginnt Öffentlichkeitsarbeit in Deutschland mit »Pressestellen« und als »Propaganda« – einem ehemals unverdächtigen Begriff, der sich durch seine Verwendung in der Zeit des Nationalsozialismus zumindest in Deutschland desavouierte. Nach 1945 suchten Praktiker eine Übersetzung des amerikanischen »public relations« und fanden »Öffentlichkeitsarbeit«[1], als Arbeit für und in der Öffentlichkeit. Der Pionier der kirchlichen Öffentlichkeitsarbeit in Westdeutschland, Waldemar Wilken, vermied zwar zu Beginn den Begriff »Öffentlichkeitsarbeit« und suchte ihn durch »Werbung« bzw. »Öffentlichkeitsdienst« zu ersetzen.[2] In der Sache aber bahnte er einer kirchlichen Öffentlichkeitsarbeit den Weg.[3]

Im nicht-kirchlichen Kontext haben sich zwischenzeitlich andere Begriffe durchgesetzt: Public Relations, Kommunikationsmanagement, Unternehmenskommunikation. In der Sache besteht aber wenig Unterschied zwischen den Modellen und Methoden, Haltungen und Instrumenten.

Zur Praxis der Öffentlichkeitsarbeit

Konzeptionelle Öffentlichkeitsarbeit ist der Versuch einer Organisation, die Kommunikation mit ihrer relevanten Umwelt zu steuern.[4] Diese etwas

---

1 Die Urheberschaft für diese Begriffsprägung beanspruchte Albert Oeckl für sich, so Peter Szyszka, Public Relations und Öffentlichkeitsarbeit, in: Gemeinschaftswerk der Evangelischen Publizistik (Hg.), Öffentlichkeitsarbeit für Nonprofit-Organisationen, Wiesbaden 2004, 31–62, 35, mit Bezug auf Albert Oeckl, Handbuch der Public Relations. Theorie und Praxis der Öffentlichkeitsarbeit in Deutschland und der Welt, München 1964.

2 Wilken war Gründer und langjähriger Leiter des Amtes für Öffentlichkeitsdienst in Hamburg. Vgl. Waldemar Wilken, Die Werbung der Kirche, Berlin/Hamburg 1961, und ders., Brücken zur Kirche. Public Relations der Kirche, Berlin/Hamburg 1967.

3 Vgl. auch Holger Tremel, Art. Öffentlichkeitsarbeit (der Kirche), in: TRE Band 25 (1995), 26–29, und Hilmar Gattwinkel, Das Tun denken. Auf der Suche nach einer Theologie der Öffentlichkeitsarbeit, in: *DtPfrBl 2014*, 197–201.

4 Vgl. beispielhaft die Bestimmung von Rex Harlow: »(Öffentlichkeitsarbeit) ist eine unterscheidbare Regelungsfunktion, die dazu beiträgt, wechselseitige Kommunikationsbeziehungen, Verständnis, Akzep-

pragmatische Begriffsbestimmung gilt auch für die konzeptionelle Öffentlichkeitsarbeit der Kirche, auf allen ihren Ebenen. Eine Besonderheit stellt in der Reflexion der Kirche die Gebundenheit an einen »Auftrag« dar, der zwar interpretationsbedürftig ist, aber das gesamte Sein und Handeln der Kirche bestimmt.[5]

Bezüglich der Entfaltung der kirchlichen Öffentlichkeitsarbeit lassen sich drei Ebenen unterscheiden:

a) Öffentlichkeitsarbeit als Querschnitt-Dimension (vergleichbar der Seelsorge, der Mission, der Diakonie usw.)
b) konzeptionelle Öffentlichkeitsarbeit als wertorientierte Haltung (in Respekt vor dem Gegenüber), also als Haltungs-Dimension
c) praktische Öffentlichkeitsarbeit als konkrete Umsetzung, also als Handwerks-Dimension

Öffentlichkeitsarbeit durch den Gottesdienst

Auf der oberen Ebene (»Querschnittsdimension«) ist der Gottesdienst ein eminent wichtiges Werkzeug der Öffentlichkeitsarbeit: Kirche zeigt sich grundsätzlich öffentlich für jeden und jede. Insofern hat auch jeder Gottesdienst eine öffentliche Wirkung und kann in dieser Perspektive betrachtet werden: Welche Bilder von Kirche, Gemeinde und geistlichem Leben erzeugt genau dieser Gottesdienst? Was erleben Menschen, die möglicherweise zum ersten Mal diesen Gottesdienst besuchen?[6]

Öffentlichkeitsarbeit für den Gottesdienst

Konzeptionelle Öffentlichkeitsarbeit ist immer »Auftragskommunikation«, also interessengesteuert. Sie handelt nie absichtslos. Allerdings lassen sich ihre Absichten in vier Aspekte differenzieren, die ihren Platz auf einer Skala zwischen Informieren und Beeinflussen finden:

---

tanz und Kooperation zwischen einer Organisation und ihren Bezugsgruppen (Teilöffentlichkeiten) herzustellen und zu unterhalten«, zitiert bei Peter Szyszka, a. a. O., 31–62, 41.

5 Vgl. zum Begriff des Auftrags Cla Reto Famos, Kirche zwischen Auftrag und Bedürfnis, Münster 2005, 187–248.

6 Vertieft wird dieser Ansatz im Projekt des Zentrums für Mission in der Region (ZMiR) »Gottesdienst erleben«; vgl. www.gottesdienst-erleben.de (Abruf am 10. April 2017), vgl. hierzu auch den Artikel von Hermann Pompe, Gottesdienst erleben, in diesem Band.

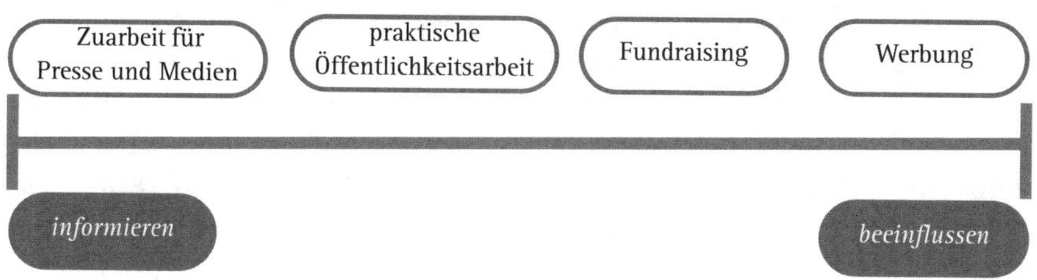

- *Presse- und Medienarbeit versucht, durch kircheneigene oder -fremde Massenmedien die Öffentlichkeit so sachlich wie möglich zu informieren.*[7]
- Praktische Öffentlichkeitsarbeit versucht, mittel- und langfristig Bilder im Kopf der Adressaten zu schaffen bzw. zu verstetigen. Die Bilder der Adressaten über den Absender sollen – im Idealfall – den Bildern nahekommen, die der Absender über sich selber hat.
- Fundraising versucht, Adressaten als Unterstützer*innen zu gewinnen. Dazu braucht es eine stabile und vertrauensvolle Beziehung, die in praktische Austauschprozesse mündet.
- Werbung versucht, kurz- und mittelfristig Adressaten zu einem Handeln zu bewegen. Auch hier geht es um Austauschprozesse: Ware oder Dienstleistung gegen Geld, Zeit oder Engagement.

Das Verhältnis von konzeptioneller Öffentlichkeitsarbeit und Gottesdienst lässt sich nun anhand dieser vier Aspekte auf Haltungsebene genauer bestimmen:

In der Presse- und Medienarbeit wird ein Gottesdienst im Regelfall keine Erwähnung finden. Den gewöhnlichen Gottesdiensten fehlen die Eigenschaften, um durch den Filter der Nachrichtenfaktoren zu gelangen: Zwar wäre eine Nachricht über einen Gottesdienst nah und aktuell, aber eben nicht besonders (im Sinne der Außergewöhnlichkeit). Dies betrifft sowohl die Vorberichterstattung wie die Nachberichterstattung. Nur, wenn sich Außergewöhnliches ankündigt, reagieren Presse und Medien, etwa bei einem Bischofsbesuch (»Prominenz«), einer Radioübertragung (»Relevanz«) oder einem ungewöhnlichen Format wie einer Kanzelrede durch eine lokale Politikerin (»Überraschung«). In keinem Fall werden sich seriöse Journalist*innen zu Werbung für einen Gottesdienst bewegen lassen – ihr berechtigtes professionelles Ethos ist die möglichst objektive Berichterstattung über Sachverhalte.

7 Hier findet kirchliche Publizistik ihren Platz, etwa in Form der Kirchengebietspresse.

Praktische Öffentlichkeitsarbeit wird unbedingt auf den Gottesdienst setzen: als die Mitte des gemeindlichen Lebens und den Kern gemeinsamen Glaubens. Dass eine Gemeinde Gottesdienst feiert, wird immer und immer wieder dargestellt: in Gemeindebriefen und Schaukästen, auf Websites und teilweise auch in Printmedien. Diese Darstellung hat eine bildbildende Absicht. Die Rezipient*innen sollen wissen (bzw. in ihrem Wissen bestärkt werden), dass die Gemeinde eine Gottesdienst feiernde Gemeinde ist. Um es am Beispiel des Gemeindebriefes zu verdeutlichen: Kaum ein Gemeindebrief wird ohne eine Tabelle der Gottesdienste publiziert. Diese hat – anders als häufig beabsichtigt – aber keine werbende Funktion. Durch diese Tabelle wird vermutlich keine Person bewegt, zu einem Gottesdienst zu kommen, wenn sie nicht schon vorab interessiert gewesen ist. Dennoch sind die Tabellen nicht überflüssig. Sie setzen wichtige Signale für die Bilder in den Köpfen der Adressat*innen: Die Gemeinde feiert Gottesdienst. Jeder und jede könnte daran teilnehmen, wenn er oder sie es wollte.

Fundraising wird sich nur selten mit dem Gottesdienst beschäftigen: Gelegentlich wird eine Blumenspende für den Altar gesucht, häufiger ein aktives Mitwirken (als Küster*in, in Chören, zum Kirchdienst, als Prädikant*in). Nur im Zusammenhang mit dem Gottesdienstraum, seiner Erhaltung und Ausgestaltung, seiner Pflege und Beheizung kommt Fundraising öfter zur Geltung.

Werbung als die beabsichtigte Einflussnahme auf das Handeln von Adressaten hat in den Evangelischen Landeskirchen einen schweren Stand: Es gibt eine historisch erklärbare Zurückhaltung, für gemeindliche Grundangebote wie Gottesdienst und Seelsorge aktiv zu werben.[8] Nur außergewöhnliche Gottesdienste oder Spezialangebote wie die Telefonseelsorge »dürfen« sichtbar beworben werden. Zum anderen verwechseln viele Akteure Information mit Motivation und pflegen die Überzeugung, dass mehr Informationen mehr Wirkungen auslösen würden. Das erklärt die oben bereits genannten Gottesdienst-Tabellen und -Listen in Gemeindebriefen und auf Websites. Schließlich fehlt vielen das Handwerk der Werbung, nämlich die Einsicht in die Mechanismen von zielführender Wirkung, in die Wirkung von Wörtern und Bildern und in das Gewicht der Gefühle.

---

8 So hat sich die Dialektische Theologie bereits in den dreißiger Jahren des vergangenen Jahrhunderts energisch gegen jede Form von Werbung für kirchliche Angebote gewehrt. Der Gebrauch von »Propaganda« im deutschen Faschismus hat dieses Abständigkeitsgebot deutlich verstärkt. Für die Kirche im Bereich der DDR gab es faktisch nur eine innerkirchliche Öffentlichkeit. Aus all dem speist sich die teilweise vertretene Zurückhaltung gegenüber aktiver Werbung.

Öffentlichkeitsarbeit und mediatisierte Öffentlichkeit

Öffentlichkeitsarbeit der Kirche geschieht immer in einem beschreibbaren Umfeld.[9] Zu den deutlichsten Herausforderungen für kirchliche Öffentlichkeitsarbeit gehört seit rund 15 Jahren die Digitalisierung des Lebens. Wesentliche Anteile der medialen Kommunikation haben sich in das Internet verlagert. Damit sind zwei Aspekte berührt:

a) Die »klassischen« Werkzeuge und Instrumente gemeindlicher und kirchlicher Öffentlichkeitsarbeit (wie Gemeindebrief, Schaukasten, Handzettel, Abkündigungen) werden ergänzt durch Websites und Aktivitäten in den sozialen Medien. Diese haben aber ihre eignen Regeln und Gesetzmäßigkeiten, an die sich Kirche nur mühsam heranentwickelt.[10]

b) Das Verständnis von Gottesdiensten als physische Versammlung von Menschen zur selben Zeit am selben Ort wird durch die technischen Möglichkeiten behutsam entgrenzt: Erste Gottesdienste versammeln Menschen zur selben Zeit im selben virtuellen Raum und bilden so Gemeinde. Diese Versuche schaffen neue und veränderte Voraussetzungen zur Teilnahme an Gottesdiensten.[11]

Gottesdienst und Öffentlichkeitsarbeit

Erfolgreiche konzeptionelle Öffentlichkeitsarbeit ist zielführend – und das setzt voraus, dass die Handelnden ein gemeinsames Ziel verfolgen. In der Öffentlichkeitsarbeit hat sich ein präzises Verständnis von Zielen entwickelt: Ein Ziel sei der Zustand, in den das Handeln des Absenders die Adressaten gebracht haben wird (Unterscheidung von Mittel, Weg und Ziel).

Für den Zusammenhang von Gottesdienst und Öffentlichkeitsarbeit ist damit eine zweifache Aufgabe gegeben:

a) Ein Gottesdienst braucht ein Ziel – als Beschreibung des Zustands, in den das Handeln der Verantwortlichen gemeinsam mit der Gemeinde die Gemeinde versetzt haben wird. Dabei braucht genau dieser Gottesdienst

9 In dieser Perspektive können die kirchlichen Mitgliedschaftsuntersuchungen als evangelische Seismographen für gesellschaftliche Veränderungen gelesen werden.

10 Als ein Beispiel für viele: Die Möglichkeit zur direkten Interaktion, also die Option, als Nutzer mit dem Absender in direkten Kontakt zu kommen, wird auf vielen Websites durch Kommentarfelder angeboten. Im kirchlichen Zusammenhang sparen sich viele Anbieter diese Option mit Hinweis auf mangelnde Ressourcen und die Gefahr des Missbrauchs.

11 Im Raum der EKD erprobt die Evangelische Kirche im Rheinland mit Dialog-Gottesdiensten offensiv die digitalen Möglichkeiten; vgl. <www.ekir.de/www/service/dialoggottesdienst-28104.php>; abgerufen am 11. April 2017.

an diesem Ort, zu dieser Zeit, mit diesen Menschen und in diesem Rahmen ein Ziel. Und er braucht genau ein Ziel (unter dem sich möglicherweise weitere Unter-Ziele entfalten),[12] weil der Versuch, mehrere Ziele auf gleicher Ebene zu verfolgen, notwendig in Zielkonflikte mündet.

b) Eine konzeptionelle Öffentlichkeitsarbeit für den Gottesdienst hat eine entscheidende Voraussetzung: einen zielführenden und damit qualitätsbewussten Gottesdienst. Eine konzeptionelle Öffentlichkeitsarbeit braucht ebenfalls ein Ziel – als Beschreibung des Zustandes, in den die Adressaten geraten sein werden. Geht es also darum, Bilder der feiernden Gemeinde zu prägen? Oder geht es darum, Menschen zum Mitfeiern zu motivieren?

Mangelnde Entscheidungen zu diesen beiden Aufgaben führen in der Regel zu einer mangelhaften, weil wirkungsarmen Lösung.

Öffentlichkeitsarbeit und Gottesdienst

Gottesdienst hat immer eine öffentliche Wirkung – und diese Wirkung ist mit Paul Watzlawick gesagt unvermeidlich. Gottesdienst als Gottesdienst braucht – um im theologischen Sinn Gottesdienst zu sein – keine konzeptionelle Öffentlichkeitsarbeit. Gottesdienst als Lebens- und Wesensäußerung der Gemeinde kann aber konzeptionelle Öffentlichkeitsarbeit gut gebrauchen: um öffentlichkeitswirksam Bilder in der Umwelt zu prägen und um Menschen werbend zum Glauben zu bewegen. Beide Möglichkeiten können durch konzeptionelle Öffentlichkeitsarbeit gestaltet werden – nur nicht beide zugleich.

---

12 Damit berühren sich Qualitätsentwicklung und Öffentlichkeitsarbeit, weil beide in ihrer Wirkung auf diese regelgerechte Zielformulierung angewiesen sind.

Hans-Jürgen Kutzner

Baustil und Raumästhetik

Vorbemerkungen

Zu den wesentlichen Elementen der Strukturqualität von Gottesdiensten[1] gehört der Raum[2], in dem der Gottesdienst gefeiert wird. Jeder Gottesdienstraum spricht eine eigene Sprache, in jedem Gottesdienstraum wird ein spezielles Gottesdienstverständnis deutlich, das dem Raum gleichsam eingebaut ist. Im Rahmen der Gottesdienstqualität kann der Raum also als eine gesetzte Größe verstanden werden: als Vorgabe, in die hinein sich der Gottesdienst in spezieller Form entfaltet. Damit es zu einer Passung von Raum und Gottesdienstform kommt, braucht es eine Achtsamkeit gegenüber der Sprache des Raums. Diese Passung kann in einer Kongruenz bestehen oder auch in einer gestalteten Spannung. Zugleich kann der bestehende Raum als Material verstanden werden, das es – im Sinne des Konzeptes – zielführend zu verändern gilt, also anzupassen an die aktuellen Vorstellungen über den Gottesdienst. Beide Aufgaben, den Gottesdienst und den (vorhandenen) Raum aufeinander zu beziehen und den Raum zielführend zu verändern, setzen Kenntnisse über Raumgeschichte, Raumtheorie und Raumwirkung voraus.

Die heute gängigen Bezeichnungen für die verschiedenen Epochen der Architekturgeschichte sind durchweg lange nach ihrer jeweiligen Dauer entstanden. Spätere Zeiten waren bemüht, in wissenschaftlicher Weise und Methodik die Epochen der Vergangenheit zu beschreiben, zuzuordnen und zu katalogisieren. Dabei traten häufig irreführende Bezeichnungen auf den Plan; wir werden sie aber hier als einmal eingebürgert zu akzeptieren haben. Als zumindest hinterfragbar muss zudem aus heutiger Sicht die lange Zeit in der Architekturforschung vorherrschende – aus dem Bereich der Naturwissenschaften stammende – Bestrebung, organisches Wachstum und quasi »gewachsene« Entwicklungen aus den Erzeugnissen der Baukunst herauslesen bzw. hineininterpretieren zu können, einer kritischen Revision unterzogen werden. In der folgenden Zusammenstellung soll der Fokus auf die für

1 Zur Strukturqualität vgl. den Beitrag von Christian Binder »Die Qualitätsdimensionen nach Donabedian« in diesem Band.

2 Die Chiffre »Raum« umfasst im Folgenden sowohl den architektonisch gestalteten Bau wie auch die Elemente der Ausstattung (Sitze und Gänge, Altar und Kanzel, Licht und Raumschmuck usw.).

eine theologische Rezeption relevanten Aspekte gerichtet werden. Wir wollen im Zusammenhang mit den genannten Spezifika der einzelnen Bauepochen nach deren ästhetischem Potential für die raumerkundenden Besucher(innen) fragen.

Voraussetzung: Die zwei Hauptbauformen der christlichen Spätantike

Als Kaiser Konstantin d. Gr. nach der Wende zum vierten Jahrhundert begann, ein eigenes Bauprogramm für die sich entwickelnde Reichskirche vorzulegen, orientierte er sich bemerkenswerter Weise nicht an den verschiedenen Formen des antiken Tempels (abgeschlossener Schrein als gedachter Aufenthaltsort der Gottheit). Stattdessen wurde einer ihrem Ursprung nach eher profanen Bauform der Vorzug gegeben. Es handelt sich um den griechisch-römischen Bautypus der Basilika, einen öffentlichen Versammlungsbau, bei dem ein großer langgestreckter Mittelbau auf seinen Längsseiten von zwei in Höhe und Breite deutlich kleineren Annexbauten assistiert wird. Das Ensemble »Mittel- mit zwei Seitenschiffen« bestimmte fortan für ca. 700 Jahre den Kanon christlichen Bauens. Meist tritt noch – nicht ausschließlich an einer der Giebelfronten – ein weiterer Annexbau auf halbrundem Grundriss hinzu, die Apsis.

Neben der Basilika finden wir noch eine Reihe von Zentralbauten, die aber in ihrer Funktion viel mehr festgelegt sind. Tauf- oder Grabkapellen sowie repräsentative imperiale Großbauten wurden meist über einem zentralen Grundriss errichtet.

Romanik

Die Aufgabe romanischen Bauens bestand darin – vermittelt durch die karolingische und ottonische Epoche –, in Aufnahme und Weiterentwicklung römisch-spätantiker Formen eine hauptsächlich für den klösterlichen Bereich geeignete eigene Formensprache zu entwickeln, wobei die beiden hauptsächlichen Grundrissformen (Lang- und Zentralbau) in immer neuen Variationen des basilikalen Grundschemas aufeinander bezogen wurden. Die besondere architektonische Leistung der Bautätigkeit nördlich der Alpen, wie sie im Zeitraum etwa zwischen 1000 und 1200 entstand, besteht in der Verschmelzung der (ungebundenen) altchristlichen Basilika mit der Zentralbauweise des Mausoleums der Galla Placidia in Ravenna. Dort finden sich vier kleine longitudinale Annexbauten um einen Turm von quadratischem Aufriss gruppiert, so dass dieser gewissermaßen eine Vierung als Schnittpunkt der Längselemente bildet. In der (hoch-)romanischen Basilika mit ausgeschiedener Vierung erblicken wir die elaborierte Version eines nunmehr klar strukturierten gebundenen Raumsystems, in welchem das Seitenmaß des Vierungsquadrates das Modul für den ganzen Bau abgab. Von nun an ließ sich der Grundriss des Langhauses als eine Abfolge von quadratischen Raumkompartimenten lesen, deren Seitenlängen sich am Vierungsquadrat orientierten.

Auf heutige Menschen wirken die von ihrer liturgischen Funktion her konzipierten Sakralräume der Romanik häufig ebenso wuchtig-klar wie geheimnisvoll, wobei das basilikale Grundkonzept – »von innen nach außen« angelegt – in sich selbst durch eine prinzipielle Inhomogenität ausgezeichnet ist. Während also z. B. in einer romanischen Krypta die Anmutung von »Höhle« und »Geborgenheit« vorherrschen mag, fördert der basilikale Raum selbst eine Tendenz des den Raum erschließenden Subjektes, nach Zonen persönlichen Ankommens auf die Suche zu gehen. Romanische Kirchen eignen sich in der Regel gut für Innenraumprozessionen, die sich in meditativer Weise zwischen den als Stationen eines mystischen Weges verstandenen unterschiedlichen Raumzonen bewegen.

Hatte in der Romanik die Horizontale vorgeherrscht, da es galt, in der Weite der mitteleuropäischen Waldlandschaft Inseln der Ordnung und des göttlichen Maßes zu schaffen und diese gleichsam der ungeordneten Natur in einer klaren, in sich ruhenden architektonischen Grammatik einzubeschreiben, hatte sich das Bild in der Zeit nach 1200 entscheidend gewandelt. Davon wird im folgenden Abschnitt zu handeln sein.

Gotik

Ebenso wie die Romanik löste die Baukunst der folgenden Epoche zuvörderst ein statisches Problem. Anders als zur Zeit der voraufgegangenen Epoche war Architektur nun mit wachsender Bedeutung der Städte und ihrer vorwiegend bürgerlichen Einwohnerschaft eine Baukunst, die auf engem Raum inmitten des urbanen Häusermeeres Akzente der Gottesgegenwart setzte. Technische Voraussetzung hierfür war die Auflösung der Wand (und die Einbeziehung von Farbe und natürlichem Außenlicht in den monumentalen Glasfenstern) zur statischen Entlastung des Trägersystems und damit einhergehend die geringere Ausdehnung in der Gebäudebreite und die bedeutende Errungenschaft eines schier atemberaubenden Höhen-Raumes. Als einen Leitgedanken der Gotik ließe sich das Ziel benennen, dem religiösen Individuum eine Ahnung künftiger himmlischer Herrlichkeit zu eröffnen. Die hochaufstrebenden und hellen Räume übten genau diese Wirkung aus. Schlanke Pfeilerbündel, hohen Bäumen vergleichbar, zogen den Blick gleichsam in die Höhe; die gläsernen »Wände« aus Licht und Farbe ließen das als göttlich erlebte Licht auf die Gläubigen einwirken. Theologisch bildet die Gotik unter den veränderten

Bedingungen der fortschreitenden Individualisierung von Religion (Mystik und Armutsbewegungen in den Städten!) den Gedanken ab, Transzendenzerfahrung durch eine weitgehende Auflösung durchschaubarer Strukturen in eine Bewegung der Hinwendung zum Immateriellen als inneres Erleben zu konstituieren.

Wer sich heute in einer gotischen Kathedrale aufhält, kann den Blick schweifen lassen, es gibt zahllose Anknüpfungspunkte für das Auge. Der hohe Raum vermittelt die Freiheit des Aufbruchs in unbekannte, schwindelerregende Sphären. Dieses gotische Raumgefühl spricht bis in die heutige Zeit Menschen an, die aus dem Dunkel ihres Alltags entfliehen möchten. Das Licht in gotisch ausgeformten Räumen tut der Seele gut. Die Frage, inwieweit die Nachahmungstendenzen des 19. Jahrhunderts an diese Raumanmutung überzeugend anzuknüpfen vermögen oder ob wir unbewusst die »originale« Gotik gerade umgekehrt vom Historismus her zu lesen uns angewöhnt haben, wird uns weiter unten noch beschäftigen.

Am Rande sei allerdings noch darauf hingewiesen, dass das hier Gesagte für die großen kathedralartigen urbanen Bauten gilt. Kleine Gemeindekirchen auf dem Lande wurden viele Jahrhunderte hindurch, also von der Romanik bis hin zum Klassizismus, häufig als schlichte Saalkirchen, errichtet über längsrechteckigem Grundriss, ausgeführt. Die jeweilige Stilzuordnung ist dann oft nur über die jeweils zeittypischen Fensterformen möglich.

Zwischenbilanz

Von Romanik und Gotik können wir als den »eigentlichen« Epochen des Kirchenbaus sprechen. Soziale Träger waren im Falle der Romanik das Mönch- und in demjenigen der Gotik das aufkommende Bürgertum gewesen. Außer sakralen Bauten hatten beide Epochen wenig Überragendes hervorgebracht. Diese alleinige Ausrichtung auf einen religiös-kirchlichen Zweck hin fand in der großen Zeitenwende um 1500 ihr endgültiges Ende.

Renaissance und Manierismus

Renaissance, Humanismus und auf ihre Weise auch die Reformation strebten »zu den Quellen«, zur Antike, zurück. Der Mensch als Individuum wurde entdeckt und auch in der Kunst sollte er zum Maß aller Dinge avancieren. Die Entdeckung der Zentralperspektive änderte grundlegend die Blickrichtung. Nicht mehr an der gleichnishaften monumentalen Gottesburg-Anmutung der Romanik, auch nicht mehr an der mystischen himmelstürmenden Filigranität der Gotik, sondern – sehr diesseitig im Ansatz – an der Ausrichtung aller Architektur an den Proportionen des menschlichen Körpers bemaß sich fortan, was für schön und ebenmäßigt galt. Man denke nur an das Ideal des berühmten »Vitruv-Mannes« des Leonardo da Vinci, der die menschliche Figur den idealen Proportionen von Kreis und Quadrat einbeschreibt! Nicht Kubus und Halbkreis wie in der Romanik, nicht die Vertikalität wie in der Gotik bestimmten fortan den Aufriss von Bauten, sondern das quergelagerte Rechteck, das man in der Auseinandersetzung mit den Architravkonstruktionen der Antike wiedergewonnen zu haben behauptete, da ein Querbalken die Dachkonstruktion trug, welcher seinerseits auf einer Reihung von Stützelementen, also Säulen, aufruhte. Zudem: Die bestimmende soziale Gruppierung, die hinter der aufkommenden Renaissance beispielsweise im Florenz der Medici stand, war nunmehr der zur Feudalwürde aufgestiegene Finanzadel der italienischen Stadtstaaten. Er baute seine Paläste, seine Verwaltungsbauten, und begünstigte die bis dahin dienenden Künste der Bildhauerei und Malerei: alles zur Mehrung des eigenen Ruhmes. In diesem Programm fand der Kirchenbau seine eigene, nun freilich deutlich funktionalisierte Einordnung.

Die Kirchbauten der Renaissance veränderten daher sakrale Bauprogramme grundlegend. Grundrisse und Höhen der Renaissancekirchen sind wie abgezirkelt nach den Regeln der Geometrie. Nicht zu vergessen: Die Renaissance war eine Zeit früher Globalisierung. Erfindungen und Entdeckungen veränderten die Gedanken- und Alltagswelt in enormem Ausmaß. Da die Bedeutung stilreiner Renaissance-Kirchen gegenüber weltlich öffentlichen Bauten eher zurücktritt, wird sich auch schwerlich von einem spezifischen raumästhetischen Empfinden in solchen Kirchenräumen sprechen lassen.

In diesem Zusammenhang soll ein bisweilen außerhalb seines Verbreitungsgebietes weniger beachteter protestantischer Beitrag zur Renaissancearchitektur Erwähnung finden, der gerade im norddeutschen Raum in den kleineren protestantisch gewordenen Fürstentümern Bedeutendes hinterlassen hat. Häufig im bewusst archaisierenden Rückgriff auf Raumkonzepte z. B. spätgotischer Hallenbauten ordneten diese Bauten unter Verwendung eines elaborierten Renaissance-Formenkanons die Erfordernisse eines repräsentativen traditionellen Kirchenbaues den Bedürfnissen des evangelischen Liturgieverständnisses zu, wie dies zum ersten Mal in der Torgauer Schlosskapelle vorgetragen ist. Oftmals sind diese Bauten bereits der Spätphase des Stils, dem Manierismus, zuzuordnen.

Bis heute wirkt das veränderte Raumempfinden der Renaissance in unseren eigenen ästhetischen Annäherungen nach, hinterlassen klar gegliederte Räume auf die Menschen in ihnen einen Eindruck – je nach Größe und Monumentalität – »erhabener Schlichtheit«.

Barock und Rokoko

Der Barock ist der Stil der Verschwendung und Üppigkeit. Er ist vor allem anderen ein Stil der feudalen Selbstrepräsentanz im Zeitalter des Absolutismus. Zu seinen bedeutendsten Hervorbringungen zählen Schlossbauten aller Art einschließlich prachtvoller, streng geometrisch angelegter Gärten, in denen die Natur von der ordnenden Hand des Menschen gleichsam domestiziert erscheint. Für den Kirchenbau gilt: Die Grundform der Basilika wird durch raffinierte Krümmungen und Verschachtelungen fast unkenntlich. Während in den Schlossanlagen meist klare architektonische Formstrenge angestrebt wird, die umgebende Natur durch Gartenkunst perfekt durchgestaltet ist, gestattet sich die Sakralarchitektur vielfach hinsichtlich von Struktur und Bauzier eher spielerische Gedanken. Das florale Element erscheint hier im Unterschied zum repräsentativen Schlossbau in gewisser Weise ins Innere verlegt, nämlich in Gestalt wuchernder Schmuckelemente. Die Neuentdeckung des Stucks als eines eigenen Materials für Bauplastik ermöglichte zahlreiche Übergangsgestaltungen zwischen zweidimensionalem Wandschmuck und Elementen der Konstruktion. In perspektivisch raffiniert gestalteten Deckenfresken öffnet sich der Raum scheinbar ins Grenzenlose, auch hierin dem Bestreben der sinnenfrohen Schlossbauten ähnlich, durch Illusion Konnotationen des Übernatürlichen zu erzeugen.

Und noch ein wichtiger Aspekt: Die römisch-katholische Kirche machte sich im Zuge der Gegenreformation anheischig, in den Köpfen und Herzen der Gläubigen verlorenes Terrain wiederzugewinnen, und bediente sich zu diesem Behufe des die Sinne beeindruckenden Potentials einer multimedialen Inszenierung. Ovale Formen, wie die Ellipse mit ihren zwei Brennpunkten, brechen die alleinige Vorherrschaft des rechten Winkels. Die Baumeister spielen gewissermaßen mit den überlieferten Grundrissformen, indem sie diese entkonturieren und in Zwischenformen hinein auflösen. Barocke Räume wirken daher mitunter verspielt und erfreuen mit vielerlei Details Auge und Sinne. Ihre Rundungen und Schwünge erinnern an die Formen der Natur. Die Farbkombinationen, die aus weißem Stuck, Vergoldungen und farbig gefassten Gemälden entstehen, wirken heiter. So werden die Kirchen zu Himmelspforten, die den Raum zur jenseitigen Welt öffnen. Im Horizont des in seiner Ausrichtung dem Ansinnen absolutistischer Potentaten vergleichbaren demonstrativen, alle Sinne erfassenden Inszenierens von Heilsgeschichte wird verständlich, dass es sich beim Barock um ein vorwiegend römisch-katholisches Phänomen handelt. Wenige protestantische Gegenbeispiele, die als wirklich gelungen zu bezeichnen sind, bestätigen durch ihre Seltenheit eher ihren Status als Ausnahmen von der Regel.

Kann der Barock als die typische Formensprache bezeichnet werden, die ein sich auf Gottesgnadentum berufender Absolutismus für sich fand, so ist die späte Spielart des Rokoko eher der Stil des Aufgeklärten Absolutismus. Die Formen werden zierlicher, und weitaus mehr noch gerät das Rokoko zur reinen Dekorationskunst. Die Auflösung der Form schreitet fort: Die Liebe zur Geometrie weicht der Freude am Verspielten. In der historischen Nähe zur aufkommenden Französischen Revolution hört die kirchliche Beteiligung an öffentlicher Bautätigkeit immer mehr auf.

1800 und die Folgen: Klassizismus und Romantik

Während und nach der Französischen Revolution, deren kulturellem Empfinden ähnlich wie in der Renaissance eine Rückbesinnung auf die Ideale der Antike entsprach, bemühte man sich neben meist Utopie bleibenden monumentalen Entwürfen gigantischer Memorialbauten um eine möglichst reine, gleichzeitig den Erfordernissen des nüchternen, aufgeklärten Zeitgeschmacks entsprechende Architektur. Der Geist der Aufklärung erforderte eine andere Mythenbildung und geistige Ausrichtung, als dies in früheren Epochen der Fall gewesen war. Die Kunst des Klassizismus brachte denn auch keinen wirklich neuartigen Baustil mehr hervor, sondern eine freilich in sich stimmige Reduktion klassisch-antiker Formen für die gewandelten Bedürfnisse einer sich ausbreitenden und verfeinernden bürgerlichen Lebens-, Wohn- und Öffentlichkeits-Kultur. Alle diese Faktoren bewirken: In ihrem Wesenskern sind den Baubemühungen jener Zeit deutlich nicht-, bisweilen auch bewusst anti-kirchliche Tendenzen eigen.

Einzelne eindeutig klassizistische Kirchenbauten, die sich kaum von antiken Tempelbauten unterscheiden, vermögen bis heute wenig zu überzeugen. Der Mensch in ihnen fühlt sich eher wie ein Museumsbesucher oder Kulturtourist. Dieses Raumempfinden kommt nicht von ungefähr, entdeckte und entwickelte diese Epoche doch die neue Quasi-Religiosität des »Musentempels« in Gestalt von Opernhäusern oder Kunstmuseen.

Gegen diese Priorität bürgerlicher Nüchternheit wandte sich – zunächst in Literatur, Musik und Malerei – eine nun ebenfalls (bildungs-)bürgerliche Bewegung der Innerlichkeit. Das Individuum, behaglich eingerichtet in seiner mit Biedermeiermöbeln versehenen Stadtwohnung, entdeckte seine inneren Bedürfnisse nach Sinnstiftung und geistiger Erhebung. Und wie im voraufgegangenen Jahrhundert in der Frömmigkeitsgeschichte die neue Individualisierung der Kultur neben der Aufklärung den Pietismus hervorgebracht hatte, so erreichte die neue Innerlichkeit im 19. Jahrhundert auch den Bereich des Christlichen. Während die Protagonisten der Revolution sich in der genannten Hinwendung zur heidnischen Antike in ihrer Weltsicht bestätigt sahen, suchte die Romantik bewusst den Anschluss an vermeintlich ausgesprochen »christliche« Epochen. Einer wissenschaftlichen, ästhetischen und volkskulturellen Rezeption des Mittelalters war Tür und Tor geöffnet. Von Caspar David Friedrich bis Ludwig Richter nahm die Malerei das vorweg, was im folgenden Zeitabschnitt bestimmend werden würde. Bezeichnenderweise fallen uns Heutigen denn auch weitaus eher die Gesangbuchlieder, Tafelbilder oder Denkmäler ein als die Bauwerke, wenn wir an die sakralkulturellen Produkte jener Zeit denken.

Ingenieurskunst und Historismus

Entscheidenden Anteil an einem grundstürzenden Paradigmenwechsel in der Architektur hatte die explosionsartige innovative Kraft des Zeitalters der Industriellen Revolution. Erfindungen wie Dampfmaschine und Eisenbahn revolutionierten das gesamte öffentliche Leben. Sozialhistorisch trat die Arbeiterschaft auf den Plan. Öffentliche Bauten waren fortan Bahnhöfe und Kongresshallen; Fabrikanlagen und Großbrücken machten gänzlich neuartige Konstruktionen erforderlich. Der Stahl ermöglichte nun Bauten, wie sie in ihrer Größe mit den bisherigen materialen Mitteln alleine völlig unrealisierbar gewesen wären. Der Ingenieur hatte dem Architekten den Rang abgelaufen. Vorgestellt wurden diese Hervorbringungen der reinen Konstruktion, wie etwa der Eiffelturm, der Öffentlichkeit auf den großen Weltausstellungen, die immer mehr zu Selbstinszenierungen des kapitalistischen Zeitalters gerieten.

Architekten waren in diesem Zusammenhang nur noch als Dekorateure gefragt, wo es galt, etwa bei repräsentativen Bahnhofsgebäuden, das Eigentliche der Stahlkonstruktion mit ansprechender Bauzier zu versehen. In diesem Kontext kam den Baumeistern (die sie ja nunmehr nicht länger waren) das seit der Romantik erwachte Interesse an historischen Bauformen zu Hilfe. Das Gefühl, dass die Stilgeschichte abendländischer Architektur vorüber sei, setzte eine bisher ungekannte Freiheit gegenüber dem Formenkanon der voraufgegangenen Jahrhunderte frei. Inzwischen waren die verschiedenen Epochen der Vergangenheit erforscht und lagen wie in einem imaginären Bilderbuch vor dem Auge zumindest der Interessierten. Was lag also näher, als bewusst eklektisch aus dem Reichtum der Vergangenheit zu schöpfen, um die nackten Stahlbauten der Ingenieure für die Allgemeinheit gefälliger zu gestalten?

Und was lag für Architekten, die im kirchlichen Auftrag für die gewaltig angewachsenen Städte große Kirchenbauten zu errichten hatten, näher, als nun ganz gezielt nach jenen als spezifisch christlich erkannten Stilformen der

Vergangenheit zu greifen, die man mit der Vorstellung eines goldenen christlichen Mittelalters verband? Genauer: nach dem Formenschatz der Romanik und der Gotik? Dass zum inneren Movens von deren Ausformung freilich die Lösung statischer Probleme konstitutiv hinzugehört hatte, wurde mehr oder weniger übersehen. Für die Statik zeichneten inzwischen die Ingenieure verantwortlich. Romanisches und Gotisches, das war ja in erster Linie der Zierrat: der Rund- oder Spitzbogen, die Lisene, das Maßwerk. Mit anderen Worten: Die Kunst des Historismus ging unausgesprochen davon aus, dass sich diese beiden Epochen kirchlichen Bauens zu wesentlichen Anteilen darin erschöpften, *Dekor* zu sein. Nebenbei bemerkt: Von Ausnahmen abgesehen hatte in Deutschland die katholische Kirche eher die Romanik, die evangelische hingegen eher die Gotik für sich adaptiert. Das hing mit höchst bemerkenswerten zeitbedingten Faktoren zusammen, die zu erwähnen aber unseren Rahmen sprengen würde.

Später, im beginnenden 20. Jahrhundert, trug ein neues Zeitalter dem Historismus nicht ganz zu Unrecht den Vorwurf der mangelnden Originalität und einer unaufrichtigen Verkitschung des Gefühls ein. Es bedurfte eines Zeitraumes von ca. 100 Jahren, bis die Postmoderne einen neuen Zugang zu den eigenen Werten des 19. Jahrhunderts finden sollte. Für uns ist diese Beobachtung in einer besonderen Weise von Bedeutung. Wir fragten im Zusammenhang mit jeder Epoche nach den raumästhetischen Qualitäten von Sakralbauten der entsprechenden Zeit. Viele Menschen fühlen sich bis heute gerade in historistischen Kirchenräumen ausgesprochen wohl, ungeachtet deren gewiss oft nicht immer korrekter Zitation historischer Formen. Der Charme jahrhundertelangen geistlichen Gebrauchs geht ihnen – natürlich – ab. Gewiss haben wir es hier mit einem multikausalen Phänomen zu tun. Wir beschränken uns auf den Hinweis auf zwei wichtige Faktoren: Erstens wird man dem Historismus nicht gerecht, indem man sein Dekor an den Formen der zitierten Originale misst. Über die Feststellung der Nicht-Authentizität wird eine solche Betrachtungsweise kaum hinausführen. Der Historismus ist aber die legitime kulturelle Expression des Lebensgefühls einer auch unsere Gegenwart noch prägenden Epoche. Zweitens: Der persönliche Geschmack sehr vieler unserer Zeitgenossen – auch in religiöser Hinsicht – ist ein Produkt des 19. Jahrhunderts. Ästhetik und Innerlichkeit verbinden sich bis heute bei vielen mit dem Liedgut, den massenhaft verbreiteten Bildern und der Sehnsucht nach einer besseren Welt, wie sie für viele Menschen in einem Zeitalter der Anonymisierung und Vereinsamung, der Massenverelendung und einer wachsenden Totalität kriegerischer Auseinandersetzungen bestimmend waren. Die genannten Faktoren und Bedingungen haben sich indes im Verlauf des 20. Jahrhunderts nicht geändert, sondern sind eher verstärkt worden und haben im Zuge der Globalisierung im 21. Jahrhundert Eingang ins Bewusstsein immer breiterer Milieus gefunden.

Es mag an dieser Stelle das Eingeständnis und die Selbstbeschränkung genügen: Auch – und vielleicht gerade – in historistischen Kirchenräumen können wir uns aufgehoben fühlen, solange uns als religiösen Individuen die nicht zuletzt von kollektiven Verlustängsten und tiefgreifenden Verunsicherungen bestimmte Sehnsucht und Sinnsuche des 19. Jahrhunderts noch als Bestandteil der eigenen Psyche begleitet.

Das 20. Jahrhundert: Klassische Moderne, Neue Sachlichkeit und Internationaler Stil

Das 20. Jahrhundert begann mit der von vielen Menschen als Zusammenbruch aller bis dahin gültiger Werte verstandenen Urkatastrophe des Ersten Weltkrieges. Auch die architektonischen Erzeugnisse der Zeit davor galten weithin als desavouiert. Gegen Ende des Historismus, in den späteren Jahren des Zweiten Kaiserreiches mit seinen großstädtischen, »gründerzeitlichen« Adaptionen früherer Stilformen in einem fortschreitend breiter gefassten Eklektizismus, hatte sich – zunächst im Jugendstil, später mit deutlich gewandelter Formensprache im Expressionismus – ein neues Denken gezeigt, welches für viele nach 1918 den Weg in die Zukunft wies. Spätestens im Konzept des von Otto Bartning angeregten und von Walter Gropius ins Leben gerufenen Bauhauses (seit 1919) finden wir die den Leitbildern »Wahrhaftigkeit und Materialgerechtigkeit« verpflichteten Gedanken und Gestaltungsprinzipien des Münchener »Werkbundes« (seit 1907) auch theoretisch aufgearbeitet vor. Angestrebt wurde – fast im Sinne der mittelalterlichen Bauhütte – ein vielfältig orchestriertes Ensemble aller handwerklichen und schöpferischen Kunstäußerungen, wie es dem Gedanken nach bereits in der Romantik mit ihrem Hang zum »Gesamtkunstwerk« (Runge, Wagner) vorgetragen worden war. Das kirchliche Bauen zwischen den Weltkriegen, wiewohl gesamtkulturell eher eine marginale Erscheinung, bewegte sich zwischen den Polen einer vom Eklektizismus gereinigten, eher schöpferischen als zitierenden Neuauflage historistischer Gedanken und der radikalen Hinwendung zu den neuen Materialien Stahl und Beton, die u. a. die Entwicklung neuer Grundrissformen (z. B. des Fächers) begünstigten. Während sich des ersten Stilmittels vorzugsweise Architekten des katholischen Bereichs (aber auch solche aus dem nationalsozialistischen Umfeld) bedienten, hatte der Protestantismus die Klassische Moderne für sich entdeckt und – in gewisser Weise als Parallelerscheinung zu systematisch-theologischen Ansätzen wie etwa in der »Dialektischen Theologie« nach 1918 – als radikale Abkehr vom Kulturprotestantismus des Deutschen Reiches betrachtet.

Nach den Zerstörungen des Zweiten Weltkrieges waren zunächst einmal für viele Gemeinden Notlösungen nötig, um überhaupt einen Gottesdienstraum zu bekommen. Prägend für die ersten Nachkriegsjahre war hier besonders Bartnings Notkirchenprogramm. In der folgenden Phase wandten sich die Architekten phantasievollen Grundrissen in runder, ovaler oder rechteckiger Form zu, wie sie im Anschluss an die frühen Vorgaben der Bauhauszeit entwickelt werden konnten. Die Gebäudehülle konnte eine organische Form wie Kuppel oder Halbschale bekommen, aber auch geometrische Abstraktionen wie fast bis zum Amorphen getriebene kristalline Formen, Polygone oder Vervielfachungen von Quadern. Neue Techniken machten eine freiere Formgebung möglich, allerdings war diese neue positive Beurteilung des technisch Möglichen nun frei von den ideologischen Verbrämungen des 19. Jahrhunderts und stattdessen von einer eher pragmatischen Einstellung geprägt. In vielen Gegenden entstanden auf diese Weise in wenigen Jahrzehnten mehr Kirchenbauten als in allen zurückliegenden Jahrhunderten. Für die stetig anwachsenden Trabantenstädte ging man dabei von einem weiterhin ebenso stetig ansteigenden Anteil der kirchlich gebundenen Bevölkerungsteile aus.

Das sich ankündigende Ende der Nachkriegszeit im Gefolge von 1968 fand auch in der theologischen Reflexion seinen Niederschlag und drückte sich z. B. in der »Funktionalen Kirchentheorie« aus. Kirchengebäude zu errichten, galt nicht länger als eine mehr oder weniger isoliert zu betrachtende Herausforderung an die Planenden. Stattdessen sollte (nach einem Wort von Willy Brandt) auch in diesem Lebensbereich »mehr Demokratie gewagt« werden. Es entstanden ganze Ensembles kirchlicher Begegnungskultur, in denen der Gottesdienstraum deutlich aufhörte, Mittelpunkt und Hauptort zu sein. Gemeindezentren aus den 70er-Jahren erzählen davon, dass es den Menschen an diesem Ort wichtig war, aus der Enge der Privathäuser herauszugehen mit ihrem Wunsch nach Begegnung, Vernetzung und Kommunikation. Das ist ablesbar an Baudetails wie Falttüren, mit deren Hilfe große Räume in kleinere unterteilt werden können, oder an leichtem Mobiliar, das je nach Raumnutzung beiseite geräumt werden kann. Auf kostspielige Bauteile wie Kirchtürme glaubte man, verzichten zu können.

Dieses Konzept konnte sich nicht durchsetzen. Allerorten forderten Kirchenvorstände und Gemeindeglieder, Elemente der Mobilität (neben den genannten Falttüren auch in Wandschränken versenkbare Altäre, Taufsteine auf Rollen usw.) abzuschaffen. Im Verbund mit der Wiederentdeckung der Liturgie in der Praktischen Theologie des ausgehenden 20. Jahrhunderts entwickelte sich so etwas wie eine neue Sensibilität gegenüber der Kultur des Feierns, des Spielens und des Rituals. Die Gegenbewegung fand in einer Neubesinnung auf die spezifischen Inszenierungsanforderungen des Sakralbaues auch Eingang in kirchliche Bauprogramme. So entdeckten evangelische Gemeinden etwa die Kerzen-

und Gebetsnischen katholischer Kirchenräume auch für die eigene Spiritualität, wobei erstmals seit der Aufklärung auch eine neue Würdigung des kirchlichen Raumes als legitimer Ort individueller Frömmigkeit sich zu etablieren begann. Gleichzeitig mit diesem Zulassen des Subjektiven erlebten viele Gemeinden – namentlichen in den innerstädtischen »Citykirchen« – eine Neubewertung des Öffentlichkeitscharakters des Kirchenraumes auch außerhalb der Gottesdienstzeiten. Menschen fühlen sich im Neuentdecken der spirituellen Qualitäten ihrer Kirchenräume in neuer Weise als Individuen ernst- und angenommen. Dem Bedürfnis nach Einzeichnung des eigenen (Glaubens-)Lebens in den Strom abendländisch-christlicher Überlieferung wird dabei in vielfältiger Weise Rechnung getragen.

Schlussbemerkung

Unser Zeitalter sieht sich einer bislang so von vielen nicht vorausgesehenen, veränderten Lage gegenüber, deren Ursachen vielfältig sein und mit der deutschen Wiedervereinigung, dem Ausmaß von Migrationsbewegungen aller Art und der Herausbildung einer globalen, an rascher Ausbreitung orientierten Informations-, Freizeit- und Kommunikations-Kultur zusammenhängen mögen, dazu mit einer Vielzahl anderer Faktoren. Für unsere Gesellschaft bedeutet dies: Kirchen und Christen werden sich in wachsendem Maße auf eine Minderheitenexistenz inmitten einer multikulturellen Gesellschaft einzustellen haben. Die vielfältigen, diesen Tatsachen geschuldeten Konzepte alternativer Gottesdienstformen geben Anlass zu berechtigten Hoffnungen. In absehbarer Zeit dürfte es kirchliches Bauen eher mit Änderungs- bzw. Verkleinerungs-Aufgaben zu tun bekommen denn mit der Errichtung von Neubauten. Von einschneidender Bedeutung wurden und werden von vielen Menschen nicht nur aus dem Kerngemeindebereich die zahlreichen Ent- und Umwidmungen erlebt, die neben historistischen Bauten in inzwischen entvölkerten Bezirken zwischen Innen- und Vorstadt in zunehmendem Maß die »funktionalen« Neubauten der Nachkriegszeit in den Trabantenstädten betreffen, die längst in Stadtteilen mit einem Anteil von oftmals weit unter 10% christlichem Bevölkerungsanteil stehen. Gleichzeitig springen Alternativen und Konkurrenzinitiativen ins Auge. Erwähnt sei in diesem Zusammenhang keineswegs nur die wachsende Moscheendichte, deren Vorhandensein oftmals durchaus einem besseren Aufeinanderzugehen zwischen christlichen und muslimischen Bürger(inne)n förderlich ist. Auf Dauer könnte sich als viel eher problematisch das sich ausbreitende Entstehen zahlreicher christlich-fundamentalistischer Gruppierungen erweisen. Häufig stehen diese in bewusster Konkurrenz und Ablehnung gegenüber den Volkskirchen.

Ihre Gebäude sind oftmals große Versammlungszentren für gottesdienstliche Massenveranstaltungen US-amerikanischen Stils. Diese Bauten erobern mitunter Regionen, die bislang nicht religiös besetzt waren, nämlich Industrie- oder Einkaufsgebiete auf der »Grünen Wiese« vor den Städten. Welche Auswirkungen deren Ausbreitung – gerade vor dem Hintergrund von Kirchenabrissen im volkskirchlichen Bereich – für unser Raumempfinden in Gotteshäusern haben wird, muss sich erst noch erweisen. Achtsamkeit in jeder Hinsicht sollte auf jeden Fall als christliche Tugend nicht vergessen werden!

D

Qualitätsinstrumente

Christian Binder

Feedback zum Gottesdienst – Grundlagen und Instrumente

Feedback durch die Gemeinde

Geschehenes und Erlebtes rückblickend zu reflektieren, es am ursprünglich Geplanten zu messen und daraus Schlussfolgerungen für das nächste Mal zu ziehen, ist ein Regelkreis, der nicht nur eine Grundfunktion im professionellen Qualitätsmanagement ist, sondern bewusst oder unbewusst Teil vieler alltäglichen Vollzüge. Im Fußball heißt das dann »Nach dem Spiel ist vor dem Spiel«. Beim Gottesdienst heißt es allzu oft: Nach dem Gottesdienst ist Schweigen.

Und auch ein noch so aufrichtiges »Vielen Dank« beim Abschied an der Kirchentüre erreicht noch nicht die heuristische Qualität eines qualifizierten Feedbacks. Auf das gerade Erlebte Rückmeldung zu geben, scheint beim Gottesdienst schwerer als nach einem Kinobesuch, einer Mahlzeit im Restaurant oder gar einem Facebook-Post. Dieses Schweigen über den Gottesdienst entsteht sicherlich zum Teil aus einer heiligen Scheu, das Wirken Gottes, das ja im Gottesdienst erhofft wird, einer menschlichen Kritik zu unterziehen. Manchmal schweigt die Gemeinde aber auch einfach deshalb, weil sie niemand fragt.

Dabei steht für diese Situation eine Vielzahl erprobter und bewährter Kommunikationsinstrumente zur Verfügung.[1] Einige dieser Instrumente sind bewährt, aber auch schon berüchtigt, weil sie aus anderen Zusammenhängen schon bis zum Überdruss bekannt sind. Dies trifft vor allem auf das *Instrument des Rückmeldebogens* zu, der in der Dienstleistungsgesellschaft allgegenwärtig scheint. Und doch ist eine Kommunikation über einen Rückmeldebogen immer noch besser als keine Kommunikation. Er hat den Vorteil, dass er durch die anonyme und schriftliche Form auch jenen eine Mitteilungsmöglichkeit bietet, die vor einer direkten kritischen Rückmeldung und der Reaktion darauf eher zurückscheuen. Er ist, wenn er nicht zu umfangreich ist, ein niedrigschwelliges Kommunikationsangebot, weil er eine einseitige Kommunikation anbietet, in der nicht mit Rückfragen oder Gegenkritik gerechnet werden

1 Vgl. David Plüss/Michael Rahn (Hg.), Gottesdienste ins Gespräch bringen. Eine Sammlung von Feedback-Methoden, Zürich 2008; Zentrum für Qualitätsentwicklung im Gottesdienst, Feedback. Hilfreich Rückmeldung geben zum Gottesdienst, Hildesheim [2]2013.

muss. Er führt nicht unmittelbar ins Gespräch, sein Einsatz ist jedoch ein Signal vonseiten der Gottesdienstverantwortlichen, zum Gespräch über den Gottesdienst bereit zu sein.

Ein differenzierter Rückmeldebogen steht dabei in der Gefahr, in seinen Fragen bereits ein bestimmtes Idealbild von Gottesdienst zu transportieren, ein Bogen mit sehr offenen Fragen verlangt dagegen von den Ausfüllenden ein hohes Maß an Artikulationsfähigkeit und -willigkeit. Mit diesem Instrument werden in erster Linie die Menschen erreicht, die den Gottesdienst auch tatsächlich besuchen. Selbst wenn ein Fragebogen zum Gottesdienst – z. B. im Gemeindebrief – allen Gemeindegliedern zugänglich gemacht wird, machen sich in erster Linie die Menschen die Mühe, ihn auch auszufüllen und einzusenden, die ein hohes Interesse am Gottesdienst haben und ihn deshalb auch regelmäßig besuchen. So sind die Ergebnisse oft grundsätzlich positiv und bestätigen den Status quo, sie zeigen aber auch schnell und deutlich, wenn in einem Bereich des Gottesdienstes etwas tatsächlich im Argen liegt. Ein regelmäßig wiederholter Einsatz von Rückmeldebögen zum agendarischen Gottesdienst führt deshalb oft nicht zu neuen Erkenntnissen, bei alternativen Gottesdienstformen, die mit wechselnden Elementen und Formen arbeiten und mit einer stärker fluktuierenden Teilnehmergruppe rechnen, kann er ein hilfreiches Rückmeldeinstrument sein.

Ein ebenfalls bereits bekanntes und teilweise durchaus berüchtigtes Instrument der Rückmeldekultur ist das Gottesdienstnachgespräch, das als Predigtnachgespräch in vielen Gemeinden über wenige Versuche hinaus nicht gediehen ist. Das liegt oft daran, dass, auch wenn der Name anderes verheißt, es in vielen Fällen nicht wirklich zum Gespräch über den Gottesdienst kommt. Das Predigtnachgespräch steht unter der Gefahr zur Fortsetzung der Predigt mit anderen Mitteln zu werden, in der der Prediger noch einmal sagt, was er in der Predigt eigentlich sagen wollte und was anscheinend niemand wirklich verstanden hat. Und von den teilnehmenden Gemeindegliedern reden vor allem jene, die auch sonst das Sagen haben und jene, die sonst nichts sagen, bleiben auch hier oft stumm. Voraussetzung für ein gelingendes Gottesdienstnachgespräch ist, dass die Gesprächsführung nicht beim Pfarrer oder der Pfarrerin oder einer sonstigen Gottesdienstverantwortlichen liegt. Durch den Einsatz von niedrigschwelligen Kreativtechniken (Punkte kleben zu bestimmten Aspekten des Gottesdienstes, Wandzeitung, Positionierung im Raum zu bestimmten Aussagen, Murmelgruppe) in der Eingangsphase können auch jene Teilnehmenden sich einbringen, denen es schwerfällt, vor einer größeren Gruppe das Wort zu ergreifen. Ein Gottesdienstnachgespräch muss auch nicht unbedingt direkt im Anschluss an den Gottesdienst mit der ganzen Gottesdienstgemeinde geführt werden, es kann auch sinnvoll sein, mit einer bestimmten Gemeindegruppe bei ihrem Treffen unter der Woche über den Gottesdienst des letzten Sonntags ins Gespräch zu kommen. Mitglieder von Kantorei und Posaunenchor haben so manchen Gottesdienst erlebt und nicht selten auch erlitten und haben so einen großen Erfahrungshintergrund, der sie zu wertvollen Gottesdienstexperten macht.

Feedback von außen

Gerade ohne diese Vertrautheit und mit dem frischen Blick von außen begegnen die Mystery Worshipper einem Gottesdienst, den sie als anonyme Gottesdiensttester besuchen und über den sie im Anschluss eine ausführliche Rückmeldung auf der Website der Internet-Gemeinde Ship of fools (www.ship-of-fools.com) geben. Jeder Interessierte kann sich dort als Gottesdiensttester registrieren lassen und anhand einer Wahrnehmungshilfe öffentlich Rückmeldung zum Gottesdienst geben. Die getestete Gemeinde erfährt davon durch einen Zettel, den der Mystery Worshipper im Klingelbeutel hinterlassen hat: »You have been blessed by a visit from the Mystery Worshipper«, und hat dann die Möglichkeit, die Eindrücke des Besuchers auf der Website aus ihrer Sicht zu kommentieren. Die Mystery Worshipper werden unter anderem gebeten, nach dem Gottesdienst ein wenig verloren herumzustehen und mitzuteilen, was dann passiert. Gerade bei dieser Aufgabe wird deutlich, wie hilfreich der Blick von außen auf den der eigenen Gemeinde schon so vertrauten Gottesdienst und sein Umfeld sein kann. Diese Perspektive hilft, eingefahrene und allzu routinierte Abläufe wahrzunehmen, ist aber auch in der Lage, die Besonderheiten und individuellen Stärken eines Gottesdienstes auf dem Erfahrungshintergrund eines Fremden deutlicher wahrzunehmen.

Ein solcher Blick von außen kann auch dadurch gewonnen werden, dass Menschen außerhalb der Gemeinde gezielt um den Besuch des Gottesdienstes und eine anschließende Rückmeldung gebeten werden. Das können, wie bei einem Projekt in einem badischen Kirchenbezirk die Ortsfeuerwehr oder die Jungseniorenmannschaft des Fußballvereins sein, es kann aber auch ein Fachmann für öffentliche Veranstaltungen sein, eine Journalistin, ein Eventmanager, eine Theaterkritikerin.

Einen unangekündigten, wohl aber erwarteten und auch erwünschten Besuch des Gottesdienstes von außerhalb mit anschließendem Feedback bietet auch das Verfahren »Gemeinden besuchen einander«, in der sich Gottesdienstinteressierte aus zwei oder mehr Gemeinden zu gegenseitigen Besuchen im Gottesdienst verabreden. »Wir schenken uns einander«, umschreibt eine Teilnehmerin aus Dänemark diese geschwisterliche Praxis, die auf charmante Weise in beide Richtungen wirkt: Der Gottesdienst der besuchten Gemeinde wird ebenso mit frischem Blick wahrgenommen, wie auf diesem

Hintergrund die Routine der eigenen Gemeinde, so dass nicht selten ein solcher Besuch zu Änderungen im eigenen gottesdienstlichen Vollzug anregt.

Feedback und Person

Jede dieser Maßnahmen hat ihre spezifische erhellende Kraft und kann helfen, den Gottesdienst klarer und schärfer zu sehen. Diese Schärfe birgt aber immer auch die Gefahr der Verletzung, vor allem für jene, die im Gottesdienst viel von sich zeigen und ihr Innerstes zum Wohle aller öffnen.

Rückmeldungen zum Gottesdienst sind immer auch Rückmeldungen zu den Personen, die im Gottesdienst als Handelnde wahrgenommen werden. Das ist zum einen dem Wesen des Gottesdienstes und dem Zeugnischarakter der Predigt geschuldet, zum anderen ist dies im Geschehen des Feedbacks notwendig angelegt. Zwar gibt es den Versuch, in der Konzeption von Feedbackverfahren zwischen personenbezogenem und produktbezogenem Feedback zu unterscheiden, es zeigt sich aber im Vollzug zumeist, dass hier nicht scharf getrennt werden kann, sondern dass »personenbezogenes Feedback [...] Voraussetzung für Feedback zu einem Produkt«[2] ist, es gibt kein produktbezogenes Feedback, das nicht auch als personenbezogenes Feedback gehört wird. Produktbezogenes Feedback kann nur dort sinnvoll gegeben werden, wo auch die Bereitschaft der Verantwortlichen vorhanden ist, die notwendig darin enthaltene personenbezogene Rückmeldung zu hören.

Personenbezogenes Feedback bedeutet jedoch nicht, dass darin Wertungen über eine Person oder ihr Handeln abgegeben werden: »Im Feedback werden keine Wahrheiten über andere Personen formuliert, es geht auch nicht um Urteile über ihren Wert, sondern es geht um Eindrücke, die sie in den Situationen, in denen Feedback gegeben wird, vermitteln.«[3] Es ist »eine Mitteilung an eine Person, die diese Person darüber informiert, wie ihre Verhaltensweisen von anderen wahrgenommen, verstanden und erlebt werden«.[4] »Es sagt also etwas über das momentane Erleben der feedbackgebenden Person aus, auch wenn es auf deren Gegenüber zielt. Inhalte des Feedbacks sind daher nicht Aussagen über ein anderes Wesen, sondern über bestimmte Aspekte einer kommunikativen Beziehung.«[5] Trotzdem ist »Verunsicherung eine unver-

---

2 Madeleine Hofer, Feedback im Einzelcoaching am Beispiel der Arbeit mit Journalist/innen, in: Edith Simbeck/Helmut Geißner (Hg.), Feedback. Das Selbstbild im Spiegel der Fremdbilder (Sprechen und Verstehen 15), St. Ingbert ²2001, 178–190, hier: 187.

3 Kurt Buchinger, Feedback als Steuerungsinstrument in Organisationen, in: Simbeck/Geißner (Hg.), Feedback, 102–116, hier: 105.

4 K. Antons, Praxis der Gruppendynamik. Übungen und Techniken, Göttingen 1974, 108.

5 Buchinger, Feedback, 106.

meidliche Begleiterscheinung«, denn nicht selten ist das Ergebnis einer solchen Rückmeldung, dass der Empfänger »anders gewirkt hat als er meinte oder wollte.«[6] Eine solche Rückmeldung »hat zum Ziel, der betreffenden Person die Möglichkeit zu geben, auf der Basis dieser Informationen das eigene Verhalten zu reflektieren und sich zu entscheiden, es künftig zu ändern oder bewusst weiter beizubehalten«.[7] »Feedback sagt ›So erlebe ich Dich.‹ Es sagt nicht: ›Du sollst dich ändern.‹ [...] Feedback lässt die Wahl. Feedback kommt aus dem Kontext des Dienens. Es stellt dem anderen Informationen zur Verfügung, über die der andere vielleicht bislang nicht verfügte.«[8]

Menschen, die Feedback geben, stellen dem Feedbacknehmenden ihre Wahrnehmungen darüber zur Verfügung, wie sein Handeln und seine Äußerungen, verbale wie nichtverbale, auf sie wirken. Damit ergänzen sie das Bild, das er selbst von sich und seinem Handeln hat, er nimmt sich nun nicht mehr nur selbst wahr, sondern ist in der Lage, diese Perspektive durch die Wahrnehmung seines Selbst im Spiegel der anderen zu ergänzen. Damit erweitert sich das für ihn bewusst wahrnehmbare Bild seiner selbst, er ist in der Lage, mehr von sich selbst und den Wirkungen, die er auf andere hat, wahrzunehmen. Das bedeutet nicht, dass ihm das Feedback ein vollständiges Bild seiner selbst und seiner Wirkungen zeigt. Das ist weder ihm noch den anderen zugänglich, es bleibt, theologisch gesprochen, dem Moment der Gottesbegegnung vorbehalten, wenn er erkennt, wie er erkannt ist.

Den möglichen Erkenntnisbereich von Feedback stellt das sogenannte »Johari-Fenster«[9] dar, in dem das eigene Wahrnehmen und Nichtwahrnehmen mit dem Wahrnehmen und Nichtwahrnehmen der anderen in eine Tabelle eingezeichnet wird. Im Hinblick auf die Person und Rolle des Pfarrers, der Pfarrerin lässt es sich wie folgt darstellen:

	Für mich wahrnehmbar	*Für mich nicht wahrnehmbar*
Für andere wahrnehmbar	Die öffentliche Person Die Rolle des Pfarrers	Blinder Fleck »Der Herr Pfarrer«
Für andere nicht wahrnehmbar	Die private Person Mein inneres Ich	Das Ich vor Gott

6 Ebd.

7 Hans-Georg Leuck, Feedback in Führungssituationen, in: Simbeck/Geißner (Hg.), Feedback, 117–125, hier: 118.

8 Reinhard Sprenger, Wir verstehen uns doch?, in: Simbeck/Geißner (Hg.), Feedback, 151–164, hier: 159.

9 Vgl. David Plüss/Michael Rahn (Hg.), Gottesdienste ins Gespräch bringen. Eine Sammlung von Feedback-Methoden, Zürich 2008, 18.

Feedback ermöglicht es dem Einzelnen, den Bereich des *Blinden Flecks* zu verkleinern und mehr Aspekte seines Handelns und Wirkens in den für ihn wahrnehmbaren Bereich zu überführen. Er hat dabei die Möglichkeit zu entscheiden, ob dieser bislang nur von anderen wahrnehmbare Aspekt weiter der öffentlichen Wahrnehmung zugänglich sein soll, indem er sein Verhalten nicht verändert, oder ob er diesen Aspekt seines Wirkens zukünftig der privaten Person zuordnet, und den anderen durch Verhaltensänderung von dessen Wahrnehmung ausschließt.

Ein Pfarrer, der im Feedback mitgeteilt bekommt, dass er durch einen unsteten Blick während der Begrüßung nervös auf andere wirkt, kann durch bewusste Lenkung der Blicke diesen Eindruck zukünftig vermeiden. Er ist dabei immer noch nervös, dies ist jedoch für die anderen nicht mehr so offensichtlich. Er hat so die Möglichkeit, seine Wirkung stärker in Deckung mit seinem Selbst- und Rollenverständnis zu bringen und sein Rollenverhalten bewusster zu gestalten.

Das Feedback gibt dem Einzelnen so – neben zusätzlichen Perspektiven der Selbstwahrnehmung – auch erweiterte Handlungsmöglichkeiten bei der Gestaltung der eigenen Rolle. Diesen Erkenntnis- und Kompetenzgewinn erfahren viele Pfarrerinnen und Pfarrer z. B. in Übungen zur »liturgischen Präsenz«[10] als persönliche Stärkung.

Feedback durch Kollegen

Diese in erster Linie personenbezogene Form des Feedbacks verlangt ein stabiles, vertrauensvolles Setting und eine hohe Kompetenz in der Wahrnehmung und Formulierung des Feedbacks. Die normale Gottesdienstgemeinde ist damit oft überfordert. Pfarrerinnen und Pfarrern stehen jedoch in ihren Kolleginnen und Kollegen Menschen zur Verfügung, die wie niemand sonst über Erfahrung und Wissen im gottesdienstlichen Bereich verfügen und dies mit seelsorglicher Kompetenz verbinden. Sie verfügen damit über die notwendigen Kompetenzen nicht nur für ein erfahrungsgesättigtes und fachlich fundiertes Feedback auf den Gottesdienst, sie sind auch besonders geschult, die personenbezogenen Anteile einer solchen Rückmeldung wahrzunehmen, zu reflektieren und hilfreich und stärkend umzusetzen. Diese Kompetenzen nutzt das Rückmeldeinstrument der *Kollegialen Hospitation*, bei dem sich Pfarrerinnen und Pfarrer in Gruppen von vier bis sechs Kollegen gegenseitig etwa einmal im Jahr im Gottesdienst besuchen und sich anschließend in einer verabredeten Form Rückmeldung geben. In der *Kollegialen Beratung* dagegen

10 Vgl. Thomas Kabel, Übungsbuch liturgische Präsenz, Gütersloh 2011.

treffen sich diese Gruppen zur gegenseitigen Rückmeldung auf bestimmte, nicht nur gottesdienstliche Situationen, die einer der Teilnehmer schildert, ohne dass vorher ein Gottesdienstbesuch stattgefunden hat.

Kollegiale Hospitation und Beratung ist das Thema, das in der Arbeit des Qualitätszentrums bei Pfarrerinnen und Pfarrern mit auf das größte Interesse gestoßen ist, und im Anschluss an ein Einführungs- und Erprobungsseminar verabredeten sich erfahrungsgemäß mindestens zwei Drittel der Beteiligten zu Hospitations- oder Beratungsgruppen.[11] Die dabei vorgestellte Gesprächstechnik ist angelehnt an das *Heilsbronner Modell* aus dem Bereich der pädagogischen Arbeit und eignet sich sowohl für Hospitations- wie für Beratungssituationen und kann auch in Situationen eingesetzt werden, in denen nur ein Teil der Gruppe den zu besprechenden Gottesdienst miterlebt hat.

Auch Pfarrerinnen und Pfarrer, die mit Rückmeldegruppen in ihrer Ausbildungsphase nicht nur gute Erfahrungen gemacht haben oder die Rückmeldungen vor allem von Emeriti bislang nicht als hilfreich und stärkend erlebt haben, sind überzeugt und teilweise regelrecht begeistert von der geschwisterlichen, einfühlsamen, zugewandten und stärkenden Atmosphäre, in der sie an ihrer Person orientierte, fachlich fokussierte und praxisrelevante Rückmeldung erhalten.

Kollegiale Hospitation ist, anders als in der Ausbildungssituation, eine Begegnung auf Augenhöhe, sie ist nicht hierarchisch und vermeidet so, dass Feedback in Situationen mit hierarchischem Ungleichgewicht »als besonders subtiler und wirkungsvoller Machtmechanismus« erlebt wird, »gegen den man sich noch weniger wehren kann«.[12] Sie stützt so auch die Gemeinschaft von Pfarrerinnen und Pfarrern, z. B. im Kirchenkreis, und beugt der Vereinzelung im Amt vor. Sie nutzt die vorhandenen gottesdienstlichen und seelsorglichen Kompetenzen der Pfarrerinnen und Pfarrer; die ganze Gruppe, nicht nur die beratene Fokusperson, erlebt sich in diesem Miteinander als kompetent. Eine Erfahrung, die Freude vermittelt und stärkend und aufbauend wirkt.[13]

Feedback dient zum Guten

Feedback baut auf und gehört damit in die Kategorie des Erlaubten, das zum Guten dient (1 Kor 10,23). Es erhält, wie alle Instrumente, die der Welt und

11 Vgl. Leonie Grüning/Gudrun Mawick, Kollegiale Beratung im Pfarramt. Ein Erfahrungsbericht, in: Thema Gottesdienst 31 (2010), 30–37; Renate Fallbrüg, Qualität pastoraler Arbeit. Erfahrungsbericht eines Projekts, in: DtPfrBl 2010, 222–225.

12 Leuck, Feedback, 122.

13 Zum Gottesdienst-Coaching als besondere Form der kollegialen Beratung vgl. den Beitrag »Gottesdienstberatung und Gottesdienstcoaching« von Christine Tergau Harms in diesem Band.

ihrem Qualitätsmanagement entlehnt sind, in der Kirche als Gemeinschaft der Auserwählten Gottes eine andere Qualität: Feedback in der Gemeinschaft der gerechtfertigten Sünder geschieht im Bewusstsein der notwendigen Unvollkommenheit aller Beteiligten: Es weiß um die Begrenztheit der Wahrnehmungen der Feedbackgeber und um die begrenzten Handlungs- und Gestaltungsmöglichkeiten des Menschen, der Feedback erhält.

Es strebt nicht nach einem Ideal der individuellen Vollkommenheit, sondern dient nur der Verkündigung des Evangeliums und dem Aufbau der Gemeinde. Es nimmt das Gegenüber als von Gott einzigartig geschaffenen und bedingungslos geliebten Menschen wahr und schätzt und achtet die ihm von Gott gegebenen Gaben.

Feedback zum Gottesdienst richtet sich deshalb nicht auf eine Veränderung der Person oder Persönlichkeit, sondern nur auf die Befähigung der Beteiligten zur Nutzung ihrer Gaben in ihrem Dienst an Wort und Sakrament. In dieser Gabenorientierung ist es ein Instrument zur Zurüstung der Heiligen zu ihrem Dienst am Wort Gottes (Eph 4,12).

Zentrum einer qualitätsvollen christlichen Kultur der Nachbereitung und Rückmeldung ist so die liebevolle und dankbare geschwisterliche Begegnung, getragen von dem Bewusstsein, dass wir nicht »Herren wären über euren Glauben, sondern wir sind Gehilfen eurer Freude« (2 Kor 1,24).

Hilmar Gattwinkel

Visitation als Methode der Qualitätsentwicklung im Gottesdienst

> »Über die Qualität der kirchlichen Arbeit – insbesondere des Pfarrdienstes – ist insgesamt zu wenig bekannt. Die Gliedkirchen bemühen sich, dieses Problem [...] durch das Instrument der Visitation [...] zu lösen. Aber jede Gliedkirche hat eine besondere Visitationsordnung mit je eigenen Schwerpunkten. Visitationen sind nachlaufend, sehr umfangreich und recht arbeitsaufwändig; selten sind Standards klar bestimmt. Die Umsetzung von Visitationseinsichten lässt oft zu wünschen übrig. Nur in wenigen Gliedkirchen gibt es ein begleitendes Qualitätsmanagement. Ohne klare Standards und ohne Qualitätskontrolle ist eine Qualitätsanalyse jedoch unmöglich. Dabei wäre gerade das ein wesentlicher Beitrag dazu, kirchliche Arbeit auf neue Aufgaben und wachsende Erwartungen auszurichten. Die Zukunftschancen einer jeden Institution hängen an ihrer Lernfähigkeit. [...] [N]ur wenn man weiß, warum und wo man gut ist, und sich ebenso der Einsicht stellt, warum und wo man nicht gut genug ist, kann man besser werden. Dem institutionellen Erfahrungsaustausch als qualitätsorientiertem Lernprogramm misst die evangelische Kirche insgesamt zu wenig Bedeutung zu. Letztlich gilt aber auch für die kirchliche Arbeit der Grundsatz: Nur Qualität setzt sich durch.«[1]

Mit dem Impulspapier »Kirche der Freiheit« erinnert sich die Evangelische Kirche selbst an ihre Stärken und Schwächen. Zu den Stärken gehört die Visitation als eine tradierte und rechtlich verankerte Methode[2], die Qualität von Gottesdiensten zu entwickeln. Damit ist im Folgenden eine dreifache Konzentration angezeigt: Es geht um die Visitationen, die in besonderer Weise Gottesdienste in den Blick nehmen. Dazu eignen sich vor allem Querschnittsvisitationen, also thematisch fokussierte Visitationen über die Grenzen einer einzelnen Kirchengemeinde hinweg. Weil sich die Methode in den Landeskirchen unterschiedlich profiliert hat, bleiben die folgenden Überlegungen auf grundsätzlicher Ebene und blenden diese landeskirchlichen Profilierungen aus.

---

1 Kirchenamt der Evangelischen Kirche in Deutschland (EKD) (Hg.), Kirche der Freiheit. Perspektiven für die evangelische Kirche im 21. Jahrhundert. Ein Impulspapier des Rates der EKD, Hannover 2006, 27 f.

2 Visitation wird im Folgenden als eine Methode verstanden, in dem ein Ensemble von Instrumenten zur Anwendung kommt. »Eine Methode (μέθοδος, ›Nachgehen‹, ›Verfolgen‹) ist ein mehr oder weniger planmäßiges Verfahren zur Erreichung eines Zieles. [...] Im engeren Sinne wird unter einer Methode ein Erkenntnisweg verstanden. In der Wissenschaft dient die Methode dem Fortschreiten von einer Hypothese zum Gegenstand.« Art. Methode, ‹https://de.wikipedia.org/wiki/Methode_(Erkenntnistheorie)›, Abruf am 11. April 2017.

Zum Qualitätsbegriff im Zusammenhang mit dem Gottesdienst

Qualitätsbewusste Arbeit am und im Gottesdienst berücksichtigt die Differenz von Verfügbarem und Unverfügbarem im gottesdienstlichen Geschehen. Der Gottesdienst ist dabei unweigerlich ein intentionales Handeln aller Akteur*innen, überführt oder überführbar in ein regelgerechtes Ziel. Dieses Ziel ergibt sich aus fortwährenden Aushandlungsprozessen, die sich im Feld von biblischer Tradition, theologischer Reflexion, Wahrnehmung der lokalen Gegenwart und Einbettung in die übergemeindlichen Zusammenhänge bewegen. Die Qualität eines Gottesdienstes ist in diesem Verständnis dann das Maß der Zielerreichung.

Zum Begriff der Entwicklung im Zusammenhang mit der Gottesdienstqualität

»Entwicklung« bedeutet eine fortschreitende Bewegung von Menschen und menschlichen Gemeinschaften, manchmal linear, manchmal mäandernd, manchmal spiralförmig. Diese Bewegungen sind Lernvorgänge, angestoßen durch Veränderung der Umwelt oder neue Erkenntnisse und Einsichten. Qualitätsentwicklung im Gottesdienst setzt voraus, dass Gottesdienste immer schon Qualität haben. Und dass diese entwicklungsfähig ist. Dazu gehören immer wieder Klärungen und Klarheiten über die Ziele genau dieses einen Gottesdienstes mit diesen Menschen an diesem Ort zu dieser Zeit. Dazu gehören ebenso Vertiefung der Kenntnisse von biblischer Tradition, Erneuerung der theologischen Reflexion, präzisierte Wahrnehmung der lokalen Gegenwart und bewusste Einbettung in die übergemeindlichen Zusammenhänge. Und schließlich gehört dazu, den Gottesdienst und seine Elemente zielführend zu gestalten.[3]

Zum Verständnis der Visitation

Der Begriff »Visitation« leitet sich vom lateinischen »videre« (sehen) ab. Die Nebenform »visere« als Intensivum (intensiv/genau [hin]sehen) entwickelt

3 Pistorius, Visitationen als Instrumente der Qualitätsentwicklung im Kirchenkreis, in: PTh 102 (2013), 106–120, 114 f., verweist auf die Nähe solcher kirchlichen Qualitätsarbeit zu dem Modell des »kontinuierlichen Verbesserungsprozesses« im Qualitätsmanagement – und zu den signifikanten Differenzen, die sich aus dem »pneumatologischen Vorbehalt« ergeben.

sich zur weiteren Nebenform »visitare« als Frequentativum (regelmäßig/oft genau [hin]sehen, dann auch: besuchen).[4]

Die Geschichte der christlichen Visitation kann hier nicht im Detail, sondern nur in groben Strichen dargestellt werden:[5] Frühkirchlich dient die Visitation als aufsichtliche Methode der bischöflichen Kirchenleitung zur »Konsolidierung der jungen, noch instabilen Kirche«.[6] Erst in der fränkischen Kirche der Karolingerzeit wird die Visitation den Bischöfen durch weltliche Gesetze zur Pflicht gemacht; zugleich wird dem Bischof ein Graf/Schultheiß an die Seite gestellt: Beide halten gemeinsam das bischöfliche Sendgericht, das nicht nur die Vergehen gegen die Ordnungen der Kirche, sondern auch weltliche Strafbestände aburteilte. In der Reformationszeit wird die Visitation sehr schnell wiederbelebt: Der lutherische Traditionsstrang erkennt in der Visitation ein erzieherisches und lehrsicherndes Instrument, teilweise in Zusammenarbeit von Kirche und juristischen Beratern (»Räte der Kurfürsten«), also in gemischtbesetzten Kommissionen im Auftrag des Landesherren. Melanchthons »Unterricht der Visitatoren an die Pfarrherren im Kurfürstentum Sachsen« (März 1528), erwachsen aus den Erfahrungen der Visitatoren und noch vor der Fixierung der Bekenntnisschriften, erstrebt (mit seinem Vorwort durch Luther) »eine Erneuerung der Sittlichkeit bzw. der kirchlichen Sitte [und schärft] die Gebote samt dem Obrigkeitsgebot ein«.[7] Dieser kursächsische Neubeginn gilt als Blaupause in allen lutherischen Kirchen und führt zur wechselseitigen Verzahnung von Visitation und Kirchenordnung. Folgerichtig bilden sich aus den Visitationskommissionen ab 1539 die ersten Konsistorien als Ehe- und Zuchtgericht, ab 1580 dann mit erweiterter Aufgabenbeschreibung umfassende landesherrliche Verwaltungsbehörden. Im reformierten Traditionsstrang geschehen die Visitationen im Rahmen der (Bezirks-)Synoden. Weil Synoden reihum in jeder Gemeinde tagen, der Ortspfarrer die Synodalpredigt hält und sich das örtliche Presbyterium den Fragen der anwesenden Synodalen stellt, prägt sich das reformierte Verständnis der Visitation als »ein brüderlicher Besuchsdienst, der im Auftrag der in einer Synode vereinigten Gemeinden durch die Synodalorgane wahrgenommen wurde«.[8] Der folgende Abschwung der Visitationen steht im Zusammenhang mit der kirchlichen und gesellschaftlichen Entwicklung im 19. Jahrhundert (Indust-

4 Vgl. Lemma »videre«; Pons Wörterbuch für Schule und Studium Latein-Deutsch, Stuttgart 2016, 988.

5 Zur Darstellung der Geschichte vgl. Christian Peters, Art. Visitation I. Kirchengeschichtlich, TRE XXXV (2003), 151–163; Hendrik Munsonius/Christian Traulsen, Aufsicht und Visitation, in: Heinrich de Wall/Hans Michael Heinig (Hg.), Handbuch des evangelischen Kirchenrechts, Göttingen 2016, 1024–1059, bes. 1027–1031; Friedrich Krause, Visitation als Chance für den Gemeindeaufbau, Göttingen 1991, 13–31.

6 Peters, a. a. O., 151.

7 Peters, a. a. O., 155.

8 Peters, a. a. O., 157.

rialisierung, Mobilität, Entstehung von städtischen Massengemeinden) und mit dem Ende des landesherrlichen Kirchenregimentes im 20. Jahrhundert. Erst die Bekennende Kirche belebt die Visitation wieder, nun als regelmäßigen geschwisterlichen Besuchsdienst. Damit steht den Kirchen im Nachkriegsdeutschland ein differenziertes Erbe zur Verfügung, das in den unterschiedlichen Ordnungen der Kirchen wie der Visitationen zum Ausdruck kommt. Als wesentliches Kennzeichen dieses Erbes mag gelten, dass die Balance zwischen hierarchischer Aufsicht und geschwisterlichem Besuch immer neu gesucht werden muss – in den Ordnungen und in der Praxis.

Querschnittsvisitationen sind in der Geschichte der Visitation ein relativ junges Phänomen. Sie verändern die Beobachtung des gesamten Gemeindelebens in einer Parochie hin zu der Beobachtung eines kirchlichen Handlungsfeldes in der Region. Damit liegen sie »quer« zur klassischen Visitation und ergänzen diese gleichsam mit der thematisch vertieften und regional bezogenen Perspektive.[9] Auch die Querschnittsvisitation steht aber vor dem doppelten Dilemma, im Grunde unfreiwillige Begegnungen in freiwillige Veränderungen überführen zu wollen und Aufsicht und Besuch in produktiver Weise zu verbinden. Vier Entscheidungen könnten aber dazu beitragen, auch einer Querschnittsvisitation zum Erfolg zu verhelfen:

- Die Visitation schaut nicht auf das Handeln einzelner Personen, sondern auf das Handeln der Gemeinde.
- Die Visitation ist ein geordnetes Begegnungsgeschehen zwischen einer einzelnen kirchlichen Organisation (Kirchengemeinde, Kirchenbezirk etc.) und der Vertretung der weltweiten Gesamtkirche,[10] in dem beide Seiten Lernende sind.[11]
- Das eigentliche Visitationsgeschehen wird von den Momenten der Auf-

9 Thematisch kann sich eine solche Querschnittsvisitation grundsätzlich auf alle Felder gemeindlicher Arbeit beziehen, etwa die Arbeit mit Kindern und Jugendlichen, Konfirmandenarbeit, diakonisches Handeln, Musik und Seelsorge.

10 Vgl. bereits Martin Schian: »V(isitationen) sind freundliche Besuche der Gesamtkirche bei den Gemeinden und dienen der Anregung der Gemeinden und der Förderung des Kirchengedankens«, RGG 2, 1034, zitiert nach Frank Otfried July, »kirchen durch visitacion zu erhalten« (Johannes Brenz, 1535) – Anmerkungen zum Verhältnis von Visitation und Kirchenleitung, hg. v. Evang. Medienhaus Stuttgart, Stuttgart 2008, 6.

11 »Den Gemeinden eignet die Basiskompetenz, dem Kirchenkreis, bzw. der Landeskirche die Globalkompetenz«; Andrea Wauer-Höflich, Art. Querschnittsvisitation Gottesdienst, <www.geistreich.de/experience_reports/1501>, Abruf am 11. April 2017. »Auch die Kirche als ganze wird durch die Visitation einzelner Gemeinden und Einrichtungen bereichert. Der Blick auf das kirchliche Leben wird präziser und detaillierter.« Mareile Lasogga/Udo Hahn (Hg.), Die Visitation. Eine Studie des Theologischen Ausschusses der VELKD, Hannover 2010, 69. »Die landeskirchliche Kirchenleitung nimmt die Visitationsprozesse zu ihrer Information wahr und setzt damit einen kybernetischen Kreislauf in Gang.« Evelina Volkmann, Gemeinde bauen und Kirche leiten durch Visitation, >www.geistreich.de/experience_reports/1045>, Abruf am 11. April 2017.

sicht und der Beratung konsequent entkoppelt. Die kirchliche Aufsicht wird durch eigene Prozesse gewährleistet[12] und der Visitation vorgeschaltet.[13] Eine mögliche Beratung schließt sich an die Visitation an, wenn es die Visitierten für sinnvoll halten.

- Die durch Kirchenordnungen und Vorschriften zur Visitation gesetzte Un-Freiwilligkeit kann jedoch als Rahmen verstanden werden, in dem sich die Beteiligten freiwillig auf Gemeinsames verständigen. Das führt zur Idee des »Visitationskontraktes«.

Dem Arbeitsschwerpunkt der Zentrums für die Qualitätsentwicklung im Gottesdienst entsprechend liegt die Anregung nahe, auch in Visitationen der gemeindlichen und der mittleren Ebene Gottesdiensten einen gebührenden Platz einzuräumen: Die Fragestellungen einer Querschnittsvisitation lassen sich ohne Mühe in Nicht-Querschnittsvisitationen integrieren.

Zur Querschnittsvisitation Gottesdienst

Dem Gegenstand Gottesdienst entsprechend gilt es also, vor dem Vollzug der Visitation gemeinschaftliche Klärungen zwischen den Visitierenden und den Visitierten herbeizuführen:

a) Wie verstehen die Beteiligten die Differenz von Verfügbarem und Unverfügbarem im Gottesdienst? Damit ist auch die Frage nach dem Wesen des Gottesdienstes verbunden und nach dem theologischen Verständnis, aus dem heraus Gottesdienste gestaltet und beobachtet werden.
b) Welche Gottesdienste sollen visitiert werden? So könnten je nach Interesse etwa auch die Kindergottesdienste oder spezielle Angebote (»zweites Programm«), Schul- und Krankenhausgottesdienste, Gottesdienste in Senioreneinrichtungen und Kindergärten, Kasualgottesdienste und Gottesdienste in Justizvollzugsanstalten einbezogen werden.
c) Worauf soll in besonderer Weise geachtet werden? Hier finden spezielle Fragestellungen ihren Platz, etwa der Blick auf die Schätze einer gemeindlichen Tradition oder auf problematische Entwicklungen.

Zur klärenden Arbeit kann das Modell von A. Donabedian dienen, in dem vier Dimensionen der Qualität beschrieben sind: Konzeptqualität, Strukturqualität, Prozessqualität und Ergebnisqualität.[14] Besonders die Qualitätsdimensionen Konzept, Struktur und Prozess können im Rahmen der Visitation durch

12 Etwa zu relevanten Fragen des Rechts und der Finanzen, zum Umgang mit Immobilien etc.

13 »Je mehr eine laufende Aufsicht stattfindet, umso mehr kann die Visitation von dieser Aufgabe entlastet werden.« Hendrik Munsonius/Christian Traulsen, a. a. O., 1051.

14 Vgl. ausführlich den Artikel von Christian Binder »Die Qualitätsdimensionen nach Donabedian« in diesem Band.

Gespräche und/oder Fragebögen bereits vor den Gottesdienstbesuchen erhoben werden.

Zur Qualifikation und Funktion der Beteiligten

Die Visitierenden brauchen eine dreifache Qualifikation: fachlich (Ordnungen, lokale Traditionen, Modelle; eventuell Fachexpertise), persönlich (Besonderheiten eines beobachtenden Teilnehmens, reflektierter Umgang mit eigenen Prägungen, Vorlieben, Überzeugungen) und methodisch (Kenntnis regelgerechter Rückkopplungen, Feedback-Methoden[15]).

Ebenso brauchen die Visitierten diese dreifache Qualifikation: fachlich (über das eigene Gottesdienst-Leben theologisch fundiert Auskunft geben), persönlich (Bereitschaft, das »Eigene« in den größeren Zusammenhang zu setzen) und methodisch (Rückkopplung wahrnehmen, Ergebnisse des Feedbacks nutzen).

Bei der Zusammensetzung der Visitationsgruppe sollten die vorgenannten Qualifikationen als wesentliche Kriterien gelten. Gegebenenfalls könnten einzelne Mitglieder der Gruppe noch besondere Fachexpertisen eintragen (etwa Raumgestaltung und Lichtführung, musikalische Gestaltung, sprachliche Gestaltung, Performanz). Häufig wirken auch Ehrenamtliche aus anderen Gemeinden in Visitationsgruppen mit. Ihre besondere Expertise, neben möglichem Fachwissen, ist die der erlebten Wirkung: Welche Wirkungen haben Gottesdienste?.[16]

Das Selbstverständnis der gesamten Visitationsgruppe lautet idealerweise: Wir sind wohlwollender reflektierter Resonanzkörper des gemeindlichen Gottesdienstes. Die genannten Qualifikationen und das gemeinsame Selbstverständnis müssen in der Gruppe sichergestellt sein, sie wurden zuvor eventuell zusammen in Workshops oder Schulungen erarbeitet.

Zur praktischen Umsetzung

Modellhaft erarbeitet das Zentrum für Qualitätsentwicklung seit 2016 ein Handbuch Gottesdienstvisitation, gemeinsam mit der Evangelischen Kirche Berlin-Brandenburg-Schlesische Oberlausitz und dem Kirchenkreis Charlot-

15 Als hilfreich hat sich erwiesen, in die Rückkopplungen Einsichten der »Gewaltfreien Kommunikation« und des »Resonanzfeedbacks« aufzunehmen. Vgl. dazu Marshall B. Rosenberg, Gewaltfreie Kommunikation, Paderborn 2016, und Chris Wolf/Heinz Jiranek, Feedback, Göttingen 2014.

16 Vgl. dazu den Artikel von Folkert Fendler »Die Wirkfelder des Gottesdienstes« in diesem Band.

tenburg-Wilmersdorf in Berlin.[17] In ihm kommen die oben erwähnten Aspekte für Querschnittsvisitationen Gottesdienst zur Geltung. Vereinfacht wird das Handbuch die folgende Schrittfolge vorschlagen:

a) Vorbereiten und Verständigen

- Kreiskirchenrat (= KKR, Leitung des Kirchenkreises) nimmt Kommunikation mit allen Kirchengemeinden (= KG) auf: Grundlegung der Visitation, eigene Motive und Aufgaben der Visitationskommission, geplanter Ablauf
- KKR konstituiert und beauftragt Visitationskommission (= VK)
- VK konstituiert sich, einigt sich auf ein gemeinsames Verständnis von Visitation und Vorgehen, lässt sich gegebenenfalls in Modellen und Werkzeugen schulen
- VK differenziert bei Querschnittsvisitationen zwischen Beobachtungsaufgaben, die für alle KG im Kirchenkreis (= KK) gelten sollen, und weiteren, optionalen Beobachtungsaufgaben, die möglicherweise nur für einzelne KG sinnvoll sind; beide Listen werden den KGs vorab zur Verfügung gestellt
- VK und die einzelnen KG verhandeln und schließen einen separaten Visitationskontrakt (»Kontrakt I«) ab; mögliche Aspekte des Kontraktes I bei Querschnittsvisitation »Gottesdienst« in einer bestimmten Kirchengemeinde sind:
  - Welche Gottesdienste sind im Blick?
  - Welche Aspekte bei der Beobachtung sind wichtig?
  - Welche Funktionen sollen visitiert werden (»Rollen« im Gottesdienstgeschehen)?
  - Welchen Umfang soll die Visitation haben?
  - Welche Schrittfolge ist hilfreich?
  - Welche Formen der Rückkopplung nützen beiden?
  - Welche Fragen sind für die vorlaufenden Berichte relevant?

  Dazu kommen
  - die Eigeninteressen des KKR und dessen Agenda, etwa stärkere regionale Vernetzung;
  - die Erfahrungen der Visitierten mit Visitation; diese fließen in den Kontrakt I mit ein (z. B. »Was darf auf keinen Fall passieren?«).

b) Visitieren und Wahrnehmen

- Alle KG erstellen einen vorbereitenden Bericht (anhand eines Katalogs mit Leitfragen); darunter auch Fragen nach dem Ziel des gemeindlichen

17 Die Entwicklung soll 2017 abgeschlossen werden, das Handbuch ab 2018 erprobt werden.

Handelns und vorhandenen Visionen, Leitbildern, Konzepten sowohl für die Gemeinden wie für die Gottesdienste in den Dimensionen Konzept-, Struktur- und Prozessqualität.

- Alle KG und VK feiern einen gemeinsamen Gottesdienst, der die Visitation eröffnet, selber aber kein Gegenstand der Beobachtungen ist; die stellvertretende Superintendentin predigt und stellt den Gemeinden das Prinzip und die (ausgehandelten) Prinzipien der Visitation vor.
- VK arbeitet in Teilgruppen zu 2 bis 3 Personen die Aufgaben (aus Kontrakt I) ab und erstellt einen ersten Bericht[18]. Dieser Bericht liegt einem anschließenden Gespräch der VK mit der KG zugrunde. Daran anschließend erstellt die VK eine (möglicherweise überarbeitete) Fassung, zu der die KG im Anschluss eine schriftliche Stellungnahme erarbeitet.
- Die KG entwickelt anhand des Berichtes der VK und ihrer Stellungnahme Impulse der (Weiter-)Arbeit; mögliche Fragen könnten sein:
  - Was soll bleiben, wie es ist?
  - Was soll sich verändern und wie?
  - Was soll aufhören?
  - Was soll neu beginnen?
  - Was gibt die KG dem KK mit?
  - Was braucht die KG vom KK?
- KG leitet Stellungnahme und Impulse der (Weiter-)Arbeit der VK zu, die alles dem KKR übergibt und ihre Arbeit beendet.
- KG und VK feiern einen gemeinsamen Gottesdienst, der die Visitation beschließt, selber aber kein Gegenstand der Beobachtungen ist.

c) Berichten und Vereinbaren

- KKR und KG entwickeln aus dem Bericht, der Stellungnahme und den Impulsen der KG den Entwurf einer Zielvereinbarung (auch Frequenz der nächsten Visitationen) und beschließen diese (»Kontrakt II«).
- KKR erstellt aus Bericht, Stellungnahmen, Impulsen und Zielvereinbarung den Bescheid gemäß Visitationsordnung der EKBO und leitet diesen der KG und der Landeskirche zu (»aktenkundig«).
- KKR sichert Erkenntnisse aus der Visitation a) für weitere Visitationen, b) für das Handeln des Kirchenkreises, c) für die Zeitplanung (Wiedervorlage für die nächste Visitation).

18 Auch der schriftliche Bericht folgt den Regeln gewaltfreier Kommunikation.

Christine Tergau-Harms

Gottesdienstberatung und Gottesdienstcoaching

Der für die evangelische Theologie zentrale Grundgedanke des Priestertums aller Getauften bedeutet für den Gottesdienst, dass die Gemeindemitglieder den Gottesdienst in vielfältiger Weise mitgestalten und verantworten. Wenn z. B. nach den Kirchenwahlen die neuen Presbyter oder Kirchenvorsteherinnen auch die Lesungen halten oder Begrüßung, Abkündigungen und Fürbitten übernehmen und das Abendmahl mit austeilen sollen, brauchen sie Anleitung und Unterstützung. Neben kleinen liturgisch-theologischen Einführungen zum Gottesdienst und seinen liturgischen Stücken ist vor allem das konkrete Üben und *liturgische Training* wichtig, damit die Mitwirkenden souverän und geistlich gegründet handeln können. Besonders das Üben im eigenen Kirchenraum mit seinen spezifischen akustischen und räumlichen Gegebenheiten wirkt hier nachhaltig und stärkt die Verbundenheit mit dem Gottesdienst in der eigenen Gemeinde.

Um ein solches Training anzuleiten, gibt es mittlerweile in vielen Landeskirchen der EKD ein flächendeckendes Netz von GottesdienstberaterInnen und Gottesdienstcoaches, die vor Ort beraten und unterstützen können. Sie bringen dabei ihre Erfahrungen aus der eigenen Gemeindepraxis und aus funktionalen Diensten ein und arbeiten mit ihren jeweiligen Gottesdienst-Arbeitsstellen und oft auch mit dem LektorInnen- und PrädikantInnendienst zusammen.

Liturgisches Training ist jedoch nur eines von vielen möglichen Arbeitsfeldern von Gottesdienstberatung. GottesdienstberaterInnen und Gottesdienstcoaches *hospitieren* Gottesdienste, geben wertschätzendes und fachkompetentes *Feedback*, initiieren den Aufbau eines Systems von *kollegialer Beratung* im Kirchenkreis und üben mit Gemeinden eine wertschätzende Feedbackkultur ein.

Gottesdienstberatung und -coaching fördert auch die *liturgische Präsenz* der Hauptakteurinnen und -akteure im Gottesdienst. Alle Handlungen im liturgischen Raum werden aufmerksam wahrgenommen und reflektiert, die liturgischen Gesten, das freie Sprechen sowie Gestik und Mimik beim Predigen, die Raumbewegungen. Zum einen haben die liturgisch Handelnden eine große Sehnsucht nach Resonanz, qualifiziertem Feedback und Veränderung, zum anderen ist ein Unbehagen zu beobachten, sich in solchen Feedback- und Übungsprozessen mit den eigenen Defiziten konfrontiert zu sehen und sich an unangenehme Prüfungssituationen erinnert zu fühlen.

Hier ist die *Haltung* der Beratenden von entscheidender Bedeutung: Sie kommen zur Unterstützung, sind solidarisch, wertschätzen die Stärken der Person und der vorhandenen Gottesdienstkultur der Gemeinde, richten den Blick ressourcenorientiert auf Potentiale und realistische Veränderungsmöglichkeiten und beraten ergebnisoffen. In kreativen Übungseinheiten werden Handlungsalternativen, z. B. beim Predigen, ausprobiert und durch Wiederholung gefestigt. Hierbei zeigt sich, wie entlastend es sein kann, nicht nur auf die handelnde Person zu fokussieren, sondern die Wechselwirkung von Person, Raum, Musik und Gemeinde zu beachten.

Ob Gottesdienstberatung und -coaching im Rahmen von *Visitation* sinnvoll ist, wird in den Landeskirchen unterschiedlich gesehen. Da Visitation ein kirchenaufsichtliches Instrument ist, kann es das Gefühl einer Prüfungssituation verstärken, was für den Beratungsprozess kontraproduktiv sein kann. Gute Erfahrungen gibt es jedoch mit dem freiwilligen Angebot von Gottesdienstberatung, z. B. zur Vorbereitung des Visitationsgottesdienstes oder im Rahmen von Zielvereinbarungen nach der Visitation oder in Jahresgesprächen. Die Inhalte des Beratungsprozesses bleiben vertraulich.

Gottesdienstberatung unterstützt fachlich und konkret, z. B. durch Gottesdienstarbeitshilfen und durch Entwicklung eines *Gottesdienstkonzepts* für ein besonderes Format. Dies geschieht meist in Begleitung von Gottesdienstteams und umfasst kreative Schreibworkshops zu Gebeten und Verkündigungsteilen, Sprech- und Auftrittstraining, aber auch musikalische Anleitung.

Durch Gottesdienstberatung wird auch die Verantwortung derer gestärkt, die Entscheidungen über Gottesdienste treffen, z. B. die Gemeindeleitungen und Pfarrkonferenzen. Hier unterstützt Gottesdienstberatung durch *Arbeit an liturgischen und theologischen Fragen*, z. B. zum Abendmahl, und nimmt auch gegenwärtige Herausforderungen und Veränderungen etwa des Kirchgangsverhaltens in den Blick. Auch der *Kirchenraum* kann Gegenstand solcher Beratungen sein, wenn die Liturgie auf die Erfordernisse des Raums abgestimmt werden muss oder wenn das gewünschte Gottesdienstprofil Veränderungen der Raumgestaltung nötig macht. Gottesdienstberatung kann in diesen Bereichen auch Aspekte von *Fachberatung* und *Erwachsenenbildung* haben.

In Regionalisierungsprozessen kann Gottesdienstberatung durch die *Moderation* von Gremien dabei unterstützen, die gottesdienstlichen Angebote der Gemeinden aufeinander abzustimmen und stärker zu profilieren. Dies geschieht oft in Ergänzung zu Gemeindeberatungsprozessen oder in Zusammenarbeit mit der Gemeindeberatung/Organisationsentwicklung. GottesdienstberaterInnen und -coaches können hier auch Weitblick und Erfahrungen aus anderen Regionen einbringen. Ihre Position als neutrale Personen von außerhalb ermöglicht es ihnen, auch in Konfliktfällen beratend zu unterstützen.

Die einzelnen Landeskirchen haben ihre Gottesdienstberatungsangebote unterschiedlich profiliert, mal mehr in Richtung Förderung der liturgischen Präsenz der liturgischen Fokusperson, mal mehr zur Begleitung von Gottesdienstteams und Gremien und mit Blick auf das Gesamtgeschehen von Gottesdienst als Wechselspiel aus Mitwirkenden und Gemeinde, Wort und Musik und Raum.

Die Weiterbildung

Eingangsvoraussetzung für die Weiterbildung Gottesdienstberatung/Gottesdienstcoaching ist mehrjährige Berufserfahrung als Pastor oder Pastorin oder als Kirchenmusiker oder Kirchenmusikerin, eine pädagogisch-kommunikative Kompetenz, sowie die Teilnahme an Fortbildungen im Bereich Gottesdienst. Meist bringen die Bewerberinnen und Bewerber ein überdurchschnittliches Interesse am Gottesdienst und diverse Fortbildungserfahrungen mit, im liturgisch-musikalischen Bereich oder aus der Arbeit als Vikariatsleitende oder im PrädikantInnendienst, aber auch aus anderen Bereichen, die der Gottesdienstberatungstätigkeit zu Gute kommen (z. B. Öffentlichkeitsarbeit, Lebensberatung, Theaterpädagogik, Gemeindeberatung).

In einer Rahmenordnung, die ebenfalls in diesem Handbuch dokumentiert ist,[1] haben sich die Landeskirchen auf gemeinsame Grund- und Mindeststandards der Weiterbildung verständigt, um eine verlässliche Qualität der Weiterbildung zu gewährleisten und die gegenseitige Anerkennung der GottesdienstberaterInnen und Gottesdienstcoaches zu ermöglichen.

Die Zulassung der Bewerberinnen und Bewerber erfolgt nach einem Vorgespräch durch die Kursleitung, ggf. nach Zustimmung der zuständigen Leitungsgremien. Die Weiterbildung umfasst in der Regel mindestens 120 Arbeitseinheiten zu je 60 Minuten in Tages-, Mehrtages- oder Wochenseminaren der Gottesdienst-Arbeitsstelle. In diesen Arbeitseinheiten werden sowohl theologische, liturgische und musikalische Themen vertieft als auch beratungsmethodische Kenntnisse erworben bzw. erweitert: Auftragsklärung und Kontraktbildung, Feedbackmethoden, Gruppendynamik, Moderationsmethoden, Umgang mit Widerständen etc.

Die Curricula dieser Weiterbildungen haben die landeskirchlichen Gottesdienst-Arbeitsstellen in enger Abstimmung miteinander entwickelt, und sie arbeiten auch in der Durchführung als ReferentInnen intensiv zusammen.

1 Vgl. den Abdruck der »Rahmenordnung Gottesdienstberatung/Gottesdienstcoaching« im Anschluss an diesen Artikel.

Zweite Säule der Weiterbildung sind etwa 40 Arbeitseinheiten zu je 50 bzw. 60 Minuten in weiteren Arbeitsformen (z. B. begleitende kollegiale Beratung/Hospitation, Einzelunterricht). Die Kursteilnehmenden hospitieren sich gegenseitig in Gottesdiensten und Kasualien, reflektieren diese Erfahrungen in dezentralen Regionalgruppen und üben anhand dieser Gottesdienstbesuche Beratung und Coaching. Dies ermöglicht nicht nur die Klärung der eigenen Rolle als BeraterIn bzw. Coach, sondern auch die Erfahrung als Coachee bzw. Beratene. Einheiten von Intervision und Supervision unterstützen dies.

Die Kursteilnehmenden erwerben in der Weiterbildung Beratungskompetenz hinsichtlich der Vorbereitung, Durchführung und Auswertung von Gottesdiensten sowie hinsichtlich der Gesamtkonzeption von Gottesdiensten einer Gemeinde oder einer Region. Sie erwerben die Befähigung zum Coaching bzw. zur Beratung sowohl von Einzelpersonen also auch von Gottesdienstteams und Gruppen von am Gottesdienst haupt-, neben- und ehrenamtlich Beteiligten. Des Weiteren werden sie durch die Weiterbildung befähigt, die Möglichkeiten und Stärken der handelnden Personen zu erfassen, die Besonderheiten und Eigenarten der Gottesdienstgestaltung der jeweiligen Gemeinde bzw. Region, aber auch den situativ spezifischen Anlass eines Gottesdienstes zu erkennen und für diese unterschiedlichen Situationen adäquate Beratungsschritte zu entwickeln.

Die Befähigung zum Coaching bzw. zur Beratung umfasst nicht nur agendarische Gottesdienste, sondern auch Gottesdienste in besonderer Gestalt, das sog. »2. Programm«, Kasualien, also Taufgottesdienste, Konfirmationen, Trauungen, Bestattungen, Einführungen etc., aber auch Andachten und Stundengebete. Hierzu gehört auch eine Anleitung zum Einüben kleiner geistlicher Formen. Gerade die Verbindung von geistlicher Praxis und liturgischem Handeln braucht besondere Aufmerksamkeit.

Die Kursteilnehmenden verfeinern ihre Wahrnehmung für das Leitbild und die Organisationsstruktur der Gemeinde und ihres Gottesdienstes, den Vorbereitungsprozess, die Beteiligungsstrukturen und die Feedbackkultur, den Gottesdienstraum, Inszenierung und Dramaturgie, liturgische Präsenz, Authentizität und Spiritualität, Moderation, den Gesang und das Wechselspiel von Musik und Wort und auch die Ausführung der einzelnen liturgischen Stücke, Gebet, Predigt, Abendmahl, Segen etc.

Bedingungen für den erfolgreichen Abschluss der Weiterbildung sind neben der Teilnahme an den Seminartagen ein Abschlusskolloquium oder die schriftliche Ausarbeitung über ein eigenes, selbständig durchgeführtes Beratungsprojekt sowie die Feststellung der Eignung zur Tätigkeit als Gottesdienstberater bzw. -coach durch die Kursleitung. Meist erfolgt danach die Beauftragung durch die nach dem Recht der jeweiligen Gliedkirche zuständige Stelle. Gottesdienstberater und Coaches verpflichten sich auch nach

Abschluss der Weiterbildung zur regelmäßigen Teilnahme an Fortbildungen, Fachkonferenzen und kollegialer Beratung, Intervision oder Supervision.

Anfragen an Gottesdienstberatungen und Gottesdienstcoachings werden durch die zuständige Gottesdienst-Arbeitsstelle vermittelt und koordiniert und landeskirchlich bezuschusst wie vergleichbare Beratungsangebote. Sie können als Einzelveranstaltungen, Workshoptage oder als längere Prozesse stattfinden. Die Angebote können sowohl von Einzelpersonen, ehrenamtlich oder hauptamtlich, als auch von Gottesdienstteams und Gremien wie Kirchenvorständen oder Pfarrkonferenzen in Anspruch genommen werden.

Die einzelnen Landeskirchen haben ihre Gottesdienstberatungsangebote unterschiedlich profiliert, mal mehr in Richtung Förderung der liturgischen Präsenz der Hauptakteure, mal mehr zur Begleitung von Gottesdienstteams und Gremien und mit dem Blick auf das Gesamtgeschehen von Gottesdienst als Wechselspiel aus Mitwirkenden und Gemeinde, Wort und Musik und Raum.

Auch die beiden Bezeichnungen »Gottesdienstberater« und »Gottesdienstcoach« sind nicht einheitlich definiert und werden teilweise synonym gebraucht: Der Begriff Coaching fokussiert eher auf den Aspekt des Übens und der liturgischen Präsenz, der Begriff Beratung eher auf die Unterstützung in Klärungsprozessen, aber auch auf Fachberatung.

Grundlegend für alle ist eine wertschätzende Grundhaltung der Beratenden, die nicht defizitorientiert ausgerichtet ist, sondern die vorhandenen Potentiale würdigt und ressourcenorientiert weiterzuentwickeln hilft.

Wer im Gottesdienst ein Gebet spricht, liest nicht nur einen Text vor, sondern leitet die Gemeinde in eine besondere Haltung und Kommunikation mit Gott. Wer sich darauf vorbereitet, im Gottesdienst eine persönliche Segnung anzubieten, beschäftigt sich nicht nur mit der angemessenen Ausführung von Worten und Gesten, sondern auch mit dem, was geistlich beim Segnen geschieht. So steht Gottesdienstberatung und Coaching in enger Verbindung zu geistlicher Begleitung und Anleitung. Die Erfahrung zeigt, dass gerade dies den Beratenen besonders wichtig ist. Sie finden große Freude und Erfüllung darin, sich mit gottesdienstlichen und geistlichen Themen zu beschäftigen, gerade wenn diese im Alltagsgeschäft unterzugehen drohen, und sie fühlen sich durch Gottesdienstberatung und Gottesdienstcoaching unterstützt und gestärkt.

Diese Freude zu fördern, Angst und Unsicherheit zu nehmen und die Neugier und die Lust an der kreativen und aufmerksamen Gottesdienstgestaltung zu wecken – das ist das Anliegen von Gottesdienstberatung und Gottesdienstcoaching.

Rahmenordnung

für die Weiterbildung zum/zur Gottesdienstberater/in bzw. Gottesdienstcoach im Bereich der Evangelischen Kirche in Deutschland

Die hier abgedruckte Rahmenordnung für die Weiterbildung zum/zur Gottesdienstberater/in bzw. Gottesdienstcoach wurde vom Zentrum für Qualitätsentwicklung im Gottesdienst gemeinsam mit denjenigen Gottesdienstarbeitsstellen der Landeskirchen erarbeitet, die eine solche Weiterbildung anbieten. Die Ordnung wurde am 21. März 2012 und am 17. März 2016 von der Kirchenkonferenz der EKD beraten. Am 17. März 2016 fasste die Konferenz folgende Beschlüsse:

1. Die Kirchenkonferenz nimmt die Rahmenordnung für die Weiterbildung zum/zur Gottesdienstberater/in bzw. zum Gottesdienstcoach zustimmend zur Kenntnis.
2. Sie empfiehlt den Landeskirchen, entsprechende Aus- und Weiterbildungen künftig auf Grundlage dieser Rahmenordnung zu konzipieren und durchzuführen.
3. Sie empfiehlt den Landeskirchen, die auf Grundlage der Rahmenordnung durchgeführte Weiterbildung zum/zur Gottesdienstberater/in bzw. zum Gottesdienstcoach gegenseitig anzuerkennen.

Die Rahmenordnung trägt damit den Charakter einer Empfehlung, die auf der breiten Basis des Konsenses aller Landeskirchen beruht.

Hildesheim, im Mai 2016
Dr. Folkert Fendler

Grundlegendes

Den ersten Weiterbildungsgang zum Gottesdienstcoach führte die Gottesdienstarbeitsstelle der Evangelischen Kirche von Westfalen durch. Bald darauf entwickelten sich auch in anderen landeskirchlichen Arbeitsstellen gottesdienstliche Langzeitweiterbildungen zu gottesdienstlichen Coach- bzw. Beratertätigkeiten.

Die Weiterbildungsgänge im Bereich der EKD weisen unterschiedliche Profile und unterschiedliche Schwerpunktsetzungen auf, haben aber das gemeinsame Ziel, für die Beratung im pastoralen Arbeitsfeld Gottesdienst zu qualifizieren.

Die Rahmenordnung verfolgt den Zweck, sowohl den verschiedenen Entwicklungen in den Landeskirchen als auch dem Wunsch nach gegenseitiger Anerkennung der »Weiterbildung zum/r Gottesdienstberater/in bzw. Gottesdienstcoach« Rechnung zu tragen. Darüber hinaus soll durch die Festlegung von Inhalten und Lernzielen eine verlässliche Qualität der Weiterbildung gewährleistet werden.

Zwei Bedingungen müssen erfüllt sein, damit die Weiterbildung zum Gottesdienstcoach EKD-weit anerkannt werden kann:

1. Die Weiterbildung unterschreitet nicht die in Inhalt, Umfang und Prüfungsleistungen vorgesehen Anforderungen dieser Ordnung.
2. Die erfolgreiche Weiterbildung ist durch die jeweilige Landeskirche anerkannt worden.

Die Weiterbildung zum/zur Gottesdienstcoach/Gottesdienstberaterin ist mit der Bescheinigung ihrer erfolgreichen Teilnahme nicht abgeschlossen. Den Landeskirchen wird empfohlen, darauf zu hinzuwirken, dass weitere Fortbildungen (Punkt 8 der Rahmenordnung) und Freiraum für die eigene geistliche Praxis ermöglicht und wahrgenommen werden.

1. Zielgruppe

Die Weiterbildung zum/zur Gottesdienstcoach/Gottesdienstberaterin richtet sich an Pfarrerinnen und Pfarrer im aktiven Dienst. In besonders ausgerichteten Kursen kann die Zielgruppe auch auf Kirchenmusikerinnen und Kirchenmusiker ausgeweitet werden.

2. Ziele und Inhalte

2.1. Erwerb von Beratungskompetenz hinsichtlich der Vorbereitung, Durchführung und Auswertung von Gottesdiensten.

2.2. Erwerb qualifizierter Beratungskompetenz hinsichtlich der Gesamtkonzeption von Gottesdiensten einer Gemeinde oder einer Region.

2.3. Befähigung zum Einzelcoaching/zur Einzelberatung.

2.4. Befähigung zum Gruppencoaching/zur Gruppenberatung (von Gottesdienstteams und Gruppen von am Gottesdienst haupt-, neben- und ehrenamtlich Beteiligten).

2.5. Die Möglichkeiten und Stärken der handelnden Personen erfassen und adäquate Beratungsschritte entwickeln.

2.6. Die Besonderheiten und Eigenarten der Gottesdienstgestaltung der jeweiligen Gemeinde bzw. Region erkennen und adäquate Beratungsschritte entwickeln.

2.7. Den situativ spezifischen Anlass eines Gottesdienstes erkennen und adäquate Beratungsschritte entwickeln.
2.8. Befähigung zum Coaching/zur Beratung in Bezug auf:
- agendarische Gottesdienste
- Gottesdienste in besonderer Gestalt (sog. »2. Programm«)
- Kasualien (Taufgottesdienste, Konfirmationen, Trauungen, Bestattungen, Einführungen etc.)
- Andachten, Stundengebete
- Konfliktbearbeitung

2.9. Sensibilisierung für folgende Aspekte des Gottesdienstes:
- Leitbild
- Organisationsstruktur
- Prozess der Vorbereitung
- Feedbackmethoden
- Beteiligung von Mehreren
- Gottesdienstraum
- Inszenierung, Dramaturgie
- liturgische Präsenz
- Spiritualität
- Authentizität
- Moderation
- Musik
- Gemeindegesang, Singen
- Gebet
- Predigt
- Abendmahl
- Segen

2.10. Befähigung zu Eigeninitiativen hinsichtlich der Durchführung von Gottesdienst-Projekten in der Region in Absprache mit den Gottesdienstarbeitsstellen bzw. den jeweils zuständigen Stellen.

3. Arbeitsformen

Zur Weiterbildung gehören in der Regel:
3.1. Seminarwochen/Seminartage
3.2. Kollegiale Beratung (im Seminar)
3.3. Kollegiale Hospitation (vor Ort)
3.4. Schriftliche Dokumentation bzw. Reflexion des Fortbildungsprozesses

4. Zulassung

Die Auswahl der Bewerberinnen und Bewerber erfolgt in der Regel durch die Kursleitung, ggf. nach Zustimmung der zuständigen Leitungsgremien.

Bedingungen für die Zulassung sind:

4.1. Mehrjährige Berufserfahrung mit Gottesdienstpraxis
4.2. Fortbildungen im Bereich Gottesdienst
4.3. Pädagogisch-kommunikative Kompetenz
4.4. Bereitschaft, als Gottesdienstcoach/Gottesdienstberaterin tätig zu werden

5. Umfang

5.1. In der Regel mindestens 120 Arbeitseinheiten (AE) zu je 60 Minuten in Tages-, Mehrtages- oder Wochenseminaren
5.2. Etwa 40 AE zu je 50 bzw. 60 Minuten in weiteren Arbeitsformen (z.B. begleitende Kollegiale Beratung/Hospitation, Einzelunterricht), soweit nicht schon in 5.1. enthalten
5.3. Mindestens eine eigene Beratungstätigkeit unter fachkundiger Anleitung

6. Abschluss der Weiterbildung (Prüfung)

Bedingungen für den erfolgreichen Abschluss sind:

6.1. Teilnahme an den Seminartagen
6.2. Abschlusskolloquium oder schriftliche Ausarbeitung zum Ende der Weiterbildung
6.3. Feststellung der Eignung zur Tätigkeit als Gottesdienstberater/in bzw. -coach durch die Kursleitung
6.4. Ggf. Beauftragung durch die nach dem Recht der jeweiligen Gliedkirche zuständigen Stelle

7. Aufgabengebiete

Gottesdienstberaterinnen bzw. Gottesdienstcoaches leisten Dienst an der gottesdienstlichen Gemeindepraxis u. a. durch:

7.1. Beratung von Einzelnen und von Gremien
7.2. Coaching von Einzelnen und Gruppen
7.3. themenbezogene Konventsarbeit
7.4. Kooperation mit den Gottesdienstarbeitsstellen
7.5. Unterstützung der Lektoren- und Prädikantenarbeit

7.6. Entwicklung gottesdienstlicher Regionalkonzepte (z. B. bei Fusions- oder Regionalisierungsprozessen)
7.7. Begleitung von Visitationen
7.8. Vernetzung von Best Practice

8. Weitere Fortbildung

Für die Tätigkeit als Gottesdienstberaterin bzw. Gottesdienstcoach sind kontinuierliche Fortbildung und kontinuierlicher kollegialer Austausch erforderlich. Dazu gehören:
8.1. Teilnahme an mindestens einem Fortbildungs-/Vernetzungs-Treffen für Gottesdienstcoaches bzw. -beraterinnen pro Jahr
8.2. Fallbesprechungen
8.3. eigene Fortbildungen zum Gottesdienst
8.4. Supervision und Intervision

Kathrin Oxen

Predigtcoaching

Kann ein Begriff, der es bis in das Lexikon der Evangelischen Zentralstelle für Weltanschauungsfragen geschafft hat,[1] geeignet sein, um eine Methode der homiletischen Fortbildung zu beschreiben? Vorbehalte gegenüber dem Begriff »Coaching« sind noch vielfach vorzufinden. Im Folgenden wird zu zeigen sein, wie der Begriff »Predigtcoaching« gegenwärtig definiert, im kirchlichen Diskurs diskutiert und als Methode einer persönlichkeitsorientierten Fortbildung für die Predigt angewendet wird.

Grundlegend sind dafür die Erfahrungen, die das Zentrum für evangelische Predigtkultur (ZfP) seit 2009 mit diesem Fortbildungsansatz macht. Auf dem Weg zu guten, d. h. nach unserer Definition wirksamen und glaubwürdigen Predigten,[2] ist die dort entwickelte Methode des Predigtcoachings zu einem wichtigen Qualitätsinstrument geworden. Seit 2015 wird es durch die Ausbildung von Predigtcoaches im gesamten Bereich der EKD implementiert.

1. Coaching in der Kirche

Der Begriff »Coaching« wird üblicherweise abgeleitet vom englischen Wort »coach«, »Kutsche«, beschreibt also – metaphorisch gesprochen – ein Hilfsmittel, um von A nach B zu gelangen. Später fand der Begriff Eingang in den Bereich des Sports – der »Coach« ist nicht nur im Fußball ein Trainer –, wobei dort weniger die physiologische als vielmehr psychologische Betreuung im Vordergrund steht. Aus diesem Kontext nimmt der Begriff auch das Element der Förderung besonders begabter und leistungsfähiger Menschen auf. Im Bereich der Personalentwicklung bezeichnet Coaching zunächst die individuelle Beratung von Führungskräften.

Seit etwa Mitte der 1980er Jahre etabliert sich Coaching auch im deutschen Kontext breiter als ein »personen- und entwicklungsorientierter Führungsstil«.[3] Da Coaching als individuelle Beratungsform stets kosteninten-

1 Vgl. <http://www.ezw-berlin.de/html/3_140.php> (abgerufen am 6. März 2017).

2 Vgl. den Artikel von Kathrin Oxen zum Qualitätsfeld Predigt in diesem Band.

3 Maren Fischer-Epe, Coaching. Miteinander Ziele erreichen, Reinbek ²2012, 17, vgl. auch die dortige Einführung zum Begriff »Coaching«, 16–29.

siver als andere Trainings oder Seminare ist, entwickelte sich die Inanspruchnahme von Coachings gelegentlich zum beruflichen Statussymbol. Coaching steht von daher heute »zunehmend für Entwicklung und Leistungssteigerung und wird kaum noch mit Krankheit oder Schwäche assoziiert«.[4] Als Kombination aus »individueller Beratung, persönlichem Feedback und praxisorientiertem Training«[5] hilft Coaching, »Probleme zu lösen und Ziele zu erreichen, ohne dass der Berater als Experte Lösungen vorgibt.«[6]

Im kirchlichen Kontext ist der Begriff »Coaching« aus verschiedenen Richtungen und zum Teil scharf kritisiert worden. Zusammenfassend lässt sich sagen, dass zum einen dem Begriff und der Methode Coaching eine ökonomistische Grundorientierung unterstellt wird und zum anderen die im Coaching eingesetzten Theorien und Methoden kritisch hinterfragt werden. Noch fehlende Standards in Aus- und Weiterbildung und die Unübersichtlichkeit des Coaching-Marktes tragen dazu bei, Coaching als Methode der Personalentwicklung für den kirchlichen Bereich auch gegenwärtig noch zu hinterfragen.

Innerhalb der Evangelischen Kirche in Deutschland verbindet sich die Kritik am Begriff »Coaching« zusätzlich noch mit der allgemeinen Kritik an dem seit 2006 initiierten Reformprozess. Das Impulspapier »Kirche der Freiheit« von 2006 und auch die Errichtung der Kompetenzzentren, zu denen das ZfP gehört, stehen im Verdacht, dem gesellschaftlichen Trend zur Optimierung bedingungslos folgen zu wollen und Veränderungsstrategien vorrangig nach marktwirtschaftlichen Kriterien auszurichten.

In ihrer Studie zum »unternehmerischen Selbst der Kirche« beschreibt Birgit Klostermeier Coaching als »individuelle Selbstführung« bzw. als »personennahe Spielvariante des klassischen Consulting«[7] und benennt »subjektiv empfundene Unzufriedenheit als Anlass, die Ist-Situation zu verändern in Richtung auf einen erstrebenswerteren Zustand«.[8] Dass die Kunden dabei selbst die Experten für die Lösung ihrer Probleme sind, kann natürlich als Ökonomisierung verstanden werden. Damit ist höchstens indirekt ein Hinweis auf den grundlegenden, ressourcenorientierten Ansatz von Coaching verbunden.

Annegret Böhmer ermutigt dagegen in ihrem instruktiven Aufsatz dazu, Coaching vorurteilsfrei als die vorerst jüngste Ausprägung der vielfältigen Formen kirchlicher Beratungsarbeit zu betrachten. Sie weist darauf hin, dass sich Formen professioneller Kommunikation stets nach gesellschaftli-

4 Fischer-Epe, Coaching, 18.

5 Fischer-Epe, Coaching, 19.

6 Fischer-Epe, Coaching, 20.

7 Birgit Klostermeier, Das unternehmerische Selbst der Kirche. Eine Diskursanalyse, Berlin 2011, 126.

8 Klostermeier, Selbst, 128.

chen Trends verändern und als Realitäten von Interessengruppen gestaltet werden.[9]

Sie zeigt außerdem, dass die kirchliche Beratungsarbeit im 20. Jh. methodisch maßgeblich von der Tiefenpsychologie beeinflusst ist und von daher eher defizitorientiert am Problem statt an der Lösung arbeitet. Diese methodische Grundlage legt zudem ein Setting nahe, in dem ein prinzipielles Ungleichgewicht zwischen beratender und beratener Person herrscht und das bei Klientinnen und Klienten die Sorge auslösen kann, entlarvt und/oder beschämt zu werden. Auch non-direktive Beratungsformen wie etwa in der Gesprächstherapie verharrten vielfach zu lange beim Problem.

Coaching sei demgegenüber positiv besetzt, weil Leistung nur dort gesteigert werden könne, wo schon Leistung da sei: »Das ressourcen- und zielorientierte Denken im Coaching ist die passende Herangehensweise an die notwendigen kirchlichen Umstrukturierungen.«[10]

2. Predigt und Coaching

Erzeugt bereits der Begriff »Coaching« einige Widerstände, die bearbeitet werden müssen, so ist auch das Arbeitsfeld »Predigt« nicht einfach zu erschließen. Ein Blick auf die Gesamtheit kirchlicher Fortbildungsangebote zeigt, dass im ohnehin unterrepräsentierten Bereich »Gottesdienst und Verkündigung« die Angebote zur liturgischen und rhetorischen Präsenz dominieren. Genuin homiletisch ausgerichtete Fortbildungen sind nur sehr vereinzelt zu finden. Ein zentraler Bereich hauptamtlicher Arbeit in einer Kirche, die sich selbst als »Kirche des Wortes« versteht, scheint damit von Fortbildungsangeboten eher ausgenommen zu sein.

Bemerkenswert erscheint dieser Befund auch deswegen, weil der Wunsch nach einer »guten Predigt« in empirischen Befragungen oder journalistisch-essayistisch formulierten Beobachtungen wiederholt und unüberhörbar formuliert wird.

Warum ist die Arbeit an der Predigt in der kirchlichen Fortbildung so wenig etabliert? Die Gründe dafür sind vielschichtig. Dazu zählen demotivierende Erfahrungen mit Predigtkritik in Universität und Predigerseminar ebenso wie das schon beinahe klassische schlechte Gewissen von Pfarrerinnen und Pfarrern, die der Predigtaufgabe in ihrem pfarramtlichen Alltag nicht ausreichend zeitliche und inhaltliche Priorität geben können.

---

9 Annegret Böhmer, Coaching in der Kirche. Vom Defizit zur Ressource: WzM 61 (2009), 327–342, 328 f.

10 Böhmer, Coaching, 328.

Das Selbstbild der Predigenden ist maßgeblich von Fremdbildern geprägt: Pfarrer und Pfarrerin zu sein, bedeutet in der öffentlichen Wahrnehmung zuallererst, der Mann oder die Frau auf der Kanzel zu sein. Gottesdienst und Predigt werden als die eigentliche und wesentliche Tätigkeit eines Pfarrers und einer Pfarrerin wahrgenommen. Und wie überall dort, wo es um Eigentliches und Wesentliches geht, ist die Gefahr groß, den eigenen und den fremden Ansprüchen nicht zu genügen. So kommt es, dass viele Predigerinnen und Prediger eine Art »doppelte homiletische Prädestination« entwickeln. Nach dem Durchlaufen der ersten und zweiten Ausbildungsphase haben sich Selbstzweifel und Selbstbewusstsein mit Blick auf die sonntäglich wiederkehrende Predigtaufgabe zu einem eher optimistischen oder eher pessimistischen homiletischen Selbstbild verfestigt.

Für das Anliegen homiletischer Fortbildung sind beide Ausprägungen problematisch, da die homiletische Weiterentwicklung in jedem Fall stagniert. Wer sich bereits für einen guten Prediger oder eine gute Predigerin hält, mag das weniger schlimm finden. Selbstwahrnehmung und Fremdwahrnehmung gehen allerdings dabei mitunter erheblich auseinander.

Empfundenes Ungenügen im homiletischen Bereich kann dagegen nur höchst unzureichend durch Profilierung in anderen Arbeitsbereichen substituiert werden, weil diese für die Gemeinde und die Öffentlichkeit ja viel weniger sichtbar werden als die Predigtarbeit. Eine oft das ganze Berufsleben hindurch andauernde Unzufriedenheit und die Empfindung fortwährenden Ungenügens oder aber eine allmähliche Immunisierung gegenüber kritischen Rückmeldungen ist die Folge dieses problematischen homiletischen Selbstbilds.

So kommt es dazu, dass der Bereich der Predigtarbeit von Pfarrerinnen und Pfarrern oft sehr entschieden geschützt wird. Dies wird deutlich etwa in der Verweigerung einer Reflexion der eigenen Predigtarbeit im Kreis der Kolleginnen und Kollegen. Homiletische Fortbildung muss sich zunächst dieser komplexen Ausgangssituation bewusst sein und ihre Ansätze und Methoden darauf abstimmen, um so das etablierte »Schweigen über das Kerngeschäft« (Alexander Deeg) überwinden zu können.

Die in anderen Fortbildungsbereichen seit langem standardisierten Prozesse der Selbstwahrnehmung mit Hilfe professionellen Feedbacks mit dem Ziel einer Steigerung der Selbststeuerungskompetenz (etwa im Bereich der Seelsorge) sind in die Konzeptionen homiletischer Fortbildung längst noch nicht in vergleichbarer Weise eingegangen.

Dieser Rückstand wird erst seit gut 15 Jahren nach und nach aufgeholt. Das neu erwachte Interesse an homiletischer Fortbildung und eine Neuorientierung an mehr formal-homiletischen Fragestellungen ist den Impulsen zu verdanken, die aus der traditionell stark formal-homiletisch interessierten nordamerikanischen Homiletik insbesondere durch die Arbeiten von Martin Nicol in den deutschen Kontext eingebracht worden sind.[11]

3. Predigtcoaching als »cura homiletica« – ein Paradigma für zeitgemäße homiletische Fortbildungsansätze

In den »homiletischen Aufbruch« der vergangenen Jahre lässt sich auch die Gründung des Zentrums für evangelische Predigtkultur der EKD im Rahmen ihres Reformprozesses einordnen. Seiner Aufgabe, die Kultur und Praxis evangelischer Predigt im Horizont gegenwärtiger Sprachkultur effektiv zu fördern, geht das Zentrum seit 2009 in verschiedenen Arbeitsbereichen nach. Neben Veranstaltungen, die den Dialog mit den verwandten Künsten suchen, und der Herausgabe von praktischen Impulsen für die Predigtvorbereitung ist der eigentliche Fortbildungsansatz des ZfP im Konzept der *cura homiletica*, des Predigtcoachings, zu finden.

Die *cura homiletica* versteht sich analog zu anderen Coachingprozessen als zeitlich begrenzte, methodengeleitete und individuelle Beratung und Begleitung der je eigenen Predigtpraxis. Sie stellt Predigenden eine Wahrnehmung der jeweiligen Predigt und ein Feedback zur Verfügung, das Predigenden hilft, ihre eigenen Stärken zu entwickeln und Schwächen auszugleichen und sich mithin als predigende Person weiterzuentwickeln.

Oft ist das Feedback im Rahmen der *cura homiletica* für die Teilnehmenden die erste Wahrnehmung der eigenen Predigt durch andere, die den gut etablierten homiletischen Bewertungsdiskurs verlässt und einen wertschätzenden, beratenden und begleitenden Austausch über die Predigt initiiert.

Der Ansatz zielt insgesamt darauf, das Halten der Predigt als performativen Abschluss des Predigtprozesses zu verstehen anstatt als Ausgangspunkt für umfängliche Predigtanalyse und -kritik, die sich in der Regel eher demotivierend auswirkt. Eine weiterführende Begleitung der Klienten/Coachees gehört ebenfalls zum Konzept und sichert die Nachhaltigkeit dieses Fortbildungsansatzes.

Ein Predigtcoaching nach dem Ansatz des ZfP verläuft wie Coachingprozesse allgemein in vier Phasen: Kontaktaufnahme und Orientierung, Zielklärung, Lösungsentwicklung und Ergebnissicherung.[12] Ein Erstgespräch dient dazu, die Beziehung zwischen Coach und Coachee aufzubauen, das Anliegen des Coachees und den Auftrag des Coaches zu definieren und einen Kontrakt über den Coachingprozess zu schließen.

---

11 Martin Nicol, Einander ins Bild setzen. Dramaturgische Homiletik, Göttingen 2002.

12 Vgl. zum Coachingprozess Fischer-Epe, Coaching, 27 f.

Die Coachinganlässe[13] liegen beim Predigtcoaching häufig im Bereich von Veränderungen der Rahmenbedingungen und Rollenanforderungen, etwa bei einem Aufstieg in der kirchlichen Hierarchie oder bei der Übernahme einer Position, zu der die Predigtaufgabe in besonderer Weise zählt. Weit überwiegend geht es aber um Fragen der persönlichen Entwicklung, typischerweise nach einigen Jahren Predigtpraxis.

An das Erstgespräch schließt sich die Phase der Zielklärung an, von der wie in allen Coachingprozessen der Erfolg des Coachings abhängt.[14] Das Ziel des Coachings benennt zunächst der/die Coachee selbst, der/die Coach hat die Aufgabe, das Ziel auf seine Umsetzbarkeit hin zu überprüfen und es während des gesamten Prozesses im Blick zu behalten.

Die Ziele innerhalb eines Predigtcoachings können sehr vielfältig sein. Sie reichen von dem Wunsch, grundsätzlich mehr Freude an der Predigtaufgabe zu entwickeln oder den Arbeitsprozess besser zu organisieren, über den Wunsch nach einer wirksameren Sprache und einem überzeugenderen Auftritt bis hin zur konkreten Erarbeitung einer einzelnen Predigt, etwa für eine Bewerbung oder für einen konkreten Anlass.

Bereits in dieser Phase ist für den Predigtcoach essentiell wichtig, eine Coachinghaltung einzunehmen, die dem oder der Coachee stets »den Vortritt lässt«. Diese Haltung erfordert vom Coach ein hohes Maß an Selbststeuerung, um den/die Coachee auch im weiteren Verlauf des Prozesses nicht mit eigenen Ideen und Lösungsangeboten zu »überholen«.

In der Phase der Lösungsentwicklung wird im Predigtcoaching an Predigtmanuskript und Predigtauftritt gearbeitet. Grundlage dafür ist das rezeptionsästhetisch grundierte Verständnis von Predigt als produktiv-performativer Verstehens- und Produktionsprozess, der erst mit dem »Auredit« der Predigthörerinnen und -hörer zu einem Abschluss kommt.[15]

Die Arbeit am Predigtmanuskript bereitet der Coach in Form einer an das Konzept von *move and structure* aus der dramaturgischen Homiletik[16] angelehnten »Dramalyse« vor. Die vom Coachee zur Bearbeitung eingereichte Predigt oder der Predigtentwurf wird vom Coach analysiert, in *moves* gegliedert und mit Überschriften versehen. Beziehungen zwischen einzelnen Predigtsequenzen werden durch die Verwendung gleicher Farben für die auf einzelne

13 Maren Fischer-Epe unterscheidet als Coachinganlässe: Veränderung der Rahmenbedingungen und Rollenanforderungen, kritische Situationen und Konflikte sowie Fragen der persönlichen Entwicklung, vgl. Fischer-Epe, Coaching, 21 f.

14 Vgl. Fischer-Epe, Coaching, 77 ff. und 206 f.

15 Vgl. Wilfried Engemann, Einführung in die Homiletik, Tübingen [2]2011, 3 ff.

16 Zu Begriff und Konzept von *move and structure* vgl. Martin Nicol, Dramaturgische Homiletik, Göttingen 2002, und Martin Nicol/Alexander Deeg, Im Wechselschritt zur Kanzel. Praxisbuch Dramaturgische Homiletik, Göttingen [2]2012.

Blätter ausgedruckten Teile der Predigt sichtbar gemacht. Der Coach stellt seinen bzw. ihren subjektiven Eindruck von der Wirksamkeit einzelner *moves* als persönliches Feedback durch die Verwendung von Farben unterschiedlicher Intensität dar.

Im weiteren Verlauf der Bearbeitungsphase wird die Predigt in ihren Teilen als Bodenbild ausgelegt und die Wahrnehmung des Coachs mit den Intentionen des/der Coachee/s im Gespräch abgeglichen. Lösungsorientierte Fragetechniken helfen dabei, die Intentionen des/der Coachee/s deutlicher herauszuarbeiten und erste Lösungsmöglichkeiten für als problematisch empfundene Predigtpassagen zu entwickeln, etwa in der Überarbeitung einzelner moves der Predigt.

Bei dieser Weise des Feedbacks stehen die inhaltlich-theologischen Fragen zunächst im Hintergrund. Der Zugang über die leichter objektivierbare sprachlich-rhetorische Ebene, etwa in den Fragen nach Aufbau, Intentionen und Konkretheit der Predigt, hilft, theologische Grundsatzdiskussionen zugunsten eines genaueren Blicks auf die sprachliche Gestalt der Predigt zu vermeiden. Die ästhetische Grundthese der Einheit von Inhalt und Form wird in dieser Phase des Predigtcoachings häufig durch den/die Coachee selbst entdeckt und angewendet, wenn etwa abstrakte Formulierungen auf fehlende Konkretheit hinweisen oder eine ungeklärte Gesamtintention zu einem schwach formulierten Predigtschluss geführt hat.

An die »Dramalyse« des Predigtmanuskripts und die Überarbeitung einzelner Teile oder der gesamten Predigt schließt sich das Performancecoaching an, bei dem es darum geht, eine glaubwürdige und den persönlichen Eigenheiten entsprechende »homiletische Präsenz« zu entwickeln. Sie erfolgt im Predigtcoaching ausschließlich im geschützten Raum eines Face-to-face-Settings zwischen Coach und Coachee.

Damit ist die gerade im performativen Bereich besonders präsente Gefahr der Entlarvung oder Beschämung anders als etwa bei der Arbeit mit Videoaufzeichnungen oder in Kleingruppen auf ein Minimum reduziert. Das Auftrittscoaching hat deutliche Anteile eines Trainings, weil auch hier von objektivierbaren Grundbedingungen für die öffentliche Rede ausgegangen werden kann, wie etwa Blickkontakt, Gesten, Stand und Stimme.[17] Dennoch bemüht sich der Coach auch in diesem Teil des Coachings um eine der Person des/der Coachee/s und der Intention der Predigt angemessene Präsenz.

In der Phase der Ergebnissicherung geht es um die Auswertung des Coachingprozesses und die Möglichkeiten der Weiterarbeit. Häufig schließt sich einem Coachingprozess eine weitere Begleitung des/der Coache/s etwa durch

17 Vgl. zum Aspekt der Performance Dietrich Sagert, Vom Hörensagen. Eine kleine Rhetorik, Leipzig 2014.

Feedback auf Manuskripte (Predigtlektorat) oder auch durch weitere Coachingtermine in zeitlichem Abstand an.

4. Predigen in Person

Der Coachingprozess im Predigtcoaching und die damit verbundenen Wirkungen können hier nur überblicksartig dargestellt werden. Wesentlich ist bei diesem Fortbildungsansatz, dass mit der Methode des Coachings erstmals ressourcen-, ziel- und lösungsorientiert an der Person des Predigers oder der Predigerin gearbeitet werden kann.

Schon Ansätze aus den 1970er Jahren, wie etwa Axel Deneckes »Persönlich predigen«[18], bemühten sich ebenfalls darum. Durch die Verknüpfung mit Fritz Riemanns »Grundformen der Angst« als psychoanalytisch grundierte Theorie war in Deneckes Ansatz zwar eine Verbindung der Erfahrungen aus der Seelsorgeausbildung mit der Entwicklung eines homiletischen Selbstkonzepts angelegt. Da er aus den genannten Gründen aber eher als pathologisierend und defizitorientiert wahrgenommen wurde, hat er nicht den Einfluss gewinnen können, der wünschenswert gewesen wäre, und geriet gegenüber der Konkurrenz durch die situationshermeneutischen Konzepte, wie sie etwa Ernst Lange vertrat, ins Hintertreffen.

Nach Jahrzehnten der Betonung der anderen Dimensionen des »homiletischen Dreiecks«, der Textebene und der Situation der Predigthörerinnen und -hörer, besteht die begründete Hoffnung, dass mit dem Predigtcoaching ein neuer Zugang zu einer an der Person des Predigers und der Predigerin ansetzenden homiletischen Aus- und Fortbildung möglich geworden ist. Wirksame und glaubwürdige Predigten sind ihr Ziel.

18 Axel Denecke, Persönlich predigen. Erweiterte und aktualisierte Neuausgabe, Münster 2001.

Folkert Fendler

Kundenhabitus im Gottesdienst

Qualitätsmanagement (QM) fragt immer auch nach den Bedürfnissen der Kunden und ihrer Zufriedenheit mit dem Produkt oder der erbrachten Leistung und erhebt die Wahrnehmung des Kunden damit zu einem maßgeblichen Qualitätskriterium. Die Auseinandersetzung des Zentrums für Qualitätsentwicklung (ZQG) im Gottesdienst mit dem QM führte daher notwendigerweise auch zur Begegnung mit dem Kundenbegriff. Durch ihn wird der Gottesdienst aus der Anbieter-Empfänger-Perspektive betrachtet und dadurch in die Nähe einer Dienstleistung gerückt. QM auf den Gottesdienst zu übertragen, legt den Gedanken nahe, auch für eine Qualitätsentwicklung im Gottesdienst die Kundenperspektive aufzunehmen und Kundenorientierung stärker zu praktizieren. Man könnte die schon in den 1960er Jahren aufkommende Zielgruppenorientierung von Gottesdiensten (Familiengottesdienste, Jugendgottesdienste ...) bereits als eine Form solcher Kundenorientierung ansehen. Bezeichnend für den kirchlichen Diskurs ist allerdings, dass der Kundenbegriff selbst zu belastet ist, als dass er für kirchliche Strategiebildung geeignet wäre und verwendet würde. Vielmehr wird der Gottesdienst innerhalb der kirchlichen Vollzüge geradezu als »kundenfreie Zone« propagiert. Da man in allen Bereichen der Gesellschaft mittlerweile als Kunde angesprochen und behandelt wird, soll das für die Kirche gerade nicht gelten. Die Abgrenzung vom Kundenbegriff basiert dabei vor allem auf der ökonomischen Konnotation des Begriffs (»Ware gegen Geld«) und auf Vorstellungen, wonach ein Kunde in der Regel manipuliert wird, dass ihm nach dem Munde geredet und ihm um seiner Zufriedenheit willen alles recht gemacht wird. Dies alles aber widerspricht, so die Auffassung, dem Verkündigungsauftrag, der nicht beliebig an Bedürfnisse von Menschen angepasst werden könne.

Erste Untersuchungen[1] des ZQG zum Kundenbegriff brachten allerdings entgegen dem beschriebenen Klischee dessen Vielschichtigkeit zutage. Durch

1 Vgl. Folkert Fendler, Der Gottesdienstteilnehmer als Kunde, in: ders./Christian Binder (Hg.), Gottes Güte und menschliche Gütesiegel. Qualitätsentwicklung im Gottesdienst (Kirche im Aufbruch. Reformprozess der EKD, Band 3, hg. vom Kirchenamt der EKD), Leipzig 2012, 149–181. Hier finden sich auch Belege für das im folgenden Absatz Dargelegte. – Vgl. des Weiteren Fendler, Folkert, Frohe Kunde für traurige Kunden? Die kirchliche Bestattung zwischen Tradition und Flexibilität, in: ders./Thomas Klie/Sieglinde Sparre (Hg.), Letzte Heimat Kirche. Kolumbarien in Sakralräumen (Kirche im Aufbruch. Reformprozess der EKD, Band 10, hg. vom Kirchenamt der EKD), Leipzig 2014, 75–96, und Folkert Fendler, Gottes-Dienst-

das Eindringen des QM in nichtkommerzielle Bereiche wie Bildung, Gesundheitswesen, den Kulturbereich bis hin zu Verwaltungen gab es auch in den entsprechenden Diskursen dieser Fachrichtungen gründliche Auseinandersetzungen mit dem Kundenbegriff, die denjenigen innerhalb der Kirche erstaunlich ähnlich sind. So wird etwa von der Unverfügbarkeit der »Bildung« gesprochen oder der Sorge Ausdruck verliehen, dass Theaterprogramme unter dem Einfluss des Kundenparadigmas sich nur noch dem Zeitgeschmack anpassen. Kurz: Der innerkirchliche Eindruck, dass Kirche der einzige Bereich sei, in dem die Erfüllung des Kernauftrags unverfügbar sei und daher eine wie auch immer geartete Kundenperspektive nicht mit ihm vereinbar sei, wird durch solche Seitenblicke nicht bestätigt. Und schaut man länger hin und überblickt die weitere Entwicklung in den genannten Sparten, so stellt man fest, dass Kulturbereich, Bildungs- und Gesundheitswesen, Jugendhilfe und andere Bereiche längst selbstverständlich mit den entsprechenden QM-Instrumenten und teilweise auch -Begriffen arbeiten und ihren Kernauftrag dadurch gerade nicht beschädigt, sondern befördert sehen.

Dies hängt freilich mit der Entwicklung des Kundenbegriffs selbst zusammen. Denn dieser kann heute keineswegs mehr auf seine ökonomische Dimension des Warentauschs reduziert werden, sondern umfasst viele weitere Dimensionen, die die ökonomische nun nicht ersetzen, wohl aber ergänzen und teilweise in seiner Bedeutung überlagern. Hier sind zu nennen: Partizipation, Erwartungs- bzw. Anspruchshaltung, Nutzen- und Bedürfnisorientierung, Wahlverhalten, Zufriedenheit und Qualitätsorientierung. Diese »Kundenmerkmale« sind nun nicht ohne Weiteres abzutun, sondern verkörpern zum Teil Sachverhalte, die zu berücksichtigen dem kirchlichen Auftrag durchaus entsprechen oder seine Ausrichtung fördern können.

Vor der Beantwortung der Frage aber, ob Elemente des Kundenverhaltens bzw. von Kundeneinstellungen strategisch auch für die kirchliche Arbeit genutzt werden können oder ihr entsprechen, steht zunächst die Beobachtung solchen Verhaltens bzw. solcher Einstellungen. Spielen Kundenmerkmale beim Gottesdienstbesuch eine Rolle? Wie steht es um die Erwartungshaltung der Menschen im Gottesdienst? Suchen sie Nutzen oder die Befriedigung ihrer Bedürfnisse? Welche Rolle spielen gottesdienstliches Wahlverhalten und Ansprüche an die Qualität der gottesdienstlichen Feier? Im Blick auf Kasualien wie Taufe, Trauung und Beerdigung fällt das Urteil nicht schwer. Zu deutlich ist hier kundentypisches Verhalten wie Auswahl der Kirche oder der Pfarrperson, Sonderwünsche, die individuelle Bedürfnisse zufrieden stellen und – etwa bei der Trauung – hohe Ansprüche an gestalterische Qualität. Weniger

---

Leistung. Sind Gottesdienstbesucher Kunden?, in: ders. (Hg.), Kirchgang erkunden. Zur Logik des Gottesdienstbesuchs (Kirche im Aufbruch, Band 20, hg. vom Kirchenamt der EKD), Leipzig 2016, 103–129.

eindeutig fällt die Einschätzung der Rolle des Kundenparadigmas gegenüber dem agendarischen Gottesdienst aus, was zum Teil auch damit zusammenhängt, dass normative Setzungen, nach denen ein Gottesdienstbesucher per se nicht angemessen als Kunde bezeichnet werden dürfe, die Wahrnehmung der Realität trüben können.

Das ZQG hat vor diesem Hintergrund eine empirische Befragung durchgeführt, die herausfinden wollte, inwiefern Gottesdienstbesucher – selbst wenn sie den Kundenbegriff für sich gerade ablehnen – faktisch dennoch wie Kunden denken und agieren. Es hat zu diesem Zweck im Sommer 2013 eine Online-Befragung durchgeführt, an der ca. 2.000 Menschen aus ganz Deutschland teilgenommen haben. Darunter befanden sich 1.750 verwendbare Daten evangelischer Kirchgänger, die die Basis für eine gründliche Auswertung wurden.[2] Die Studie erreichte mit ihrem etwa 50 Fragen umfassenden Fragebogen vor allem mit der Kirche verbundene Menschen, die zumindest gelegentlich, zu einem hohen Prozentsatz aber auch sehr häufig in die Kirche gehen, unter ihnen sehr viele Ehrenamtliche. Dadurch, aber auch deshalb, weil keine Zufallsstichprobe gezogen werden konnte, ist die Studie zwar nicht repräsentativ, erreicht aber eine Gruppe von Menschen, deren potentiellen Kundenhabitus zu erforschen besonders aufschlussreich ist. Denn kundentypische Einstellungen, Erwartungen und kundentypisches Verhalten wird aufgrund der genannten Erfahrungen mit den Kasualien weniger mit kirchennahen als vielmehr mit distanzierteren Menschen verbunden, die dem Gottesdienst nur gelegentlich begegnen.

Als Kundenhabitus bezeichnet die Studie die Gesamtheit von Einstellungen, Erwartungen und Verhaltensweisen, die zum heutigen Kundesein gehören. Der vom französischen Soziologen Pierre Bourdieu inspirierte »Habitus-Begriff« meint dabei eine Haltung, die durch eine entsprechende Sozialisation von den Menschen verinnerlicht wurde. Dient er bei Bourdieu vor allem zur Unterscheidung verschiedener Schichten,[3] so führt seine Übertragung auf den Kontext des Kundeseins eher zu einer Nivellierung von Unterschieden bzw. zur Behauptung eines schicht- und milieuübergreifenden Habitus, in dem Menschen wie Kunden denken und agieren.

Kundenhabitus wird in der Studie anhand von drei Hypothesen untersucht. Überprüft wird zunächst die These, wonach Gottesdienstbesucher *bedürfnisorientiertes Wahlverhalten* an den Tag legen sowohl hinsichtlich ihrer Motiva-

2 Vgl. hierzu die Beiträge im Sammelband von Folkert Fendler (Hg.), Kirchgang erkunden, der die Beiträge einer Fachtagung anlässlich der Vorstellung der Studie dokumentiert. Eine ausführliche Analyse bietet die (noch unveröffentlichte) Habilitationsschrift von Folkert Fendler, Kundenhabitus und Gottesdienst. Zur Logik protestantischen Kirchgangs, Hildesheim 2016.

3 Vgl. den Titel eines seiner Hauptwerke: Pierre Bourdieu, Die feinen Unterschiede. Kritik der gesellschaftlichen Urteilskraft, Frankfurt 1982.

tion, Gottesdienste zu besuchen, als auch mit Blick auf die Auswahl möglicher Gottesdienste. Die zweite Hypothese formuliert: Gottesdienstbesucher haben *nutzenorientierte Erwartungen und Ansprüche* an den Gottesdienst. Hier werden sowohl inhaltliche Kernnutzenerwartungen als auch sogenannte »Nebennutzenerwartungen« wie funktionierende Technik, Sitzgelegenheiten oder die Bedeutung von Informationen über den Gottesdienst abgefragt. Der dritte Themenbereich der Studie steht unter der Überschrift: Gottesdienstbesucher weisen *kundentypische Einstellungen* gegenüber dem Gottesdienst auf. Die dazugehörige Hypothese vermutet, dass Kirchgänger zunehmend großen Wert auf Bedürfnisorientierung, Professionalität und Qualität im Gottesdienst legen.

Das Wahlverhalten von Gottesdienstbesuchern wird in der Hildesheimer Kundenstudie erstmalig systematisch abgefragt. Nur für wenige Menschen sind religiöses Pflichtempfinden oder soziale Verpflichtung (»sich im Gottesdienst sehen lassen«) Gründe, den Gottesdienst zu besuchen. Vielmehr wird der Kirchgang von den meisten als selbstbestimmt erlebt. Dabei spielt der Anreiz einer besonderen Gestaltung oder Thematik eine erkennbare Rolle. Auch die Person des Pfarrers oder der Pfarrerin, die den Gottesdienst hält, ist für die Entscheidung zum Gottesdienstbesuch für viele maßgeblich. Dabei ist auffällig, dass die Bindung an die Ortsgemeinde bei allem Wahlverhalten stark bleibt. Selbst in Großstädten besucht die Mehrheit der Kirchgänger die Gottesdienste ihrer eigenen Gemeinde. Dennoch bestätigt sich die These starker Bedürfnisorientierung bei der Motivation zum Kirchgang und der Auswahl des Gottesdienstes, selbst wenn sich entsprechendes Wahlverhalten mehrheitlich innerhalb parochialer Grenzen bewegt.

Die Untersuchungen zu den gottesdienstlichen Erwartungen verraten etwas über die Nutzenorientierung der Menschen. Die inhaltlichen Erwartungen an den Gottesdienst, in der Studie als Kernnutzenerwartungen bezeichnet, sind fast durchgehend sehr hoch. Spitzenreiter unter den abgefragten Erwartungen sind die Wünsche, im Gottesdienst »Kraft zu tanken«, »etwas zum Nachdenken zu bekommen« und »mit Gott in Beziehung zu treten«. Die Zustimmungswerte liegen bei diesen drei Items um die 80%. Gerade Erwartungen, die sich auf einen Kontakt mit der Transzendenz beziehen – in der Studie primär-rezeptive Erwartungen genannt –, erhalten sehr hohe Zustimmungswerte. Auswirkungen des Gottesdienstes auf den Alltag (»sekundär-effektive Kernerwartungen«[4]) werden dagegen, wenn auch meist immer noch mehrheitlich, nicht so stark erwartet. – Aufschlussreich und in dieser Studie ebenfalls erstmals erhoben ist die Bedeutung der Nebennutzenerwartungen. Solche Ansprüche an stimmige Rahmenbedingungen des Gottesdienstes, an angemessene Ausstattung und »Servicequalität« (z.B. Informationen über

4 Z.B. »aus der Lebensroutine aufgerüttelt werden« oder »vom Alltag abschalten«.

den Gottesdienst im Vorfeld) können kaum überschätzt werden. Insbesondere auf den Inhalt bezogene Nebennutzendimensionen (z. B. Verständlichkeit oder ein »roter Faden« im Gottesdienst) spielen für die befragten Gottesdienstteilnehmenden eine große Rolle.

Beim Themenblock der kundentypischen Einstellungen zu Bedürfnisorientierung, Professionalität und Qualität wurde etwa nach der Bedeutung von Zielgruppengottesdiensten, der Bedürfnisorientierung generell, nach Qualität und Feedbackkultur, professioneller Werbung und Gestaltung sowie der Frage der Verantwortungsübernahme bei Pannen im Gottesdienst gefragt. Bei letzterem Thema zeigen sich die Befragten sehr fehlerfreundlich: Fast 90 % der Befragten sind der Meinung, dass »im Gottesdienst ruhig mal etwas schief gehen« dürfe, und weniger als ein Fünftel hält es für richtig, dass die Pfarrperson in solchen Fällen zur Rechenschaft gezogen werden müsse. Demgegenüber werden die allgemeinen Fragen zu Professionalität und Qualität in hohem Maße befürwortet. Einem absichtlich in der Diktion des QM formulierten Satz wie »Die Qualität des Gottesdienstes sollte kontinuierlich verbessert werden« stimmen 70 % der Befragten zu. Gottesdienste für besondere Alters- und Interessensgruppen, Bedürfnisorientierung und Professionalität werden auf der Ebene der Einstellungen durchgehend gewünscht. Der Vorschlag, *nur noch* besonders gestaltete Gottesdienste zu feiern und dafür möglicherweise sogar den regelmäßigen wöchentlichen Turnus zu opfern, wird allerdings vehement abgelehnt.

Die Auswertung der Daten lässt sich noch differenzieren, wenn man die Gruppen der kirchennahen und kirchenferneren Menschen[5] gesondert betrachtet. So ist das Wahlverhalten bei den kirchennahen Personen weit weniger ausgeprägt: Sie gehen wesentlich häufiger in ihrer eigenen Gemeinde in den Gottesdienst, »Pastorenwahl« ist für sie ein untergeordnetes Kriterium und die Auswahl eines Gottesdienstes aufgrund seines besonderen Themas oder besonderer Gestaltung ist für sie kaum ein Anreiz, ja, selbst das Pflichtempfinden ist in dieser Gruppe (noch) in hohem Maße lebendig. Gerade Letzteres spielt für die Kirchenferneren kaum eine Rolle, umso bedeutender aber sind für sie die verantwortlich agierenden Personen sowie Thema und Gestaltung des Gottesdienstes als Motivations- und Auswahlkriterium für einen Gottesdienstbesuch. Im Bereich der Erwartungen, sowohl der Kernerwartungen als auch der Nebennutzenerwartungen, sind es die Kirchennahen, die hier stärker befürworten und, wenn man so will, »kundenförmigeres« Profil

5 Als kirchennahe Menschen werden in der Studie die Menschen bezeichnet, die wöchentlich oder fast wöchentlich Gottesdienste besuchen, und diejenigen, die sich in ihrer Selbsteinschätzung als sehr verbunden mit der Kirche bezeichnen. Als kirchenfernere diejenigen, die sich als nur etwas verbunden bezeichnen und seltener als ein- bis zweimal im Monat in die Kirche gehen.

erkennen lassen als die Gruppe der Kirchenferneren, während es bei den Einstellungen im Bereich der Bedürfnisorientierung wiederum umgekehrt ist. Bei den Einstellungen zu Professionalität, Qualität und Pannenmanagement votieren beide Gruppen gleich.

»Die beobachteten Abweichungen der beiden Gruppen der Kirchennahen und der Kirchenfernen verlaufen demnach nicht exakt entlang der Linie kundentypisch/kundenuntypisch, vielmehr lassen sie sich als zwei unterschiedliche Ausprägungen des Kundenhabitus beschreiben. So sind, um in der Kundenterminologie zu bleiben, die Stammkunden, die sowohl häufige Nutzer als auch sehr Verbundene sein können, insgesamt weniger wählerisch, dafür mit hohen Erwartungen stark auf den Kern-, aber auch auf den Nebennutzen bedacht und fordern vermutlich deshalb stärkere Bedürfnisorientierung nicht ganz so stark ein, weil ihre Bedürfnisse durch das Vorgefundene bereits ausreichend bedient werden. Genau das macht sie schließlich zu Stammkunden. Die andere Gruppe, am ehesten in Analogie zur Laufkundschaft zu sehen, ist wählerischer, hat geringere Kernnutzen-, aber vergleichsweise immer noch hohe Nebennutzenerwartungen und lässt sich gerade durch bewusste Anreize im Bereich der Bedürfnisorientierung (besondere Gestaltungen) zum Kirchgang bewegen.«[6]

Trotz der differenzierten Beobachtungen der Studie zur Bedeutung von Kundenmerkmalen beim gegenwärtigen Gottesdienstbesuch möchten Gottesdienstteilnehmende gerade nicht als Kunde angesprochen oder behandelt werden. Weniger als ein Viertel der Befragten stimmt dem Satz zu: »Der Gottesdienstbesucher sollte stärker als Kunde wahrgenommen werden.« Dies hängt natürlich auch mit einem – aus dem Blickwinkel der Forschungen zur jüngeren Entwicklung des Begriffs – reduzierten Alltagsverständnis des Wortes »Kunde« zusammen, das seine Wurzeln noch in der ökonomisch dominierten Zeit seiner Verwendung hat. Dennoch lässt sich mit einem Augenzwinkern ein wenig verkürzt das Ergebnis der Studie mit dem lapidaren Satz zusammenfassen: Der Gottesdienstbesucher will kein Kunde sein, aber er verhält sich wie einer.

Die Hildesheimer Kundenstudie versteht sich als ein Wahrnehmungsinstrument. Sie überprüft empirisch Erwartungen, Einstellungen und Verhaltensweisen, die sie aus einem von ihr postulierten Kundenhabitus ableitet. Durch die Ergebnisse der Studie ist nun noch nichts über einen potentiellen Einsatz der Kundenperspektive für die strategische Planung kirchlicher Arbeit entschieden.[7] Insbesondere die Verwendung von Begrifflichkeiten mit öko-

---

6 Fendler, Kundenhabitus, 201.

7 Vorschläge hierzu unterbreitet der Artikel von Fendler, »Instrumente des Kundenbeziehungsmanagements«, in diesem Band.

nomischem Anklang, der trotz differenzierter Entfaltung zahlreicher anderer Dimensionen dem Kundenbegriff weiter anhaften wird, bleibt umstritten. Vielleicht aber wird das, worum es inhaltlich geht, der Perspektivwechsel und die Auseinandersetzung mit den spezifischen Ausprägungen des Kundenhabitus, mit neuer Sachlichkeit vorgenommen werden können.

Folkert Fendler

Instrumente des Kundenbeziehungsmanagements

Gottesdienstbesucher möchten im Gottesdienst keine Kunden sein, aber sie verhalten sich wie welche. – Dieser Satz ist ein verkürztes Ergebnis der Hildesheimer Kundenstudie.[1] Auf diesen ambivalenten Sachverhalt könnten Kirchenverantwortliche nun reagieren und sagen: Wir nutzen auch für das kirchliche Arbeitsfeld »Gottesdienst« Instrumente der Kundenorientierung, achten aber darauf, dass die Gottesdienstbesucher es nicht merken. Aber natürlich wird das Miteinander der Kirchenmitglieder durch das Modell eines Kundenverhältnisses theologisch nicht angemessen erfasst – auch nicht das Verhältnis der Hauptamtlichen gegenüber den nichthauptamtlichen Mitgliedern. Dennoch sind mit Blick auf dieses Miteinander auf organisationaler Ebene starke Analogien auszumachen, die für die praktische Gestaltung der Arbeit herangezogen werden können. Nicht nur mit ihren Gottesdiensten, sondern auch mit ihren Gruppen- und Beratungsangeboten und mit ihren diakonischen Einrichtungen tritt Kirche eben *auch* als Anbieterin auf, wird sie zumindest sehr stark als solche wahrgenommen. Die Übertragung von Instrumenten aus dem Kundenbeziehungsmanagement (CRM[2]) könnte neue Impulse für traditionelle Arbeitsfelder geben, wenn dadurch das (im Kern unangemessene) Anbieter-Kunden-Verhältnis nicht festgeschrieben wird. Die hier schlaglichtartig vorgestellten Instrumente müssten vielmehr mit der schon im Eingangsartikel dieses Handbuchs beschriebenen kreativ-kritischen Freiheit auf ihre potentielle Eignung für kirchliche Kontexte hin, auch über den Gottesdienst hinaus, befragt werden. Warum aber nicht, wenn die Analogien so sehr auf der Hand liegen, einmal nachschauen, was in anderen Bereichen längst entwickelt und erprobt worden ist?[3]

---

1 Vgl. dazu den Artikel von Folkert Fendler »Kundenhabitus im Gottesdienst« in diesem Band.

2 Customer Relationship Management.

3 Vorgedacht haben hier u. a. Ksenija Auksutat, Gemeinde nah am Menschen. Praxisbuch Mitgliederorientierung, Göttingen 2009, und Gerald Kretzschmar, Mitgliederorientierung und Kirchenreform. Die Empirie der Kirchenbindung als Orientierungsgröße für kirchliche Strukturreform, in: PTh 101 (2012), 152–168.

1) Die Kundentypologie der Non-Profit-Organisationen

Kirche auch unter organisationalen Gesichtspunkten zu betrachten, rückt diese nicht zwangsläufig in den Bereich von kommerziellen Organisationen und Unternehmen. So ist es auch common sense unter den meisten Beiträgern zu Themen des Kirchenmarketing, Kirche in Analogie zu Non-Profit-Organisationen (NPO) zu sehen und damit die Anwendung betriebswirtschaftlicher Modelle und Methoden unter der Prämisse eines nicht verhandelbaren Auftrags und komplexer Strukturen zwischenmenschlicher Kommunikation und Interaktion zu betrachten.[4] NPO arbeiten dabei mit einer eigenen Kundentypologie, die sich von der Typologie kommerzieller Anbieter unterscheidet. Vier Kundengruppen können im Nonprofit-Bereich unterschieden werden:[5]

Direkte Kunden: Diese Kundengruppe ist die eigentliche Empfängerin der Leistung der NPO, also etwa Theaterbesucher, Bewohnerinnen eines Altenheims, Studierende einer Universität, Antragstellerinnen am Schalter des städtischen »Service-Points«.

Indirekte Kunden: Hierbei handelt es sich zum Beispiel um Angehörige von Bewohnerinnen eines Altenheims oder von Patienten im Krankenhaus. Ihre Zufriedenheit kann ebenso wichtig sein für die Akzeptanz und das Image der NPO wie die der direkten Kunden selbst. Indirekte Kunden suchen Nutzen nicht primär für sich selbst, sondern Nutzen für andere, etwa ihre Angehörigen, und allenfalls dadurch auch indirekt für sich.

Interne Kunden: Interne Kunden sind diejenigen, die sich freiwillig bzw. ehrenamtlich für die Mission und die Ziele der NPO einsetzen. Ihre Bedürfnisse müssen von der Organisation besonders beachtet werden,[6] weil sie ihrerseits das Gegenüber der direkten Kunden sein können.

Spender: Die Gruppe der Spender hält sich möglicherweise ganz aus der operativen Arbeit der NPO heraus (das unterscheidet sie von der Gruppe der

4 Vgl. Bernd Halfar und Andrea Borger, Kirchenmanagement, Baden-Baden 2007, 61; Steffen W. Hillebrecht, Kirche vermarkten! Öffentlichkeits-Arbeitsbuch für Gemeinden, Hannover 1999, 15 ff.; Hanns-Stephan Haas, Theologie und Ökonomie. Ein Beitrag zu einem diakonierelevanten Diskurs, Gütersloh 2006, 50–160; u.v.m. Bereits das Evangelische Münchenprogramm geschah im Bewusstsein der Unterscheidung »zwischen profitorientierten Unternehmen und zwischen den ›Non-Profit-Organisationen‹« (Herbert Lindner, Spiritualität und Moderne. Das Evangelische München-Programm, in: PTh 86 [1997], 257).

5 Mit Bernd Helmig/Silke Boenigk, Nonprofit Management, München 2012, 136–138.

6 Manfred Bruhn, Marketing für Nonprofit-Organisationen. Grundlagen – Konzepte – Instrumente, Stuttgart ²2012, 80 f., konstatiert, dass daher der internen Kundenorientierung eine höhere Bedeutung zukomme als in kommerziellen Organisationen.

interne Kunden) und empfängt auch keine Leistungen von ihr. Gleichwohl verdienen sie im Sinne einer Kundenorientierung eigene Aufmerksamkeit, da auch sie spezifische Erwartungen an die NPO herantragen und diese erfüllt sehen wollen.

Diese unterschiedlichen Kundengruppen können dazu genutzt werden, auch die Anspruchs- und Akteursgruppen innerhalb der Kirche differenzierter wahrzunehmen und das strategische Handeln der Kirche ihnen gegenüber in Öffentlichkeitsarbeit, Werbung und Wertschätzungskultur passgenauer zu modellieren.

Die in der Terminologie der NPOs gesprochen **direkten Kunden** kirchlicher Angebote sind Gottesdienstbesucherinnen, Kasualnachsuchende, Teilnehmende an Gruppen und Kreisen, Konfirmanden, Konzertbesucherinnen und Besucher eines Gemeindefestes. Sie unterscheiden sich in der Frequenz ihrer Nachfrage entsprechender Angebote, ihnen ist aber gemeinsam, dass sie vor allem als Rezipienten solche Veranstaltungen aufsuchen. Diese Gruppe ist gewissermaßen die »klassische Kundengruppe«, um die man sich auch in der Kirche schon länger mit Adressatenorientierung und Analyse von Bedürfnissen (Zielgruppenarbeit, Milieusensibilität, Altersgerechtigkeit) kümmert.

Als **indirekte Kunden** können etwa die Angehörigen und Freunde von Gruppenmitgliedern (z. B. im Seniorenkreis, Kinderchor oder in einer Jugendgruppe), von Teilnehmenden am Konfirmandenunterricht und von Nutzern kirchlicher Einrichtungen (Kindergärten, Sozialstationen) bezeichnet werden. Hier sind auch diejenigen Kirchenmitglieder anzusiedeln, die in der Regel nicht am kirchlichen Leben aktiv teilnehmen, die keine Kirchensteuer zahlen (und insofern nicht als Spender im Sinne der vierten Kundengruppe [s.u.] bezeichnet werden können), aber die Aktivitäten der Kirche wohlwollend oder kritisch verfolgen, da sie sie als für andere sinnvoll und nützlich einschätzen. Letztlich ist auch die öffentliche oder gesellschaftliche Wahrnehmung[7] der Kirche so etwas wie eine indirekte Kundin, da die Kirche in Deutschland nach wie vor ein maßgeblicher gesellschaftlicher Player ist, deren Äußerungen, Dienste, Handlungen und Unterlassungen vom öffentlichen Diskurs immer wieder aufgenommen und bewertet werden.

Interne Kunden spielen für die Kirche ebenfalls eine zentrale Rolle. Es ist die hohe Zahl von Ehrenamtlichen, außerhalb der Kirche eher »Freiwillige« genannt, die maßgeblich zum Leben der Kirche beiträgt und unter dieser Kategorie gefasst werden kann. Ihre Bedeutung ist in den letzten Jahren zunehmend entdeckt worden. Der Kundenbegriff verweist auf die Doppelfunktion dieser Personengruppe, die sowohl (und gleichzeitig) Empfängerin als auch Anbieterin kirchlicher Leistungen sein kann.

---

7 Vgl. hierzu auch den Artikel von Hilmar Gattwinkel »Öffentlichkeitsarbeit« in diesem Band.

Die Gruppe der **Spender**, also derjenigen, die Kirchensteuer zahlen, Ortskirchgeld entrichten oder auf andere Weise der Kirche Spenden zukommen lassen und gleichzeitig so gut wie gar nicht an ihrem Leben und ihren Angeboten partizipieren, ist zahlenmäßig hoch einzustufen. Sie dürfte teilweise identisch sein mit den sogenannten Kirchendistanzierten, die nur selten Gottesdienste aufsuchen, keine weiteren Gemeinschaftsangebote der Kirche nutzen, sich gleichzeitig aber mit der Kirche verbunden fühlen, die Aktivitäten der Evangelischen Kirche in Deutschland und der Ortsgemeinde weitgehend gutheißen, Kindertaufen befürworten und keine Austrittsneigung zeigen.[8]

Die genannten, hier in der Systematik der NPO erfassten Gruppierungen sind auch bisher schon in ihren Eigenarten und ihrer Bedeutung für die Kirche wahrgenommen worden. Neu ist allerdings ihre Betrachtung aus dem Blickwinkel der Kundenperspektive. Diese führt zu weiteren Fragestellungen und eröffnet neue Handlungsstrategien. Die Interpretation der Daten der KMU seit 1972 wird manchmal wie eine Rehabilitierung distanzierter Kirchlichkeit als legitime Ausprägung von Kirchenmitgliedschaft gelesen. Darüber hinaus kann mit Blick auf diese Gruppe *als Spender* gefragt werden, wie eine Dankkultur für ihre kontinuierliche Unterstützung etabliert werden könnte. Die Titulierung der Kirchenmitgliedsbeiträge und teilweise auch des Ortskirchgeldes als Steuer mag rechtlich unanfechtbar sein, verdeckt allerdings den letztlich freiwilligen Charakter dieser Zahlungen. Durch welche Maßnahmen (Schreiben, Aktionen etc.) könnte die Kirche als Organisation ihren Mitgliedern deutlich machen, dass sie diese Unterstützung nicht selbstverständlich nimmt, sondern zu schätzen weiß?

Ähnliche Fragen stellen sich bei den internen Kunden, den Freiwilligen oder Ehrenamtlichen, die »als die wichtigste Kundengruppe für Nonprofit-Organisationen«[9] angesehen werden kann. Dabei muss hier über die Wertschätzungskultur hinaus gefragt werden, wie die Identifikation mit (dem Arbeitsfeld) der Kirchengemeinde gestärkt und die Kompetenzen dieser Personengruppe als Repräsentanten (und Anbieter) durch die Verbesserung interner Abläufe (Informationskultur), Übergabe von klaren Verantwortungsbereichen und Fortbildungsmöglichkeiten gefördert werden können. Immer noch begegnet die versteckte Einschätzung, dass Ehrenamtlichkeit genug

8 Vgl. hierzu Gerald Kretzschmar, Distanzierte Kirchlichkeit. Eine Analyse ihrer Wahrnehmung, Neukirchen-Vluyn 2001.

9 Bernd Helmig und Hellen P. Scholz, Bindung interner Kunden im Nonprofit-Sektor – Der Fall »Freiwillige«, in: Manfred Bruhn/Christian Homburg (Hg.), Handbuch Kundenbindungsmanagement. Strategien und Instrumente für ein erfolgreiches CRM, Wiesbaden [8]2013, 969–993, hier: 975. – In diesem Artikel finden sich zahlreiche Anregungen für internes Marketing zur Bindung Freiwilliger auf strategischer und operativer Ebene, deren Übertragung auf ehrenamtlich Tätige im Gottesdienst und in anderen kirchlichen Handlungsfeldern äußerst lohnenswert erscheint.

dadurch belohnt werde, dass Menschen sich in ihrer freiwilligen Arbeit auch selbst verwirklichen können. Dass die ehrenamtliche Leiterin eines Seniorenkreises in dem aufgeht, was sie tut, schmälert aber ebenso wenig ihren Beitrag für die Kirchengemeinde und ihr Recht auf Anerkennung, wie Spaß an der Arbeit zwangsläufig zu Lohnkürzungen führen sollte.

Die Identifizierung der Angehörigen und des Umfelds der direkten Zielgruppen kirchlicher Arbeit sensibilisiert ebenfalls dafür, wie Informationsflüsse bewusst gelenkt werden können und wie diese indirekten Kunden punktuell oder regelmäßig mit einbezogen werden können. Auch kann gefragt werden, was speziell diese Kundengruppe für Erwartungen hegt, inwiefern sich diese von denen der eigentlichen Zielgruppe, der direkten Kunden, unterscheiden und ob bzw. in welchem Grad man dem durch die Gestaltung der Arbeit Rechnung tragen kann.

2) Das Beschwerdemanagement

Das sogenannte Kundenbindungsmanagement ist ein eigener Bereich innerhalb des CRM. Aus der großen Fülle möglicher Strategien und Instrumente in diesem Feld[10] sollen im Folgenden das Beschwerdemanagement und die Kundenpfadanalyse in Kürze vorgestellt werden.

Wo Menschen miteinander und für andere arbeiten, bleibt es nicht aus, dass Dinge schiefgehen, dass Erwartungen enttäuscht werden und Missverständnisse auftreten. Dies kann beim Leistungsempfänger einen Schwellenwert der noch tolerierten Unzufriedenheit überschreiten, so dass es zur Beschwerde kommt. Solche Beschwerden professionell zu bearbeiten, hat, wie Untersuchungen zeigen,[11] mehrere positive Effekte: Es verhindert eine mögliche Abwanderung von Kunden, es schränkt die Häufigkeit und Intensität negativer Mund-zu-Mund-Propaganda ein, es ist eine Chance, Schwachstellen bei den eigenen Abläufen bzw. der Qualität der Arbeit zu erkennen und zu bearbeiten (der Kunde als Beschwerdeführer ist gewissermaßen ein »kostenloser Berater«), ja, ein für den Kunden zufriedenstellend aufgearbeiteter Beschwerdefall führt sogar zu deutlich erhöhten Werten der Kundenzufriedenheit und der Kundenbindung, die über das Maß hinausgehen, das vor dem Eintreten des Beschwerdefalls gemessen werden konnte. Dieses in Fachkrei-

---

10 Vgl. nur Manfred Bruhn/Christian Homburg (Hg.), a. a. O., und Armin Töpfer (Hg.), Handbuch Kundenmanagement. Anforderungen, Prozesse, Zufriedenheit, Bindung und Wert von Kunden, Berlin/Heidelberg ^{3}2008.

11 Vgl. zum Beschwerdemanagement exemplarisch den Artikel von Armin Töpfer, Konzepte und Instrumente für das Beschwerdemanagement, in: ders. (Hg.), Handbuch, 819–860.

sen sogenannte »recovery paradox«[12] führt sogar nicht selten dazu, dass aus Gelegenheitskunden »Stammkunden« werden, ein empathisch und zügig gelöster Beschwerdefall kann zum Begeisterungsfaktor werden, der wiederum gern und häufig weitererzählt wird.

Was ist notwendig, um zu solch einem professionellen Beschwerdemanagement zu gelangen? Zunächst muss schnell erkennbar sein, auf welchem Wege bzw. an welchem Ort eine Beschwerde geführt werden kann. Gleichgültig jedoch, wo sie das Unternehmen erreicht, müssen zumindest die Mitarbeitenden wissen, wo die Beschwerde bearbeitet wird, so dass sie sie entweder selbst entgegennehmen oder aber verbindlich sagen können, wer der Ansprechpartner ist. Wenig ist schlimmer als ungeklärte Zuständigkeiten, die den Beschwerdeführer in das Dickicht von Weiterleitungen und Warteschleifen entlassen, die von ihm nur als Wegducken vor Verantwortungsübernahme wahrgenommen werden können. Eine Schulung der Mitarbeitenden in der Aufnahme solcher Fälle muss dabei sowohl auf ihre Fähigkeit zuzuhören als auch auf die Sensibilität für die emotionale Betroffenheit des Gesprächspartners ausgerichtet sein. Weiter geht es um die Angemessenheit zeitlicher Abläufe, die Klärung und ggf. Verbesserung der Ereignisse auf der Sachebene, wenn möglich das Angebot einer Wiedergutmachung oder einer anderen Kompensation, zumindest einer Entschuldigung, wenn es angezeigt ist.

Es ist hier nicht der Ort, die Details des Beschwerdemanagements vollständig darzulegen. Vielmehr soll angeregt werden, Einsichten des Beschwerdemanagements auch auf die Kirche, möglicherweise sogar im Bereich der Gottesdienste und Kasualien zu übertragen. Wie steht es hier um die Bearbeitungskultur von Beschwerden? Wissen die Menschen, dass ihre Rückmeldungen in der Kirchengemeinde hoch erwünscht sind? *Sind* Rückmeldungen und damit auch Beschwerden in Kirchengemeinden hoch erwünscht? Wissen die Menschen, wo und auf welchem Wege sie ihre Beschwerde loswerden können? Wie können Kommunikationswege leichter und transparenter eröffnet werden? Was wäre eine angemessene Reaktion darauf, dass jemand sich beklagt, weil die Abkündigung des Angehörigen nicht am vorgesehenen Sonntag im Gottesdienst durchgeführt wurde – über den Hinweis hinaus, das Kirchenbüro hätte vergessen, den Namen zu notieren? Wie können haupt- und ehrenamtliche Mitarbeiter darin geschult werden, angemessen mit Beschwerden umzugehen, die ihnen informell bei Alltagsbegegnungen zugetragen werden? An welcher Stelle wird über Beschwerden beraten und entschieden?

---

12 Vgl. a. a. O., 838 ff.

3) Kontaktpunktanalyse (»Kundenpfadanalyse«)

Ein weiteres Instrument aus dem Bereich der Kundenorientierung, das für Gottesdienste, in diesem Fall besonders für Kasualien, fruchtbar gemacht werden könnte, ist das der »Kontaktpunktanalyse« oder auch »Kundenpfadanalyse«.[13]

Hierbei handelt es sich streng genommen um ein Messinstrument der Kundenzufriedenheit, das darauf zielt, Erwartungen, Hoffnungen und Befürchtungen an den Stellen einer Dienstleistung zu identifizieren, mit denen der Kunde in Kontakt kommt. Das Verfahren setzt voraus, das die Erbringung der Leistung komplexer ist, als für den Kunden sichtbar, so dass dieser nur Ausschnitte davon wahrnimmt. Diese Ausschnitte (»Kontaktpunkte«) gilt es zunächst zu identifizieren. Das geschieht durch die Darstellung der Leistungserbringung als eines fortlaufenden Prozesses, in dem alle Schritte genau festgehalten werden (Methode des Blueprinting). Anschließend wird versucht, durch Kundeninterviews und -befragungen herauszufinden, was die Menschen an der jeweiligen Stelle bewegt, wie wichtig der einzelne Kontaktpunkt ist, welche positiven und negativen Wahrnehmungen damit verbunden sind. Nach Auswertung der Ergebnisse dieses Verfahrens können die Wahrnehmungen und Bewertungen des Kunden mit dem eigenen Angebot abgeglichen und ggf. angepasst werden.

Besonders für Kasualien gilt, dass ihre Durchführung komplexe Prozesse sind, die nur in Teilen für die Kasualnachsuchenden sichtbar sind. Auch diese Teile, bei einer Taufe etwa die Information über Tauftermine im Internet, die Anmeldung im Kirchenbüro und das Taufgespräch und weitere, können identifiziert werden. Was die Menschen an diesen Stationen bewegt, was sie positiv oder negativ wahrnehmen oder erwarten, kann durch eine Taufpfadanalyse erkundet werden. Dies wird sicher nicht immer in einer regulären, allen Standards einer qualitativen Befragung entsprechenden Form geschehen können. Es ist aber auch möglich, solche Wahrnehmungen und Bewertungen gewissermaßen im Rollenspiel zu erheben. Erste praktische Erfahrungen mit diesem Instrument im Kreis von Pfarrerinnen und Pfarrern haben gezeigt, dass eine solche Übung zu einem Perspektivwechsel führt, der ein neues Verständnis für die Anliegen, Hoffnungen und Befürchtungen der Kasualnachsuchenden weckt.[14] Dabei ist klar, dass es in der Auswertung der Ergebnisse nicht

13 Vgl. hierzu exemplarisch Armin Töpfer, Konzeptionelle Grundlagen und Messkonzepte für den Kundenzufriedenheitsindex (KZI/CSI) und den Kundenbindungsindex (KBI/CRI), in: ders., Handbuch, 309–382, hier: 313–318.

14 Vgl. schon Folkert Fendler, Kompetenz versus Qualität? Warum es lohnt, zum Beispiel Taufpfade zu beschreiten – eine Antwort auf Amrei Störmer-Schuppner, in: PTh 100 (2011), 481–489, hier besonders: 487–489.

darum gehen kann, die Amtshandlung an die Wünsche der Kasualnachsuchenden anzupassen. Vielmehr wird im Einzelfall zu entscheiden sein, welche davon unter theologischen, liturgischen, ästhetischen und anderen Gesichtspunkten aufgenommen werden können und welche nicht.

4) Der »mystery worshipper«

In den Bereich der Qualitätsentwicklung durch Rückmeldekultur fällt das Instrument des sogenannten »mystery worshipper«. Es geht zurück auf das Modell des »mystery customer« bzw. des »Testkunden«. Innerhalb des Qualitätsmanagements wird es – neben Kundenbefragungen – in den Bereich der externen Instrumente der Qualitätsprüfung[15] eingeordnet. Extern, weil hier nicht Mitarbeiter des Unternehmens selbst, sondern zu diesem Zweck eigens angeworbene und ggf. geschulte Kunden die Prüfung vornehmen. Aufgabe des »Geheimnis-Kunden«, wie der englische Begriff wörtlich zu übersetzen wäre, ist es, sich wie ein ganz normaler Kunde zu verhalten, dabei allerdings unauffällig und vom Anbieter bzw. Verkäufer unerkannt Qualitätsmerkmale zu überprüfen und später auch zu dokumentieren. So prüft beispielsweise ein Hoteltester die Aktualität der Auslagen im Prospektständer, die Sauberkeit des Bades oder die Freundlichkeit der Bedienung der Hotelbar. In der Regel liegt ihm ein ausführlicher Fragenkatalog vor, der, um beim Beispiel zu bleiben, von der Hotelkette selbst erarbeitet wurde. Das Instrument des Testkunden wird im aktiv eingesetzten Qualitätsmanagement daher von dem Unternehmen selbst in Auftrag gegeben und, damit die Anonymität gewahrt und der Zeitpunkt der Überprüfung unbekannt bleibt, über entsprechende Agenturen vermittelt.

Ein solches Instrument auf den Gottesdienst zu übertragen, ist hoch umstritten. Zum einen verstehen sich Gottesdienstbesucher nicht als Kunden, zum anderen widerstrebt beobachtendes Wahrnehmen und Beurteilen dem Modus, in dem Kirchgänger idealerweise am Gottesdienst teilnehmen: nämlich als aktiv Beteiligte, die nicht auf einer Metaebene etwas beobachten, sondern sich auf das gottesdienstliche Geschehen einlassen wollen. Gleichwohl wird das Instrument des Testkunden ansatzweise dort realisiert, wo zum Beispiel Journalisten unangekündigt Gottesdienste besuchen und anschließend in Zeitungen rezensieren oder sogar mit Hilfe quantitativer Methoden bewerten und damit Vergleichbarkeit und Objektivität suggerieren. Dies geschieht zum Beispiel seit Jahren in unregelmäßigen Kolumnen der Berliner Zeitung

15 Vgl. Manfred Bruhn, Kundenorientierung. Bausteine für ein exzellentes Customer Relationship Management (CRM), München [5]2016, 32 ff.

und regelmäßig durch die Rubrik »Mein Kirchgang« des evangelischen Magazins »Chrismon plus«. Die Rubrik wurde durch das Zentrum für Qualitätsentwicklung im Gottesdienst im Sommer 2010 analysiert und 32 Pfarrerinnen und Pfarrer durch Telefoninterviews darauf hin befragt, in welcher Weise die Veröffentlichung der Gottesdienstrezension für sie selbst und Ihre Gemeinde nachgewirkt hat. Die Ergebnisse wurden in einer vom Zentrum herausgegebenen Broschüre[16] und einem Artikel für das Deutsche Pfarrerblatt[17] dokumentiert.

Die Befragten äußerten grundsätzliche Zustimmung hinsichtlich der Bedeutung eines externen Blicks auf den Gottesdienst, fühlten sich aber durch die Art und Weise des Rückmeldeverfahrens nicht angemessen gewürdigt. Kritisiert wurde die fehlende Zustimmung der Gemeinde zu dem Verfahren, die mangelnde Möglichkeit, darauf zu reagieren, aber auch – vor allem natürlich bei kritischeren Bewertungen – die Veröffentlichung der Kritik mit Namensnennung. Die bei Chrismon-Plus übliche Kurzbewertung am Ende der Rezension mit einem fünfstufigen Punktesystem für die Kategorien »Liturgie«, »Predigt«, »Atmosphäre« und »Musik« suggeriert darüber hinaus eine Objektivität, die nicht gegeben ist, und wirkt aufgrund fehlender Kriterien-Nennung auch intransparent.

In England hat die Internetgemeinde »Ship of fools« (www.ship-of-fools.com) das Konzept des »mystery worshipper« erfolgreich etabliert. Jeder Interessierte kann einen von ihm erlebten Gottesdienst nach einem vorgegebenen Beobachtungsraster darstellen und diese Kritik auf der Website der Gemeinschaft veröffentlichen lassen. Die Gemeinde wird durch einen Zettel, den der Besucher im Klingelbeutel hinterlässt, auf den Test aufmerksam gemacht und erhält die Möglichkeit, zur veröffentlichten Kritik auf der Website Stellung zu beziehen. Mehr als 3.000[18] zum Teil amüsante Gottesdienstrezensionen vorwiegend aus England, aber auch aus den USA und anderen Ländern, sind auf diese Weise bereits entstanden.

Das Zentrum für Qualitätsentwicklung im Gottesdienst hat versucht, die aus der Chrismon-Plus-Auswertung gewonnenen Erkenntnisse und die Erfahrungen des »Ship-of-fools-Konzept« für die Konzeption einer deutschen Internetplattform »mystery worshipper« zu nutzen, um das trotz aller Bedenken auch für den Gottesdienst als potentiell hilfreich eingeschätzte Instrument für die Weiterentwicklung und Demokratisierung der Gesprächskultur über Gottesdienste zu nutzen. 2013 ging die Internetseite »www.Gottesdienst-

---

16 Geheime Gottesdiensttester. Eine Auswertung der Chrismon-Plus-Kolumne »Mein Kirchgang«, eine Veröffentlichung des Zentrums für Qualitätsentwicklung im Gottesdienst, Hildesheim 2010.

17 Christian Binder/Folkert Fendler, »Mein Gottesdienstbesuch«. Erfahrungen mit den Gottesdienstkritiken in »Chrismon Plus«, in: DtPfrBl 2011, 383–386.

18 Letzter Aufruf am 27. Januar 2017.

Tester.de« online. Jeder Interessierte sollte sich registrieren lassen können, einen Fragebogen downloaden und damit von ihm besuchte Gottesdienste rezensieren. Die Veröffentlichung sollte anonym geschehen (sowohl den Tester, als auch die Gemeinde betreffend) und die Anonymität der Gemeinde nur nach deren ausdrücklicher Freigabe aufgehoben werden. Vor Veröffentlichung würden, so der Plan, die Einsendungen durch Mitarbeiter des Zentrums gegengelesen, um unsachgemäße Sprache oder Kritik zu verhindern. Parallel dazu sollten die Gemeinden angeschrieben werden und mit Material zur Weiterarbeit am Gottesdienst und einer Feedbackkultur versorgt werden, wenn sie denn den durch den »mystery worshipper« gegebenen Anstoß aufnehmen wollte.

Dieses Projekt des Zentrums kam nicht über eine Probephase hinaus. Es fanden sich, möglicherweise auch weil die Einführungsphase und Öffentlichkeitsarbeit strategisch nicht ausreichend geplant und durchgeführt wurde, kaum »Tester«. Daher wurde die Seite im Jahr 2015 wieder vom Netz genommen. Es bleibt die offene Frage, ob dieses Instrument – mit anderem Konzept und der nötigen Leichtigkeit und mit Humor durchgeführt – nicht doch Aussicht auf Akzeptanz hätte und zur Entwicklung der Gesprächskultur und Sprachfähigkeit über Gottesdienste beitragen könnte.

Karl Friedrich Ulrichs

Die Kompetenzmatrix der EKD als Qualitätsinstrument

Qualitätskompetenzen erwerben in der homiletischen und liturgischen Ausbildung

1. Qualitätsarbeit von Anfang an

Qualitätsarbeit kann nicht erst dann ansetzen, wenn in der Praxis Defizite wahrgenommen werden; sie wäre dann defizitorientiert und nur reparaturbestrebt und damit Teil oft demotivierender und heteronomer Verfahren. Wahrnehmung von Qualitätsrelevantem und eine positive Haltung zur ständigen qualitätssichernden Arbeit müssen am Anfang der Bildung stehen, jedenfalls ihr integraler Bestandteil sein, um eine grundsätzlich qualitätsaffine Bestimmung der Bildungsziele zu formulieren und eine qualitätsbewusste Wahrnehmung und Selbststeuerung auszubilden. Eigene Predigt und Liturgie – und zwar sowohl deren Erarbeitung als auch die Darbietung – müssen als Handlungsfelder verstanden werden, zu deren professioneller Bearbeitung die eigene qualitätssensible Wahrnehmung und qualitätssichernde Steuerung gehören. Wer zu predigen lernt, muss Fragen nach dem, was stimmen muss, was wesentlich ist, was begeistern kann, stellen und zu beantworten lernen. Die eigene Predigtarbeit sollte anhand von Grund- und Leistungsmerkmalen und Begeisterungsfaktoren ausgebildet werden können.[1] Dabei können die in der empirischen Predigtforschung erhobenen Erwartungen von Predigthörer/innen eine Orientierung für die Qualitätsmerkmale geben: Die Gemeinde möchte durch Impulse beschenkt werden, durch relevante Interpretationen biblischer Texte und lebendige und verständliche Sprache sowie durch klaren Aufbau, sie erwartet Glaubwürdigkeit und gekonnte Darbietung.[2] Das bedeutet zugleich, dass die Wahrnehmung dieser (möglicherweise unterschiedlichen und sich wandelnden) Erwartungen eine erste zu erwerbende homiletische Kompetenz darstellt.

---

1 Vgl. das Kano-Modell, das dem von Folkert Fendler herausgegebenen Buch »Qualität im Gottesdienst. Was stimmen muss, was wesentlich ist, was begeistern kann«, Gütersloh [2]2017, zugrunde liegt.

2 So Kathrin Oxen/Holger Eschmann, Predigt, in: Fendler, a. a. O., 234–242, 234, nach Helmut Schwier, Inhalte, Formen, Hörerinnen und Hörer. Homiletische Aspekte zur empirischen Untersuchung der Predigtrezeption, in: Alexander Deeg (Hg.), Erlebnis Predigt, Leipzig 2014, 81–97.

Dass auch Gott etwas von unserer Predigt und Liturgie erwartet, versteht sich zwar von selbst, sollte aber gerade darum in der homiletischen und liturgischen Reflexion und Ausbildung nicht unterschlagen werden. Und dass auch Gott im Gottesdienst wirkt – wie klassisch in Luthers Torgauer Kirchweihpredigt formuliert –, benennt Unverfügbares in der gottesdienstlichen Performanz und einen »Stachel im Fleisch einer Kompetenztabelle«.[3]

Hier kann kein empirischer Überblick über die homiletische und liturgische Ausbildung geboten werden. Einen mutmaßlich verlässlichen Einblick in die gegenwärtige Praxis der homiletischen Ausbildung findet sich im 2015 von Peter Meyer und Kathrin Oxen herausgegebenen homiletikdidaktischen Handbuch, in dem zahlreiche Homiletiker und Homiletikerinnen der ersten und mehr noch der zweiten Ausbildungsphase (sowie aus der Fortbildung) die von ihnen entwickelten und verwendeten Methoden darstellen.[4] In diesem Beitrag soll nur versucht werden, die Gottesdienstausbildung in den Qualitätsdiskurs einzuzeichnen.

2. Qualität und Kompetenz

Kompetenz zeichnet sich aus durch die kognitiven Aspekte Kenntnis, Fertigkeit und Erfahrung; dazu kommen als motivationale Aspekte: Leistungswille, Belastbarkeit, Ausdauer.[5] Eine Kompetenzmatrix wurde von der Fachkommission I der EKD-Ausbildungskonferenz und des Fakultätentages im Jahr 2009 zur Beschreibung von Standards für die zweite Ausbildungsphase veröffentlicht.[6] Diese Matrix dient als Grundlage für Ausbildungspläne, Modulhandbücher und Curricula der Predigerseminare. Kompetenzorientierung hat sich spätestens mit dieser Matrix in der pastoralen Ausbildung etabliert. Jüngst ist diese

3 Julia Neuschwander, Qualitätsentwicklung in der Ausbildung zum Pfarrberuf. Standards, Kompetenzen und Portfolio der pastoralen Grundaufgabe »Gottesdienst« – Das Konzept der Evangelischen Kirche der Pfalz (Protestantische Landeskirche), in: Folkert Fendler/Christian Binder (Hg.), Gottes Güte und menschliche Gütesiegel. Qualitätsentwicklung im Gottesdienst (Kirche im Aufbruch. Reformprozess der EKD, Band 3, hg. vom Kirchenamt der EKD), Leipzig 2012, 261–285, 274.

4 Peter Meyer/Kathrin Oxen (Hg.), Predigen lehren. Methoden für die homiletische Aus- und Weiterbildung (Kirche im Aufbruch. Reformprozess der EKD, Band 17, hg. vom Kirchenamt der EKD), Leipzig 2015. Angesichts der praktischen Zielsetzung verständlich, gleichwohl bedauerlich ist es, dass hier die Qualitätsdiskussion noch nicht aufgegriffen wird.

5 Vgl. Heinz Bachmann (Hg.), Kompetenzorientierte Hochschullehre, Zürich 2011, 18.

6 Michael Beintker/Michael Wöller (Hg.)/Michael Beyer/Alexander Dölecke (Mitarb.), Theologische Ausbildung in der EKD (Dokumente und Texte aus der Arbeit der Gemischten Kommission für die Reform des Theologiestudiums/Fachkommission I 2005–2013), Leipzig 2014, 137–144. Hier kann sich allein schon aus chronologischem Grund kein expliziter Bezug zum erst in den Folgejahren aufkommenden Thema Qualität finden. Die Tabelle findet sich im Anhang zu diesem Beitrag.

mit dem Schweizer »Kompetenzstrukturmodell« weiterentwickelt worden, das nicht mehr über pastorale Handlungsfelder, sondern grundsätzlicher über psychologisch (ausgehend von den *big five* der Persönlichkeitspsychologie) und professionsethisch begründeten Standards modelliert wird.[7] Mit dem Kompetenzstrukturmodell wird ein Bezug zum Qualitätsdiskurs versucht; allerdings fällt dieser ausgesprochen vage und knapp aus.[8] Klar ist, dass Kompetenzorientierung und Qualitätsaspekte miteinander verbunden werden müssen, soll es um Qualitätsbewusstsein in der Gottesdienstausbildung gehen. Dabei fragt sich: Ist die Kompetenzorientierung selbst als Ermöglichung der Bildung von Qualitätsbewusstsein auszuweisen? Ist nach Aspekten gottesdienstlicher Kompetenzbildung zu fragen, die als solche zum Qualitätsmanagement gehören/führen? Oder ist umgekehrt davon zu sprechen, dass der Qualitätsdiskurs kompatibel ist mit der Kompetenzorientierung? Gibt es Qualitätsdimensionen, die in der Ausbildung besonders zu berücksichtigen sind, auf die hin auszubilden ist? Es werden Konzept-, Struktur-, Prozess- und Ergebnisqualität unterschieden.[9] Wie also sind gottesdienstliche Qualitätsstandards in auszubildende Kompetenzen zu überführen? Oder ist einfach Qualitätsbewusstsein als auszubildende Haltung in die liturgische und homiletische Ausbildung aufzunehmen? Im Qualitätsdiskurs ist die Aus- und Fortbildung selbst ein Aspekt der Strukturqualität.[10] Umso bedauerlicher ist es, dass hier das didaktische Thema der Kompetenzorientierung nicht berührt wird – so wenig wie im didaktischen Diskurs (Kompetenzmatrix und Homiletikdidaktik) das Qualitätsthema. Immerhin hat Julia Neuschwander Überlegungen zur »Qualitätsentwicklung in der Ausbildung zum Pfarrberuf« angestellt.[11]

3. Kompetenzmatrix als Qualitätsinstrument

Hier soll danach gefragt werden, inwiefern die EKD-Kompetenzmatrix ein predigt- und liturgiedidaktisches Qualitätsinstrument ist. Wie werden mit dieser Matrix qualitätsentwickelnde Kompetenzen ausgebildet und überprüft?

---

7 Thomas Schaufelberger/Juliane Hartmann (Hg.), Perspektiven für das Pfarramt. Theologische Reflexionen und praktische Impulse zu Veränderungen in Berufsbild und Ausbildung, Zürich 2016.

8 Eva Häuselmann, Perspektiven des Kompetenzstrukturmodells, in: Schaufelberger/Hartmann, a. a. O., 60–64, 62.

9 Folkert Fendler/Christian Binder (Hg.), Gewissheit, Gemeinschaft, Geheimnis. Qualitäten des Gottesdienstes (Kirche im Aufbruch. Reformprozess der EKD, Band 15, hg. vom Kirchenamt der EKD), Leipzig 2016, 16 f. Vgl. auch den Artikel von Christian Binder »Die Qualitätsdimensionen nach Donabedian« in diesem Band.

10 S. Fendler/Binder, Gewissheit, 54.

11 Neuschwander, Qualitätsentwicklung.

Dazu wird beispielhaft der Rahmenausbildungsplan des Evangelischen Predigerseminars Wittenberg[12] herangezogen.

Die EKD-Matrix umschreibt zunächst (erste Spalte) die gottesdienstlichen Handlungskompetenzen; hier werden Ebenen der Vorbereitung und der Gestaltung unterschieden. Sodann (zweite bis fünfte Spalte) werden die Kompetenzen in ihren fachlichen, methodischen, personalen und sozialen Aspekten ausgeführt. Auf diese Kompetenzmatrix aufbauende Ausbildungsordnungen müssen über deren Zielbenennungen hinaus die Lernwege dorthin (Inhalte, Prozesse, Methoden usw., auch Überprüfungsformen) beschreiben. Hier können die vier gottesdienstlichen Qualitätsdimensionen eingeschrieben werden: Konzept, Struktur, Prozess und Ergebnis. Wie sind diese Dimensionen bei den Zielbeschreibungen, der Ausführung der Kompetenzen, zu reformulieren? Wie sind sie bei der Beschreibung der Lernwege zu beachten? Sind bei der Überprüfung Wahrnehmungen zu den Qualitätsdimensionen Kompetenzindikatoren?

Der Rahmenausbildungsplan für das Predigerseminar Wittenberg beschreibt zu allen Handlungsfeldern die »Anforderungssituation«; hier wird definitorisch Konzeptionelles erwähnt und mit Rahmenbedingungen werden wichtige Aspekte für die Strukturqualität genannt. Sodann werden die genannten Kompetenzen weiter ausgeführt, indem vor allem Fachliches und Methodisches angesprochen wird, während personale und soziale Aspekte zuvor als »Querschnittskompetenzen« abgehandelt werden.[13] Dann werden Lerninhalte und -prozesse benannt, um schließlich eine Verknüpfung mit der gemeindlichen Ausbildung zu leisten und Hinweise zur Überprüfung der Kompetenzentwicklung zu geben. Dabei sind die vier Qualitätsdimensionen Konzept, Struktur, Prozess und Ergebnis auszumachen. Zwei *test cases* sollen hier dargestellt werden: zur Liturgie die fachlichen Kompetenzen, zur Predigt die sozialen Kompetenzen sowie jeweils die Ausführungen der Ausbildungsordnung.

1. Wer liturgisch kompetent ist, benötigt fachlich »ein Verständnis vom Wesen des evangelischen Gottesdienstes«, er/sie »kenn[t] liturgische Konzepte«,[14] verfügt über Kenntnis von und Routine mit agendarischen und freien Gottesdienstordnungen, »kenn[t] die christlichen Symbole und Ritu-

12 Rahmenausbildungsordnung und Rahmenausbildungsplan zum Vorbereitungsdienst in der Evangelischen Landeskirche Anhalts, der Evangelischen Kirche Berlin-Brandenburg-schlesische Oberlausitz, der Evangelischen Kirche in Mitteldeutschland und der Evangelisch-Lutherischen Landeskirche Sachsens, Wittenberg ²2015.

13 Rahmenausbildungsordnung und Rahmenausbildungsplan, 11.

14 Zu Gottesdienstkonzepten s. Fendler/Binder, Gewissheit, 100–124, unter der Perspektive der Ergebnisqualität. Hier könnten auch die im Evangelischen Gottesdienstbuch aufgeführten Kriterien herangezogen werden (15–17; vgl. die Ausführungen im Ergänzungsband unter dem Motiv der »lebendigen« Gottesdienstgestaltung [13 f.]).

ale und ihre Wirkkraft« sowie evangelisches und ökumenisches Liedgut und kann »räumliche und künstlerische Gegebenheiten« wahrnehmen und nutzen. Der Wittenberger Rahmenausbildungsplan beschreibt in seinen Ausführungen Vikar/innen, die »über vertiefte Kenntnisse der liturgischen Tradition verfügen [...] Sie kennen die Grundformen des evangelischen Gottesdienstes, können sie entfalten und suchen nach neuen Ausdrucksmöglichkeiten. Sie können Sprache, Musik, Bild und Raum in ein stimmiges Verhältnis bringen. Ihr Verständnis des Gottesdienstes beziehen sie auf die Traditionen der Gemeinde und die Ordnung der Landeskirche.«[15] Bei der folgenden Auflistung von Themen und Prozessen können Qualitätsdimensionen ausgemacht werden: Um Konzeptqualität geht es in Diskussionen zur Gottesdiensttheologie (vielgestaltiger und situationsgerechter Gottesdienst »als Feier der Gottesbegegnung, als Lebensbegleitung und Lebenserneuerung«) und in der Gestaltung des Verhältnisses von Liturgie und Predigt. Strukturqualität wird bei Rahmenbedingungen thematisiert: Teilnehmerzahl, Milieu, auch liturgische Traditionen (dazu u. a. Arbeit mit dem EGB und EGB.E sowie mit dem EG und Agenden; übungsweise wird Agendarisches entfaltet). Auch die Übungen zum Agieren im Raum (»liturgische Präsenz«) betreffen Strukturqualitatives. Planung, Entscheidung und Durchführung gehören zur Prozessqualität, während die Ergebnisqualität mit Feedback und Analyse von Gottesdiensten in der Seminargruppe angesprochen ist.

2. Als soziale Kompetenz beim Predigen wird in der EKD-Matrix benannt, dass Predigende »die Hörer/innen zu einem inneren Dialog und zum Weiterdenken anregen« können. Anders formuliert: Ist die Predigt interessant? – Ist sie relevant? Das ist die Frage zu einer weiteren sozialen homiletischen Kompetenz: Predigende können »die Relevanz des Gesagten für die Einzelnen und für die Gemeinschaft anschaulich machen«. Kompetent Predigende verwenden eine »integrative, gendergerechte und gemeinschaftsbildende Sprache« und können die eigene Predigt reflektieren und kollegial beraten. In den Ausführungen im Wittenberger Rahmenausbildungsplan können wiederum die Qualitätsdimensionen namhaft gemacht werden: Konzeptqualität zeigt sich in der Auseinandersetzung mit aktueller Homiletik (genannt wird eigens die Dramaturgische Homiletik) und im Vermögen, ein eigenes Predigtverständnis zu entwickeln und zu vertreten. Strukturqualität wird gesichert bei der Wahrnehmung von Rahmenbedingungen wie der forcierten Konfessionslosigkeit und der bilderträchtigen Mediengesellschaft. Werden »Fragen der Gegenwart« aufgenommen, kirchliche »eingefahrene Sprachmuster« und ein enges Formenrepertoire erkannt? Wohl auch die Durchdringung des Propriums gehört zur Strukturqualität. Prozessqualität zeigt sich in der Predigt-

15 Rahmenausbildungsordnung und Rahmenausbildungsplan, 18.

vorbereitung, die als ein »zwar intentional ausgerichteter, aber offener und dialogischer Prozess« verstanden wird. Das Proprium gilt als Ressource für den Predigtprozess. Als Methode wird die »Schreibwerkstatt« genannt. Neuer sind Formen des Coachings, zu denen die Reflexion des laufenden Prozesses gehört. Ergebnisqualität verdankt sich der Kenntnis von Grundlagen der Rhetorik, der Sprechbildung. Methodisch werden Übungen zum freien Sprechen, Feedback und Analyse von Predigten in der Seminargruppe genannt.

Kompetenzorientierte Ausbildungspläne benennen also implizit die genannten Qualitätsdimensionen. In den Ausführungen kann man einen Schwerpunkt bei der Konzeptqualität sehen. Die Predigtausbildung scheint stärker am Prozess interessiert zu sein als diejenige zur Liturgie, die mit der Performanz (Ergebnis) arbeitet. Man verbleibt dabei überwiegend auf der Ebene des Ausbildungsziels. Aspekte des Lernwegs (Inhalte, Methoden usw.) und der Überprüfung werden aufgeführt. Auch und gerade hier Qualitätsdimensionen zu benennen, wird entscheidend sein. So ergibt sich für das Design gottesdienstlicher Ausbildung unter Qualitätsaspekten folgende Matrix aus Qualitätsdimensionen und didaktischen Aspekten:

	Ziel (Kompetenzbeschreibung)	*Weg (Inhalte, Methoden usw.)*	*Überprüfung*
Konzept		Homiletikkurs	Diskussion bei Predigtbesprechung, Predigtarbeit, Klausur, mündliche Prüfung
Struktur		Schriftliche Vorüberlegungen	Diskussion bei Predigtbesprechung, Predigtarbeit, Klausur
Prozess		Coaching	Predigtbesprechung
Ergebnis		Nachbesprechung	Gottesdienst, Predigtbesprechung

Qualitätsdimensionen bei Kompetenzbeschreibungen zu berücksichtigen, wird verhältnismäßig einfach sein, darum wird auf entsprechende Angaben in der Tabelle verzichtet, schwieriger dürfte die eigentliche didaktische Herausforderung sein, Qualitäten (des Prozesses und des Ergebnisses!) auf dem Lernweg auszumachen. Wie sind diese methodisier- und operationalisierbar? Immerhin können hier leicht Stationen etwa der Wittenberger Predigtausbildung zugeordnet werden. Wieder einfacher scheint die rechte Spalte, in der Qualitätsdimensionen bei der Überprüfung des Kompetenzerwerbs namhaft gemacht werden. Dies soll hier skizziert werden.

Kompetenznachweise werden bei Gottesdienstbesuchen von Mentor/innen und Studienleitenden[16] oder durch von Vikar/innen gestaltete Gottesdienste in Gemeinden der Region erbracht. Den Wittenberger »Vikarsgottesdiensten« geht ein Predigtcoaching (Studienleitung) voraus – hier sind die Auseinandersetzung mit dem biblischen Text, dem Proprium, lebensweltlichen und aktuellen Fragen der Predigtsituation schriftlich vorzulegen (ca. eine Seite). Es folgt am Montagvormittag eine Austausch- und Analyserunde in der Kursgruppe. Die Performanz und ihre Reflexion anhand von gottesdienstlichen Kriterien und Standards[17] bieten reliable Kompetenzfaktoren, hier kann auf liturgische und homiletische Kompetenz geschlossen werden.[18] Als wichtiger Akteur wird regelmäßig die kollegiale Gruppe erlebt; wichtig ist es dabei, ohne Bewertungslogik und -habitus zu sprechen. Das Coaching ist insbesondere an Fragen der Prozessqualität interessiert. In der Analyse spielt neben der Wahrnehmung von Performanz und Text (Ergebnis) auch die Frage, was der Einbringer als besondere Aufgabe und Entscheidung im Predigtprozess erfahren hat, eine besondere Rolle. Dies sind Instrumente formativer Kompetenzüberprüfung. Summative Kompetenznachweise werden durch den Prüfungsgottesdienst erbracht.[19] Dazu kommen ggf. die wissenschaftliche Arbeit, Klausuren und mündliche Prüfungen.

Als interessantes Instrument für die formative und summative Überprüfung kann das Portfolio benannt werden. In standardisierter Form – d. h. sämtliche Dokumente sind obligatorisch – wird es im Predigerseminar Landau verwendet.[20] Selbst- und Fremdwahrnehmungen von Prozess und Ergebnis können so in der Gruppe oder in einem kollegial geführten Beratungs- oder Prüfungsgespräch präsentiert und diskutiert werden. Eine individuellere Form formativer Selbstüberprüfung ist das beispielsweise auch im Predigerseminar Wittenberg etablierte Vikariatstagebuch, das nach eigener Motivation und mit Schreibimpulsen seitens Studienleitung und Mentoren geführt werden kann. Es kann als Medium für eigene Reflexion sowie für Gespräche mit Mentorinnen, Ausbildungsgruppe, evtl. auch mit Studienleitenden verwendet werden.

---

16 S. dazu die Formulare in der Pfälzer Ausbildung bei Neuschwander, Qualitätsentwicklung, 275.

17 Hier sind möglicherweise hilfreich die drei von Fendler/Binder vorgeschlagenen zentralen Momente des Gottesdienstes: Gewissheit, Gemeinschaft und Geheimnis, s. Fendler/Binder, Gewissheit, 40–47 und 125–148, sowie zu »3G im Kirchenjahr«, 149–171.

18 S. Neuschwander, Qualitätsentwicklung, 268.

19 Vgl. zur Predigt im Rahmen der Ersten Theologischen Prüfung Eberhard Hauschildt, Herausforderung »Examenspredigt«, in: PTh 106 (2017), 100–120.

20 Zum Landauer Portfolio s. Neuschwander, Qualitätsentwicklung, 275–279. Portfolios bieten sonst – etwa im Elementar- und Primarbereich – selbstgestaltete »Artefakte« verschiedener Art und in eigener Auswahl, die vor allem der Gruppe präsentiert werden.

4. Anfragen und Anregungen aus der Predigt- und Liturgieausbildung an das Konzept von Gottesdienstqualität – und umgekehrt

In der Ausbildung rückt aktuell stärker der liturgische und homiletische Prozess[21] in den Blick. Bei der Arbeit mit Vikaren wird also verstärkt gefragt, wie Liturgie und Predigt erarbeitet werden. Kompetenzen können am Prozess wohl besser (nachhaltiger, autonomer usw.) als am Ergebnis ausgebildet und überprüft werden. Die Prozessqualität wird daher aus didaktischer Perspektive besondere Aufmerksamkeit finden; gleiches gilt für die Fortbildung. Dabei ist die subjektive Zufriedenheit der Predigenden ein wünschenswertes Ziel und ein wichtiger Indikator. Umgekehrt legt die Bearbeitung der Prozessqualität nahe, dass gerade auch Prozesskompetenzen ausgebildet werden (Wahrnehmungsfähigkeiten zu Text und Gemeinde, Kreativität, Schreibstrategien). Wird in der Ausbildung der individuelle Predigtprozess der Vikarinnen wahrgenommen, wird dies zu einer Individualisierung der Lernwege führen, was einer zu beobachtenden (nicht zu beklagenden) Diversifizierung der Ausbildungskohorte entspricht.

Ausbildung legt es auf gebildete Nachhaltigkeit an. Was Kompetenzen betrifft, ist dies vor allem eine (durch Routine immer stärker) zutreffende Wahrnehmung des eigenen Predigtprozesses und der Performanz. Als nachhaltige Haltung ist beispielsweise die erworbene Offenheit für Ausbildung und Bereitschaft zur Weiterbildung zu nennen. Das ist ein wichtiger motivationaler Aspekt von Gottesdienstkompetenz.

In der Ausbildung wird die Erfahrung gemacht, dass an der speziellen Homiletik zu den Kasualien – insbesondere zur Bestattung – exemplarisch und weiterführend gelernt werden kann, etwa die Frage, wie konkretes Leben zur Sprache zu bringen ist. Auf diese gottesdienstlichen Handlungsfelder ist die Qualitätsdiskussion auszuweiten.

5. Ein Ergebnis in einen Prozess verwandeln – ein Vorschlag für qualitätssensible Ausbildung

Gottesdienstdidaktisch noch nicht bedacht wurde bisher die »Nachbereitung« als ein erneuter Prozess nach dem Ergebnis: Auf eine Reflexion von Prozess und Ergebnis kann eine Überarbeitung des Ergebnisses folgen. Dieser neue

21 Verdienstvoll und für die Ausbildung in den Predigerseminaren folgenträchtig ist m.E. die Dissertation von Annette Cornelia Müller, Predigt schreiben. Prozess und Strategien der homiletischen Komposition (Arbeiten zur Praktischen Theologie 55), Leipzig 2014.

Prozess versucht Alternativen zum Ergebnis und übt möglicherweise auch Alternativen im Prozess ein. Damit könnte eine sozusagen nachgelagerte Prozessqualität erzielt werden.

Der Nachbearbeitungsprozess kann die Nachhaltigkeit von erworbenen Kenntnissen, Fertigkeiten und Haltungen verstärken. Und es kann gefragt werden, ob an einer Überarbeitung Kompetenzen nicht besser als beim Ergebnis überprüft werden können. Immerhin schlagen sich hier Selbstwahrnehmung und die Aufnahme von Fremdwahrnehmung, die Ergebnisreflexion und die Entwicklungsbereitschaft nieder.

Handlungskompetenz		fachlich	methodisch	personal	sozial
Liturgische Kompetenz	Sie sind in der Lage, einen öffentlichen Gottesdienst ansprechend und stimmig als gemeinsame Feier mit der Gemeinde zu gestalten.	Sie haben ein Verständnis vom Wesen des evangelischen Gottesdienstes. Sie kennen liturgische Konzepte, die Ordnungen des Gottesdienstes und der Kasualien und sind mit offenen Formen der Gottesdienstgestaltung vertraut. Sie kennen die christlichen Symbole und Rituale und ihre Wirkkraft.	Sie gestalten den Ablauf eines Gottesdienstes theologisch begründet, der Situation und dem Kirchenjahr angemessen und setzen dabei Schwerpunkte. Sie finden Worte, Zeichen und religiöse Handlungen, um Lebenserfahrung zu deuten. Sie öffnen das gottesdienstliche Leben durch neue Formen.	Sie bringen sich selber als Person in der Rolle glaubwürdig in das gottesdienstliche Geschehen ein. Sie pflegen eine eigene religiöse Praxis und bleiben bei ihrer Anwendung selbstkritisch.	Sie beziehen Gottesdienstbesucher/innen so ein, dass diese sich in ihrer Verschiedenheit ernst genommen fühlen. Sie beziehen die Mitwirkenden in Planung und Umsetzung des Gottesdienstes adäquat ein. Sie stellen sich existenziellen Fragen und reagieren in der rituellen Gestaltung angemessen darauf. Sie sind in der Lage, ihre gottesdienstliche Praxis zu begründen, mit anderen zu reflektieren und sich kollegial zu beraten.
	Sie sind in der Lage, Wort, Musik und Raum in einen ansprechenden Zusammenhang zu bringen.	Sie kennen das evangelische Liedgut und haben sich mit ökumenischen Impulsen auseinandergesetzt. Sie erkennen räumliche und künstlerische Gegebenheiten und nutzen sie für die Gestaltung.	Sie wählen musikalische und andere ästhetische Elemente sachgemäß aus und beziehen sie in den gottesdienstlichen Ablauf ein. Sie verbinden Traditionelles mit Neuem.	Sie kennen ihre eigenen musikalischen Möglichkeiten und Grenzen und gehen konstruktiv damit um. Sie bringen eigene Vorlieben mit den Erfordernissen der Situation in Einklang. Sie bewegen sich liturgisch angemessen im Raum.	Sie geben den musikalischen, künstlerischen und sonstigen Fähigkeiten Anderer Raum. Sie motivieren die Gemeinde ihren Möglichkeiten entsprechend zur Mitgestaltung.
Homiletische Kompetenz	Sie sind in der Lage, einen biblischen Text in Zuspruch und Anspruch in den gegebenen Kontext hinein auszulegen.	Sie bringen einen biblischen Text theologisch reflektiert mit Fragen der Gegenwart in einen Dialog. Sie zeigen die Relevanz des Evangeliums für heute auf.	Sie nehmen den gemeindlichen und gesellschaftlichen Kontext wahr. Sie beziehen unterschiedliche Zugänge zum Text mit ein. Sie sind in der Lage, einen der Situation entsprechenden biblischen Text auszuwählen.	Sie machen sich ihren persönlichen Zugang zum Text bewusst und gestalten ihn.	Sie können die Hörer/innen zu einem inneren Dialog und zum Weiterdenken anregen. Sie machen die Relevanz des Gesagten für die Einzelnen und für die Gemeinschaft anschaulich.
	Sie sind in der Lage, ihre Aussagen dem Kontext entsprechend sprachlich angemessen zu gestalten.	Sie kennen die Grundlagen der Rhetorik. Sie kennen verschiedene literarische Ausdrucksformen und setzen diese passend ein.	Sie sprechen frei, verständlich und gut hörbar und können mit technischen Hilfsmitteln umgehen.	Sie kennen die Möglichkeiten und Grenzen ihrer Ausdrucksfähigkeit und gehen damit konstruktiv um.	Sie verwenden eine integrative, gendergerechte und gemeinschaftsbildende Sprache. Sie reflektieren ihre Predigt mit anderen und beraten sich kollegial.

Dirk Schliephake

Die Kindergottesdienst-Card der Ev.-luth. Landeskirche Hannovers

Seit vielen Jahrzehnten trauen Kirchengemeinden und Kirchenleitungen ehrenamtlich Mitarbeitenden zu, Kinder in Kindergottesdiensten in die wesentlichen Grundformen des christlichen Glaubens kompetent einzuführen und sie in ihrer Glaubensentwicklung gut zu begleiten. Das reformatorische Priestertum aller Gläubigen findet hier eines der wichtigsten Arbeitsfelder für die Gegenwart und Zukunft der evangelischen Kirche. Visitationen und Umfragen zeigen: Rund 50 % der Kindergottesdienst-Teams werden pastoral vor Ort weder in der Vorbereitung und Gestaltung von Gottesdiensten mit Kindern begleitet, noch dafür gründlich aus- und fortgebildet.

Fast alle Landeskirchen haben Arbeitsstellen für die Fortbildung von Mitarbeitenden im Kindergottesdienst eingerichtet. Diese tragen eine hohe Verantwortung für eine grundständige und kontinuierliche Fortbildung und Qualifizierung der Mitarbeitenden, wie sie auch in anderen Bereichen des Ehrenamtes (z. B. Lektoren und Prädikanten, Kirchenmusik, Hospiz) erwartet und geleistet wird. In der Ev.-luth. Landeskirche Hannovers ist der Arbeitsbereich Kindergottesdienst im Michaeliskloster Hildesheim, Ev. Zentrum für Gottesdienst und Kirchenmusik, geleitet von einem Theologen der Landeskirche, für diese Fortbildungsaufgabe beauftragt und damit zugleich zuständig für die Qualitätsentwicklung von Gottesdiensten mit Kindern.

Ehrenamtlich Mitarbeitende im Kindergottesdienst erwarten von ihrer Kirche zunehmend eine professionelle Begleitung und Qualifizierung für und in ihren bzw. ihrem Dienst der öffentlichen Verkündigung. Aber auch Eltern fragen nach der Qualifikation von ehrenamtlich Mitarbeitenden, denen sie ihre Kinder im Gottesdienst anvertrauen.

Qualitätsstrategie

Auf Grundlage der Kompetenzbausteine für die Fortbildung von Mitarbeitenden im Kindergottesdienst – empfohlen vom Gesamtverband für Kindergottesdienst in der EKD e.V., dem Leitbild des Michaelisklosters und Erkenntnissen des Zentrums für Qualitätsentwicklung im Gottesdienst – wurde vom Arbeitsbereich Kindergottesdienst intensiv eine Qualitätsstrategie mit unterschiedlichen Qualitätsinstrumenten entwickelt.

Dazu gehört die Kindergottesdienst-Card bzw. KiGo-Card. Sie dient der Qualifizierung von ehrenamtlich Mitarbeitenden und damit zugleich der Qualitätsentwicklung von Gottesdiensten, die Kindern gerecht werden als berührende und nachhaltig prägende Erfahrungsorte der Kommunikation des Evangeliums. Kinder brauchen zum Wachsen ihres Glaubens mehr denn je wertschätzende, berührende Begegnungen mit Menschen, Bibel, Kirchenmusik und Ritualen im schöpferischen Wirkraum des Heiligen Geistes im Gottesdienst. Und Kinder brauchen motivierte, kompetente und qualifizierte Mitarbeitende mit einem hohen Qualitätsbewusstsein. Mitarbeitende, die durch ihr Engagement im Kindergottesdienst Erfolgserlebnisse und Anerkennung erfahren und in ihrem Status als Mitarbeitende im Dienst der öffentlichen Verkündigung gestärkt werden. Kinder und Mitarbeitende erfahren dabei ihre Kirche und Kirchengemeinde als eine wertschätzende Gemeinschaft.

Der Arbeitsbereich Kindergottesdienst konzentriert sich in seiner Qualitätsplanung auf unterschiedliche Fortbildungsmodule und -formen der drei theologisch-liturgischen Basisthemen des Kindergottesdienstes: spielende Liturgie, Bibel erzählen und kreative Vertiefung. Dabei werden interdisziplinär neue Erkenntnisse zur Glaubensentwicklung von Kindern und Kindertheologie elementar ins Spiel gebracht und mit den individuellen Erfahrungen der Mitarbeitenden in einem vertiefenden Austauschprozess verknüpft.

Durch aktives Mitgestalten, gemeinsame Erfahrungen, die immer auf die eigene Praxisanwendung bezogen sind, und eine wertschätzende Feedbackkultur werden Mitarbeitende in ihren spirituellen, fachlichen, personalen und sozialen Kompetenzen gestärkt. So wächst die Qualitätsverantwortung des Einzelnen und des Teams für erfahrungsorientierte und berührende Gottesdienste mit Kindern.

Kindergottesdienst-Card als Qualitätsinstrument

Die Kindergottesdienst-Card bescheinigt – im Unterschied zur staatlichen Jugendgruppenleiter-Card – eine grundständige Qualifikation zum Dienst der öffentlichen Verkündigung im Kindergottesdienst. Diese Qualifikation entspricht den Kompetenzen von Prädikantinnen und Prädikanten für die selbständige Vorbereitung und Gestaltung von Gottesdiensten.

Gestaffelt nach Zeitdauer der Mitarbeit im Kindergottesdienst, sind Basiskurse im Rahmen der drei Basisthemen (ca. 30 Fortbildungsstunden) im Michaeliskloster oder im Kirchenkreis zu belegen. Jugendliche Mitarbeitende ab zwölf Jahren, die mindestens ein Jahr im Kindergottesdienst mitgearbeitet und drei Basiskurse belegt haben, erhalten die Kindergottesdienst-Card. Mitarbeitende, die seit fünf Jahren im Kindergottesdienst mitarbeiten, erhalten nach zwei Basiskursen die Kindergottesdienst-Card. Und langjährige Mitarbeitende (mindestens zehn Jahre) erhalten bereits nach nur einem Update-Fortbildungstag im Michaeliskloster die Kindergottesdienst-Card.

Die Kindergottesdienst-Card wird in einem Gemeindegottesdienst feierlich überreicht. Oft verbunden mit einer liturgisch gestalteten Beauftragung zum Dienst der öffentlichen Verkündigung im Kindergottesdienst. Die Kindergottesdienst-Card wird jeweils um drei Jahre verlängert, wenn jährlich eine Fortbildung (mindestens vier Stunden) im Arbeitsbereich Kindergottesdienst und die kontinuierliche Mitarbeit im Kindergottesdienst bescheinigt wird. Die Kindergottesdienst-Card berechtigt zur kostenfreien Teilnahme an Kindergottesdienst-Praxistagen in den Sprengeln der Landeskirche und an einem jährlichen Studientag des Arbeitsbereichs Kindergottesdienst. Auch die Teilnahme am alle vier Jahre stattfindenden Tag des Kindergottesdienstes der Landeskirche ist kostenfrei.

Evaluation

Die Erfahrungen der Basiskurse zeigen, wie entscheidend es ist, Kinder mit langjähriger Kindergottesdiensterfahrung bereits ab dem zwölften Lebensjahr für die Kindergottesdienst-Card-Qualifizierung zu gewinnen. Die eigenen Kindergottesdiensterfahrungen bieten eine hervorragende Reflexions- und Kommunikationsgrundlage für eine liturgische Bildung. Die Fortbildung und Mitarbeit im Kindergottesdienst parallel zur Konfirmandenarbeit ist zwar eine Herausforderung, die aber gerne angenommen wird. So bleiben qualifizierte Mitarbeitende oft bis zum Abitur oder dem Beginn der beruflichen Ausbildung im Kindergottesdienst-Team. Etliche knüpfen in der späteren Familienphase an diese Erfahrungen an und engagieren sich erneut kompetent im Kindergottesdienst. Aber auch langjährige Mitarbeitende werden motiviert, ihre bisherigen Gottesdienstkonzeptionen und ihre Gottesdienstpraxis kritisch zu reflektieren und die Qualität im Rahmen der in den Fortbildungen erweiterten Kompetenzen weiterzuentwickeln. Auch die regelmäßige Teilnahme an weiteren Fortbildungsveranstaltungen ist eine Folge der intensiven Basisqualifizierung. Ehrenamtliche Mitarbeitende äußern häufig ihren Dank für die Ermöglichung und Finanzierung ihrer persönlichen Qualifikation durch die Kirchengemeinde und Landeskirche. Sie fühlen sich in ihrem Dienst sehr wertgeschätzt.

Baustellen

Ein nicht zu unterschätzendes Problem für die flächendeckende Implementierung der Kindergottesdienst-Card ist die Freiwilligkeit der Teilnahme von ehrenamtlich Mitarbeitenden an Fortbildungen. Viele Mitarbeitende sind über Fortbildungsangebote nicht informiert bzw. werden dazu von ihrer Kirchengemeinde nicht motiviert. Interessierte begründen ihre Nichtteilnahme häufig mit mangelnden Zeitressourcen aufgrund familiärer und beruflicher Verpflichtungen. Anscheinend halten auch etliche Kirchenvorstände eine Qualifizierung ihrer ehrenamtlich Mitarbeitenden im Kindergottesdienst für unnötig oder verweigern sogar die in der Landeskirche geregelte Übernahme der Fortbildungskosten.

Viele der ehrenamtlichen Beauftragten des Kirchenkreises für Kindergottesdienst bieten aufgrund von Arbeitsverdichtung und Zeitmangel in ihrer beruflichen Tätigkeit als Pastor/in bzw. Diakon/in wenig ortsnahe Fortbildungen in den Kirchenkreisen an.

Vernetzungen

Das Qualitätsinstrument Kindergottesdienst-Card ist nicht nur mit dem Fortbildungssystem des Michaelisklosters, der Gottesdienstarbeitsstelle der hannoverschen Landeskirche, vernetzt, sondern auch ein wichtiger Schlüssel für Veränderungen und Erneuerungen innerhalb der Vikarsausbildung. Kindergottesdienst kommt als Kernaufgabe des Pfarramtes neu in den Blick.

Ebenfalls mit der Kindergottesdienst-Card vernetzt ist die neuentwickelte Reihe KIMMIK-Praxis GreenLine. Diese Arbeitshilfen, die einerseits die Erwartungen und Bedürfnisse der Mitarbeitenden berücksichtigen und andererseits zugleich den kirchlichen Auftrag zur Qualitätsentwicklung im Kindergottesdienst wahrnehmen, bieten Möglichkeiten einer selbständigen, kontinuierlichen und ortsnahen Fortbildung allein oder im Gottesdienstteam. Die Arbeitshilfen führen elementar in die wichtigsten theologisch-liturgischen Themen von Gottesdiensten mit Kindern ein: z. B. leichte Sprache, Theologisieren mit Kindern, Psalmen, Spiele, berührende Begegnungen. Der kompetenzorientierte Ansatz der Seminarfortbildungen wird verbunden mit konkreten Praxisbausteinen für den Kindergottesdienst, die zur Umsetzung motivieren. Damit eröffnen sich weitere Fortbildungsmöglichkeiten für die Kindergottesdienst-Teams in den Gemeinden vor Ort und zur Qualitätsentwicklung von Kindergottesdiensten.

Vision

Bis zum Jahr 2020 ist jeweils mindestens ein/e Mitarbeiter/in der rund 1.200 Kindergottesdienstteams der Landeskirche im Besitz einer Kindergottesdienst-Card. Künftig sind alle ehrenamtlich – und auch beruflich – Mitarbeitenden für den Dienst der öffentlichen Verkündigung in Gottesdiensten mit Kindern kompetent ausgebildet für eine qualitätvolle Planung, Vorbereitung, Durchführung und Nachbereitung von Gottesdiensten mit Kindern – mit Wirkungen weit über den Kindergottesdienst hinaus.

Vertiefende Literatur

Kompetenzbausteine für die Fortbildung von Mitarbeitenden im Kindergottesdienst: <www.kindergottesdienstekd.de/material/PDFs/KompetenzbausteineGesamtverband2011.pdf>; Abruf am 6. März 2017.

Leitbild des Michaelisklosters: <www.michaeliskloster.de/willkommen-leitbild>; Abruf am 6. März 2017.

Dirk Schliephake, Kindergottesdienst, in: Folkert Fendler (Hg.), Qualität im Gottesdienst. Was stimmen muss. Was wesentlich ist. Was begeistern kann, Gütersloh [2]2017, 36–46.

Reihe: KIMMIK-PraxisGreenLine, hg. von Dirk Schliephake, zu finden über <www.michaeliskloster.de>; Abruf am 6. März 2017.

Lars Hillebold

Gottesdienst- und Predigtpreise

Nicht möglich, reizvoll und nun wirklich

»Ein Predigtpreis ist eine heikle Sache. Man predigt eigentlich nicht um die Wette. [...] Sich so was beim Predigen vorzustellen, ist, wenn auch reizvoll, fast nicht möglich«[1], erklingt es zurückhaltend noch 2002. Der Predigtraum. Unendliche Weiten. Wir schreiben das Jahr 2017. Inzwischen sind fremde Wortgalaxien erforscht, neue Predigtformen entdeckt und weitere Zielgruppen im Blick. Sich Predigtwettbewerbe vorzustellen, ist möglich geworden, und sie sind Wirklichkeit. Eine Predigtpreislandschaft hat sich geformt. Manche, wie der Ökumenische Predigtpreis[2] und der *Gottesdienstpreis der Karl-Bernhard-Ritter-Stiftung*[3], haben sich seit 16 bzw. zehn Jahren etabliert. Weitere Preise sind entstanden: wie der *Bergmoser + Höller Verkündigungspreis*[4], der *Schweizer Predigtpreis*[5], der *Männertheologische Predigtpreis*[6], der Ökumenische Frauen-Predigtpreis[7], der mennonitische *Menno-Simons-Predigtpreis*[8] und der Herrnhuter *Jan Hus Predigtpreis*[9]. Andere wurden ins Leben gerufen und wieder eingestellt, wie der *Johanniter-Predigttag*[10].

In diesen Entstehungszeitraum fallen zwei weitere Entwicklungen: Zum einen – institutionell gesteuert – die 2009/2010 entstandenen EKD-Zentren.

---

1 Frank Hiddemann zur Verleihung des Zinzendorf-Predigtpreises, in: Nicol, Martin, Einander ins Bild setzen. Dramaturgische Homiletik, Göttingen 2002, 145. Siehe im Folgenden zu diesem Preis die Evangelische Brüder-Unität/Herrnhuter Brüdergemeinde.

2 <www.predigtpreis.de>. Dieser Predigtpreis besteht im Grunde aus drei Preisen. Es wird die »Beste Predigt« des Jahres ausgezeichnet, das »Lebenswerk« eines Einzelnen gewürdigt, und es besteht drittens die Möglichkeit, einen »Sonderpreis« in einer bestimmten thematischen Kategorie auszuschreiben und zu verleihen.

3 <www.gottesdienststiftung.de>. Alle hier genutzten Webseiten wurden letztmalig am 27.5.2017 gesichtet.

4 <www.buh-stiftung.de>.

5 <www.schweizer-predigtpreis.ch>.

6 <www.predigtpreis.maennerarbeit-ekd.de>.

7 <www.def-bundesverband.de>.

8 <www.theologie.uni-hamburg.de/einrichtungen/arbeitsstellen/friedenskirche/menno-simons-predigtpreis.html>.

9 <www.ebu.de/predigtpreis>.

10 Vgl. dazu Michael Meyer-Blanck, Die Kunst des Predigens und der Oldenburger Predigtpreis, in: Johanniter Predigtpreis 2004, Oldenburg 2005, 26 f. Ich danke dem Johanniterorden, Subkommende Oldenburg, der mir die nicht mehr öffentlich zugänglichen Unterlagen zur Verfügung gestellt hat.

Das Zentrum für evangelische Predigtkultur nahm mit der Idee *Jugend predigt*[11] eine performative Wettbewerbsform auf, die den textbasierten Predigtpreisen – zumindest den älteren – (noch) fremd ist. Die andere, eher institutionsfreie Entwicklung ist die Adaption des Poetry-Slams hin zur Erfindung und Verbreitung des *Predigtslams*[12].

Was durch die Arbeit und die eher skizzenartige Untersuchung zu diesem Artikel deutlich wurde, sind drei Aspekte, die – möglichst knapp formuliert – so lauten: Das Angebot ist größer als gedacht. Die Nachfrage ist geringer als erhofft. Die Wirkung kann weiter untersucht und vertieft werden. Insofern werden im Folgenden (1.) die Gemeinsamkeiten und Unterschiede der hier ausgewählten Predigtpreise und -wettbewerbe kurz dargestellt. In einem zweiten Schritt (2.) soll beschrieben werden, wie »Qualität« und »Wettbewerb« in diesen Predigtpreisen verstanden werden kann. Der letzte Teil (3.) fokussiert die »Hörer« und die »Nachhaltigkeit« von Predigtpreisen und schließt mit einer Vision.

---

11 Vgl. Dietrich Sagert, Mit jungen Leuten an ihren Predigten arbeiten. Ein Gespräch, in: Kathrin Oxen/Dietrich Sagert (Hg.), Mitteilungen. Zur Erneuerung evangelischer Predigtkultur (Kirche im Aufbruch 5). Leipzig 2013, 155–162.

12 Vgl. Katharina Scholl/Gerhard Neumann/Thomas Erne (Hg.), Predigt Slam (KBI 07), Marburg 2015.

1. Die Predigtpreis-Matrix

Die Predigtpreise / Wettbewerbe		Ökumenische	Frauen	Männer	Schweizer	Mennonitisch	Gottesdienstpreis	Verkündigungspreis	Herrnhuter, Jan Hus	Johanniter	Jugend predigt	Predigtslam
besteht seit / vergeben		seit 2000	seit 2003, 5x	seit 2013	2 x	seit 2008	seit 2008	seit 2012	2015	2004, 2007	2011–2015	
gegründet	Stiftung privat/unternehmerisch	✓					✓	✓		✓		
	kirchenorganisatorisch		✓	✓	✓	✓			✓		✓	
Teilnehmer	ökumenisch	✓	✓	✓	✓	✓	✓	✓	✓	✓	✓	✓
	ehrenamtlich Verkündigende	✓	✓	✓	✓	✓	✓	✓	✓	✓	-	✓
	Schüler	-		✓	-	-	-	✓	-	✓	-	✓
	Teamarbeit	-		✓	-	-	✓	✓	-	✓	-	-
dotiert		-	✓	✓	✓	✓	✓	✓	✓	✓	✓	-
Predigt	schriftlich	✓	✓	✓	✓	✓	✓	✓	✓	✓	✓	-
	Audio möglich	✓	-	✓	-	-	-	-	-	-	-	-
	Video möglich	-	-	✓	-	-	-	-	-	-	-	-
	Auftritt	-	-	-	-	-	-	-	-	✓	-	✓
Text/Thema	vorgegeben	-	✓	✓	✓	✓	✓	-	✓	✓	✓	-
definierte Kriterien	TEXT Textauslegung	✓	✓	✓	✓	✓	✓		✓	-	✓	-
	TEXT Theologischer Gehalt	✓	✓	✓	✓	✓	✓		✓	✓	✓	-
	HÖRER Gegenwartsbezug	✓	✓	✓	✓	✓	✓	✓	✓	-	✓	-
	HÖRER Hörerorientierung	-	✓	✓	✓	✓	✓		✓	-	✓	-
	HÖRER geschlechtsspezifisch	-	✓	✓	-	-	-		-	-	-	-
	PREDIGER Ich / Rolle	-	✓	✓	-	-	✓		-	-	✓	-
	PREDIGER Sprachliche Mittel	-	✓	✓	✓	-	✓		✓	✓	✓	-
	PREDIGER innovativ, originell	-	-	✓	-	-	✓	✓	-	-	-	-
	PREDIGER Kunstwerk	✓	-	-	✓	-	✓		-	✓	-	-
	liturgische Verortung	-	-	-	-	-	✓		✓	-	-	-
definierte Ziele	Würdigung	✓	-	-	-	✓	✓	✓	✓	✓	✓	-
	öffentliche Wirksamkeit	✓	✓	-	✓	-	✓	✓	✓	✓	✓	-
	Nachhaltigkeit	✓	✓	✓	-	✓	✓	✓	✓	✓	✓	-
	Qualitätsbegriff	✓	-	-	-	-	✓	✓	-	-	-	-
Jury	theologisch ausgebildet	8	?	5	5	7	10	?	5	✓	3	✓
	Sprachexperten (Journalisten, Literatur u. a.)	1	?	1	1	0	2	?	3	✓	1	✓
	»Laien«	0	?	0	0	0	0	?	0	0	2	✓
Homepage		✓	✓	✓	✓	✓	✓	✓	✓	✓	✓	
Datenbank		✓	-	✓	✓	-	✓	-	-	✓	-	-
Fortbildung		-	-	-	-	-	✓	-	-	✓	✓	✓

Es sind (un-)endliche Weiten und nicht allzu ferne Predigtpreis-Galaxien, in die die nebenstehende Matrix vorstößt. In der Matrix verborgen liegen (Sprach-)Welten von Unternehmern bzw. deren Stiftungen, von Landeskirchen und kirchlichen Einrichtungen und vor allem theologisch geprägten Jurys. Von transparent bis verborgen tauchen – mal mehr und mal weniger reflektierte – Kriteriologien und Auswahlverfahren auf. Die Konzepte für die Dimensionen Öffentlichkeitsarbeit und Nachhaltigkeit sowie die Frage nach Erhalt bzw. Förderung der Wettbewerbs- und Qualitätsdimension leuchten in unterschiedlicher Intensität am Predigtpreishimmel auf. Die Welten wirken unendlich, wenn an all die eingereichten Predigten gedacht wird, die sich ihrem Selbstverständnis nach als geeignet empfunden haben.[13] Die Weite der möglichen Teilnehmer/innen ist mit ökumenisch und ehrenamtlich markiert. Es mag hier offen bleiben, ob es zur wirkungsvollen Genese der Predigtpreiskultur gehört, dass sie zunächst von Unternehmern bzw. Privatpersonen ausging, um dann – nach der (erfolgreichen) Wirkung – kirchlich adaptiert zu werden.

Die individuelle Ausrichtung auf die einzelne Predigerin überwiegt deutlich; »noch« mag man einfügen, um Visionen homiletischer Methoden zu antizipieren.[14] Die Dotierungen sind unterschiedlich, bewegen sich im Siegerbereich meist zwischen 500 und 1.000 Euro. Grundlegend gehen alle Preise bzw. die Jury von dem schriftlichen Predigtentwurf aus. Benannte bzw. geheime theologische und literarische Experten bewerten das Skript bzw. gehen – eher als Predigtleser, denn als Predigthörer – der Wirkung des Textes nach. Die Kriterien mit verständlichen und zum Teil auffällig unterschiedlichen Nuancen werden durchgängig benannt: Klassisch und sinnvoll kann man die vorgegebenen Kriterien dem »homiletischen Dreieck« mit seinen Relaten (Text, Hörer, Predigerin) zuordnen; besonders, weil hierbei auffällt, was neu ist. »Neu« ist, dass die »Prediger« in manchen Kriterienaufzählungen im Vergleich mit den beiden anderen Relaten – »Text- und Themaorientierung« bzw. »Hörer- und Situationsbezug« – nicht ausdrücklich genannt werden. Ist die Rolle etwa vergessen oder wird sie im Gegenteil differenzierter in den Blick genommen? Letzteres lassen die Stichworte vermuten, die eher der Person des Predigers bzw. ihrer ausgewählten Predigtmethode zuzuordnen ist, wie »Originalität«, »Innovation«, »Kunstwerk«, »Performance«. Der »rezeptionsästhetische« Horizont scheint im Blick zu sein; ein wenig unscharf noch, wie später deutlich werden soll.

---

13 Diesem entspricht wertschätzend der Ökumenische Predigtpreis mit der umfänglichsten Datenbank. Die weiteren Datenbanken, wie z. B. die neue sehenswerte Seite des *Männertheologischen Predigtpreises*, beinhalten zumeist die ersten Plätze bzw. nur die Sieger.

14 Siehe dazu unten 3.

Dieser erste Teil schließt mit einem Versuch, die Frage zu beantworten, warum es die Predigtpreise eigentlich gibt. Dass sich hierzu die Stifter besonders äußern, verwundert nicht sonderlich.[15] Stehen diese doch mit einem individuell-persönlichen, geistlichen Interesse hinter den Zielen der Predigtpreisidee. Die Predigtpreise basieren methodisch zumeist auf »Best-practice-Systemen«. Innerhalb dieser Systeme erinnern die Ziele der Predigtpreiskultur an die Methodik der wertschätzenden Beobachtung.[16] Die Preise wollen ermutigen, unterstützen und wertschätzen. In manchen Verlautbarungen wird ausdrücklich die Qualität betont: »Der Entwicklung und Überprüfung von Qualitätsmaßstäben und der Darstellung von Qualität dienen in allen Künsten Preiswettbewerbe.«[17] Während man beim Ökumenischen Predigtpreis etwas von einer notwendigen und lustvollen Fortbildungslandschaft ahnt, wird diese beim *Gottesdienstpreis* einen Schritt weiter als »qualitative Gottesdienstarbeit«[18] konkret abgebildet, indem neben einem Preis auch Fortbildungsangebote implementiert werden.

2. Qualität(en) und (kein) Wettbewerb

Eine qualitative, empirisch vergleichbare Auswertung der Predigtpreise ist kaum möglich, variieren doch schon die möglichen Teilnehmergruppen zu stark; von der individuellen Predigt bis hin zur teamhaften Schülerarbeit. Rechnet man (deutschsprachiger Raum, ökumenisch, haupt- und ehrenamtlich) mit über 50.000 potentiellen Teilnehmern, liegt die vermutete Quote der eingereichten Predigten jährlich bei unter 5 %. Die Jurys veröffentlichen bisher nur wenige Zahlen. Der formale Befund ist valide kaum messbar, die inhaltliche Beobachtung der Matrix vielfältig, und aufgrund der unterschiedlichen

15 Dazu die Bergmoser + Höller-Stiftung: »Wir möchten christliche Glaubensfreude lebendig halten und erneuern. Deshalb ermutigt die Stiftung zu einem beherzten Zeugnis aus dem Geist des Evangeliums. Unseren Verkündigungspreis vergeben wir jährlich an innovative Ideen und Leistungen von einzelnen, Gruppen oder Gemeinden, die christliche Werte öffentlich bekennen. Wir zeichnen damit Initiativen an evangelischer oder katholischer Basis aus, die Strahlkraft in das Umfeld haben.« (Vgl. <http://www.buh-stiftung.de>).

16 Vgl. zu dieser Methodik, die in den 80/90er Jahren in Amerika entwickelt wurde, sich dann im deutschsprachigen Raum zeitlich etwas vor der Predigtpreiskultur präsentierte, so dass eine Art Wirkung der Appreciative-Inquiry-Methodik auf die Predigtpreisziele bzw. -formulierungen möglich wäre, vgl. z. B. Matthias zur Bonsen, Appreciative Inquiry (AI): Der Weg zu Spitzenleistungen. Eine Einführung für Anwender, Entscheider und Berater, Weinheim/Basel 2012.

17 Vgl. Stiftung des Verlags für die deutsche Wirtschaft AG. <www.predigtpreis.de/predigtpreis-vnr/zielsetzung-predigtpreis.html>.

18 Vgl. Karl Bernhard Ritter-Stiftung, <www.gottesdienststiftung.de>.

transparenten und reflektierten Motivationen, Ziele und Kategorien will ich hier nur weniges vorsichtig und exemplarisch ausführen.

Stellt man den Predigtpreisen zum Vergleich *Predigtslam* und das Projekt *Jugend predigt* gegenüber, dann kommen die einleitenden Worte in den Sinn, dass »eigentlich nicht um die Wette« gepredigt wird. Das »eigentlich« ist im wahrsten Sinne des Wortes richtig: Die Predigtpreise sind keine Wettbewerbe bzw. man muss den Begriff klären. **Wettbewerb** ist als ökonomischer Begriff zwar bekannt, aber auch dort schon mit keinem einheitlichen Konzept verbunden. Schon die gängigen Beschreibungen als eine Situation von Rivalität auf einem Markt, auf dem die Wettbewerber um Ressourcen miteinander ringen, die knapp sind, so dass nicht alle daran teilhaben können, wirkt im Predigtpreiskontext schief. Ein Predigtwettbewerb am Markt müsste sich auf die Ressource Hörerin beziehen, um die die Predigerinnen ringen. Nun ist die Predigtmarktsituation aber nicht die der Agora, auf der die verschiedenen Rednerinnen ihre Botschaft anbieten und die Leute sich unter dieser und dann unter jener Kanzel versammeln, um die zu finden, unter der sie sich niederlassen. Die Hörenden sind insofern nicht als knappe Ressource im Blick, als dass man sie von der einen Kanzel zur anderen abwerben müsste. Dennoch kann interessanterweise im Blick sein, dass die Hörerinnen ihrerseits die Kanzeln wählen. Insofern schafft der Hörer eine marktähnliche Situation, die in der Stadt vielleicht ausgeprägter ist als auf dem Land.

Die sonntäglichen Prediger auf der Kanzel ringen nicht auf dem großen Markt der potentiellen Hörerinnen um diese Ressource. Ringen tun Prediger eher auf der Ebene der Worte in einem – wenn man so sagen will – **Binnenmarkt ohne Wettbewerb**. Sie bleiben ohne eine repräsentative Rückmeldung eines offenen Marktes über die Wirkung ihres Angebots. Wird eine Predigt zu einem Predigtpreis eingereicht, bleibt sie in einer Binnenperspektive. Sie muss eine Jury überzeugen, die Kriterien anlegt, die nicht zwingend dem Hörer-Markt entsprechen, sondern den von der Jury selbst gewählten Kriterien. Diese werden bei den Ausschreibungen meist benannt. Sie können fachlich überzeugend sein, theologisch und journalistisch fundiert. Die gegenwärtigen Hörerinnen als Markt sind an dieser Stelle mitgedacht, aber weder direkt gefragt noch in die Entscheidung eingebunden. Insofern könnte auch von einem **Wettbewerb ohne Markt** gesprochen werden, was man von sportlichen Wettkämpfen her kennt. Diese finden in der Zuschauergunst mal mehr und mal weniger Resonanz. Da bewegen sich welche am Rand, hatten schon mal medial aufmerksamere Zeiten oder noch nie. Wenn auch die merkantilen und sportlichen Vergleiche ihre Grenzen haben, verdeutlichen sie, inwiefern von (k)einem Wettbewerb gesprochen werden kann. Sieht man die Predigtwettbewerbe *sportlich*, dann ist eine Jury naheliegend, die professionell auf das schaut, was der Wettbewerber abliefert. Die Zuschauer bleiben dabei, was sie dem Wort nach sind. Blickt man mit ökonomischen Augen auf die Predigtwettbewerbe, würde man eine rein professionelle Jury zumindest in Frage stellen, vielleicht dem Markt mehr Einfluss zugestehen und die Zuhörer mehr an dem beteiligen, was letztlich das Ziel ist: eine qualitative Wahrnehmung von Predigten.

Die Dimension der **Qualität** im Verhältnis zu den Predigtwettbewerben wäre ausführlicher zu untersuchen, insofern können hier zunächst vor allem Fragen aufgeworfen werden. Die Frage nach der **Qualität** im **Wettbewerb** berührt die Ebene der Teilnehmer (Ebene^{a}), also die Prediger und ihre Predigten selbst, Ebene^{b} deren formale und inhaltliche Vielfalt, Ebene^{c} die Ebene der Wahrnehmung und Ebene^{d} Wertschätzung allein dadurch, dass man auf Ebene^{e} die Predigten und Konzepte durch Datenbanken zugänglich macht und somit einer Öffentlichkeit zur Verfügung stellt. Ebene^{e} wirkt in geringem Maße wertschätzend auf Ebene^{a}, wobei in zunehmendem Maße, wie die Predigtdatenbank anwächst, die Sinnhaftigkeit der qualitativen Nicht-Auswahl problematisierbar ist. Diese Ebene^{e} ist sowohl in der Lage, Ebene^{c} zu verstärken, als auch, die Teilnehmerzahl auf Ebene^{a} zu steigern, und könnte Ebene^{b} so gestalten, dass die homiletische Vielfalt der Gegenwart sichtbar wird. Dieses wiederum führt innerhalb der Ebene^{e} selbst die Frage nach der Qualität^{Q} von Datenbanken (Ebene^{eQ}) und deren Nutzbarkeit ein, je nach kategorialen Möglichkeiten. Daran wäre die Frage anzuschließen, wie sich unter den Teilnehmern (E^{a}) der Qualitätsbegriff einprägt (E^{aQ}) und ob das Stichwort Qualität in seiner changierenden Bedeutung als Motivation hilfreich oder hemmend ist. Schließlich ist überleitend an dieser Stelle zu fragen, wie die Rückwirkung der – laut den Predigtpreisinitiatoren gewollten – Qualitätssteigerung überprüft wird.

Entsteht **Qualität** durch **Wettbewerb**? Die Ziele der jeweiligen Predigtpreise sind da ebenso zuversichtlich wie umfangreich. Sie gehen primär von der reformatorischen Beschreibung der Predigt als »umfassendes Kommunikationsgeschehen« aus, deren Bedeutung in der Gegenwart hoch geschätzt wird und deren »Licht auf den Scheffel zu stellen sei«. Besonders ausführliche und reflektierte Zielsetzungen finden sich insbesondere bei den Preisen, die durch eine Stiftung vergeben werden. Hier stellen *Predigtpreis, Gottesdienstpreis, Verkündigungspreis, Johanniter-Predigttag* ihre eigenen hohen Ansprüche und zahlreichen Kriterien an »gute« Predigten dar und wecken damit Erwartungen an die qualitative Durchdringung der eigenen Predigtpreissystematik. Die Ausschreibungen der kirchlichen Preise sind meist knapper gehalten, bewegen sich aber in einem vergleichbaren Duktus. Der *Frauen-* sowie der *Männerpreis* reflektieren naheliegend die Ebene^{a} in besonderem Maße, so ist auf E^{a} gerade das Wortfeld »Ermutigung und Unterstützung« vorzufinden. Die Ebenen$^{b\text{-}d}$ werden von allen Preisen zwar auf unterschiedliche Art und Weise angesprochen, zum Teil auch frömmigkeitsgeschichtlich geprägt, aber mit vergleichbaren Zielen: eine bedeutende Redekultur zu stärken oder zu fördern, der Entwicklung und Überprüfung von Qualitätsmaßstäben und der Darstellung von Qualität zu dienen und die Bibel ins Gespräch zu bringen. Schließlich – unter Voraussetzung von Ebene[e] – werden aus reflektierter Praxis neue Impulse gewonnen, um dem Dialog zwischen Kirche, Wissenschaft, Wirtschaft und Gesellschaft zu dienen, in dem ein Predigtpreis das verkündigte Wort transparent und zugänglich macht.

Explizit verwenden drei Predigtpreise den Qualitätsbegriff im Zusammenhang ihrer Zieldefinitionen. Dass dies gerade diese drei Stiftungen sind, die zudem merkantile Sprachsysteme kennen, mag Zufall sein. Inhaltlich sind *Jugend predigt*, *Predigtslam* und der *Johanniterpreis* einem Qualitätsbegriff aber ebenso nah. Allen gemeinsam ist, dass sie einen Qualitätsbegriff verwenden, der sowohl beschreibenden (Ebene[a-d]) als auch organisierten (Ebene[e]) und als Preis von einer Jury schließlich auch wertenden Charakter hat. Auf dem Weg e contrario helfen die Predigtpreise zu bestätigen, dass der Begriff der **Qualität** selbst zwar nicht eindeutig, auch umstritten ist, und dennoch mit seiner Hilfe die Predigtpreise umfassend analysiert werden könnten und im Folgenden kurz kritisch zu würdigen sind:

3. Preist die Predigt ... noch mal anders

Am Ende zunächst noch einmal Martin Nicol: »Ich kann zunehmend weniger verstehen, warum es für junge Musikerinnen und Musiker Meisterklassen gibt, Festivals und Workshops, für die große Kunst, von Gott zu reden, aber nichts, was annähernd vergleichbar wäre.«[19] Nicht zuletzt durch neuere homiletische Methoden, durch Initiativen wie das Atelier Sprache in Braunschweig, das Predigtzentrum in Wittenberg, durch die ja nicht einfach lineare Entwicklung homiletischer Theorien wie Bibliolog, Predigtslam, dramaturgische Homiletik, TED[20] und weitaus mehr, durch deren Aufnahme in Aus- und Fortbildungsprogramme landeskirchlicher Institute, die Arbeitsstellen Gottesdienst und durch die Entstehung von Facebook-Gruppen und Blogs ist in den letzten Jahren viel geschehen.

Die Predigtpreise sind ein Element in der Predigtkultur der Gegenwart. Die Preise zu überschätzen wäre unnötig, sie zu unterschätzen fahrlässig. Auffälligerweise gibt es im Reformationsjahr 2017 keinen besonderen EKD-(Luther-) Predigtpreis; dabei wäre zwischen »Aufs Maul geschaut« und »Invocavit:2017«

19 Martin Nicol, Einander ins Bild setzen. Dramaturgische Homiletik, Göttingen 2002, 144.

20 Vgl. zur Idee <www.ted.com> und zur Ausbildung <www.predigtzentrum.de>.

mancher Titel denkbar gewesen. Dass es ihn nicht gibt, hat auch etwas Entspannendes. Denn es gibt Predigtpreise, die auf ihre Weise, mit ihren Stiftern und Institutionen, ihren Zielen und Methoden zu dem beitragen, was der Titel dieses Beitrags zusammenfassend meint: Preist die Predigt! Insofern gebührt den Predigtpreisen eine große Wertschätzung, weil es ihnen gelungen ist, für die »große Kunst, von Gott zu reden« Foren zu schaffen.

Man kann es ebenso als hoffnungsvoll interpretieren, dass die *ecclesia semper reformanda* durch die Predigtkultur ab 2017 nicht missverständlich neu beginnt, aber durch Predigtpreise und vieles andere frischen Wind bekommt. Insofern können Elemente von Predigtkultur nebeneinander wirken, um einen abduktiven Prozess qualitativer Predigt beizubehalten. Dass es sich bei der Predigt um ein Kommunikationsgeschehen handelt, wird von den Predigtpreisen und über diese hinaus betont. Dieses Geschehen schließt Form und Inhalt mit ein und beschreitet ein wechselseitiges Spannungsfeld. Form und Inhalt ergeben und bedingen sich selbst aus dem Gespräch Jesu mit den Menschen. Insofern ist jede qualitative (beschreibend, wertend, organisiert) Aussage über eine Predigt auch eine theologische. Das ermöglicht und das begrenzt die Idee eines Wettbewerbs, weil die Ebene des Unverfügbaren, der viel bemühte »Weht-wo-er-will-Geist« eine göttliche Qualitätskonstante bleibt, die sich zugleich entzieht.

Die den Wettbewerb fordern, haben vielleicht Hesiod im Ohr, der um 700 v. Chr. über den Wettkampf formulierte (hier in leicht abgewandelter Form): *Jeden ergreift ja die Lust zur Predigt, wenn er des anderen Predigt sieht. Schon eilt er zu pflügen, zu pflanzen und das Haus zu bestellen. Der Prediger läuft mit der Predigerin um die Wette nach Hörern; so nützt diese Eris den Menschen, Töpfer eifert mit Töpfer, und Maurer eifert mit Maurer, und der Bettler beneidet den Bettler, der Sänger den Sänger; also der Prediger beneidet auch den Prediger?* Nicht der Wettbewerb allein dient der Förderung der Predigt, wirkt motivierend und steigert die Qualität. Predigtwettbewerbe gefallen und erreichen nicht jedem/n. Das müssen sie auch nicht. Sie bewegen sich nicht auf einem ökonomischen Markt. Sie erzeugen nicht einmal zwingend ein höheres Interesse.[21] Dennoch stagniert oder lebt ein Predigtpreis vielleicht nachhaltig,

21 Dies haben die Organisatoren des »Johanniter-Predigttags« in Oldenburg erlebt, die mit hohem organisiertem Qualitätsinteresse (gemischt besetze Jury, ausführliche Darstellung der Ziele und Kriterien, wertschätzende Urkunden für alle Teilnehmer, Gemeindeverortung, Öffentlichkeitsarbeit, Fortbildung) gesät und mangelndes Interesse geerntet haben. Die eigene Pressemitteilung vom 15.10.2008 titelt: »Angebot zur Pflege der Predigtkultur wird nicht aufgenommen. Die Zahl lobenswerter Engagements ist zu gering. Stellenwert der Predigt sollte auf oldenburgischen Kanzeln größer sein. Kritik an mangelnder Bereitschaft zum Aufbruch.« Hier ist nur die Beobachtung möglich, dass scheinbar der Zusammenhang von Wettbewerb als Motivator und denen, die dazu motiviert werden sollen, umfassender geklärt werden muss.

wenn die Frage des Zusammenhangs und der Bedeutungsebenen von Wettbewerb und Qualität (nicht) hinreichend geklärt wird.

»Predigt auf allen Dächern« – Predigtpreise brauchen einfach(e) Hörer
Eine Jury ist qua Aufgabe herausgefordert, *wertende Qualitätsmaßstäbe* anzulegen. Hierzu werden in den Predigtpreisen Qualitätskriterien meist transparent gemacht. Diese werden von Fachjurys angewandt, die zu ihrem größten Teil, und teilweise per Satzung festgelegt, aus theologischen und journalistischen Fachleuten bestehen. Da ist es nicht überraschend, dass vom »homiletischen Dreieck« bis hin zu hermeneutischen Grundentscheidungen alt-bekannte wie neue Predigtverständnisse – z. B. »das Kunstwerk« – im Hintergrund stehen. Wenn man nun an die rezeptionsästhetische Wende anknüpft, wie das die Predigtpreise mehr oder weniger explizit tun, dann überrascht es schon, dass sowohl »Laienhörer« wie auch »ehrenamtlich Verkündigende« in den Jurys nicht vertreten sind. Insofern ist dies ein Plädoyer für *einfache* Hörexperten.

Zwar nimmt der *Gottesdienstpreis* sehr reflektiert je nach Thema externe Experten hinzu, doch weder dieser noch der ältere *Predigtpreis* begründen das Vermeiden von durchschnittlichen Predigthörern als Jurymitglieder. Keiner der hier erwähnten Predigtpreise hat den »einfachen« Predigthörer als qualitatives Merkmal in seiner Jury. Das ist noch einmal mehr überraschend, weil die Kriterien und Ziele der Predigtpreise durchgängig erwarten, dass die Predigten auf die vielschichtigen Hörersituationen Bezug nehmen sollen. Mir scheint nicht, dass die momentan existierenden Jurys die Diversität der gegenwärtigen Predigthörer wirklich abbilden. Hingegen ist vorstellbar und einfach umsetzbar, dass man neben den universitären Dächern und denen von Verlagshäusern auch noch andere findet, die zu den Hörern des Alltags passen: Dächer von Wohnhäusern und Einkaufszentren, Schulgebäuden und Turnhallen bis hin zu denen, die ohne Obdach sind. Hier könnte der *Predigtslam* ein Vorbild sein, wie ein Predigtpreis den Charakter eines »Publikumspreises« bzw. eines »Hörerpreises« bekommen könnte. Insofern ist dies ein Plädoyer *einfach für mehr Hörer*.

»Sie kommt nicht leer zurück« – Zur Nachhaltigkeit von Predigtpreisen
Die Idee der wirksamen Nachhaltigkeitssysteme bzw. *organisierter Qualität* soll hier gewürdigt und mit einem Blick in die Zukunft verbunden werden. Da ist zum einen die Datenbank des Ökumenischen Predigtpreises, die seit über 16 Jahren weit über 4.000 Predigten gesammelt hat. Sämtliche eingereichte Predigten finden sich wieder. »Ausgezeichnete« Predigten sind besonders gekennzeichnet. Eine Suche nach Autoren, Themen, Bibelstellen, Stichworten ist möglich und entspricht dem Ziel, dass die gesammelten Predigten

Ideenpool sein können. Zum Zweiten soll der besondere und meines Wissens einmalige Zusammenhang von Preisverleihung und Fortbildungsangebot der *Karl-Bernhard-Ritter-Stiftung* erwähnt werden. Neben der profilierten thematischen Ausschreibung und einer entsprechenden Datenbank fällt dieser nicht nur Predigt-, sondern auch Gottesdienstpreis dadurch auf, dass seine Stifterin eine Arbeitsstelle Gottesdienst[22] mitfinanziert. Dieses Modell überzeugt dahingehend, dass die *wertende* Qualität eine *organisierte* Qualität aus sich heraus ermöglicht und von dieser aus wiederum an Sicherung und Steigerung von Qualität gearbeitet werden kann.

Damit trifft sie auf die Predigtmarktsituation der Gegenwart, die ist, wie sie ist: Die Ressource Hörer wird wohl knapper. Der Markt ist fluide. Da öffnet der Sonntagsmarkt, es gibt lebensgeschichtliche Schwellenangebote, Weihnachtschristentum und weitere marktrelevante Zielgruppen. Wenn es auch der gleiche Prediger ist, der auf diesen Märkten etwas anbietet, wirkt er nicht auf alle(n) gleich, selbst mit einer qualitativ wertvollen Predigt. Die Predigerinnen und Prediger brauchen nicht nur öffentlich wirksame Preise, sondern individuelle, qualitative Formen von Wertschätzung, die über die Rückmeldungen an der Kirchentür hinausgehen. Dazu gehört eine wertschätzende Erkundung: der Predigtarbeit selbst, der Lust und der Last daran, der förderlichen und der hinderlichen Strukturen. Es braucht Räume für die Phantasie, sich als Predigende weiterzuentwickeln, die jeden Sonntag neu, kraftvoll reden sollen. Es braucht Orte und vertraute Atmosphäre, um einen »heiklen«, sehr persönlichen Moment pastoraler Arbeit – bei aller Öffentlichkeit der Predigtrede – qualitativ wertschätzend und zugleich qualitativ organisiert weiterzubilden.

Eine Vision *organisierter Qualität* sieht die Zusammenarbeit und Vernetzung von Stiftungen/Initiativen zur Förderung der Predigtkultur mit Beratungssystemen wie Predigtcoaching[23] und Gottesdienstberatung vor. Solche Coachings bzw. Beratungen werden mit den Predigtpreisinitiativen in vielfältigen Formen zusammenarbeiten. Da werden wertschätzende Fortbildungen für Sieger finanziert. Coachings werden selbstverständlich für die, die es können und die es können sollen und die es können wollen. Da trifft der Vikar die Bischöfin und die Politikerin den Prädikanten. Dann reichen sie die gecoachte Predigt auf der Kanzel und beim nächsten Wettbewerb ein. Predigerinnen treffen bei Schweige-Exerzitien auf Teilnehmer aus Debattierklubs. In anderen Clubs wird der Predigtslam zur heimlichen Nachwuchsförderung. Unter all dem entstehen neue Galaxien von Predigtformen. Dem galaktischen

---

22 Vgl. <www.evangelisches-studienseminar-hofgeismar.de/arbeitsstelle-gottesdienst/index.html>.

23 Vgl. <www.predigtcoaching.de> und zu den Gottesdienstberatungen die entsprechenden Angebote der Arbeitsstellen Gottesdienst.

Wortsinn nach wird es nahrhaft, hier weiter zu blicken. Auf TED-Plattformen entbrennen Dialoge im Sinne des Gesprächs Jesu mit den Menschen und im Sinne Gottes als *dia-logos*. Journalisten und Literaten kommen nicht nur ins Gespräch als Predigtpreisjury, sondern mit ihnen wird die Wahrnehmung von Predigt als öffentliche Rede gefördert. Kanzeln sind und werden Speaker-Corners, um andere zu-hören und mit-zu-sprechen. Die ästhetische Wende wirkt weiter, wenn Hörerinnen, die deuten, auch zu Wort kommen. Wenn kleine Gemeinden im Kreis sitzen, ist das Predigtgespräch eine Klein*kunst*, also eine gelernte Technik. Wie überhaupt auch die Kommunikationsformen des Web 2.0 wie *blogging, podcasting* und *personal broadcasting* weiter homiletisch erkundet werden. Auch diese werden schließlich – nicht abschließend – mit Predigtpreisen gewürdigt, um damit das zu tun, worum es hier geht: Die Predigt zu preisen.

E

Qualitätsprojekte

Qualität entwickelt sich gleichermaßen in Theorie und Praxis. Es war ein Kennzeichen vor allem der ersten Jahre der Arbeit des Zentrums für Qualitätsentwicklung im Gottesdienst (ZQG), dass neben die Entwicklung von Modellen der Qualitätsbetrachtung und -bewertung die Kooperation mit Pfarrkonventen und Kirchenkreisen trat. Dabei galt es, die vorläufigen Ergebnisse der theoretischen Arbeit zu diskutieren, in der Praxis zu erproben und weiterzuentwickeln. In sogenannten »Kirchenkreismodellprojekten« wurde Kirchenkreisen, Dekanaten bzw. Propsteien, in Ausnahmefällen auch Gemeinden, die Gelegenheit gegeben, Qualitätsprojekte durchzuführen, die von den Beteiligten vor Ort gemeinsam mit dem ZQG entsprechend der eigenen Bedürfnis- und Interessenlage konzipiert wurden.

Neben solchen Projekten auf lokaler und regionaler Ebene gab es auch einzelne Initiativen, die nicht auf die Ebenen der Gemeinden oder Kirchenkreise beschränkt blieben, sondern auf einen bundesweiten Wirkungskreis zielten. Hierzu zählen das Projekt des »Back-to-Church-Sunday« und zwei Zählprojekte, die das Zentrum durchführte. Der Beitrag über Radwegekirchen steht an dieser Stelle exemplarisch dafür, wie die ursprünglich auf den Gottesdienst beschränkte Arbeit des ZQG auch auf andere kirchliche Arbeitsfelder übertragen werden kann.

Schließlich werden in diesem Kapitel landeskirchliche Initiativen zur Qualitätsentwicklung im Gottesdienst beschrieben. Das Qualitätsthema wurde von einigen Landeskirchen zum Teil schon vor Gründung des ZQG aufgegriffen. Mit in diesen Abschnitt aufgenommen, obwohl im strengen Sinne natürlich kein landeskirchliches Projekt, wurde das universitäre Projekt des Schweizer Kompetenzzentrums Liturgik.

Die hier beschriebenen Qualitätsprojekte sind nur ein Ausschnitt der tatsächlich vom EKD-Zentrum durchgeführten Kirchenkreismodellprojekte. Darüber hinaus werden Projekte dargestellt, die unabhängig von oder parallel zur Arbeit des ZQG stattgefunden haben. Auch hier wird selbstverständlich kein Anspruch auf Vollständigkeit erhoben.

Lokale und regionale Projekte

Folkert Fendler

Qualität durch Fortbildung (Düsseldorf) – **Qualitätsstandards für den Gottesdienst** (Aachen) – **Gemeindefeedback** (Goslar, Salzgitter Bad)

Qualität durch Fortbildung (Düsseldorf)

Eines der ersten dezidiert unter dem Label »Qualitätsentwicklung von Gottesdiensten« durchgeführten Projekte fand im evangelischen Kirchenkreis Düsseldorf statt (Superintendent Ulrich Lilie, Stadtkirchenpfarrer Uwe Vetter, Akademieleiter Dietrich Knapp). Organisatorischer Grundgedanke war es, an bestehende Sitzungsstrukturen anzuknüpfen und die monatlich stattfindenden Pfarrkonvente in thematisch fokussierte Fortbildungsveranstaltungen umzuwandeln. Unter dem Titel »Schall und Rauch?« wurde auf diese Weise eine Workshop- und Vortragsreihe »Impulse für den Gottesdienst« konzipiert, die aus insgesamt sechs Veranstaltungen bestand. Projektzeitraum war ein knappes Jahr vom Frühsommer 2008 bis zum Frühjahr 2009. Sie begannen in der Regel am Nachmittag mit einem Workshop unter Leitung eines externen Referenten, einer externen Referentin. Am Abend schloss sich ein auch für die interessierte Öffentlichkeit geöffneter Vortrag (meist) des/der Referierenden des Nachmittags an. Themen der Fortbildungstage waren unter anderem die Predigt- und Gebetssprache, aber auch Anregungen aus Theater und Journalismus.

Parallel zur Workshop- und Vortragsreihe bildete die Pfarrerschaft des Kirchenkreises kollegiale Gottesdienst-Feedback-Gruppen von je drei bis vier Personen, die sich während eines halben Jahres gegenseitig im Gottesdienst besuchten. Anhand eines vorgegebenen Fragerasters gaben sie sich anschließend Rückmeldungen zum Auftritt, dem Inhalt der Predigt und zum Gottesdienst insgesamt.

Im Jahr 2010 nahm ein viertägiger Klausurkonvent des Kirchenkreises Düsseldorf die Qualitätsthematik nochmals auf. Thematisch standen Übungen zur liturgischen Präsenz und zur Predigtsprache sowie Informationen über neuere Gottesdienstprojekte im Vordergrund. – Die Qualitätsinitiative des Kirchenkreises Düsseldorf war durch die Impulsschrift der EKD »Kirche der Freiheit« angeregt worden und wurde über die Landeskirchengrenze hinaus bundesweit beachtet. In der Folge kam es – über nicht direkt messbare Fortbildungs- und Motivationseffekte hinaus – zur Erprobung von neuen Gottesdienstformaten und Gottesdienstzeiten. Die anfängliche Besorgnis, im zentralen pastoralen Vollzug evaluiert und gewogen zu werden, wich im Laufe des Prozesses einem breiten Interesse, sich in seinen Stärken stärken und in seinen Schwächen helfen zu lassen. Nach nunmehr fast einer Dekade bestehen noch immer einzelne Feedback-Teams, die gegenseitig an Gottesdiensten teilnehmen und einander fördernde Rückmeldungen geben.

Qualitätsstandards für den Gottesdienst (Aachen)

Die Evangelische Studierendengemeinde (ESG) Aachen hat 2010/2011 in einem eineinhalbjährigen Prozess an der Qualität ihrer Gottesdienste gearbeitet.[1] Dieser Prozess war ein Modellversuch innerhalb des Pilotprojektes der Evangelischen Kirche im Rheinland (EKiR) »Qualitäts-Check kirchlicher Arbeit«.[2] Er wurde getragen durch eine Projektgruppe von Studierenden mit ESG-Pfarrerin Swantje Eibach-Danzeglocke und begleitet durch Mitarbeitende der Gemeindeberatung/Organisationsentwicklung sowie der Gottesdienstarbeitsstelle im Rheinland.

Ausgangspunkt war der Wunsch nach qualitätsvollen Gottesdiensten, die sowohl den spezifischen Bedürfnissen der Studierenden vor Ort als auch dem kirchlichen Auftrag gerecht werden. Dazu wurden in einer Befragung von mehr als 300 Teilnehmenden zunächst die Wünsche an einen Studierendengottesdienst erhoben. Dabei wurde, um einige Ergebnisse exemplarisch zu nennen, deutlich, welche hohe Bedeutung die Musik für die Teilnehmenden hat. Auch spielten eine Atmosphäre der Gastfreundschaft, das Erleben von Gemeinschaft und die Möglichkeit zur Selbstreflexion eine große Rolle. Mehrheitlich verneint dagegen wurde die Frage, ob man sich aktiv in den Gottesdienst einbringen wolle. Auch die Charakterisierung des Gottesdienstes als einer Gelegenheit, vom Alltag abzuschalten, fand überwiegend keine Zustimmung.

Im nächsten Schritt machte sich die Projektgruppe an die Formulierung von gottesdienstlichen Standards, die sowohl die Vorbereitung, die Durchführung und die Nachbereitung des Gottesdienstes umfassen. 21 solcher Standards wurden fixiert. Dazu gehörte der Wunsch nach spürbarer Gastfreund-

---

1 Vgl. ausführlich zu diesem Projekt Swantje Eibach-Danzeglocke, Qualitätsstandards für den Gottesdienst – Ein Weg zur Stärkung von Kompetenzen ehrenamtlich Mitarbeitender. Ein Erfahrungsbericht aus der Evangelischen Studierendengemeinde Aachen, in: Folkert Fendler/Christian Binder (Hg.), Gottes Güte und menschliche Gütesiegel. Qualitätsentwicklung im Gottesdienst, Leipzig 2012, 241–260.

2 Vgl. dazu auch den Artikel von Ekhart Schwab und Martin Evang, »Qualitätsinitiative der Evangelischen Kirche im Rheinland«, in diesem Band.

schaft und einer Willkommenskultur. Die entsprechende Passage in den Standards regelt sowohl das Empfangen und Begrüßen der Gottesdienstteilnehmenden als auch die Einladung zum anschließenden Abendessen personell und inhaltlich. Weitere Standards beziehen sich auf die Raumgestaltung und auf die musikalischen Rahmenbedingungen, andere legen fest, dass jeder Gottesdienst ein sorgfältig durchkomponierter Themengottesdienst sein soll, zu dem auch entsprechende Werbung gehört. Im Sinne des Qualitätszirkels[3] werden alle Standards in regelmäßigen Abständen überprüft und können ggf. geändert werden.

Die Erfahrungen der ESG mit dem Modell waren positiv. Die Gottesdienste bekamen ein einheitlicheres Profil als vorher, die Sorgfalt der Vorbereitung wuchs, und die Ausrichtung der Gottesdienste auf ihre Zielgruppe der Studierenden wurde durch die starke Beteiligung eines Gottesdienstteams kohärenter. Die Einbeziehung der Studierenden in ihren eigenen Gottesdienst führte zu größerer Verantwortung für diese monatliche Feier. – Die ESG Aachen dürfte die erste Gemeinde in Deutschland gewesen sein, die auf Basis und mit Methoden des Qualitätsmanagements explizit Gottesdienststandards erarbeitete.

Gemeindefeedback

Goslar

Die Gottesdienstverantwortlichen der Evangelischen Kirchengemeinde »St. Cosmas und Damian zum Markte« führten 2013/2014 einen Prozess intensiver Beschäftigung mit dem Gottesdienst durch. Trotz in der Regel guten Gottesdienstbesuchs, zu dem neben Gemeindegliedern immer auch eine nennenswerte Anzahl von Personen gehören, die nur als Gäste in der Stadt sind, gab es den Wunsch, den Gottesdienst behutsam zu modernisieren, den Zielgruppen stärker anzupassen, das Singen zu fördern und die oft – je nach Gottesdienstverantwortlichem – unterschiedliche Liturgie zu vereinheitlichen. Zur Projektgruppe gehörten die Pfarrpersonen der Gemeinde, der Kirchenmusiker und Mitglieder des Kirchenvorstands. Von außen hinzugezogen wurden ein Mitarbeiter des Michaelisklosters und ein Vertreter des ZQG.

Der Prozess gliederte sich in drei Phasen. Zunächst sollte auf möglichst umfassende Weise erhoben werden, wie der Gottesdienst von Gemeindegliedern und Gästen erlebt wird. In dieser fast ein halbes Jahr dauernden

3 Als Qualitätszirkel werden Arbeitskreise innerhalb von Betrieben oder Einrichtungen bezeichnet, die sich – in der Regel freiwillig – mit den Prozessen und Ergebnissen ihres Betriebs unter Qualitätsgesichtspunkten befassen.

Feedbackphase wurden mehrere Instrumente eingesetzt. Zum einen kam ein Mitarbeiter des Michaelisklosters unangekündigt in einen Gottesdienst (»mystery worshipper«)[4] und verfasste einen schriftlichen Erfahrungsbericht für den Kirchenvorstand. Dieser war die Basis für ein Gespräch, das der Mitarbeiter später noch persönlich mit den Gottesdienstverantwortlichen und dem Kirchenvorstand führte. Zweitens wurde die Gemeinde an drei ausgewählten Sonntagen mit eigens entwickelten Feedbackbögen zu ihrem Erleben des Gottesdienstes befragt. Die Befragungen wurden bewusst nicht angekündigt, sondern die Absicht erst bei den Abkündigungen eröffnet. Schließlich wurden zwei extern moderierte Gottesdienstnachgespräche durchgeführt.

Die zweite Phase diente zunächst der Auswertung der in der Feedbackphase gewonnenen Erkenntnisse. Aus ihnen wurden Themen generiert, die in einer Kirchenvorstandsklausur an einem Wochenende die Basis für die inhaltliche Arbeit am Gottesdienst sein sollten. Hier ging es also nun um theologisch-liturgische Durchdringung des gottesdienstlichen Geschehens, aber auch um die Eröffnung von Gestaltungsoptionen bei Liturgie und Gemeindegesang. Schließlich mündete das Projekt in die Erstellung eines neuen Gottesdienstkonzepts der Marktkirche.

Salzgitter Bad

Ein gutes halbes Jahr, von Mitte 2012 bis Anfang 2013, nahmen sich interessierte Kirchengemeinden in der Propstei »Salzgitter Bad« (Ev.-luth. Landeskirche in Braunschweig) Zeit, um die Gesprächs- und Rückmeldekultur von Gottesdiensten zwischen den Gottesdienstteilnehmenden und den für den Gottesdienst Verantwortlichen (GV, gemeint sind Pfarrinnen, Kirchenmusiker, Küsterinnen, Lektoren, Prädikantinnen etc.) zu stärken. Für Gespräche über Gottesdienste auch mit den GV gab es bis dahin kaum geeignete Orte bzw. Strukturen. Das Modellprojekt »Gemeindefeedback« in der Propstei Salzgitter-Bad wollte daher erkunden, in welcher Form solche Orte bzw. Strukturen geschaffen werden können, um regelmäßig Rückmeldungen zum Gottesdienst geben bzw. nehmen zu können.

Der durch das ZQG begleitete Prozess begann nach Konstituierung einer Projektgruppe mit einem Impulsabend, auf dem für das Thema gottesdienstlicher Rückmeldekultur sensibilisiert und verschiedene Formen gemeindlichen Feedbacks vorgestellt wurden. Die Palette der Angebote reichte vom Kirchenbriefkasten und Befragungen mit Fragebögen über die Möglichkeit qualitativer Interviews und von Gottesdienstnachgesprächen bis hin zu Instrumenten wie »mystery worshipper«, »Gemeinden besuchen einander« oder

4 Mehr zu diesem Instrument findet sich im Artikel von Folkert Fendler, »Instrumente des Kundenbeziehungsmanagements« in diesem Band.

eigens eingerichtete »Gottesdienstwahrnehmungsgruppen«. Aufgabe der teilnehmenden Gemeinden war es, sich in den nächsten Wochen in den eigenen Gremien für ein oder mehrere dieser Verfahren zu entscheiden.

Die nächste Station war ein vom ZQG geleiteter Schulungsabend, in dem die Gemeinden für die von ihnen gewählten Feedbackmethoden zugerüstet wurden. Hier ging es um Fragen der Kriterien von Gottesdienstqualität, um angemessene Form und Sprache des Feedbacks und eine Auslotung von Möglichkeiten und Varianten, die jeder einzelnen Methodik innewohnen. Tatsächlich wurde eine große Bandbreite der vorgeschlagenen Feedbackmöglichkeiten gewählt und erprobt.

Die Feldphase dauerte ca. drei bis vier Monate, die Ergebnisse wurden zunächst lokal von den Gemeinden und anschließend zentral vom ZQG ausgewertet. Vier Pfarrverbünde mit zum Teil mehreren Gemeinden nahmen aktiv am Projekt teil. Von Anfang an war geklärt worden, dass eine Teilnahme der Kirchengemeinde freiwillig war und kein Druck zur Teilnahme ausgeübt werden sollte.

An einem abschließenden Auswertungsabend wurden dann die Ergebnisse vorgestellt und ausgetauscht, ein Gesamtresümee gezogen und der Abschluss des Projektes feierlich begangen. Unabhängig von materialen Ergebnissen konnte das Projekt als Erfolg angesehen werden, insofern das Interesse für den Gottesdienst und die Wahrnehmungsfähigkeit dessen, was in ihm geschieht, erheblich gestiegen waren. Damit einher gingen größere Bereitschaft und Freude, sich für den Gottesdienst zu engagieren, ebenso wie eine stärkere Identifikation mit dem eigenen Gemeindegottesdienst. Obwohl die GV bei der Projektplanung betonten, nicht vorrangig an einer Veränderung des Gottesdienstes interessiert zu sein, kam es dennoch auch zu materialen Veränderungen bei Liturgie, Raumgestaltung und den Anfangszeiten der Gottesdienste. Hier erwiesen sich die Vergleiche, die durch das Modell »Gemeinden besuchen einander« ermöglicht wurden, als sehr fruchtbar. Fragebögen, dies eine durchgängige Erfahrung des ZQG in seiner Projektarbeit, ergaben zumeist ein Bild der Bestätigung und Wertschätzung dessen, was ohnehin geschieht.

Folkert Fendler

Ein Regionalkonzept für die Region (Köthen)

Das Zentrum für Qualitätsentwicklung im Gottesdienst begleitete als externer Berater in den Jahren 2010 bis 2012 ein Projekt zur Neustrukturierung des gottesdienstlichen Lebens im Kirchenkreis Köthen in der Landeskirche Anhalts. Das Projekt bzw. das neue Regionalkonzept des Kirchenkreises Köthen ist 2013 mit dem ersten Preis der Gottesdienststiftung Kassel (Ausschreibung: »Ein Gottesdienstkonzept für die Region«) ausgezeichnet worden. Es wird hier skizziert, um Anregungen zur Nachahmung zu geben.

1. Eckdaten und Ausgangssituation

Der Kirchenkreis Köthen in der Landeskirche Anhalts umfasst fünf Parochien im ländlichen Raum und die Stadt Köthen mit zwei Gemeinden. Als Parochie wird hier der Zusammenschluss von mehreren kleinen, oft kleinsten Gemeinden bezeichnet. Nahezu jede Gemeinde hat ihre eigene Kirche, manchmal sogar mehr als eine. Pfarrämter sind in der Regel für die Parochie, und damit immer für mehrere Gemeinden, zuständig. So ist es nicht ungewöhnlich, wenn einzelnen Pfarrämtern sechs oder acht Kirchen zugeordnet sind, deren Gemeinden Wert darauf legen, dass auch Gottesdienste in ihnen stattfinden. Da es illusorisch ist, diesem Wunsch an allen Orten wöchentlich nachzukommen – und diese Häufigkeit auch gar nicht überall erwartet wird –, finden Gottesdienste meist im vierzehntäglichen, monatlichen oder zweimonatlichen Turnus statt oder sogar nur an besonderen Festtagen.

Die gottesdienstliche Situation stellt im Kirchenkreis Köthen eine besondere Herausforderung dar, die sich zwischen vier Polen bewegt: der theologischen Einschätzung des Gottesdienstes als Zentrum der Gemeinde, den Erwartung der Pastorenschaft an eine lebendige Gottesdienstkultur, den Erwartungen der Gemeinden an lokal verwurzelte Gottesdienstpraxis und nicht zuletzt wirtschaftlichen und arbeitsökonomischen Bedingungen und Grenzen.

Die demographische Entwicklung hin zu einer zunehmenden Überalterung der Bevölkerung, die durch Wegzug der jüngeren Generation noch verschärft wird, lässt die Gemeinden weiter schrumpfen. Dies führt kirchenpolitisch zu einer kontinuierlichen Reduzierung der Pfarrstellen. Bei gleichzeitiger Aufrechterhaltung der Anzahl der Gottesdienststellen bedeutet dies einen immer höheren Arbeitseinsatz der Gottesdienstverantwortlichen für eine immer kleiner werdende Gottesdienstgemeinde.

In der Stadt Köthen manifestiert sich diese spezifische Gottesdienstsituation in einer durch eine höhere Einwohnerdichte abgemilderten Weise. In Köthen mit seinen zwei großen Stadtgemeinden mit den Hauptkirchen, Agnus-Kirche und St.-Jakob-Kirche, die 230 Meter Fußweg auseinanderliegen, fanden vor der Neustrukturierung Gottesdienste gleicher Art parallel um 9.30 Uhr statt. Der Gottesdienstbesuch war in beiden Kirchen gering mit sinkender Tendenz. Jedes der Kirchengebäude wäre groß genug, die Gottesdienstbesucher beider Kirchen an normalen Sonntagen aufzunehmen. Besondere Gottesdienste waren nur schwer durchzusetzen. Wenn sie doch einmal stattfanden und den agendarischen Gottesdienst ersetzten, musste man mit Kritik aus der Traditionsgemeinde rechnen. Überlegungen stärkerer Kooperation scheiterten lange am ausgeprägten Kirchturmdenken beider Gemeinden: Gemeindeglieder von St. Jakob gingen nicht nach St. Agnus, die von St. Agnus nicht nach St. Jakob.

2. Der Gottesdienstbesuch in Zahlen

Im Jahr 2010 nahm der Kirchenkreis Köthen als ersten Schritt des Prozesses der Neustrukturierung eine statistische Bestandsaufnahme seiner gesamten gottesdienstlichen Situation vor. Er erhob, an welchen Orten wie viele Gottesdienste stattfanden, von wie vielen Menschen sie besucht wurden, wie oft sie ausfielen und von welcher Art die Gottesdienste waren.

Der Kirchenkreis Köthen umfasst 2010 38 ländliche und zwei städtische Gemeinden mit ca. 4.800 (ländlicher Teil) bzw. 3.100 (städtischer Teil) Gemeindegliedern. Die durchschnittliche Gemeindegröße liegt damit bei 126 Gemeindegliedern im ländlichen Bereich. Die Hälfte der ländlichen Gemeinde liegt dabei sogar deutlich unter 100 Gemeindegliedern.

Die Zählung der Gottesdienste und ihrer Teilnehmenden in den ländlichen Parochien ergab folgende Ergebnisse (2010):

- 682 Gottesdienste insgesamt
- 18 Gottesdienste pro Gemeinde im Durchschnitt
- 13.149 Gottesdienstbesucher insgesamt
- 19 Besucher pro Gottesdienst
- 20 % durchschnittlicher Gottesdienstbesuch

Diese Zahlen beeindrucken zunächst: 682 Gottesdienste im Jahr für 4.800 Gemeindeglieder. Für 4.800 Gemeindeglieder der Kirche einer westlichen Großstadt würden ca. 60 Gottesdienste im Jahr angeboten. In Köthen werden zehnmal so viele Gottesdienste gefeiert! Ein nicht ganz fairer Vergleich, da Stadt und Land, Ost und West so nicht zu vergleichen sind, dennoch macht er deutlich, welch enorm hohen gottesdienstlichen Einsatz von Zeit und Kraft aufgewendet wird.

Der ländliche Teil des Kirchenkreises feiert etwa eineinhalb Gottesdienste pro Monat, der durchschnittliche Besuch erscheint in absoluten Zahlen passabel, prozentual geradezu herausragend. Das Bild wird allerdings verzerrt von wenigen Großgottesdiensten im Jahr, die die Durchschnittszahlen hochtreiben, der prozentuale Durchschnittswert ist noch dazu nicht auf einen wöchentlichen Turnus bezogen, sondern die oben genannte Gottesdienstfrequenz, was ihn nicht vergleichbar macht mit den Werten der EKD-Statistik.[5] Fakt ist, dass Gottesdienste im Normalfall mit sehr kleiner Zahl stattfinden, in die Mitwirkende schon eingeschlossen sind. Gottesdienste fallen immer wieder aus.

Verteilt übers Jahr lässt sich folgendes Kirchgangsmuster ablesen: An normalen Sonntagen ist ein relativ und absolut geringer Gottesdienstbesuch zu verzeichnen, sobald aber eine Besonderheit hinzutritt, gibt es einen großen Ausschlag nach oben. Solche Besonderheiten können sein: eine Amtshandlung im Gottesdienst, zum Beispiel eine Taufe oder eine Goldene Hochzeit, ein Dorffest, ein regionaler Gottesdienst, ein Projektgottesdienst, das Erntedankfest oder ein Campingplatzgottesdienst. Die traditionellen besonderen Anlässe, die kirchlichen Hochfeste – außer Weihnachten – wie Ostern und Pfingsten sind bei vielleicht leicht erhöhter Teilnahmezahl in ihrer Bedeutung eher rückläufig. Sie fallen bei weitem nicht so stark ins Gewicht wie manche der oben aufgezählten »weltlichen« Hochfeste (Dorffeste etc.).

Eine deutliche Ausnahme ist der Heilige Abend/Weihnachten. Die Besuchsquote liegt hier zum Teil weit über 100 % der Mitglieder, eine statistische Unmöglichkeit, die dadurch erreicht wird, dass viele Nichtchristen diese Gottesdienste besuchen.

Des Weiteren wurde erhoben, wie viele Gottesdienste im Verhältnis zur Gemeindegliederzahl gefeiert wurden. Es zeigen sich erhebliche Unterschiede. So werden, um die Spannbreite aufzumachen, in Dohndorf mit 83 Gemeindegliedern sieben Gottesdienste im Jahr angeboten, in Frenz mit 30 Gemeindeglieder dagegen 14 Gottesdienste. Solche Berechnungen werfen die Frage nach dem Aufwand-Nutzen-Verhältnis auf.

---

5 Vgl. zur Problematik der EKD-Statistik auch den Artikel von Folkert Fendler und Jochen Kaiser, »Zählprojekte«, in diesem Band.

3. Theologische und konzeptionelle Überlegungen

Ein zentraler Schritt im Projekt der Neustrukturierung war die theologische Besinnung auf Ziel und Funktion des Gottesdienstes. Der Gottesdienst wird als Mitte des Gemeindelebens gesehen, verstanden als Zentrum der gemeindlichen Identität. Was im Gottesdienst geschieht, die Verkündigung des Evangeliums Jesu Christi, ist die Basis und Grundintention aller anderen Veranstaltungen der Gemeinde von der Krabbelgruppe über den Konfirmandenunterricht bis hin zum Seniorenkreis. Sie geschieht hier gewissermaßen in Reinform (vgl. auch CA VII) und strahlt auf die anderen Veranstaltungen aus. Umgekehrt bleiben alle sonstigen Aktivitäten der Kirchengemeinde auf den Gottesdienst bezogen.

Das Wissen um das Wesen des Gottesdienstes als Zentrum gemeindlicher Identität erleichtert nicht gerade Schritte zur Veränderung gottesdienstlicher Struktur in der Region, da sich mit ihm auch ein hoher Respekt für ebendiese Identität stiftende Funktion von Gottesdiensten auf Gemeindeebene verbindet, die naturgemäß auch auf das Kirchengebäude übergeht. Ebenso verbindet sich mit ihm der Respekt vor dem stellvertretenden Charakter, den jeder Gottesdienst selbst dann hat, wenn er nur von wenigen besucht wird. Menschen ist die regelmäßige Präsenz des Gottesdienstes in ihrer Kirche wichtig, auch wenn sie nicht hingehen.

Der zentralen Identität stiftenden Bedeutung und der Stellvertreterfunktion des Gottesdienstes stehen auf der anderen Seite theologische und Ressourcengründe gegenüber, die wiederum zur Veränderung nötigen. So droht in den Kleinstgottesdiensten, der öffentliche Charakter des Gottesdienstes verloren zu gehen. Es sind Tendenzen zu beobachten, dass Gottesdienstgemeinden sich einigeln, Gäste/Fremde nicht mit offenen Armen empfangen oder sie sogar spüren lassen, dass sie hier nicht erwünscht sind. Dass unter solchen Umständen auch die missionarische Strahlkraft der Gottesdienste leidet, ist fast überflüssig zu erwähnen.

Der Gottesdienst soll nach Einschätzung der Verantwortlichen vor Ort eine zuversichtlich-fröhliche Grundstimmung ausstrahlen. Durch das schleichende Frustrationspotential bei Hauptamtlichen und Gottesdienstteilnehmenden ist diese Grundatmosphäre bei den Kleinstgottesdiensten gefährdet. Diese Frage stellte sich unter anderen Vorzeichen auch in der Stadt Köthen: Wie kann es gelingen, die frohe Botschaft des Evangeliums so zu verkünden, dass sie für den Alltag der feiernden Gemeinde neu relevant wird, dass das Image des Gottesdienstes als – überspitzt gesagt: notwendiges Übel – wieder zu neuer, attraktiver Strahlkraft findet?

Gottesdienst ist auch Gemeinschaft. Diese wird in der beschriebenen Situation nur noch fragmentarisch sichtbar, da Pfarrpersonen im ländlichen Bereich oft erst knapp vor dem Gottesdienst kommen können und bald darauf zum nächsten eilen müssen. Das hat zur Folge, dass die kleine Gottesdienstgemeinde sich auch schnell wieder zerstreut. Ein neues Konzept soll auch den Gemeinschaftscharakter berücksichtigen.

Der Kirchenkreis Köthen hat sich für einen behutsamen Weg der Strukturveränderung entschieden, der die Bedürfnisse der treuen Gottesdienstgemeinde berücksichtigt, also eine vollständige Standortaufgabe vermeidet, zugleich aber das Bewusstsein für regionalen und übergemeindlichen Zusammenhalt stärken möchte. Das neue Gottesdienstkonzept fällt nicht radikal aus, sondern knüpft an den aus der statistischen Analyse und den theologischen Bestimmungen gewonnenen Tendenzen an und versucht sie zu verstärken.

4. Das neue Konzept der beiden Stadtkirchen in Köthen

Für die beiden Stadtkirchen von Köthen wurden zwei Grundsatzentscheidungen getroffen: Es sollte keine Profilkirchen – hier traditionell, dort modern – geben, sondern ein »erstes« und ein »zweites« Programm für beide Kirchen. Damit sollte vermieden werden, langjährige Gottesdienstbesucher von ihrer angestammten Kirche zu entfremden, indem sie auch weiterhin die Gelegenheit bekommen, einen agendarischen Gottesdienst in »ihrer« Kirche zu feiern. Zweck der Neukonzeption aber ist das Erreichen neuer Beteiligungsgruppen am Gottesdienst, ggf. neuer Milieus, sowie eine inhaltliche Profilierung einzelner Gottesdienste. Zum Zweiten sollte es auch keine personelle Profilierung – hier der traditionelle, dort der alternative Pfarrer – geben, sondern alle Pfarrer sollten für beide Programme in beiden Kirchen zur Verfügung stehen.

Das neue Konzept sieht dementsprechend so aus: Jeden Sonntag um 9.30 Uhr findet ein agendarischer Gottesdienst statt – und zwar im Wechsel zwischen den beiden Kirchen. In der jeweils anderen Kirche gibt es um 11 Uhr einen Gottesdienst der anderen Art – mit einer großen Bandbreite von Formen und Zielgruppen: Familien, Schüler, Senioren, musikalisch, thematisch, mit Gesprächsphasen.

5. Das neue Konzept in den Landregionen des Kirchenkreises Köthen

In den Landgemeinden galt es, die Zahl der Gottesdienste zugunsten einer Stärkung der inhaltlichen Arbeit und des regionalen und gemeinschaftlichen Zusammenhalts zu reduzieren. Zugleich sollten die noch vorhandenen

Traditionen zu den Festzeiten des Kirchenjahres bewahrt werden, aber auch die »weltlichen Highlight-Gottesdienste« positiv integriert werden. Regional bedeutsame Anlässe sollten vermehrt durch niederschwellige Gottesdienstangebote aufgenommen, ggf. sogar neu geschaffen werden. Es sollte im Anschluss an den Gottesdienst noch Zeit eingeplant werden, zusammenbleiben zu können.

Herausgekommen ist folgendes Konzept:

1. Zu den meisten Festzeiten des Kirchenjahres (Advent, Weihnachten, Ostern, Erntedank, Totensonntag) wird die volle Versorgung aller Gemeindeorte und möglichst aller Kirchen beibehalten. Dadurch sollen die christlichen Hochfeste im Bewusstsein gehalten und möglichst gestärkt werden.
2. In den Sommermonaten, wenn nur wenige Menschen zur Kirche kommen, kommt die Kirche zu den Menschen. Ein Programm von Gottesdiensten im Freien, an besonderen Orten, aus Anlass von dörflichen oder anderen weltlichen Festen und Aktionen mit Andacht soll möglichst viele erreichen.
3. In den Wintermonaten von Januar bis März steht eine inhaltliche Fokussierung im Vordergrund: Predigtreihen werden durchgeführt, jeweils in Gottesdiensten an wechselnden Orten innerhalb der Parochien. Die Gottesdienste finden um 10 Uhr mit anschließendem Kommunikationsangebot statt.
4. In den Ferienzeiten wird das traditionelle kleine Programm mit zwei bis vier Gottesdiensten pro Sonntag weitergeführt, um Kontinuität zu erhalten.

6. Die Umsetzung

Es wurde versucht, möglichst viele Beteiligte und Entscheidungsträger in den Prozess der Erarbeitung eines neuen Gottesdienstkonzeptes im Kirchenkreis einzubeziehen. So wurde es über längere Zeit im Pfarrkonvent thematisiert und entwickelt. Dem Pfarrkonvent, der im Kirchenkreis Köthen überschaubar ist und ca. 15 Personen umfasst, gehören neben den Pfarrpersonen auch Gemeindepädagoginnen, der Jugendreferent und die Kirchenmusikdirektorin an. Darüber hinaus wurden die Pläne in Gemeindekirchenräten und Regionalversammlungen diskutiert. Die Kreissynode im Herbst 2011 war dem Thema »Regionalkonzept für den Gottesdienst« gewidmet.

Vorreiter der Umsetzung der konzeptionellen Veränderungen waren die Gemeinden der Stadt Köthen, die bereits 2008 mit der Erprobung des neuen Stadtkonzepts begannen. 2010 wurde der Prozess auf die ländlichen Regionen des Kirchenkreises ausgeweitet. Ziel im ländlichen Bereich war es eigentlich gewesen, alle Regionen für die Umsetzung des Konzepts als gemeinsames

Projekt zu gewinnen. Verschiedene Gründe (Pfarrstellenwechsel und Vakanzen, Krankheit, Elternzeit und in einem Einzelfall auch mangelnde Motivation) führten jedoch dazu, dass neben der Stadt vor allem die beiden Parochien Preußlitz und Wörbzig-Gröbzig mit ihren zusammen zwölf Kirchengemeinden und 16 Kirchen das Konzept dezidiert aufnahmen

7. Erfahrungen

In der Stadt Köthen dauerte es ein halbes Jahr, bis sich die Gemeindeglieder, vor allem die Älteren, an das neue System gewöhnt hatten. Seitdem lief es im Prinzip reibungslos und mit großem Gewinn. Es wurden mehr und vor allem mehr unterschiedliche Menschen erreicht (Kirchenferne, thematisch Interessierte, Familien), ohne dass die traditionelle Gemeinde auf ihren Gottesdienst verzichten musste. Die Pfarrer konnten sich im Wechsel auf die verschiedenen Gottesdienste einstellen und sowohl die agendarischen Gottesdienste feiern als auch spezielle eigene Gaben einbringen oder Experimente machen.

Die Anzahl der Gottesdienstbesucher, die durch die zunächst ängstlich beäugte Neuerung »verloren gingen«, war gering und namentlich zu benennen. Die Zahl der neu Hinzugekommenen war dagegen substantiell höher. Die Belastung durch die besonderen Gottesdienste um 11 Uhr, die meist einen höheren Vorbereitungsaufwand mit sich bringen (Einbeziehung von Gottesdienstteams, Beschaffen von Material, Drucken von Programmen, Koordinations- und Organisationsaufwand) war angesichts des Ergebnisses nicht nur akzeptabel, sondern wurde von den Stelleninhabern gern auf sich genommen.

Die Erfahrungen, die in der Landregion Süd-West (Gröbzig-Wörbzig) in den Jahren 2011 und 2012 gemacht wurden, sind vielversprechend. Die Zahl der Gottesdienstteilnehmenden steigt bei insgesamt weniger Gottesdiensten. Die Zahl der erreichten Menschen, die außer am Heiligen Abend oder überhaupt wieder einmal einen Gottesdienst besuchen, steigt ebenso wie die Zahl derer, die sich zum Gottesdienst äußern, sich mit eigenen Beiträgen in anschließenden Gesprächen einbringen oder erklären, wegen eines bestimmten Inhalts gekommen zu sein. Nur wenige kommen aufgrund des neuen Konzepts nicht mehr. Der Aufwand steigt im Winter in planerischer Hinsicht, im Sommer in organisatorischer – wird aber gern auf sich genommen.

Die Wahrnehmung von Kirche, die zu Alltagsthemen und zu existentiellen Fragen etwas zu sagen hat, wächst ebenso wie die Erfahrung, dass es Freude macht, Gott zu loben, auf sein Wort zu hören, miteinander ins Gespräch zu kommen und Gemeinschaft neu zu beleben.

Christhard Ebert

Blühende Landschaften – ein städtisches Regionalkonzept (Essen)

1. Die Idee

Es gibt viele Ideen in der Welt. Manche davon sind so reizvoll, dass man sie unbedingt ausprobieren will. So war es auch mit der Anfrage eines großstädtischen westdeutschen Kirchenkreises (158.000 Gemeindeglieder, 27 Kirchengemeinden in vier Regionen) im Frühjahr 2013: Das EKD-Zentrum für Mission in der Region (ZMiR) möge doch behilflich sein, einen Gottesdienstkataster für den Kirchenkreis zu entwickeln. Daraufhin entwickelten wir ein Konzept zur Einführung einer regionalen Gottesdienstlandschaft und stellten es im Sommer 2013 auf dem Pfarrkonvent des anfragenden Kirchenkreises vor.

Kern der Gottesdienstlandschaft sollte ein webbasiertes geographisches Informationssystem sein:

- eine Datenbank mit allen Informationen zu den im Kirchenkreis angebotenen Gottesdiensten (Orte, Zeiten, Formate, Besonderheiten, Zielgruppen, ÖPNV, Parkmöglichkeiten ...) und
- eine browsergestütze interaktive Karte, mit der die Informationen der Datenbank sichtbar gemacht würden.

Zweck der Gottesdienstlandschaft sollte ein dreifacher sein:

a. Die Karte würde der Darstellung der vorhandenen Gottesdienstangebote dienen und damit zugleich Vernetzung und Werbung sein.
b. Die Karte wäre Grundlage für eine Analyse der gottesdienstlichen Situation. Sie könnte Ähnlichkeiten und Doppelungen zeigen, aber auch Unterschiede und damit Profile erkennen lassen. Sie könnte auch auf Leerstellen hinweisen – unterstützt durch die Milieu- und Lebensweltperspektive als ergänzende Sehhilfe.
c. Die Karte würde dann auch zur Grundlage von Veränderung – in regionaler Kooperation und Ergänzung, durch lokale oder regionale Profilierung und durch Vernetzung.

Der Weg der Einführung der Gottesdienstkarte sollte in vier Phasen erfolgen:

Phase eins dient der Auftrags- und Zielklärung, der internen und externen Kommunikation, der eigentlichen Datenerfassung und der Veröffentlichung der Karte. *Phase 2* dient der Analyse der Gottesdienstlandschaft und ggf. der Feststellung von Veränderungsbedarf. *Phase drei* dient der Umsetzung des in Phase zwei erkannten Veränderungsbedarfes und *Phase vier* schließlich der Evaluation.

2. Die Realität

Nachdem Pfarrkonvent und Kirchenkreis zugestimmt hatten (und die Idee auch von drei der vier Regionalkonventen begrüßt worden war), wurde mit der Arbeitsgemeinschaft »Gottesdienstlandschaft« des Kirchenkreises und in Kooperation mit dem Zentrum für Qualitätsentwicklung im Gottesdienst (Hildesheim) mit der Konzeptionierung der ersten Phase begonnen. Zwischen Oktober 2013 und Ostern 2014 sollte ein Fragebogen für die Datenerfassung entstehen, die Werbung für die Aktion im Kirchenkreis wirksam werden, die Befragung durchgeführt, die Ergebnisse ausgewertet und auf den vier Regionalkonventen präsentiert werden. Nach Ostern 2014 sollten die Reaktionen der Regionalkonvente ausgewertet und ggf. die Planung der Phasen zwei und drei beginnen.

a. *Der Fragebogen*

Der Fragebogen sollte ganz bewusst neben den harten auch weiche Faktoren abfragen, um für die spätere Analyse auch Stimmungen und Wirkungen auf die Spur zu kommen. Dafür wurden zu vier Dimensionen insgesamt 53 Fragen gestellt.

In der Dimension »Rahmenbedingungen des Gottesdienstes« wurden alle äußeren Faktoren abgefragt (Ort, Zeit, Erreichbarkeit, Barrierefreiheit, Dauer, Turnus, Zielgruppen, Technik, Kinderbetreuung), die letztlich für die Darstellung sowie die Such- und Filterfunktionen der endgültigen Karte wichtig sind (18 Fragen).

In der Dimension »Ziele und Stile« wurde nach der grundsätzlichen Ausrichtung des Gottesdienstes, nach erreichten Milieus, kirchenmusikalischer Gestaltung, Taufe und Abendmahl und Verkündigungsformen gefragt (15 Fragen).

In der Dimension »Kommunikation und Beteiligung« wurde nach Vorbereitung, Abläufen, Beteiligungsmöglichkeiten, Raumkonzepten und innerer wie äußerer Kommunikation gefragt (neun Fragen).

In der letzten Dimension »Wirkung und Reflexion« gab es Fragen zu Feedbackmöglichkeiten, Gottesdienstkonzepten, tatsächlich erreichten Zielgruppen, Anzahl der Gottesdienstbesucher etc. (neun Fragen).

Die Umfrage wurde im Wesentlichen als Onlineumfrage konzipiert, um die Datenerfassung zu vereinfachen, allerdings wurde auch eine Printfassung erstellt.

b. *Die Umfrage*

Die Umfrage war pünktlich Anfang Januar 2014 online und auch als Print im Kirchenkreis verteilt worden. Der Rücklauf erwies sich aber als äußerst schleppend. Am Ende des ursprünglichen Umfragezeitraums Anfang Februar 2014 waren erst ein paar Dutzend Datensätze überwiegend online eingegangen. Trotz hohen Engagements der AG »Gottesdienstlandschaft« und ständigen Werbens und Erinnerns in den Gemeinden musste der Umfragezeitraum ständig verlängert werden, so dass die Ergebnisse der Umfrage erst im November 2014 auf einem Pfarrkonvent präsentiert werden konnten.

c. *Die Datenlage*

Nicht nur der Rücklauf war schleppend, auch die Datenqualität ließ zu wünschen übrig. Von bis Ende Oktober 2014 eingegangenen 311 Rückmeldungen zu Gottesdiensten im Kirchenkreis waren nur 151 zu mindestens 75 % ausgefüllt, so dass eine tiefergehende Analyse über den gesamten Datenbestand hinweg wenig sinnvoll erschien. Zudem war die Verteilung dieser 151 Rückmeldungen über den gesamten Kirchenkreis ungleichmäßig, so dass nur von eingeschränkter Repräsentanz gesprochen werden kann. Immerhin lagen Gottesdienstmeldungen von allen Gemeinden und allen kirchlichen/diakonischen Einrichtungen vor.

3. Das Ende der Idee

Die Präsentation der Auswertung mithilfe von Karten, Zahlenmaterial, Inputs und einigen vorsichtig formulierten Hypothesen sowie die anschließenden Arbeitsgruppen zu Fragen einer möglichen Weiterarbeit wurden insgesamt als hilfreich empfunden. Die Projektgruppe begann deshalb noch im Dezember 2014 mit der Planung der zweiten Phase (Analyse), die in den Regionen über die Regionalkonvente stattfinden sollte. Die Rückmeldungen aus den Regionen im März 2015 zeigten jedoch, dass keine der vier Regionen (aus unterschiedlichen Gründen) Interesse hatte, zum gegenwärtigen Zeitpunkt in eine Analysephase und einen damit verbundenen Veränderungsprozess einzutreten. Seit einer letzten Auswertungs- und Reflexionsrunde im Juni 2015 ruht die Projektgruppe. Die Idee einer regionalen Gottesdienstlandschaft wird nicht weiter verfolgt.

4. Lerneffekte

Dass Prozesse scheitern und Projekte ihr Ziel nicht erreichen, ist einerseits ärgerlich und andererseits immer auch ein Grund, noch einmal genau hinzuschauen, was denn daraus zu lernen ist. In diesem Fall können eine ganze Reihe von Faktoren ausgemacht werden.

a. *Umfang*

Obwohl am Anfang in der Projektgruppe überlegt wurde, das Projekt »nur« mit einer Pilotregion durchzuführen, wurde schließlich doch der ganze Kirchenkreis in den Blick genommen. Damit stiegen Komplexität und Fehleranfälligkeit vor allem der Kommunikationsprozesse enorm an.

b. *Zeit*

Die erste Phase des Projekts dauerte de facto ein ganzes Jahr, war aber mit fünf Monaten viel zu kurz angesetzt gewesen. Das führte zu Konsequenzen, die sich rückblickend nicht als hilfreich erwiesen:

- Der Fragebogen pendelte zwar mehrfach zwischen den beteiligten Zentren und der AG im Kirchenkreis hin und her, bis alle damit einverstanden waren, aber auf einen gründlichen Pre-Test wurde verzichtet. Wahrscheinlich wären dabei aber schon die Ungenauigkeiten und Fehler im Design und Aufbau sichtbar geworden, die sich so erst während der konkreten Umfrage zeigten.
- Für die Onlineversion der Umfrage wurde aus Zeitgründen das kostenlose Statistik-Tool Grafstat (www.grafstat.de) benutzt, anstatt eine angepasste Datenbank mit browsergestützter Benutzeroberfläche zu programmieren. Grafstat erwies sich aber partiell als überfordert angesichts des komplexen Fragebogens. So gab es z. B. keine Möglichkeit, ein Deckblatt mit ständig wiederkehrenden gleichen Angaben (wie Ansprechpartner, Gemeinde, Adresse etc.) gesondert zu speichern. Dieser Mehraufwand bei der Eingabe führte nicht nur zu erheblichem Frust, sondern ließ Viele auch zur Printversion greifen, was wiederum den Mehraufwand bei der Datenerfassung enorm steigerte.
- Um möglichst viele Pfarrpersonen in dem Projekt mitzunehmen, wäre eine deutlich längere und gründlichere Informations- und Werbephase notwendig geworden. So wurden z. B. die konkreten Ziele des Projekts erst im laufenden Verfahren formuliert. Deshalb schien die Sinnhaftigkeit des ganzen Projektes vielen nicht überzeugend genug, was auch dazu führte, dass viele Fragebögen erst spät und nur rudimentär ausgefüllt zurückkamen.

c. *Parallele Prozesse*

Den beteiligten Zentren in Dortmund und Hildesheim wurde erst relativ spät klar, dass sich der Kirchenkreis in einem umfassenden Konzeptionsprozess befand (mit 30 Arbeitsgruppen und über 100 direkt Beteiligten). Das Gottesdienstlandschaftsprojekt schien sich mit dem Konzeptionsprozess zu doppeln und den Druck auf die Agierenden »unheilvoll« zu erhöhen. Trotz Bemühungen ist es auch kaum gelungen, das Gottesdienstlandschaftsprojekt mit der AG Gottesdienst des Konzeptionsprozesses zu verzahnen. Zu viele parallele Veränderungsprozesse haben auch hier die Verunsicherung erhöht und die Veränderungsbereitschaft vermindert.

d. *Eingeschränkter Blick auf die Agierenden*
Die Projektgruppe hat sich im Wesentlichen auf die hauptamtlichen Theolog/innen als handelnde Akteure konzentriert. Viele von denen aber standen kurz vor dem Ruhestand und waren zu Neuaufbrüchen kaum bereit. Die Frage, ob der Weg über die Presbyterien nicht vielleicht sinnvoller gewesen wäre als über den Pfarrkonvent, wurde in der Projektgruppe erst bei der abschließenden Reflexion gestellt. Zu diesen erst spät gestellten Fragen gehörten auch andere grundsätzliche Fragen wie die nach notwendigen Haltungsänderungen oder dem geistlichen Grundwasserspiegel, die sinnvollerweise vor Eintritt in das Projekt hätten gestellt werden müssen.

5. Fazit

Es gibt viele Ideen in der Welt. Manche davon sind so reizvoll, dass man sie unbedingt ausprobieren will. Ja, das bleibt auch weiterhin so. Wir – die beiden Zentren in Hildesheim und Dortmund, die handelnden Akteure in der AG »Gottesdienstlandschaft« und die Kirchenkreisleitung – wollten das Richtige, aber wir wollten zu viel zu schnell und zur falschen Zeit. Möge es an anderer Stelle besser gelingen, blühende Gottesdienstlandschaften zu entwickeln.

Margit Zahn

»Neue Zeiten – neue Gottesdienste« (Hanau)

Am Anfang

Sonntagmorgens kurz vor 10 Uhr: Die Glocken der Christuskirche, der Friedenskirche, der Johanneskirche, der Kreuzkirche und der Marienkirche beginnen gleichzeitig mit ihrem Geläut. Aber in die fünf evangelischen Innenstadtkirchen in Hanau lassen sich immer weniger Menschen einladen.

Um den zurückgehenden Besucherzahlen in den »normalen« Gottesdiensten entgegenzuwirken, versuchen die Verantwortlichen der fünf Gemeinden jeweils in ihren Kirchen durch besondere Angebote mit Musik, für Familien oder zu aktuellen Themen mehr Menschen zu erreichen. Diese Differenzierung braucht zusätzliche Kräfte für sorgfältige Vorbereitung, Beteiligung von Mitarbeitenden und verstärkte Öffentlichkeitsarbeit. Aber die Zahl der Pfarrstellen ist in den letzten 20 Jahren um 4,75 auf insgesamt 6,25 reduziert worden, ohne dass die Arbeit in entsprechendem Umfang abgenommen hätte. Weiterhin gibt es in jeder der fünf Hanauer Gemeinden Konfirmandenunterricht, Gremien, Besuchsdienste und vielfältige sozialdiakonische Arbeit. Die Fülle der Arbeitsfelder ist groß – zugleich wird die Zahl der ehrenamtlichen und nichttheologischen Mitarbeitenden geringer. Nur ein hauptamtlicher Kirchenmusiker ist verblieben.

Unter diesen Umständen hätte es geschehen können, dass der Gottesdienst in den Hintergrund des Interesses der Verantwortlichen gerät. Aber das Gegenteil ist passiert. Die Kirchenvorstände arbeiten in den Jahren von 2006 bis 2009 – unterschiedlich intensiv – an ihren Gottesdiensten, ohne voneinander zu wissen, bis aus einem von ihnen der Impuls zur gemeinsamen Verständigung kommt.

Die Begegnung der Interessierten aus allen fünf Kirchenvorständen beginnt 2009 mit einem Austausch über geglückte und gescheiterte Versuche, mehr Menschen zu erreichen. Einander auch von Schwierigkeiten zu erzählen und Grenzen einzugestehen, steht am Anfang des Projektes. Die Beteiligten wünschen sich: »nicht mehr allein weitermachen wie bisher, nur mit immer weniger Energie, sondern überlegt gemeinsam weitergehen«. Für den Weg fragen sie die »Arbeitsstelle Gottesdienst der Evangelischen Kirche von Kurhessen Waldeck« zur Beratung an.

Mit Blick von außen

Der wertschätzende Blick des Moderators Dr. Lutz Friedrichs macht es den Vertreter/innen der fünf Gemeinden beim ersten gemeinsamen Seminar leichter, die Situation vor Ort genauer anzuschauen und sich auf Ziele für die Arbeit zu einigen.

Eine *Bestandsaufnahme* bringt grundlegende Einsichten:

- Der kontinuierliche Rückgang der Gottesdienstbesucherzahlen hat seine Ursache sicher auch im tiefgreifenden Bevölkerungswandel der Industriestadt im Osten des Rhein-Main-Gebietes. Von den rund 55.000 Menschen in der Hanauer Innenstadt gehören noch 20% der evangelischen Landeskirche an, 45% der Bevölkerung haben die deutsche Staatsangehörigkeit ohne Migrationshintergrund. Verstärktes Engagement für den Gottesdienst ist wichtig, wird aber »das Rad nicht zurückdrehen können«.
- Die Gottesdienstbesucher/innen kommen in einer Stadt von der Größe Hanaus aus verschiedenen Milieus mit ihren jeweiligen musikalischen Vorlieben, Wochenendrhythmen, Geselligkeitsformen etc. Der »eine Gottesdienst für alle« wird nicht alle erreichen.
- Das gottesdienstliche Angebot in den fünf evangelischen Kirchen der Stadt ist bereits vielfältig, aber nicht einmal die »Insider« kennen es. Es fehlt die gute Öffentlichkeitsarbeit.
- An manchen Sonntagen gibt es mehrere Angebote für Menschen der gleichen Zielgruppe, während an anderen die besonderen Akzente fehlen. Ohne Absprachen entsteht leicht Konkurrenz.

Auf folgende Ziele einigen sich die Kirchenvorstände:

- Die Gottesdienstkonzeption der Gottesdienste wird gemeinsam entwickelt und verantwortet.
- Ziel des gemeinsamen Prozesses ist es, über die Gottesdienste möglichst viele Menschen in ihren unterschiedlichen Bedürfnissen ansprechen zu können.
- Das Grundangebot jeder Gemeinde wird mit Blick auf die Verhältnisse und Menschen vor Ort wie auf die vorhandenen Ressourcen koordiniert. Eine Schwerpunktbildung hat zum Ziel, das Angebot als Ganzes zu differenzieren und für die Stadtöffentlichkeit erkennbar werden zu lassen.
- Der Mehraufwand, der dadurch entsteht, ist nur durch Entlastung an anderer Stelle vertretbar.

»Neue Zeiten«

Zur Umsetzung der Ziele konstituiert sich eine »Arbeitsgruppe Gottesdienst« mit jeweils einem Pfarrer/einer Pfarrerin aus jeder Gemeinde und einem/einer delegierten Ehrenamtlichen. Einige wollen jetzt schnell vorankommen, um möglichst bald mehr Zeit für die Gestaltung attraktiver Gottesdienste zu haben. Andere ahnen die Widerstände in ihren Gemeinden, wenn es um Veränderung geht, und wollen jeden Schritt mit den Kirchenvorständen abstimmen. Es gehört zur Qualität des Prozesses, mit der Hilfe des Beraters diese Unterschiedlichkeit in der Steuerungsgruppe auszuhalten und sich im Tempo immer wieder aufeinander abzustimmen.

Sonntags um 10: Diese Uhrzeit entspricht längst nicht mehr den Wochenendrhythmen aller Menschen. Aber für die, die kommen, hat sie sich eingeprägt. Bei vielen Engagierten in den Gemeinden ist die Angst groß, auch noch »die Treuen zu verlieren«. Im Lauf des Prozesses wird klar: Verlässlichkeit ist eine zentrale Qualität des »Normalgottesdienstes«, die Menschen »müssen wissen, wann es losgeht«. Darum soll jede Kirche eine Basiszeit beibehalten, die möglichst dem jeweiligen Umfeld der Kirche entspricht. Im Bereich der Christuskirche, wo verstärkt ältere Menschen leben, sollte der Gottesdienst nicht erst um 11 Uhr beginnen, wenn bald schon das Mittagessen wartet. Aber für Menschen, die zum Besuch eines Gottesdienstes mit kulturellem Schwerpunkt in der Marienkirche auch aus dem Umland kommen, kann 11 Uhr gerade die geeignete Zeit sein. Zum Auftakt des Prozesses gibt es jeden Sonntagmorgen drei »Neue Zeiten«: 9.30 Uhr, 10.30 Uhr, 11 Uhr und einmal im Monat am Sonntagabend 17 Uhr. Die unterschiedlichen Uhrzeiten sollen Menschen mit unterschiedlichen Lebensgewohnheiten entgegenkommen.

»Gottesdienst jetzt auch für Spätaufsteher« titelt der »Hanauer Anzeiger« nach der Pressekonferenz zum Auftakt im Sommer 2012. Die Zahl der Spätaufsteher hat in den späteren Sonntagmorgengottesdiensten nicht erkennbar zugekommen, wenn der Gottesdienst keine besondere Gestalt hat. Aber der befürchtete Rückgang ist mit den »Neuen Zeiten« auch nicht eingetreten.

»Neue Gottesdienste«

Die Veränderung der Basiszeiten macht es Pfarrer/innen möglich, am Sonntag auch zwei Gottesdienste zu halten und mehr Zeit für die Konzeptionierung besonderer Gottesdienste zu gewinnen. Sie sind gedacht für Menschen, die sich von den »Normalgottesdiensten« immer weniger ansprechen lassen. Folgende Differenzierungen ergeben sich:

- Familienkirche (z. B. Krabbelgottesdienste, Tauferinnerungsgottesdienste)
- Kirche der Stille (z. B. für Trauernde, mit meditativen Formen)
- Kirche für die Stadt (z. B. zu Stadtfesten, öffentlich diskutierten Themen)
- Kulturkirche (für Interessierte an Musik, Kunst, Literatur)
- Kirche Spezial (für Menschen, die besondere Gottesdienstform suchen, z. B. »Tankstelle«)

Für manche der Gottesdienstprofile legt die Qualität eines Kirchenraumes es nahe, dass ihm klare Schwerpunkte zugeordnet werden. Beim Format »Kirche der Stille« etwa entstehen besondere Trauergottesdienste in der Christuskirche nahe am Friedhof. Viele musikalische Gottesdienste finden in der Marienkirche mit ihrer besonderen Orgel statt. Manche der Schwerpunkte etablieren sich auch nach der Neigung der Pfarrer/innen wie die »Tankstelle am Abend«, in der Form angelehnt an »go special«.

Mit der Differenzierung der Gottesdienste ist der Gedanke verbunden, durch die Art der Öffentlichkeitsarbeit gezielt Menschen dort anzusprechen, wo sie sich in ihrem Alltag bewegen. Für die fünf Schwerpunkte entstehen dreimal im Jahr fünf verschiedene Flyer. Die Flyer »Familienkirche« etwa liegen aus in Tageseinrichtungen, Familienbildungsstätten und Kinderarztpraxen. Die Erfahrung zeigt, dass natürlich auch junge Eltern sich für einen Abendgottesdienst interessieren können. Wo alle fünf Flyer nebeneinander ausliegen, verwirren sie eher. Inzwischen erscheinen darum chronologisch geordnete gemeinsame Flyer, und den Profilen sind Farben zur besseren Erkennbarkeit zugeordnet.

Auf dem Weg

Was seit dem Auftakt des Projektes »Neue Zeiten – neue Gottesdienste« (2012) passiert ist:

Entstanden sind zusätzliche »Profilgottesdienste«, z. B. die Krabbelgottesdienste (vier mal im Jahr in zwei Kirchen), Gottesdienste für Trauernde (drei mal im Jahr), »Passionspunkte« (sechs mal in der Passionszeit an unterschiedlichen öffentlichen Orten der Stadt), Sommergottesdienste zu Themenreihen, Tauferinnerung im Grünen etc.

Angestoßen durch die weiter bestehende »Arbeitsgruppe Gottesdienst« ist die Arbeit an der Qualität des »Normalgottesdienstes« weitergegangen, z. B. an einer einheitlichen einladenden Eröffnung und an übersichtlichen Bekanntmachungen, in denen auch zu den besonderen Gottesdiensten in den jeweils anderen Kirchen eingeladen wird.

Die Arbeit am Gottesdienst und der lange Atem der vielen Gespräche haben mit dazu beigetragen, dass vier der fünf Innenstadtgemeinden inzwischen eine Fusion eingegangen sind. Im Bereich der Gottesdienste gibt es weiter eine sehr gute Kooperation mit der Gemeinde, die sich der Fusion bisher nicht angeschlossen hat. Sieben Pfarrer/innen und Pfarrer der Innenstadt sind inzwischen gemeinsam auf dem Weg, machen vier Mal im Jahr die Gottesdienstpläne gemeinsam, erzählen einander Erfreuliches und Enttäuschendes. Das hält die Arbeit am Gottesdienst in Hanau lebendig.

Die Glocken der fünf Innenstadtkirchen läuten inzwischen zu unterschiedlichen Zeiten.

Die zunehmende Zahl an gut beworbenen besonderen Gottesdiensten erreicht erkennbar mehr Menschen. Schwer in Zahlen zu messen, aber wahrnehmbar ist, dass zu »anderen Gottesdiensten« immer wieder auch andere Menschen kommen.

»Neue Zeiten – neue Gottesdienste«: Der Weg der aufmerksamen Gestaltung der Gottesdienste geht im Vertrauen auf das Wirken des Geistes Gottes weiter.

Ilsabe Alpermann

Planung von Gottesdiensten im Regionalkontext

Wer kennt das nicht: Da ist ein Konzert geplant, und vier Monate vorher stellt die Kirchengemeinde fest, dass genau an diesem Abend das Endspiel der Fußballweltmeisterschaft stattfindet? Dorffeste geraten in die Nähe von goldenen Konfirmationen, oder das Programm des Chores passt nicht zum Gottesdienst, weil die Zeit zum Üben nicht ausreichend war. »Planung ist das halbe Leben« – oder: »Gut geplant ist halb gewonnen«. Mit rechtzeitiger Planung lassen sich solche Pannen vermeiden. Doch was bedeutet rechtzeitig? Planung braucht verschiedene Rhythmen, denn sie hat verschiedene Bezugsgrößen.

Jahresplanung

Die gottesdienstliche Jahresplanung ist eng mit der gesamten gemeindlichen Planung verknüpft. Die Jahresplanung bezieht sich auf drei verschiedene Zeiträume: das Kalenderjahr, das Kirchenjahr und das Schuljahr (und weitere lokal relevante Zeiträume, z. B. das Studienjahr).

Das Kalenderjahr hat im Hinblick auf gottesdienstliche Planungen seine Bedeutung vor allem darin, dass Jahrestage und Jubiläen daran gebunden sind. Dabei geht es nicht nur um kirchliche Anlässe, denn auch auf die gesellschaftlichen und weltlichen Gedenk- und Feiertage ist bei der Planung einer Kirchengemeinde Rücksicht zu nehmen. Hier wird es immer wieder willkommene Gelegenheiten zu gemeinsamem Tun von Kirche, ggf. auch ökumenisch besetzt, und Kommune einschließlich des Vereinswesens und der Kulturträger geben. Dies rechtzeitig wahrzunehmen, ist besonders wichtig, weil dabei »Mitspieler« mit sehr verschiedenen Gepflogenheiten und Entscheidungswegen aufeinandertreffen. Wenn Feier und Gedenken reibungslos gelingen sollen, braucht es einen Planungsvorlauf von zwei Jahren. Zu regelmäßigen Planungstreffen mit den anderen Partnern kann die Kirche (der Kirchenkreis) selbst einladen.

Das Kirchenjahr als traditionelle kirchliche Größe ist ebenfalls ein Bezugspunkt für Planungen, wird sich aber in der Praxis der Gemeinde planerisch eng mit dem Schuljahr verbinden. Nimmt man alle drei Jahresdurchläufe (Kalender-, Kirchen- und Schuljahr) gemeinsam in den Blick, so ergibt sich für die großräumige Planung einer Kirchengemeinde ein Vorlauf von mehr als zwölf Monaten. Praktisch könnte es so aussehen, dass der Beginn des Schuljahres als Planungstermin fest verankert ist. Vorausschauende Planung nimmt dann nicht nur den gerade beginnenden Zeitraum in den Blick, sondern auch den nächsten oder gar übernächsten. So können die nahe liegenden Ereignisse konkret geplant werden (die gottesdienstliche Jahresplanung des folgenden Kalenderjahres) und die fern liegenden geraten rechtzeitig in den Blick (kommunale und kirchliche regionale und überregionale Festkalender – Jubiläen, Kirchweihfest, staatliche Fest- und Gedenktage, große Sportereignisse – des übernächsten Jahres). Anlässe und ihre Termine sind festzuhalten, es folgt eine Abstimmung darüber, was für die Kirchengemeinde relevant sein könnte, erste Ideen werden fixiert. Wichtig ist ein transparentes Verfahren, am besten elektronisch und in klarer Zuständigkeit bei einer Person, um die schrittweise erarbeiteten Ergebnisse und Absprachen für alle Gruppen und Kreise der Gemeinde bekannt zu machen. Auf dieser Basis werden dann weitere Planungen mit möglichen Beteiligten getroffen. Sinnvoll ist es auch, mit den Vertretern der Kreise und Gruppen eine Planungskonferenz zu veranstalten. Hier sollte auch die Möglichkeit gegeben werden, Vorschläge schriftlich einzubringen.

Greifen die Planungsrhythmen sinnvoll ineinander, gelingt es auch, die Mitwirkenden für bestimmte gottesdienstliche Formate rechtzeitig anzusprechen. Für die klassischen Gottesdienste ist hier zuerst an die Mitwirkung von Chören und Posaunenchören zu denken. Gerade die besonderen (Fest-)Gottesdienste einer Kirchengemeinde, in denen die Mitwirkung der Chöre besonders erwünscht ist, haben mitunter vom Proprium des Sonntags abweichende Schwerpunkte. Wenn die Musik passen soll, müssen Themen und Texte langfristig bekannt sein, damit Chor oder Posaunenchor nicht Dekoration sind, sondern ihrer gottesdienstlichen Rolle wirklich gerecht werden können. Es braucht Zeit, um die Literatur auszuwählen und zu proben, zumal die meisten Chöre noch andere Aufgaben wahrnehmen und die Probenzeiten entsprechend eingeplant sind.

Die Jahresplanung legt auch fest, zu welchen Terminen bzw. Anlässen nichtagendarische Gottesdienste gefeiert werden. Das weite Spektrum an Familien-, Jugend-, Kasual- und Gottesdiensten im »Zweiten Programm« erfordert besondere Sorgfalt in der Planung. In der Regel gibt es bewährte Formate und zugehörige Termine, etwa der Schuljahresanfangsgottesdienst, Erntedankfest, Konfirmation und Goldene Konfirmation und Familiengottesdienste. Wenn bereits Termine für außerkirchliche Anlässe, die zu berücksichtigen sind, bekannt sind, wird es gelingen, die besonderen Gottesdienste in das vorhandene Gerüst einzufügen. Dabei ist auch zu bedenken, dass in Kirchengemeinden mit kirchenmusikalischer Schwerpunktarbeit die Gottesdienstplanung mit der kirchenmusikalischen Planung rechtzeitig in Kontakt gebracht wird, um Konkurrenzen, etwa um die Mitwirkung von Ehrenamtlichen, zu vermeiden.

Gerade im Interesse der Mitwirkung von Gottesdienstteams ist es wichtig, nach der Terminabstimmung zügig eine inhaltliche Grobplanung anzuschließen. Sind nämlich beispielsweise die Themen für ein bestimmtes Gottesdienstformat langfristig bekannt, wird es leichter als bei kurzfristigen Anfragen gelingen, Mitwirkende zu finden und nicht auf den immer gleichen Stamm von Personen zurückgreifen zu müssen. Wer langfristig um die konkrete Mitarbeit an einem bestimmten gottesdienstlichen Projekt gebeten wird, fühlt sich ernst genommen und ist motiviert, eigene Zeit und Kraft zur Verfügung zu stellen.

Aus all dem ergibt sich, dass der Rhythmus, in dem der Gemeindebrief erscheint, keine geeignete Planungsgröße ist. Das heißt nicht, dass die Redaktion des Gemeindebriefes nicht auch ein sinnvoller Termin für gemeindliche Feinplanung ist. Aber die wesentlichen Termine mit Anlässen, Formaten und Mitwirkenden müssen unabhängig davon längerfristig geplant werden.

Planung in der Region

Anforderungen an die gottesdienstliche Planung ergeben sich auch aus der regionalen Zusammenarbeit, in die eine Kirchengemeinde eingebunden ist. Gemeindezusammenschlüsse in großen Städten oder ländlichen Regionen planen anders als Kirchengemeinden, die nur eine oder wenige Gottesdienststätten haben. Dort, wo unabhängig von der Gemeindestruktur eine oder zwei Predigtstätten einem oder einer Hauptamtlichen zugeordnet sind, wird die Planung anders strukturiert sein als dort, wo viele Gottesdienstgemeinden mit nur wenigen Verantwortlichen auskommen müssen. Sind ehrenamtlich tätige Lektorinnen und Prädikanten an der Leitung von Gottesdiensten beteiligt, ist es guter Brauch, ihnen langfristig Gottesdiensttermine zur Auswahl anzubieten. Sie überwiegend kurzfristig als »Lückenbüßer« oder Urlaubsvertretung um Gottesdienste zu bitten, verträgt sich weder mit der Wertschätzung, die ihr Engagement verdient, noch mit der Würde ehrenamtlicher Gottesdienstleitung. Generell gilt: Je mehr Menschen regelmäßig aktiv in das gottesdienstliche Leben eingebunden sind, umso längere Planungszeiträume werden gebraucht. Wichtig sind Verlässlichkeit und rechtzeitige Information. Besonders die ehrenamtlich und nebenamtlich mitwirkenden Lektorinnen und Kirchenmusiker sind darauf angewiesen. Hier geht es nicht nur um Termine, sondern auch um Inhalte. Lesetexte und Liedauswahl müssen rechtzeitig weitergegeben werden. Geschieht dies nicht, wirkt sich das spürbar negativ auf die Freude am Mittun und letztlich auf die Qualität von Gottesdiensten aus.

Eine gedeihliche Planung mit vielen Hauptamtlichen in einer Region wird berücksichtigen, dass jede Gottesdienstgemeinde in ihrer Kirche bestimmte Vorlieben hat und Schwerpunkte setzt. Meist sind auch die Ressourcen unterschiedlich verteilt, z. B. hat die eine Gemeinde einen Chor, die zweite einen Posaunenchor, die dritte ein eingespieltes Kindergottesdienstteam usw. Wenn aus Zusammenarbeit Zusammenwachsen werden soll, ist es gut, in einem offenen Kommunikationsprozess darauf hinzuwirken, diese Stärken zum Wohle aller zu stärken und alle daran partizipieren zu lassen. Planerisch ist dabei zu berücksichtigen, dass über einen weiten Zeitraum hinweg jede Teilgemeinde am Besonderen der anderen teilhaben kann. Ein besonderes Augenmerk ist hier auf mögliche Konkurrenzen zu richten. Transparente und langfristige Planung kann dem Gefühl, zu kurz zu kommen, entgegenwirken.

Oft empfinden Gottesdienstgemeinden es als beschwerlich, wenn der regelmäßige Wechsel von Liturginnen und Liturgen dazu führt, dass an jedem Sonntag eine andere »Personal-Liturgie« gefeiert wird. Dann sind nicht die Gottesdienstordnung der Gemeinde maßgeblich, sondern die Vorlieben und Abneigungen der handelnden Personen. Gemeinsame Planung kann auch bewirken, dass Gemeinden über eine gemeinsame liturgische Regelform miteinander ins Gespräch kommen. Sie sollte kein starres Korsett sein, sondern die Verbundenheit der Gemeinden stärken und die gegenseitige Teilnahme am Gottesdienst erleichtern. Für viele der verantwortlichen Liturgen und Musikerinnen ist eine verlässliche Regelform in einer Region eine große Erleichterung.

Ressourcen und Planung

Gottesdienstplanung im ländlichen Raum berührt immer auch die Frage nach der Verteilung begrenzter personeller Ressourcen. Meistens wünschen sich auch klein gewordene Gemeinden regelmäßige Gottesdienste in der eigenen Dorfkirche und sind kaum bereit, regionale Gottesdienste als »ihren« Gottesdienst zu akzeptieren. Die Gemeinden feiern dann im Abstand von zwei bis sechs Wochen einen Gottesdienst, oft mit unter zehn Anwesenden. Prädikantinnen, Lektoren und Emeriti sind fest eingebunden, musikalische Mitwirkung ist selten.

Die Gottesdienstplanung steht hier vor der Aufgabe, dem berechtigten Wunsch kleiner Gemeinden nach regelmäßigen Gottesdiensten so zu entsprechen, dass Ressourcen klug und nachvollziehbar eingesetzt und zugleich Entwicklungspotentiale erschlossen werden. Sinnvoll ist eine Bündelung der

Kräfte mit der Perspektive regionaler Gottesdienste unter größerer Beteiligung. Das Erlebnis einer großen feiernden Gemeinde, lebendigerer Gottesdienste mit mehreren Generationen, von Orgelspiel und kräftigem Gesang sollte auch kleinen Gemeinden nicht gänzlich verloren gehen.

In langfristig angelegten und fachkundig von außen begleiteten Prozessen kann es gelingen, Veränderungen zu initiieren und das gottesdienstliche Leben gemeinsam zu gestalten. Die Gottesdienstplanung steht dann vor der Aufgabe, die Gottesdienste anlässlich kirchlicher und kommunaler Feste in den Dörfern mit den entsprechenden regionalen Ressourcen zu versorgen, die Höhepunkte des Kirchenjahres für die einzelnen Kirchen zu planen und die Zeit dazwischen mit regionalen Gottesdiensten zu versehen. Gelingt solch ein Prozess, wird sich neben der Entlastung zugleich eine Belebung der Gottesdienstkultur zeigen.

Folkert Fendler

Leitfragen für regionale Entwicklungsprozesse zum Gottesdienst[1]

1. Voraussetzungen und Haltungen

- Wie lange wird der Prozess dauern? Ist die Zeit vorhanden?
- Prinzip der Freiwilligkeit
- Gabenorientierung und Fehlerfreundlichkeit
- Neugier
- Vertrauen
- Bodenhaftung
- Es geht nicht darum, am Ende mehr zu tun, sondern weniger mit mehr Freude.

2. Visionen – Themen – Ziele

- Wie sieht die Gottesdienstlandschaft in der Zukunft (im Jahre ...) aus?
- Was soll durch die Kooperation erreicht werden?
- Was sind Nicht-Ziele des Prozesses?
- Auf welche Gottesdienste oder Zeiten soll sich die Kooperation beziehen?

3. Analyse

- Wie viele Gottesdienststätten sollen/können kooperieren?
- Wie ist der aktuelle Gottesdienstbesuch?
- Welche Zielgruppen werden aktuell besonders berücksichtigt?
- Wann kommen besonders viele Menschen, wann besonders wenige?
- Welche Orte sind ggf. wodurch profiliert?
- In welcher Entfernung liegen sie zueinander?
- In welchem Verhältnis stehen die Nachbargemeinden zueinander? Wer würde wegen lange tradierter Nachbarschaftsfehden nie in die Nachbarkirche gehen?

4. Ressourcen- und Kompetenzprüfung

- Kann die Mehrarbeit, die der Prozess erfordert, aufgebracht werden?
- Wo kann für den Projektzeitraum Arbeit eingespart werden/ruhen?

---

1 Christhard Ebert/Hans-Hermann Pompe (Hg.), Handbuch Kirche und Regionalentwicklung. Region – Kooperation – Mission (Kirche im Aufbruch, Band 11, hg. vom Kirchenamt der EKD), Leipzig 2014.

- Wie ist das Verhältnis von eingesetzter Kraft zum erhofften Gewinn?
- Sind genug Menschen dabei, die Lust haben, hier mitzuarbeiten?
- Welche Kompetenzen werden benötigt?
- Sind genug Menschen dabei, die die erforderlichen Kompetenzen mitbringen?

5. Geistliche Ressourcen entdecken und gestalten

- Tradition und Bibel
- Liturgie und Feier
- Musik und Lieder
- Gebet, geistliche Erfahrungen

6. Einbeziehung von Personen und Gremien

- Welche Personen, welche Gremien sind einzubeziehen?
- Zu welchem Zeitpunkt ist welches Gremium/sind welche Personen einzubeziehen?
- Wer ist von Anfang an als Mitglied der Projektgruppe zu gewinnen?
- Was kann getan werden, damit der Prozess »aus Betroffenen Beteiligte« macht?
- Kooperationsregeln aufstellen und einhalten
- Welche Rolle spielen Haupt- und Ehrenamt?

7. Vertrauensbildende Maßnahmen durchführen/in ständiger Kommunikation bleiben

- Ideenaustausch durch Besuche
- Gaben- und Ressourcenaustausch
- Marktplatz
- Open Space
- Zukunftswerkstatt

8. Den Weg strukturieren

- Kleine Schritte gehen
- Feedbackschleifen einbauen
- Zwischenstopps einlegen
- Kleine Erfolge feiern

9. Psychologische Faktoren

- Warum kommt es zum jetzigen Zeitpunkt zum Vorhaben regionaler Kooperation?
- Mit welchen Widerständen ist zu rechnen?
- Wie kann den Widerständen begegnet werden?

- »Gallische Dörfer« in Ruhe lassen!
- Was ist zu würdigen, auch wenn es nicht fortgeführt werden soll?

10. Externe Moderatoren
- Soll der Prozess durch einen externen Moderator angeleitet werden?
- Welche Kompetenzen soll die Moderatorin mitbringen?
- Wer käme in Frage?

11. Öffentlichkeitsarbeit
- Welche Kanäle der Öffentlichkeitsarbeit sind zu bedenken?
- Über die Nutzung welches Mediums der Öffentlichkeitsarbeit wären die Menschen wahrscheinlich sehr überrascht?
- Wann und wie oft ist zu berichten?

12. Gottesdienstorte
- Was zeichnet die einzelnen Gottesdienstorte aus? Für welche Gottesdienste eignen sie sich möglicherweise besonders gut?
  - Eignet sich eine Kirche ggf. als Fahrradkirche, weil ein Radweg an ihr entlangführt, oder als Station auf einem Pilgerweg?
  - Ist sie aufgrund ihrer Akustik für musikalische Gottesdienste oder Konzerte prädestiniert?
- Wie steht es mit der Erreichbarkeit, der Möglichkeit von Fahrdiensten?
- Kommt auch eine Standortaufgabe in Frage?

13. Gottesdienstzeiten
- Welche Zeiten bieten sich für welche Gottesdienste an, gerade auch in Abstimmung mit Gottesdiensten der Nachbargemeinden und der Nachbarregionen?
- Wie kann eine Zeitstruktur aussehen, damit man nicht mit wehendem Talar schon während des Orgelnachspiels wieder zum Auto stürmen muss?
- Wie kann man die »Sonntag-10-Uhr-Monokultur« aufbrechen? Will man das?
  - Welche Wochentage könnten es sein, welche Uhrzeiten?
  - Welcher Turnus ist machbar und sinnvoll?
- Wie sind Ferienzeiten, Jahreszeiten und Kirchenjahreszeiten zu berücksichtigen?

14. Zielgruppen des Gottesdienstes
- Welche Menschen leben wo?
- Welche Altersgruppen?
- Welche Milieus?

- Sollen Zielgruppen berücksichtigt werden?
  - Soll eine Kirche für eine bestimmte Zielgruppe profiliert werden, oder geht ein Zielgruppengottesdienst reihum auf Reisen?
- Was soll flächendeckend angeboten werden? Was punktuell?

15. Anlässe für Gottesdienste

- Welche kirchlichen Feste legen besondere Gottesdienste an besonderen Orten nahe?
- Wie soll die Gottesdienststruktur an hohen Feiertagen aussehen?
  - Gottesdienste möglichst überall oder zentral?
- Welche weiteren Anlässe bieten sich an/lassen sich finden?
  - Jubiläen einer Lokalgemeinde als regionales gottesdienstliches Ereignis
  - Stadiongottesdienste
  - Themengottesdienstreihen (die durch die Gemeinden wandern)
  - Konzept Kanzeltausch für die Region

Überregionale Projekte

Folkert Fendler/Jochen Kaiser

Zählprojekte (Oldenburg und Herford)

Das Zentrum für Qualitätsentwicklung im Gottesdienst (ZQG) hat zwei Projekte durchgeführt, in denen die statistische Erfassung der Teilnehmenden am Gottesdienst im Vordergrund stand. Das erste Projekt wurde 2010 bis 2012 gemeinsam mit dem Kirchenkreis Oldenburg durchgeführt. Die Zählung basiert auf den Daten des Kirchenjahres 2011/2012. Im zweiten Projekt wurde die Zählung in leicht modifizierter Form von März 2015 bis März 2016 auch im Kirchenkreis Herford durchgeführt. Ziel der Zählprojekte war es, die Vielfalt der Gottesdienstlandschaft im jeweiligen Kirchenkreis zu erfassen und ggf. Konsequenzen für die künftige Gottesdienstkonzeption des Kirchenkreises zu ziehen. Ein weiteres Ziel war die punktuelle Überprüfung der EKD-Formel zur Berechnung des Durchschnittsbesuchs an Sonn- und Feiertagen.

Das Zählprojekt im Kirchenkreis Oldenburg[1]

Der Kirchenkreis Oldenburg umfasst ca. 80.000 Gemeindeglieder und gehört zur Ev.-luth. Kirche in Oldenburg. Er hat 24 Gottesdienststätten (Kirchen und Gemeindehäuser, in denen regelmäßig Gottesdienst gefeiert wird). Darüber hinaus finden Gottesdienste in (diakonischen) Einrichtungen und an anderen besonderen Orten (z. B. im Freien) statt. Die Zählung hatte den Anspruch, sämtliche Gottesdienste zu erfassen, insbesondere die Anzahl der Teilnehmenden. Auch Kasualien und Andachten in Gruppen wurden gezählt.[2]

An der Zählung haben sich alle Gemeinden beteiligt. Die folgenden Zahlen basieren auf einem Gesamtdatensatz von 4.443 Gottesdiensten und Andachten[3] mit insgesamt 222.430 Teilnehmenden. Darüber hinaus wurden im Zähl-

1 Teile der folgenden Darstellung des Oldenburger Projektes stimmen wörtlich überein mit Passagen aus Folkert Fendler, Kirchgang gestern und heute. Von Zahlen und vom Zählen, in: ders. (Hg.), Kirchgang erkunden. Zur Logik des Gottesdienstbesuchs (Kirche im Aufbruch, Band 20, hg. vom Kirchenamt der EKD), Leipzig 2016, 11–26.

2 Es ist allerdings damit zu rechnen, dass dieses Ziel nicht ganz erreicht wurde, da es sein kann, dass Gottesdienste im Verlaufe des langen Zählzeitraums nicht erfasst wurden. Die realen absoluten Zahlen können daher insgesamt höher liegen als die erfassten.

3 Andachten wurden abgegrenzt von Gottesdiensten auf der einen und einer kurzen geistlichen Besinnung (etwa zu Beginn einer Sitzung) auf der anderen Seite durch folgende formale Merkmale: Eine An-

zeitraum 1.033 Trauerfeiern anlässlich von Bestattungen erfasst, an denen 53.110 Personen teilnahmen. Die Durchschnittsteilnahme liegt damit bei etwa 50 Personen pro Gottesdienst, der Anteil von Frauen bei ca. 60 %. Das Geschlecht des Liturgen oder der Liturgin hat dabei keinen nennenswerten Einfluss auf die Geschlechterzusammensetzung der Gemeinde. Etwa die Hälfte der Gottesdienste wurde von den Verantwortlichen als »besonderer« Gottesdienst gekennzeichnet, womit jede Veränderung gegenüber einem klassisch-agendarischen Gottesdienst gemeint sein konnte: die Mitwirkung eines Chores, ein besonderer Anlass, ein Zielgruppengottesdienst etc. Der Durchschnittsbesuch solcher besonderer Gottesdienste liegt mit knapp 85 Teilnehmenden deutlich über dem normalen agendarischen Gottesdienst (gut 50 Teilnehmende). Gottesdienste mit Abendmahl sind etwas schwächer besucht als solche ohne. In Vertretungsfällen sinkt der Gottesdienstbesuch auf durchschnittlich 40 Personen.

Gezählt wurden auch die Gottesdienste in Altenheimen, Krankenhäusern, Behinderteneinrichtungen und der Justizvollzugsanstalt im Kirchenkreis Oldenburg. Diese »diakonischen« Gottesdienste machen etwa ein Drittel aller Gottesdienste und Andachten des Kirchenkreises aus (ca. 1.500). Durch sie werden, da hier die Gemeinden meist kleiner sind, etwa 11,5 % der jährlichen Gottesdienstbesucher erreicht. Knapp 7.000 Gottesdienstbesucher haben im Zählzeitraum etwa 150 Kindergartengottesdienste gefeiert.

Unabhängig von solcher quantitativer Bestandsaufnahme, deren Aufnahme und Konsequenzen in den Gemeinden vom ZQG nicht weiter verfolgt wurden, wurden die Daten dafür genutzt, die EKD-Formel zur Berechnung des Durchschnittsbesuchs punktuell zu überprüfen. Bei der EKD-Formel handelt es sich streng genommen um eine Hochrechnung. Jedes Jahr wird der durchschnittliche Jahresbesuch an Sonn- und Feiertagen mit der Formel erhoben: »Invokavit mal 2 plus 1. Advent geteilt durch 3«.[4] Das bedeutet, dass die Besucherzahl eines beliebigen »normalen« Sonntags, in diesem Fall des Sonntags »Invokavit«, verdoppelt wird, die Besucher eines in der Regel gut besuchten,

dacht enthält mindestens eine Schriftlesung, ein Gebet, ein Lied *oder* eine Auslegung sowie Elemente eines geistlichen Gesamtrahmens (Votum oder Segen). Hinzu kommt ein zeitliches Merkmal: Dauert die so definierte Andacht länger als 30 Minuten, zählt sie zu den Gottesdiensten. – Diese Unterscheidung war insofern relevant, als Andachten auf diese Weise von Gottesdiensten unterschieden werden konnten, die während der Woche stattfanden, und so differenziert mit der Durchschnittsberechnung der EKD-Formel in Beziehung gesetzt werden konnten.

4 Die Zählung begann 1956 mit den vier Zählsonntagen Invokavit, Kantate, 2. Sonntag vor dem Erntedankfest und 1. Advent. Von 1983 an wurde der Sonntag Kantate wegen der zahlreichen Konfirmationen, die hier stattfanden, nicht mehr für die Durchschnittsberechnung verwandt. Seit 1996 werden nur noch die zwei Zählsonntage Invokavit und 1. Advent für die Durchschnittsberechnung der Gottesdienstbesucherzahlen herangezogen.

»besonderen« Gottesdienstes, in diesem Fall des 1. Advents, hinzugezählt werden und das Ergebnis anschließend durch drei geteilt wird. Der tatsächliche prozentuale Gottesdienstbesuch an Sonn- und Feiertagen für den Kirchenkreis Oldenburg liegt je nach Gemeinde zwischen 1,3 und 3,6 %. Er wird in der Abbildung 1 mit der EKD-Hochrechnung[5] verglichen.

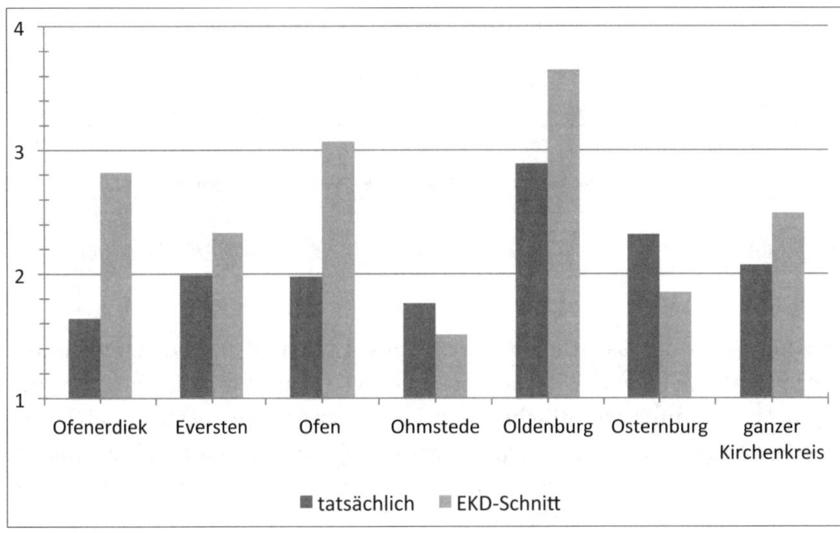

Abbildung 1: Prozentualer Gottesdienstbesuch der Oldenburger Kirchengemeinden (Sonn- und Festtage)

Die hellgrauen Balken, die analog zur EKD-Zählung den prozentualen Durchschnittsbesuch abbilden, überragen bei vier Gemeinden deutlich die dunkelgrauen Balken, die die tatsächliche Quote repräsentieren. In zwei Fällen ist der tatsächliche Schnitt höher als der durch die EKD hochgerechnete. Im Durchschnitt bildet der »EKD-Wert« in Oldenburg aber eine zu hohe Quote ab mit Blick auf die Beteiligung an Sonn- und Feiertagsgottesdiensten. Am Beispiel der Kirchengemeinde Ofenerdiek kann differenziert gezeigt werden, wie viele Menschen an Gottesdiensten teilnehmen (Abbildung 2).

---

5 Gewonnen aus der o.g. EKD-Formel unter der Zugrundelegung der Zahlen der Zählsonntage in den betreffenden Kirchengemeinden.

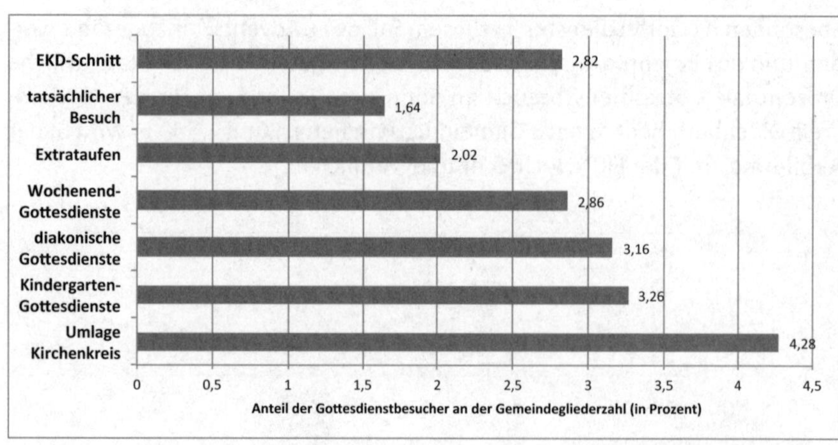

Abbildung 2: Kirchengemeinde Ofenerdiek[6], prozentuale Gottesdienstbeteiligung

Der aufgrund der Besucherzahlen von Invokavit und 1. Advent errechnete prozentuale Gottesdienstbesuch liegt bei 2,82 % und damit weit über der tatsächlichen durchschnittlichen Anzahl der Gottesdienstbesucher an Sonn- und Feiertagen im Verlauf des ganzen Kirchenjahres, die nur 1,64 % ausmacht. Zählt man die Taufgottesdienste hinzu, die nicht an einem Sonn- oder Feiertag stattgefunden haben, erhöht sich die tatsächliche Quote auf 2,02 %. Dass die Gottesdienstkultur sich aber am Wochenende noch weiter ausdifferenziert hat, zeigt der nächste Balken, in den zusätzlich Gottesdienste einfließen, die am Freitagabend, Samstagabend und Sonntagabend stattgefunden haben, also z.B. Kindergottesdienste, Jugendgottesdienste, Krabbel- oder Vorstellungsgottesdienste, der Weltgebetstag und Konfirmationen, die bereits am Samstag gefeiert wurden. Die Besucherzahl all dieser Gottesdienste ergibt in Ofenerdiek in etwa den aufgrund der EKD-Formel errechneten Schnitt.

Zahlreiche Gottesdienste finden darüber hinaus, wie oben schon gezeigt wurde, in Altenheimen, Krankenhäusern, Behinderteneinrichtungen und Gefängnissen statt – und dies meist gerade nicht am Wochenende. Die Quote steigt, wenn man diese diakonischen Gottesdienste berücksichtigt, auf 3,16 %. Hinzu kommen Kindergartengottesdienste (die Quote steigt abermals auf 3,26 %) und die hier sogenannte »Kirchenkreisumlage«, das heißt alle Gottesdienste, die in der Regel nicht von Kirchengemeinden gezählt werden. Dazu zählen übergemeindliche diakonische Gottesdienste, Pfarrkonventsgottesdienste, Schulgottesdienste etc. Diese Gottesdienste, deren Verantwortliche als Funktionspfarrerinnen und -pfarrer oft beim Kirchenkreis oder der Landes-

6 Die Gemeindegliederzahl von Ofenerdiek betrug im Zählzeitraum 11.194 Personen.

kirche angesiedelt sind, werden tatsächlich häufig nirgendwo erfasst. Wie die Erhöhung der Besucherquote auf 4,28 % zeigt, bleibt daher eine große Anzahl von Menschen bei den üblichen Gottesdienstzählungen unberücksichtigt.

Eine Hinzunahme der Trauerfeiern der Kirchengemeinde Ofenerdiek würde die Quote sogar auf 5,81 % steigen lassen. Da die EKD-Formel nicht auf die Erfassung der Kasualien zielt[7], verbietet sich ab hier der Vergleich mit ihren Daten. Dennoch es ist nicht unerheblich wahrzunehmen, wie viele Menschen im Laufe eines Jahres gerade durch Trauerfeiern erreicht werden. Ein letzter möglicher Schritt wäre die Zählung aller Gottesdienstbesuchenden in allen Gottesdienstformen einschließlich von Andachten, Trauungen und Kasualjubiläen. Mit ihnen stünde der Quote von 1,64 % der anfänglich gezählten Sonn- und Feiertagskirchgänger schließlich eine Quote von 6,27 % bei Berücksichtigung aller Gottesdienste gegenüber.

Nun kann der Blick auf eine einzelne Kirchengemeinde natürlich keinerlei Repräsentativität beanspruchen. In der Kirchengemeinde Osternburg liegt denn die EKD-Quote von Anfang an unter der Quote der tatsächlich gekommenen Sonn- und Feiertagsbesucher, in der Kirchengemeinde Oldenburg wird die EKD-Quote (3,65 %) erst bei Berücksichtigung der Kirchenkreisumlage leicht übertroffen (3,92 %). Für den Durchschnitt aller Gemeinden des Kirchenkreises Oldenburg aber zeigt die Entwicklung der Quote der Kirchengemeinde Ofenerdiek einen typischen Verlauf.

3Mit Blick auf den gesamten Kirchenkreis wird durchschnittlich ab Berücksichtigung der Wochenendgottesdienste die EKD-Quote überholt. Die Zahl der insgesamt durch Gottesdienste erreichten Menschen (ohne Andachten und ohne die Kasualien Trauung und Beerdigung) liegt um ca. 2 Prozentpunkte höher. Damit bildet die EKD-Quote in Oldenburg nur 56 % der tatsächlich am Gottesdienst teilnehmenden Menschen ab.

Die EKD-Quote, so legen diese Zahlen nahe, berücksichtigt diese Weiterentwicklung nicht mehr angemessen. Sie weiß nichts von neuen Gottesdienstformaten und ihrer zunehmenden Streuung über die Woche. Das Zählprojekt Oldenburg zeigt demgegenüber den großen Reichtum der gottesdienstlichen Landschaft. Statistisch nimmt jedes Gemeindeglied etwa dreieinhalb Mal im Jahr an einem Gottesdienst seiner Kirchengemeinde teil.

7 Die EKD-Zählung zielt streng genommen auch nur auf Sonn- und Feiertagsgottesdienste und nicht auf Gottesdienste im Verlauf der Woche oder in diakonischen Einrichtungen. Als diese Zählung etabliert wurde, gab es allerdings auch noch nicht so viele Gottesdienste, die nicht an Sonn- und Feiertagen stattfanden.

Das Zählprojekt im Kirchenkreis Herford

Im Zählzeitraum vom 15. März 2015 bis zum 14. März 2016 wurden in den 25 Gemeinden des Kirchenkreises Herford (Daten liegen für 24 Gemeinden vor) über 4.357 Gottesdienste gefeiert. Zu diesen Gottesdiensten sind auch die gezählt worden, die in Seniorenresidenzen oder Krankenhäusern stattfanden. Insgesamt nahmen 357.224 Personen (eine Abfrage der Geschlechter gab es nicht) an den Gottesdiensten teil. Von dieser Gesamtzahl waren 44.637 Kinder (12,5 %) und 22.644 Konfirmand/innen bzw. Katechumenen (6,3 %). Der Kirchenkreis Herford hatte Ende 2015 insgesamt 117.877 Kirchenmitglieder, sodass durchschnittlich jedes Mitglied im Zählzeitraum dreimal einen Gottesdienst besuchte. Die Beerdigungen sind in dieser Zählung nicht berücksichtigt.

Vergleicht man die EKD-Zähl-Praxis mit den exakten Zählungen in Herford, ergibt sich folgendes Bild: Die EKD-Rechnung zählt die Teilnehmenden am Sonntag »Invokavit« (14. Februar 2016) und am 1. Advent (29. November 2015). Dabei gibt es Verzerrungen aufgrund individueller örtlicher Gegebenheiten. Beispielsweise verabschiedete eine Gemeinde am Sonntag »Invokavit« ihre Pfarrerin, weshalb viele am Gottesdienst teilnahmen, exakt waren es 11,32 % der Gemeindemitglieder. Diese Gemeinde erreicht dadurch bei den tatsächlichen Gottesdienstteilnehmenden, die über das ganze Jahr hinweg erhoben werden, nicht die aufgrund der Invokavit-Zählung hier sehr hoch ausfallende EKD-Quote. Oder in einer anderen Gemeinde nahmen – ohne dass ein Grund erkennbar gewesen wäre – am Sonntag Invokavit nur 0,78 % der Gemeindeglieder an dem Gottesdienst teil. Ebenso ist unklar, ob ein »Adventsgottesdienst im Kerzenschein«, der am 1. Advent nachmittags stattfand, in der EKD-Statistik berücksichtigt würde. Das ZQG hat entschieden, die Anzahl der Gottesdienstteilnehmenden durch 52 Wochen zu dividieren, um einen vergleichbaren Durchschnittswert mit der EKD-Quote zu erreichen. Diese Entscheidung könnte auch anders getroffen werden, indem die tatsächliche Zahl der Gottesdienste zugrunde gelegt würde oder die sogenannten Hauptgottesdienste – also alle Fest- und Feiertage zusätzlich zu den Sonntagen – gezählt würden. Die EKD-Formel gibt darüber keinen Aufschluss. Die Abbildung 3 zeigt die Anzahl der Sonntagvormittagsgottesdienste im Vergleich zu allen Gottesdiensten einer Gemeinde. Ersichtlich wird, dass in vielen Gemeinden keine 52 Sonntagvormittag-Gottesdienste stattfinden, aber ein buntes Ensemble von Gottesdiensten bei vielen Gelegenheiten gefeiert wird.

Die Statistik aus Herford ist nicht besonders detailliert bei der Unterscheidung, was für eine gottesdienstliche Form wie oft gefeiert wurde. Es wäre ein immenser Aufwand für die Gemeinden gewesen, dies in einem Zählbogen zu vermerken. Wahrscheinlich wären die Kategorien auch nicht einfach vonein-

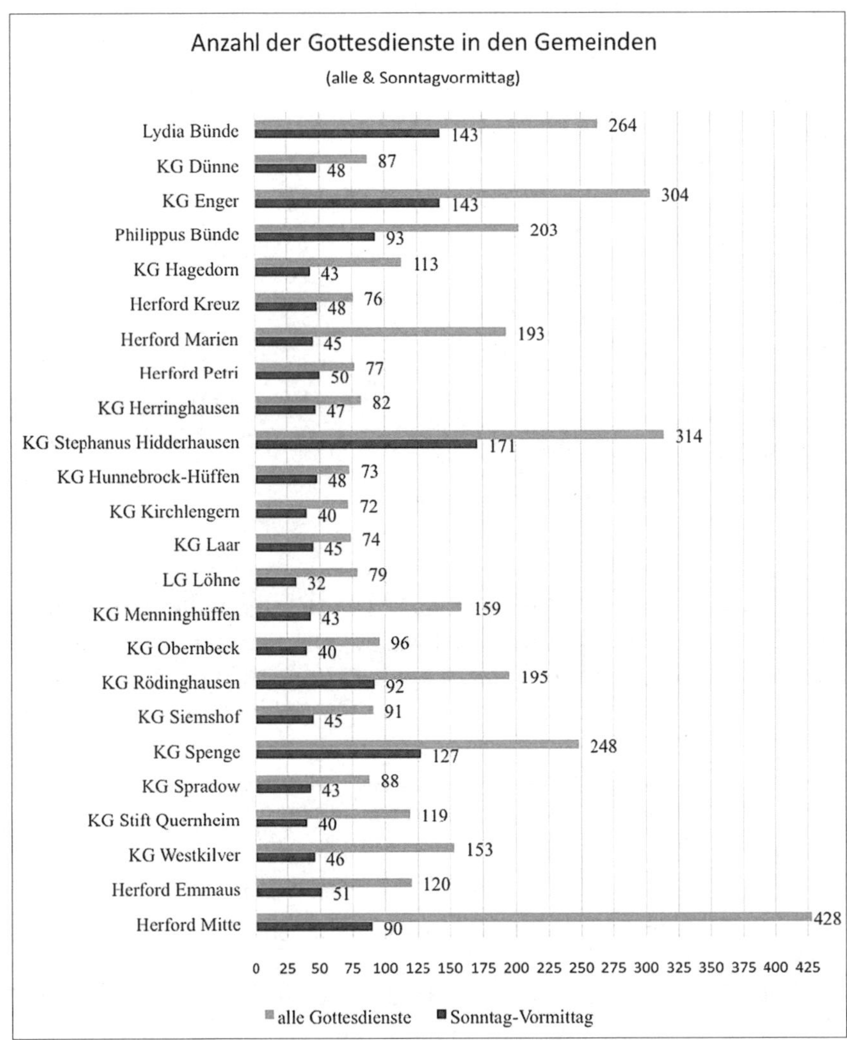

Abbildung 3: Anzahl der gefeierten Gottesdienste

ander abgrenzbar, und die Codierung für eine quantitative Auswertung wäre sehr anspruchsvoll gewesen. Doch auch die vorliegenden Daten zeichnen ein beeindruckendes Bild der gottesdienstlichen Vielfalt (Tabelle 1).

Gottesdienstform	*Anzahl*	*Prozente*
agendarische Gottesdienste	2.006	46,0
besondere Gottesdienstform	928	21,3
besonderer Anlass	422	9,7
Kindergottesdienst	317	7,3
Extrataufe	88	2,0
Trauung	240	5,5
Wochengottesdienst	227	5,2
Advents- oder Passionsandacht	129	3,0
Gesamt	4.357	100,0

Tabelle 1: Anzahl der gottesdienstlichen Formen

Deutlich wird in diesem Zählprojekt auch, dass viele gottesdienstliche Angebote viele Teilnehmende ansprechen (Tabelle 2), ohne dass tatsächlich ein linearer Zusammenhang vorläge.

Gemeinde	*Anzahl der Gottesdienste*	*Teilnehmende*	*Gemeindegliederzahl*	*Teilnahme-Quote für alle Gottesdienste (in Prozent)*
Herford Kreuz	76	5.174	2.553	3,9
Herford Petri	77	9.138	1.645	10,68
KG Röding-hausen	195	16.932	3.320	9,81
KG Spenge	248	19.840	8.945	4,26
Stephanus Hidder-hausen	314	32.156	11.290	5,45
Herford Mitte	428	28.532	9.755	5,62

Tabelle 2: Zusammenhang von Angebot und Nachfrage

In Abbildung 4 wird die EKD-Quote für die einzelne Gemeinde und die tatsächliche Teilnahme bei allen Gottesdiensten (inkl. Kreisumlage[8]) miteinander verglichen.

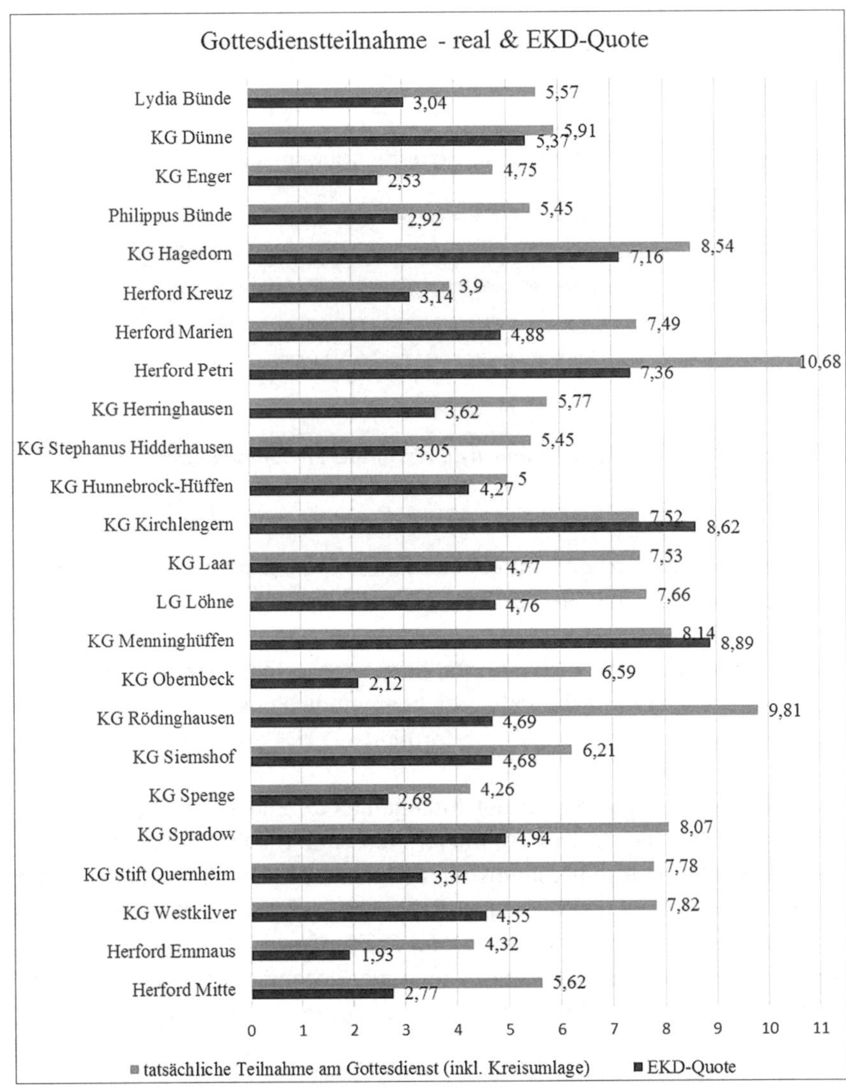

Abbildung 4: Vergleich der prozentualen Teilnehmenden im Gottesdienst – EKD-Quote und tatsächlicher Besuch (Angaben in Prozent)

8 Die sog. Kreisumlage umfasst Gottesdienste des Kirchenkreises, die keiner Kirchengemeinde zugeordnet werden können und daher prozentual den einzelnen Kirchengemeinden zugeschlagen werden.

Im ganzen Kirchenkreis wurden an Sonntagvormittagen 2.179 Gottesdienste gefeiert, was ca. 50 % aller Gottesdienste ausmacht. Durchschnittlich fanden also zwei Gottesdienste pro Gemeinde an jedem Sonntag statt. In der Umfrage wurde ermittelt, wie viele dieser Gottesdienste mit Abendmahl, Taufe oder besonderer Musik gefeiert wurden.[9] Abbildung 5 zeigt die durchschnittliche Zahl der Teilnehmenden in diesen Gottesdiensten:

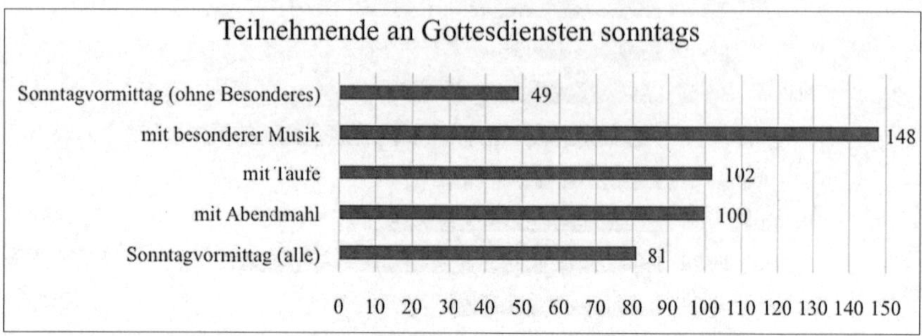

Abbildung 5: Anzahl der Teilnehmenden an verschiedenen Gottesdiensten[10]

Aus kirchenmusikalischer Sicht erfreuen diese Ergebnisse, unterstreichen sie doch das Potential, das für Gottesdienst- und Gemeindeentwicklung in der Kirchenmusik liegt.

Zwei Gemeinden sollen etwas detaillierter dargestellt werden. Ausgewählt wird die Evangelisch-lutherische Kirchgemeinde Enger, eine der größten Gemeinden, und die Evangelisch-reformierte Petri-Gemeinde Herford, eine der kleinsten Gemeinden.

Abbildung 6 zeigt, dass in der Kirchgemeinde Enger die EKD-Quote ab der Einrechnung des Karfreitags übertroffen wird. Die EKD-Quote passt also gut zu allen Sonntagsgottesdiensten, aber nicht zu den Gottesdiensten der Gemeinde insgesamt. Die absoluten Zahlen der Gottesdienstteilnehmenden sind in dieser Gemeinde zwar aufgrund der Größe (11.288 Gemeindeglieder) beeindruckend, werden allerdings durch die Prozentangaben wieder relativiert. An den 304 Gottesdiensten nahmen (inkl. Kreisumlage) 27.866 Personen teil.

9 Es sind 1.415 Gottesdienste, sodass 764 Gottesdienste als reine Predigtgottesdienst oder als Gottesdienste mit zwei dieser Besonderheiten gefeiert wurden.

10 Angaben in absoluten Zahlen, Kombinationen, z. B. Taufe *und* Abendmahl sind ausgeschlossen.

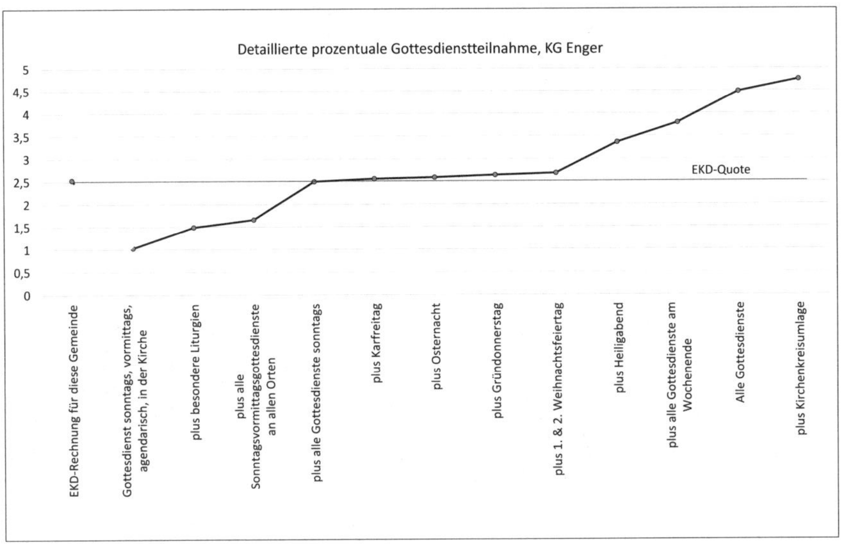

Abbildung 6: Kirchgemeinde Enger: Gottesdienstteilnehmende in Prozent

Die Evangelisch-reformierte Kirchengemeinde Petri in Herford hat »nur« 1.645 Gemeindeglieder und feierte im Erhebungszeitraum 77 Gottesdienste mit insgesamt 9.138 Teilnehmenden. Abbildung 7 zeigt den Verlauf der prozentualen Teilnahme am Gottesdienst, je nachdem, welche Gottesdienste einbezogen werden: Nach den Sonntagsgottesdiensten werden die kirchlichen Feiertage nach und nach (ohne systematische Ordnung) hinzugerechnet. Die EKD-Quote wird in der angewandten Systematik ab Hinzunahme des Karfreitags erreicht und ab Hinzunahme des Gründonnerstags übertroffen.

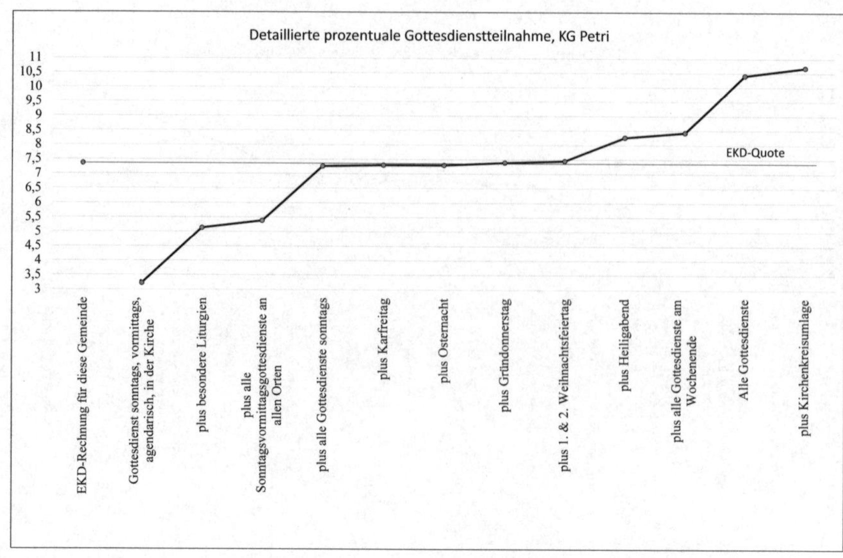

Abbildung 7: Kirchgemeinde Petri: Gottesdienstteilnehmende in Prozent

Beim Vergleich dieser beiden Einzelgemeinden ist eine Tendenz zu beobachten, die sich beim Vergleich aller Gemeinden in Herford bestätigt: Kleinere Gemeinden (bis ca. 3.500 Mitglieder) haben prozentual eine höhere Gottesdienstteilnahme als größere Gemeinden. Die Datengrundlage aus Herford ist zu gering, um hier eine zutreffende Generalisierung vorzunehmen.[11] Doch in dem kirchlichen Entwicklungsprozess zu immer größeren Gemeinden stimmt diese Beobachtung etwas vorsichtig.

Es fanden im Erhebungszeitraum (in Herford) 531 Kirchenkreisgottesdienste statt, also Gottesdienste, die nicht einer einzelnen Kirchengemeinde zugerechnet werden können und über die im Text schon mehrfach erwähnte (Kirchen-)Kreisumlage berücksichtigt werden. An diesen Gottesdiensten nahmen insgesamt 16.463 Personen teil. Das bedeutet, dass jede Woche ca. zehn dieser Gottesdienste mit durchschnittlich 31 Teilnehmenden gefeiert wurden. Hier ein Blick auf die Orte, an denen die Gottesdienste stattfanden (Abbildung 8).

11 Die Oldenburger Daten weisen diese Tendenz nicht auf, was allerdings auch damit zusammenhängt, dass die kleinste Gemeinde, die Innenstadtgemeinde Oldenburg, als Citykirche überdurchschnittlich viele Gottesdienste feiert.

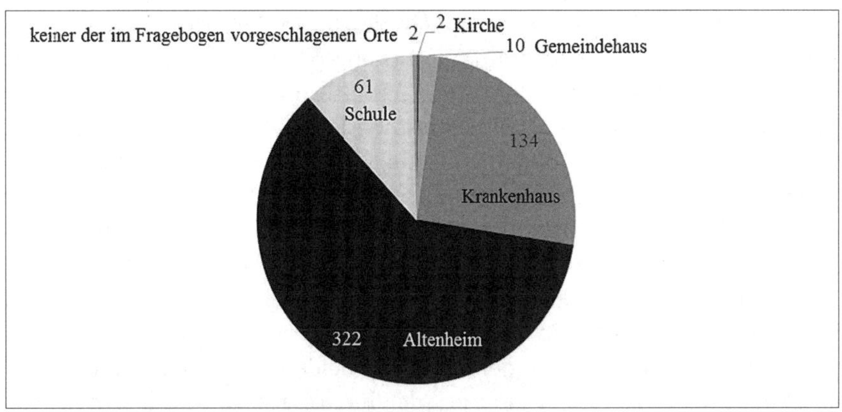

Abbildung 8: Orte von »Kirchenkreisgottesdiensten

Die Gottesdienste der Gemeinden finden zu 90% in Kirchen statt und weitere 5% in Gemeindehäusern. Bei den »Kirchenkreisgottesdiensten« zeigt die Abbildung 8 ein anderes Bild, denn 60% der Gottesdienste werden in Altenheimen, 25% in Krankenhäusern und 11,5% in Schulen gefeiert.

Im gesamten Kirchenkreis Herford wurden im Erhebungszeitraum 41 Gottesdienste mit 2.480 Teilnehmenden in Kindergärten gefeiert. Diese Gottesdienste mit durchschnittlich 60 Teilnehmenden wurden über die ganze Woche verteilt gefeiert, kein einziger an einem Sonntag. Erwartungsgemäß wurde nur ein Gottesdienst als »agendarischer« gehalten.

Die EKD-Formel für die Teilnahme am Gottesdienst kommt zum Ergebnis, dass pro Sonntag 4.241 Personen an einem Gottesdienst im Kirchenkreis Herford teilgenommen haben, was einem prozentualen Anteil der Gesamtmitglieder im Kirchenkreis von 3,6% entspricht. Tatsächlich feierten von März 2015 bis März 2016 aber 6.870 Teilnehmende wöchentlich Gottesdienste,[12] was eine Quote von 5,83% bedeutet.

Abschließend folgt ein kurzer vergleichender Blick auf beide Zählprojekte.

Die Zahlen der Gottesdienste und der Gottesdienstteilnehmenden sind gewaltig. Es werden wöchentlich viele Gottesdienste gefeiert: in Oldenburg 85 mit 4.277 Teilnehmenden und in Herford 84 mit 6.870 Teilnehmenden. Diese Gottesdienste finden nicht nur am Sonntag statt, auch wenn dies der Haupttag bleibt, und sind nicht nur agendarisch, auch wenn diese Form (noch) überwiegt. Nur wenn die Erwartung vorhanden ist, dass alle Kirchenmitglieder mindestens monatlich einen Gottesdienst besuchen, entsteht ein Defizit-

12 Diese Zahl ist noch zu niedrig, da eine Gemeinde keine Daten lieferte.

Gefühl. Die tatsächlichen Prozentzahlen der Gottesdienstbesucher schwanken (nach der exakten Berechnung) zwischen 3,9 % und knapp 11 %. Offenbar reicht es den Kirchenmitgliedern, durchschnittlich 3 bis 3,5 Mal im Jahr einen Gottesdienst aufzusuchen. Der Gottesdienst ähnelt in dieser Perspektive anderen Kulturveranstaltungen, die aber, wenn die gesamte Wohnbevölkerung zugrunde gelegt wird, prozentual weniger Besucher haben.

Die kirchlichen Strukturen sind in den Landeskirchen recht unterschiedlich, was durch die urbane Situation noch verstärkt wird. Deshalb machen die »Kirchenkreisgottesdienste« in Oldenburg ein Drittel aller Gottesdienste aus, während es in Herford ca. 12 % sind.

Insgesamt geht von den Ergebnissen der beiden Zählprojekte ein überraschendes Signal aus, das den Eindruck, der durch die jährlich vorgelegten EKD-Zahlen hervorgerufen wird,[13] zumindest relativiert. Die EKD-Hochrechnung suggeriert, dass die Teilnehmendenzahlen an Gottesdiensten kontinuierlich geringer werden. Diese Statistiken werden gelesen und für wahr gehalten. Auch wenn die Zählungen des ZQG punktuell sind und keinen Zeitverlauf über mehrere Jahre wiedergeben, so legen die Ergebnisse doch die Vermutung nahe, dass es möglicherweise nur eine Verschiebung der Gottesdienstteilnahme, weg vom Gottesdienst am Sonntagvormittag, hin zu besonderen Gottesdiensten im Laufe der Woche gibt. Um dies zu verifizieren, müssten weitere Zählungen in Reihe folgen.

---

13 Vgl. dazu den Artikel in der IDEA, »EKD: Noch nie besuchten so wenige den Gottesdienst«, in: Idea-Spektrum 15.2017, 9 (<http://www.idea.de/frei-kirchen/detail/neuer-tiefststand-beim-gottesdienst besuch-in-der-ekd-100586.html>, Abruf am 13.4.2017). Besonders auch die Kommentare der Leser/innen zeigen, dass die veröffentlichten Zahlen Wirkung zeigen und ernst genommen werden.

Hans-Hermann Pompe

Gottesdienst erleben: Wenn Gemeinden zum Gottesdienst einladen

Der »Back-to-Church-Sunday« in Deutschland

Der Back-to-Church-Sunday (BTC) »begann 2003 als Experiment einer Gemeinde in Manchester. Der Pastor schlug vor, dass jedes Gemeindeglied am letzten Sonntag im September jemand zum Gottesdienst einlädt. Es gab spürbare Begeisterung unter den Gemeindegliedern, und die Gottesdienst-Teilnahme stieg an dem Tag beachtlich. Der Pastor berichtete den Erfolg dieses Experiments dem Bischof von Manchester. Dieser fand, die Idee könnten andere nachmachen und ermutigte seine Gemeinden, es auszuprobieren. Die Idee breitete sich blitzschnell aus – zwei Jahre später hatte ungefähr die Hälfte aller Diözesen diese Idee eingeführt und andere Denominationen sie ebenfalls übernommen. Inzwischen findet dies in jeder Diözese in England statt sowie in zur Zeit zwölf Ländern – aber alles begann mit einem Pastor in einer Gemeinde, der ein Experiment wagte, und seinem Bischof, der die Idee verbreitete. Es ist außerdem ein gutes Beispiel für die Macht des Internets, Ideen zu streuen.«[1]

Diese Einschätzung des anglikanischen Bischofs John Finney machte mit einer einfachen Idee bekannt: Gemeinden verabreden sich, Menschen, die unregelmäßig, selten oder nie zum Gottesdienst kommen, eine gelingende und wertschätzende Gottesdiensterfahrung zu ermöglichen. Sie werden zum Gottesdienst der teilnehmenden Gemeinden eingeladen, um dort gute Erfahrungen von Lebensrelevanz und Gastfreundschaft, von Überzeugendem und Berührendem zu machen. Diese Idee ist damit ebenso niedrigschwellig im Zugang wie voller Veränderungskraft für die Gemeindekultur.

Der BTC unterstützt Ortsgemeinden und Engagierte aus Gemeinden dabei, ihre Familienangehörigen, Freundinnen, Bekannten, Nachbarn oder Kolleginnen zu einem Gottesdienst in der eigenen Gemeinde einzuladen. Ein Ziel ist deutlich: Gebt Menschen eine Chance, etwas von Gott zu erfahren, und öffnet ihnen damit mögliche Kontaktpunkte zum Glauben.

Paul Bayes, Bischof von Hertford, resümierte 2014 so: »Back to Church Sunday is simple. It's about inviting someone you know to something you love. I encourage even more churches to register [...] and host a special welcoming

---

1 Nach Bischof John Finney (GB) beim badischen Innovationstag am 27.9.2014 in Graben-Neudorf. Unveröffentlichtes Skript, Übersetzung Hans-Hermann Pompe.

service. It's a fantastic initiative that really does work.« Der BTC ist zu einer Erfolgsgeschichte geworden. 2011 etwa rechnete man in Großbritannien mit zusätzlichen 77.000 Gottesdienst-Teilnehmern durch diese Initiative.[2] Der Funke sprang über auf andere Konfessionen wie die Methodisten oder die United Reformed Church und auf weitere Länder wie USA, Kanada oder Neuseeland. Neben dem BTC im September gibt es seit 2014 noch vier weitere Terminfenster wie Harvest (Erntedank), Remembrance Sunday (eine gesellschaftlich verankerte Mischung aus Ewigkeitssonntag und Volkstrauertag), Adventzeit (v.a. als Weihnachtsvorbereitung mit Kindern) sowie die Weihnachts-Gottesdienste.

Auch in Deutschland? Erfahrungen aus den Pilotregionen

Eine Initiative des EKD-Zentrums für Mission in der Region (ZMiR Dortmund), unterstützt durch das Hildesheimer Zentrum für Qualitätsentwicklung im Gottesdienst und eine bundesweite Steuerungsgruppe, streute den Gedanken, um 2016/2017 in Pilotregionen Umsetzungen zu erproben. Eine begleitende Homepage sammelte erstes Material, ein Arbeitsheft wurde erstellt, zwei bundesweite Studientage im Januar 2016 und diverse regionale Informationen machten das Projekt bekannt.

Der originale englische Titel »Back to Church« nutzt die sprachliche Nähe zur kulturell tief verwurzelten und positiv besetzten angelsächsischen Back-to-School-Periode nach den Sommerferien. Eine entsprechende deutsche Anknüpfung existiert nicht, deshalb entschied die bundesweite Steuerungsgruppe, für die Pilotphase den Haupttitel regional freizugeben und durch die Verwendung des Untertitels »**Gott**esdienst **erleben**« (GE) eine gemeinsame Marke zu schaffen. In den beteiligten Pilot-Regionen sind kreative, aber unterschiedliche regionale Marken benutzt worden wie etwa »Reinschnuppern«, »Frühlingserwachen«, »Spürbar Sonntag« oder »Ich bin da. Du auch?«, z.T. wurde auch der englische Titel »Back to Church Sunday« verwendet. Möglicherweise ist diese Verschiedenheit ein notwendiger Tribut an den ausgeprägten deutschen Föderalismus.

Zwischen April 2016 und März 2017 sind mehrere deutsche Gottesdienst-Erleben-Sonntage regional durchgeführt worden. Als Pilotregionen waren beteiligt: Region Iller (vier Gemeinden im Dekanat Neu-Ulm, Bayern), Dekanat Windsbach (Bayern), Dekanat Wiesbaden (EKHN), Kirchenkreis Friesland-

2 Nach <www.churchofengland.org/media-centre/news/2012/04/archbishop-calls-back-to-church-sunday-essential-as-registrations-open-for-2012.aspx>, Abruf am 3. April 2017.

Wilhelmshaven (Oldenburg), Dekanat Schweinfurt (Bayern), die vier Stadtgemeinden Rastatt (Baden) und Dekanat Bergstraße (EKHN). Bereits beschlossen sind kommende Durchführungen im Dekanat Augsburg (Bayern), Dekanat Emmendingen (Baden), Kirchenkreis Berlin-Charlottenburg (EKBO), Dekanat Ansbach (Bayern) und Kirchenkreis Merseburg (EKMD). Mehrere Regionen planen bereits Wiederholungen (wie Neu-Ulm, Windsbach, Friesland-Wilhelmshaven) oder erwägen eine erstmalige Durchführung wie Dekanat Melsungen (EKKW) oder Kirchenkreis Steinfurt-Coesfeld-Borken (EKvW).

Was für dieses Format spricht

Wertschätzung des Bestehenden | Die vorhandenen Ressourcen des (Sonntags-)Gottesdienstes werden genutzt und regional verknüpft. Die Wertschätzung der Ortsgemeinden und die Beteiligung der Engagierten sind Schlüsselfaktoren. Gemeinden machen etwas an einem gemeinsamen Datum gemeinsam besonders gut, was sie sowieso regelmäßig und meist auch gut anbieten. Das Projekt kommt aus einer Ortsgemeinde – als gemeindebasierte Initiative wird alles darauf ankommen, ob sich die Gemeinden damit identifizieren.

Einladung | Die missionarische Breiten- und Tiefenwirkung entsteht mit Gottesdiensten als zentralem Angebot des christlichen Glaubens. Sie verknüpft die Neugier vieler Menschen auf Liturgie, Musik, Relevanz oder Begegnung mit persönlichen Beziehungen. Sie bietet Gastfreundschaft an ohne Verpflichtungen oder versteckte Erwartungen.

Handlungsfeld Gottesdienst | Bewusst wird das zentrale Handlungsfeld der evangelischen Kirche gewählt. Eine große Mehrheit der Gemeinden teilt die Sehnsucht, mit ihrem Gottesdienst mehr Menschen zu erreichen. Zugleich spiegeln die Kirchenmitgliedschaftsuntersuchungen die Offenheit vieler Menschen für und ihre Erwartungen an gelingende Gottesdiensterfahrungen wider.[3]

3 Vgl. W. Huber u. a. (Hg.), Kirche in der Vielfalt der Lebensbezüge. Die vierte EKD-Erhebung über Kirchenmitgliedschaft, Band 1, Gütersloh 2006, 81, 453 u. ö. – Evangelische Kirche in Deutschland (Hg.), Engagement und Indifferenz. Kirchenmitgliedschaft als soziale Praxis, V. EKD-Erhebung über Kirchenmitgliedschaft, Hannover 2014, 45–47 u. ö.

Zielgruppen, Rahmenbedingungen und Umsetzung

Neugierige, Distanzierte, Ausgetretene, Zweifler und religiös Unmusikalische | Sie sind in beachtlicher Zahl ansprechbar sowie offen für erstmalige oder erneute Erfahrungen mit ansprechenden Gottesdiensten. Ein missionarisches Ziel ist, solchen Menschen eine gelingende und wertschätzende Gottes(-dienst-)erfahrung anzubieten, die unregelmäßig, selten oder nie zum Gottesdienst kommen. Sie werden zum Gottesdienst der teilnehmenden Gemeinden eingeladen, um dort gute Erfahrungen von Lebensrelevanz, Gastfreundschaft, Überzeugendem und Berührendem zu machen. Mögliche Folgen (»ich komme bald mal wieder vorbei«) sind möglich, natürlich erwünscht, aber keinesfalls Bedingung.

Ausrichtung | Die öffentlich und gemeinsam regional beworbenen Gottesdienste der teilnehmenden Gemeinden haben an diesem Tag ein örtlich geplantes und verantwortetes »Besucher-Design«, sie stellen sich in Sprache, Kultur, Atmosphäre und Kontext auf Menschen ein, denen kirchliche Traditionen, Gewohnheiten und Abläufe eher fremd sind.

Standards | Einige wenige Parameter werden allen beteiligten Gemeinden als Gemeinsamkeit vorgeschlagen, z. B. Lebensrelevanz der Verkündigung, praktische Gastfreundschaft mit anschl. Kaffee oder Imbiss etc., Offenheit für Neugierige, musikalische und künstlerische Kreativität sowie Elementarisierung der Abläufe. Zusätzliche Gottesdienste sind nicht notwendig, aber auch nicht ausgeschlossen.

Einladen wagen | Entscheidend ist – neben guter Gottesdienstvorbereitung – die persönliche Einladung an Freunde und Bekannte durch engagierte Gottesdienst-Teilnehmende.[4] Hier ist der Kern jeder Wirkung über den Kreis der sowieso Erreichten hinaus zu erwarten. Gute Werbung und Kommunikation ist notwendig, wirkt aber v. a. unterstützend für persönliche Einladungen. Insofern werden Information und Motivation der Engagierten vor Ort zu Schlüsselaufgaben in diesem Projekt.

Haltung der Gastfreundschaft | Das Projekt hat etwas bestechend Einfaches: Die teilnehmenden Gemeinden müssen keine zusätzliche Veranstaltung planen oder Termine addieren. Sie werden nur herausgefordert, das ihnen Mög-

---

4 Viele Menschen brauchen nur jemand, der oder die sie einlädt, um mitzukommen. Vgl. Evangelische Kirche in Deutschland (Hg.), Engagement und Indifferenz, 43–49 u. ö.

liche an diesem Sonntag so gut wie möglich vorzubereiten und so einladend wie möglich durchzuführen. Im Kern will dieses Projekt weder neue Termine noch andere Formate einführen, sondern eine Haltung fördern: »Gäste sind im Gottesdienst willkommen, und sie sind uns unsere Gastfreundschaft wert.«

Kooperation | Notwendig und so etwas wie ein weiterer Clou ist ein (zumindest regional) einheitlicher Termin, der Beteiligung (Einklinken) ermöglicht, ohne Gemeinden und Regionen zu nötigen (Freiwilligkeit), und der die regionale (oder nationale) Aufmerksamkeit sichert. Eine gemeinsame Vorbereitung und Bewerbung ist zudem eine innerkirchlich vertrauensbildende Maßnahme.

Umsetzung | Eine Region einigt sich auf Grund einer Information oder einer Vorstellung auf die Durchführung. Koordination, Planung und gemeinsames Vorgehen werden von einer Projektgruppe im Auftrag der Gemeinden bzw. des Kirchenbezirkes verantwortet. Diese klärt früh den gemeinsamen Termin und findet das regionale Leit-Motto. Sie koordiniert den regionalen Prozess, begleitet die Gemeinden und ist Ansprechpartnerin für die nationale Koordination sowie die Auswertung. Einige formale Standards werden in der Startphase abgesprochen: der gemeinsame regionale Termin, Elemente begleitender lokaler wie regionaler Öffentlichkeitsarbeit sowie die inhaltlichen Verständigungen über »Einladen«, »Offenheit« und »missionarische Zielsetzung« samt den notwendigen Umsetzungen.

Begleitendes Material

www.gottesdiensterleben.de | Die Internetseite zum Projekt bietet inzwischen eine Fülle an Material. Als grundlegende Information liegt ein kurzes Handout als Download oder zur Bestellung vor.[5] Es bietet Interessierten eine Einführung in Idee und Grundlagen, eine Projektplanung, eine Übersicht zum Material und erste Erfahrungen aus der Pilotphase 2016/2017.

Die Internet-Seite bietet weitere Dateien für die Arbeit in Region und Gemeinden, außerdem Werbematerial, Beteiligungsmöglichkeiten, Erfahrungen und regionales Material aus Durchführungen, einen Überblick zu den Pilotregionen, Inhalte und Schulungen sowie Infos aus dem bundesweiten Team. Werbematerial für Öffentlichkeitsarbeit ist hier ebenfalls abrufbar oder bestellbar, u. a. mögliche Motive samt Logo, Plakat, Handzettel etc. Der aktuelle Stand sowie Zugriffs- oder Bestellmöglichkeiten finden sich jeweils nach

5 Hans-Hermann Pompe/Michael Wolf, Gottesdienst erleben. Der Back to Church Sunday in Deutschland, ZMiR:werkzeug 18, Dortmund 2017.

Erscheinen auf www.gottesdiensterleben.de. Auch die Auswertung durch einen Feedback-Fragebogen sowie deren Ergebnisse werden über die Seite zugänglich gemacht.

Zwei kurze englische Video-Clips sind verlinkt, einer mit deutschen Untertiteln. Relativ neu und zum Herunterladen frei sind zwei deutsche Videos zum Projekt, die speziell zur Information und Vorbereitung entwickelt wurden. Es gibt einen Sieben-Minuten-Clip (I: Idee entdeckt und umgesetzt) mit Vorbereitungserfahrungen aus dem Dekanat Bergstraße und Durchführungserfahrungen aus Schweinfurt. Und es gibt ein kurzes Experten-Interview (II: Anfragen und Herausforderungen), das sechs Schlüsselfragen der Vorbereitung thematisiert.

Erste Erfahrungen

Die Auswertung der Ergebnisse in den Pilotregionen soll Mitte 2017 abgeschlossen werden. Schon jetzt sind die Erfahrungen aus den rund zehn Pilotregionen in vier Landeskirchen durchaus ermutigend.

In der überwiegenden Mehrzahl der beteiligten Gemeinden gab es sowohl eine interne Motivationsbewegung für schöne Gottesdienste und persönliche Einladungen als auch beachtliche Teilnahme-Zahlen von Eingeladenen. Offensichtlich sind viele Menschen bereit, sich zum Gottesdienst mitnehmen zu lassen, wenn sie angesprochen, begleitet und gastfreundlich empfangen werden. Es ist in über 90 % der Gemeinden gelungen, Menschen in den Gottesdienst einzuladen, die sonst nicht gekommen wären.

Die Teilnahme-Quote der Gemeinden in der Region ist hoch, bei Prozessen in Bezirken beteiligten sich deutlich mehr als die Hälfte der Gemeinden, in Wiesbaden und Friesland-Wilhelmshaven sogar jeweils sämtliche Gemeinden. Das Modell hat eine Sogwirkung: In Neu-Ulm etwa bildeten vier Gemeinden des Dekanats im April 2016 die Pilotregion, beim zweiten Durchgang sind schon zehn Gemeinden beteiligt.

Ein Blick auf die vorläufige Auswertung von Gottesdienst erleben (GE) in 39 Gemeinden aus vier Kirchenbezirken zeigt interessante Ergebnisse. 35,3 % der Gottesdienste mit durchschnittlich weniger als 50 Besuchern hatten durch GE einen Mehrbesuch von bis zu 10 Personen (also eine 20 %-ige Steigerung ihres Gottesdienstbesuches), weitere 35,3 % dieser Gemeindekategorie erreichten sogar einen Mehrbesuch von 10 bis 19 Personen. 5 % der Gemeinden mit durchschnittlich 51 bis 75 Besuchern erreichten mehr als 30 Neue, 44,4 % der Gottesdienste mit durchschnittlich 76 bis 100 Besuchern erreichten einen Mehrbesuch von 10 bis 19 Besuchern.

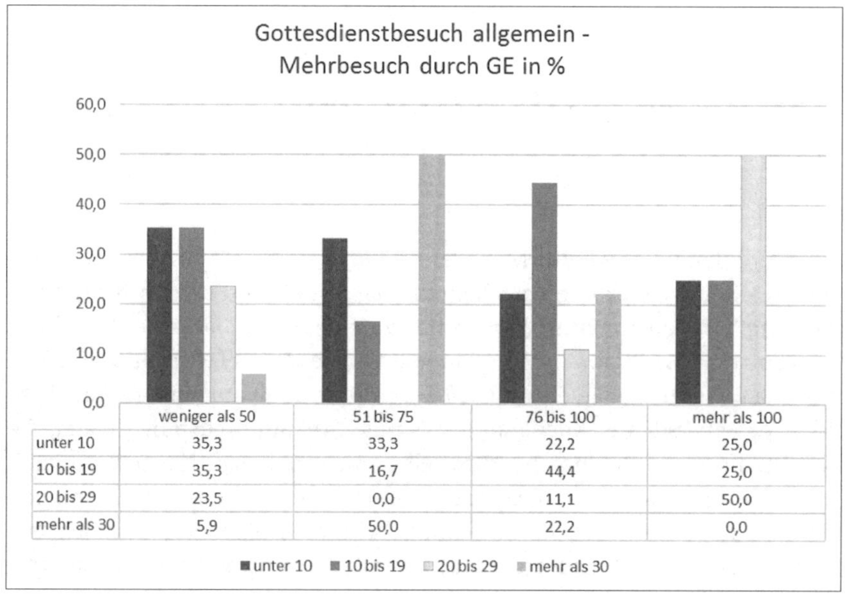

	weniger als 50	51 bis 75	76 bis 100	mehr als 100
unter 10	35,3	33,3	22,2	25,0
10 bis 19	35,3	16,7	44,4	25,0
20 bis 29	23,5	0,0	11,1	50,0
mehr als 30	5,9	50,0	22,2	0,0

Die große Mehrheit der Gemeinden bewertet das Projekt als gelungen: Sowohl die innergemeindliche Motivation wie die externe Reichweite haben die Hoffnungen erfüllt. Die meisten Regionen haben ein Anschlussprojekt innerhalb der nächsten zwei Jahre angedacht oder bereits abgesprochen (Stand März 2017).

Folkert Fendler

Qualität von Radwegekirchen

In diesem Handbuch werden Modelle, Instrumente, Projekte und Perspektiven von Qualitätsentwicklung vor allem für das Arbeitsfeld des Gottesdienstes dargestellt. An einem Punkt kam es im Laufe der ersten Jahre des Bestehens des Zentrums für Qualitätsentwicklung im Gottesdienst (ZGQ) zu einer Übertragung wesentlicher Erkenntnisse der Qualitätsarbeit auf ein weiteres kirchliches Arbeitsfeld: die »Kirche im Tourismus«. Anknüpfungspunkt waren die drei Nuancen des Qualitätsbegriffs[1] selbst, die problemlos für unterschiedliche Fragestellungen durchbuchstabiert werden können: das Verständnis von Qualität als Wesensbestimmung einer Sache oder eines Sachverhalts, sein umgangssprachlicher Gebrauch und seine Bedeutung im Qualitätsmanagements (QM).

Exemplarisch soll hier mit Blick auf Radwegekirchen dargestellt werden, wohin die Beschäftigung mit den Qualitätsdefinitionen führen kann.[2] Insbesondere die wechselseitige Korrelation von Wesensverständnis und Qualitätsverständnis des QM bringt hier weiterführende Einsichten. Unter der Leitfrage, was die Qualität von Radewegekirchen ausmache und wie sie entwickelt werden könnte, muss in einem ersten Schritt also zunächst die Wesensqualität von Kirchenräumen allgemein, dann aber auch die von Radwegekirchen im Besonderen bestimmt werden. In einem zweiten Schritt werden daraus Anforderungen abgeleitet, die immer wieder an der Wesensqualität gemessen werden müssen.

Die Frage nach der theologischen Qualität des kirchlichen Angebots »Radwegekirche« führt zunächst zur Frage nach der theologischen Qualität von Kirchenräumen überhaupt.[3] Hier gilt als grundlegende Einsicht, dass evangelischer Glaube keine heiligen Räume kennt. Gott, so die evangelische Grundüberzeugung (vgl. schon 1 Kön 8,27), wohnt überall, er hat sich nicht an

1 Vgl. die ausführliche Definition des Qualitätsbegriffs im Artikel von Folkert Fendler, »Qualitätsentwicklung im Gottesdienst«, in diesem Band.

2 Analoge Überlegungen für die Bereiche »Offene Kirchen«, »Kirchenführungen« und »Pilgerwege« finden sich in: Folkert Fendler, Können Kirchen »buchbare Produkte« sein? Aspekte des Qualitätsbegriffs im kirchlichen Handlungsfeld »Tourismus«, in: PTh 102 (2013), 1–17. – Die folgenden Ausführungen decken sich streckenweise (zum Teil wörtlich) mit dem im genannten Aufsatz über die »Offenen Kirchen« Dargestellten, da es sich bei den Radwegekirchen um eine Sonderform der »Offenen Kirchen« handelt.

3 Vgl. auch den Artikel von Hans-Jürgen Kutzner, »Baustile und Raumästhetik«, in diesem Band.

bestimmte Orte gebunden. Vielmehr hat er Gegenwart besonders dort versprochen, wo Menschen in seinem Namen zusammen reden, beten, handeln, feiern (vgl. Mt 18,20) Seine Heiligkeit erhält ein Kirchenraum also allenfalls durch und im Moment des Vollzuges religiöser Kommunikation, der Feier von Gottes Gegenwart.

Gott braucht keine besonderen Räume. Aber besondere Räume entstehen für Menschen, wenn sie die Erfahrung machen, mit Gott in Berührung zu kommen. Kirchen sind bevorzugte Orte solch religiöser Erfahrung. So ist es nicht verwunderlich, dass auch ein Kirchengebäude als Ort religiöser Erlebnisse und Erfahrungen für Menschen eine besondere Aura bekommen kann. Allein das Bewusstsein, dass dieser Ort möglicherweise seit Jahrhunderten das Leben von Menschen existentiell durch Taufen, Konfirmationen, Eheschließungen und Beerdigungen begleitet hat, dass durch ihn hindurch unzählige Gebete gedrungen sind, macht ihn für Gläubige zu einem Ort besonderer Sakralität. Obwohl »sakral« auch nichts anderes heißt als »heilig«, soll der Begriff hier als »heilig« im Sinne von: Heiligkeit, die von Menschen zugeschrieben wird, verstanden werden. Damit wird ein Unterschied markiert zu einem Verständnis von *Heiligkeit an sich*, eine Heiligkeit, die gewissermaßen objektiv vorhanden wäre. Zugespitzt gesagt: Kirchen sind Sakralbauten, weil sie Menschen heilig sind, nicht weil sie Gott heilig sind. Kirchen sollten daher immer auch als Orte bevorzugter Gotteserfahrung gesehen werden.

Eine so verstandene Sakralität ist dann theologisch für das Angebot »Radwegekirchen«, die ja eine Sonderform von »offenen Kirchen« sind, doch relevant. Vier Qualitäten können in der Sakralität des Kirchenraumes als eines für Vorüberziehende und unangemeldete Gäste offenen Raumes entdeckt werden. Es sind gewissermaßen Potentiale oder Funktionen, die der Kirchenraum als verlässlich geöffneter Raum in sich birgt. Diese Qualitäten, die sich auch schon weitgehend in den Leitlinien für Radwegekirchen der EKD wiederfinden,[4] können je nach Eigenart des Kirchenraums und der bewussten Gestaltung der Gastgeber stärker oder schwächer zum Tragen kommen.

Erstens kann das Kirchengebäude schlicht Herberge und *Ort der Gastfreundschaft*[5] sein. Durch seine geöffneten Türen signalisiert es Willkommen. Die Kirche lädt ein, einzutreten. Ganz ohne irgendeine Hinterabsicht bietet sie dem müden Radfahrer einen geschützten Raum des Ausruhens und eine Zuflucht vor den Unbilden des Wetters. Keiner ist ausgeschlossen, ganz gleich welcher Religion er angehört, ganz gleich, mit welcher Absicht er hier eintritt.

4 Vgl. <www.radwegekirchen.de/leitlinien>, Abruf am 1. April 2017.

5 Vgl. zur Gastfreundschaft auch Jan Hendriks, Gemeinde als Herberge. Kirche im 21. Jahrhundert – eine konkrete Utopie, Gütersloh 2001.

Vielleicht treibt ihn ein Ruhebedürfnis, vielleicht kunsthistorisches Interesse, vielleicht kommt er auch völlig absichtslos.

Dabei kann und will die Kirche ihre primär religiöse Bedeutung nicht verbergen. Radwegekirchen sind immer Gemeindekirchen. Eine solche Kirche ist der Ort, an dem sich eine Ortsgemeinde regelmäßig zu Gottesdienst und Gebet versammelt. Viele Menschen wissen das und betreten gerade deshalb das Gebäude mit einer gewissen Ehrfurcht. Laute Gespräche werden gedämpft. Der Raum steht für Ruhe und Besinnung. So hat der Kirchenraum auch eine geistliche, ein *seelsorgliche Funktion.* Er kann Menschen zu geistlichen Erfahrungen verhelfen. Seine Atmosphäre ist günstig für ein kurzes Gebet aber auch für ein längeres Nachdenken über sich selbst, über die Beziehung zu Anderen, über Sinn und Gott und Welt. Menschen – so die Zeugnisse in vielen Gästebüchern – gehen getröstet, gestärkt und mit neuem Mut weiter.

Jeder Kirchenraum hat drittens auch eine potentielle *verkündigende Funktion.* Altar, Kanzel, Taufbecken, Gesamtausrichtung, Bilder und andere Kunstwerke sprechen eine Sprache, die ihrem Selbstverständnis nach erkennbar religiös ist und im Dienst eines Verkündigungsgeschehens steht. Besucher der offenen Radwegekirche können diese Dimension sicher ausblenden, etliche werden aber sensibel sein für die Signale, die der Raum in dieser Hinsicht aussendet. Die Kirche muss nicht das Hauptziel haben, missionarisch auf Menschen zuzugehen. Es wäre aber auch merkwürdig, wenn sie diese Dimension verschämt verstecken wollte und den eigentlichen Zweck dieses Raumes hinter kulturhistorischen oder Wellness-Aspekten zurücktreten ließe.

Viertens kann eine Radwegekirche ein *Ort des Gemeindeaufbaus* sein. Sie zeigt, wie Menschen ihren Glauben in dieser Kirche leben, insofern ist sie auch Chance zur Imagepflege. Was sie zeigt, kann abschreckend oder einladend sein. Es kann neugierig machen auf Veranstaltungen der Gemeinde. Empirische Untersuchungen zeigen, dass die offene Kirche zu einem nicht geringen Teil auch von Mitgliedern der eigenen Gemeinde aufgesucht wird. Gerade die Möglichkeit, hier selbstbestimmt zu handeln, macht den »offenen Kirchenbesuch« für manche sogar attraktiver als den Gottesdienstbesuch: Dauer des Aufenthalts, Nähe und Distanz, Kontaktaufnahme, Ruhe und Bewegung, Reden und Schweigen – keiner schreibt hier vor, in welcher Form das zu geschehen hat, der Besucher entscheidet selbst, seinen Bedürfnissen entsprechend.

Vier praktisch-theologische Qualitäten von Radwegekirchen sind benannt: die offen-gastfreundliche, die seelsorgliche, die verkündigende und die gemeindeaufbauende Qualität. Nun wäre es Aufgabe der Kirchengemeinde, diese Qualitäten des Angebots Radwegekirche für sich durchzubuchstabieren und zu gewichten. Je nach Schwerpunktsetzung wären dann Qualitätsanforderungen im Sinne des QM abzuleiten.

Für die gastfreundliche Komponente nennen die Leitlinien der EKD als Grundanforderungen schon: Abstellmöglichkeiten für Fahrräder mit Gepäck, Zugang zu Trinkwasser und Toilette und einladende Sitzgelegenheiten. Und die Internetseite für die Radwegekirchen enthält entsprechende Piktogramme; über das Genannte hinaus auch für Barrierefreiheit, das Vorhandensein von Informationen für historisch Interessierte, die Möglichkeit von Kirchenführungen und die Einrichtung von Kirchencafés. Es ist der Gemeinde natürlich freigestellt, innerhalb des einen oder anderen Bereichs einen deutlichen Schwerpunkt zu setzen. Dann wäre darüber nachzudenken, wie Erwartungen vielleicht sogar übertroffen[6] werden können: Gelegenheiten zum Liegen, die Möglichkeit, das Gepäck einzuschließen, das Mitgeben von Reiseproviant, Reparaturgelegenheit, Ladestation für E-Bikes und Smartphones, WLAN-Zone usw.

Möglicherweise entscheidet man sich aber auch bewusst dafür, so etwas wie eine WLAN-Zone nicht anzubieten, weil man gerade die geistlich-seelsorgliche Dimension stark machen möchte, die aus der Zerstreuung in die Besinnung führt. Dann wäre eher die Einrichtung einer Meditationszone, einer Nische mit Gelegenheit, Kerzen anzuzünden, vielleicht das Vorhandensein einer Gebetswand mit der Möglichkeit, Zettel zu beschriften, wichtig. Es müsste gewährleistet werden, dass der rastende Radler hier wirklich seine Ruhe findet bzw. hat. Oder es gibt das regelmäßige Angebot von Andachten, von Orgelmusik oder von Zeiten, in denen verlässlich Personen da sind, die für Gespräche bereitstehen.

Es geht hier nicht darum, potentielle Angebote erschöpfend zu erheben, sondern um die Schaffung größerer Klarheit der Kommunikation zwischen Kirchengemeinden untereinander, aber auch im Kontakt mit der Touristikbranche, wenn es um Fragen von Qualität geht. Zunächst gilt es, sich die theologische Qualität eines Angebotes bewusst zu machen. Diese ist nicht automatisch gegeben, so dass sie nur benannt werden müsste. Die Erwartungen und Potentiale können hier unterschiedlich sein: Kraft schöpfen, Gott begegnen, vom Alltag abschalten usw. Man wird es nicht allen recht machen können, aber man kann sich für einen Schwerpunkt entscheiden und überlegen, wie man ihn jeweils durch sein Angebot gestalten könnte. Qualität ist insofern nicht inhaltlich, sondern formal standardisiert. Sie ist Aushandlungssache. Unterschiedliche theologische Traditionen und Einstellungen können zu unterschiedlichen Gewichtungen führen.

Manchmal kann man einen regelrechten Stolz darauf wahrnehmen, dass eine Gemeinde familiär daherkommt, ein wenig unaufgeräumt, unvoll-

---

6 Vgl. zur Differenzierung von Erwartungshaltungen auch den Artikel von Jochen Kaiser, »Gottesdienste im Kano-Modell«, in diesem Band.

kommen. Solcher Stolz ist nachvollziehbar, wenn man als dahinter stehende Absicht vermutet, dass deutlich werden soll: Bei Gott zählt nicht Perfektionismus, Gott liebt das Kleine und Unvollkommene. Allerdings ahnt man, dass solche Analogien hinken. Gott liebt ja nicht unaufgeräumte Kirchen. Ob die theologische Dimension der Annahme des Unvollkommenen und der Unvollkommenen sich durch leere Bierkästen zwischen den Bankreihen abbilden lässt, ist zumindest zu diskutieren. Man kann mit einem gewissen Recht daran zweifeln, dass sich der Radfahrerin, die zufällig in eine solche Kirche kommt, dieser Zusammenhang erschließt. Sie wird vermutlich – geprägt durch die Standards, die ihr anderswo im touristischen Bereich begegnen – eher befremdet sein und sich ihren Teil über diese Gemeinde denken.

Ganz grundsätzlich besteht die Gefahr, in solchen Diskussionsprozessen die unterschiedlichen Qualitätsebenen zu vermischen. Wenn die Kirche trotz Absprache nicht geöffnet war, murmeln Gemeindevertreter leicht etwas von der Unverfügbarkeit Gottes. In Wirklichkeit war die Küsterin nicht verfügbar. Oder Kirchen sind trotz verlässlicher Öffnungszeiten anderweitig belegt, etwa durch Andachten für gemeindliche Gruppen, eine längere Konzertprobe oder durch Konfirmandenunterricht in der Kirche. Die Verantwortlichen wähnen sich in gutem Recht, denn hier wäre der Raum doch durch das Eigentliche belegt, eine offene Besuchszeit als das Uneigentliche käme dann an zweiter Stelle und müsste eben zurücktreten. Wer so handelt, verletzt nicht nur äußere Qualitätsstandards, sondern hat vermutlich auch seine theologischen Überlegungen zur Wesensbestimmung des Kirchenraumes noch nicht zu Ende geführt. Die Nutzung des Raumes für Gottesdienste, kirchenpädagogische Zwecke, Konzerte etc. darf nicht ausgespielt werden gegen seine Nutzung als offene Radwegekirche, die, wie wir sahen, ebenso eminent theologische Funktionen erfüllt. Natürlich kann es immer einmal zu Kollisionen von Interessen und berechtigten Ansprüchen kommen. Dann aber müssen Ausnahmeschließungen rechtzeitig kommuniziert werden.

Der Rückgriff auf unterschiedliche Nuancen im Qualitätsbegriff führt, so sollte die exemplarische Reflexion der Qualität von Radwegekirchen zeigen, zu einer theologischen Verankerung von Einzelentscheidungen hinsichtlich der möglichen Angebotsstruktur. Sie hilft bei der Unterscheidung unterschiedlicher Qualitätsebenen und verhilft damit zu größerer Klarheit im Gespräch mit (nichtkirchlichen) Gesprächspartnern. Eine Übertragung dieses sehr grundsätzlichen und leicht anzuwendenden Qualitätszugangs, der letztlich eine Variante der Zielorientierung ist, auf weitere kirchliche Arbeitsfelder (Unterricht, Seelsorge, Gemeindearbeit) ist denkbar.

Landeskirchliche Initiativen

Christian Binder/Uwe Herde

Jahr und Tag des Gottesdienstes (Ev.-Luth. Landeskirche Schaumburg-Lippe)

Im Rahmen des Zukunftsprozesses der Synode der Evangelisch-Lutherischen Landeskirche Schaumburg-Lippe bildete sich die Initiativgruppe »Räume geistlicher Erfahrung«, die sich unter anderem mit dem Thema der Zukunft des Gottesdienstes beschäftigen sollte. In die Beratungen dieser Gruppe wurde nach wenigen Sitzungen das Zentrum für Qualitätsentwicklung im Gottesdienst einbezogen, um gemeinsam ein Projekt auszuarbeiten, das der Landessynode zur Zustimmung vorgelegt werden sollte. Zu diesem Zeitpunkt war bereits entschieden, dass das Projekt die öffentliche Wahrnehmung der evangelischen Gottesdienste stärken und erleichtern sollte. Nach einigen Sitzungen über mehrere Monate hinweg legte die Initiativgruppe der Synode im Jahr 2012 folgende Projektskizze vor, die von der Synode einstimmig angenommen wurde:

Das Jahr des Gottesdienstes

»**Unsere Vision:** *Die Gottesdienste sind ein großer Schatz der Kirche. Das Jahr des Gottesdienstes ist eine gemeinsame Schatzsuche, bei der die vorhandenen gottesdienstlichen Schätze entdeckt, wenn nötig gehoben, geteilt, möglicherweise aufgearbeitet und poliert, präsentiert und vielleicht sogar vermehrt werden.*

Unsere Ziele: *Durch das Jahr des Gottesdienstes soll die Wahrnehmung des Gottesdienstes in der innerkirchlichen und außerkirchlichen Öffentlichkeit gestärkt werden. Die Vielfalt und Lebendigkeit der gottesdienstlichen Landschaft soll erkennbar werden. Die bereits vorhandene hohe Kompetenz der für den Gottesdienst Verantwortlichen (Haupt- und Ehrenamtliche) soll weiter gefördert und gestärkt werden, die Mitarbeitenden sollen zur gegenseitigen Wahrnehmung, Nutzung und Bündelung ihrer Kompetenzen ermuntert werden. Die Gemeinden sollen ermutigt werden, neue Impulse im Bereich des Gottesdienstes aufzunehmen und umzusetzen.*

Maßnahme 1: Gottesdienst-Atlas

Alle Menschen, die Gottesdienste besuchen möchten, sollen die Möglichkeit erhalten, sich über die vielfältigen gottesdienstlichen Angebote in der ganzen Landeskirche zu informieren. Dazu werden zwei Wahrnehmungshilfen geschaffen:

Der Online-Gottesdienst-Atlas: *Auf der Homepage der Landeskirche wird eine Übersicht über alle gottesdienstlichen Angebote der Landeskirche erstellt, in der die Gottesdienste nach den Kategorien Ort, Zeit, Zielgruppe und Format geordnet angezeigt werden können.*

Der Gottesdienst-Flyer: *Ein viermal jährlich erscheinender Flyer informiert über besondere gottesdienstliche Angebote in der gesamten Landeskirche.*

Maßnahme 2: Der Feier-Tag-Gottesdienst

Zu Beginn des Jahres des Gottesdienstes findet eine zentrale Auftaktveranstaltung für alle Gottesdienst-Mitarbeitenden statt. Dabei stellen Gemeinden ihre besonderen Gottesdienste vor, die gegenseitige Wahrnehmung regt zum Ideen- und Erfahrungsaustausch an, einige Workshops machen Lust auf Mehr, das gegenseitige Kennenlernen motiviert zum Austausch und zur Zusammenarbeit über Gemeindegrenzen hinweg.

Maßnahme 3: Gottesdienst-Workshops

Im Jahr des Gottesdienstes finden zentrale Workshops für haupt- und ehrenamtlich Mitarbeitende statt. Dort lernen die Mitarbeitenden miteinander und voneinander, tauschen Ideen und Erfahrungen zu ihrem Arbeitsfeld aus, erproben neue Möglichkeiten und bilden durch das gemeinsame Arbeiten den Ausgangspunkt für eine Vernetzung der Mitarbeitenden im Bereich Gottesdienst.

Maßnahme 4: Der Tag des Gottesdienstes

An einem bestimmten Sonntag feiern alle Gemeinden der Landeskirche ihren Gottesdienst besonders liebevoll vorbereitet und besonders einladend präsentiert gemeinsam mit möglichst vielen Menschen. Dazu wird die Öffentlichkeit durch eine breite landeskirchenweite Öffentlichkeitsarbeit mit einheitlichem Motto und Motiv eingeladen, so dass auch die Menschen, die an diesem Sonntag keinen Gottesdienst besuchen, die Lebendigkeit und Vielfalt der gottesdienstlichen Landschaft in der Landeskirche wahrnehmen. Der »Tag des Gottesdienstes« kann in Anlehnung an den »Tag des offenen Denkmals« gestaltet werden: Vertraute Orte und Angebote werden besonders liebevoll präsentiert, Wertvolles wird neu zugänglich gemacht, sonst eher Verborgenes findet gezielte Aufmerksamkeit und auf den ersten Blick eher Unscheinbares kann seine wahren Werte zeigen.«[7]

Das Projekt »Jahr des Gottesdienstes« wurde durch einen Brief des Landesbischofs an alle 22 Gemeinden der Landeskirche zur Teilnahme empfohlen, darüber hinaus besuchten die Mitglieder der Initiativgruppe alle Gemeindekirchenräte, um um Unterstützung und Beteiligung zu werben.

Realisiert wurden im Laufe des Jahres dann folgende Maßnahmen:

Gottesdienst-Atlas

Es wurde einmalig ein Flyer mit der Übersicht über besondere Gottesdienste in der Landeskirche innerhalb eines halben Jahres erstellt und landeskirchenweit verteilt. Eine Übersicht über alle Gottesdienste in der Landeskirche sollte mit dem geplanten Relaunch der landeskirchlichen Website verwirklicht werden, dieses Vorhaben wurde jedoch nicht realisiert. Es zeigte sich, dass ein stetiger, verlässlicher und pünktlicher Informationsfluss aus den Gemeinden nicht hergestellt werden konnte, um einen verlässlichen und vollständigen Gottesdienst-Atlas etablieren zu können.

Auftakt: Der Festtag rund um den Gottesdienst

Als Start in das Jahr des Gottesdienstes (2013) fand im Februar ein bunter Festtag rund um das Thema Gottesdienst statt, zu dem alle am Gottesdienst Interessierten eingeladen waren. Es wurde vormittags ein Gottesdienst mit besonderen kreativen Elementen und einer Predigt des Landesbischofs gefeiert, anschließend fand eine erste Runde mit Workshops statt. Nachmittags konnten sich Gemeinden im Rahmen einer Ideenbörse gegenseitig über besondere gottesdienstliche Projekte informieren, anschließend fand die zweite Runde der Workshops statt, und der Tag endete mit einer Segensandacht.

---

7 <www.landeskirche-schaumburg-lippe.de/kirche-leben/zukunftsprozess/projektgruppen/raeume-geistlicher-erfahrung>; abgerufen am 24.03.2017.

Workshops wurden zu folgenden Themen angeboten:
- Lesungen lebendig gestalten
- Alter Wein in neue Schläuche? Alternative Gottesdienste im Gemeindeleben
- Gottesdienst mit KonfirmandInnen
- Gottesdienste vorbereiten im Team
- Gesangbuch kreativ
- Abendmahl
- Tatwort Gebet
- Neue Lieder für den Gottesdienst
- Gottesdienst-Tester gesucht, Gottesdienste wertschätzend würdigen

Die Auftakt-Veranstaltung wurde gut besucht, rund zehn Gemeinden stellten ihre Gottesdienstprojekte vor, und alle Workshops fanden interessierte Teilnehmende. Ein weiterer geplanter Workshoptag im Oktober des Jahres musste jedoch mangels Anmeldungen abgesagt werden. Ein kontinuierliches Angebot von zumindest einem gottesdienstlichen Workshop pro Jahr hat sich in den folgenden Jahren jedoch etabliert.

Der Tag des Gottesdienstes

Nach dem Vorbild des »Tag des offenen Denkmals« sollte ein Tag des Gottesdienstes an einem Sonntag Ende August des Jahres die öffentliche Wahrnehmung innerhalb und außerhalb der Kirche für den regelmäßigen sonntäglichen Gottesdienst stärken. Die Gemeinden wurden aufgefordert, ihre Gottesdienste an diesem Sonntag besonders liebevoll vorzubereiten und besonders einladend zu gestalten. Vertrautes sollte liebevoll präsentiert, Wertvolles neu zugänglich gemacht und Verborgenes ans Licht gebracht werden. Die Gottesdienste sollten so gefeiert werden, dass auch unerfahrenen Besuchern ein Mitfeiern möglich sein würde. Besondere Gottesdienste wurden nicht erwartet.

Für diesen Tag wurde eine landeskirchenweite Öffentlichkeitsarbeit realisiert mit einheitlichem Logo auf Plakaten und Fahnen, mit denen die Gemeinden zu ihren Gottesdiensten einladen konnten. Die regionale Presse berichtete im Vorfeld und im Nachgang. In einem Flyer konnten beteiligte Gemeinden auf ihr gottesdienstliches Angebot an diesem Tag hinweisen.[8]

Von dieser Möglichkeit machten 16 der 22 Gemeinden Gebrauch. Die meisten von ihnen hatten sich dafür entschieden, einen besonderen Gottesdienst

8 Siehe <www.landeskirche-schaumburg-lippe.de/fileadmin/landeskirche/Aktuelles/2013/Flyer_TdoD2013_01var6.pdf>; abgerufen am 24.03.2017.

oder zumindest einen Gottesdienst mit besonderem Akzent anzubieten. So gab es an diesem Sonntag einen Familiengottesdienst mit anschließendem Essen bei Musik, Pilgergottesdienste zwischen zwei Gemeinden, ein Tauffest, musikalische Gottesdienste mit Chören und Posaunenchören, einen Gottesdienst im Wildtiergehege, einen Stationengottesdienst zum Jahresthema Toleranz, einen Segnungsgottesdienst, ein Bibelfest, aber auch traditionelle Gottesdienste mit vorheriger Einführung in den Gottesdienstablauf. Die Gemeinde Großenheidorn gestaltete tatsächlich einen ganzen Tag des Gottesdienstes mit Gottesdiensten und Andachten im Stundentakt, die jeweils von Gemeindegruppen gestaltet wurden, und einem abschließenden »Gottesdienst zwischen den Gemeindehäusern« mit anschließendem Grillen.

Nicht in allen Gemeinden war der Gottesdienstbesuch an diesem Sonntag merklich stärker, trotzdem war an vielen Orten eine gewachsene Aufmerksamkeit für den Gottesdienst nicht zuletzt auch bei der Kerngemeinde und den ehren- und hauptamtlichen Mitarbeitenden zu spüren. Bei der Auswertung des Tages berichteten die Gemeinden davon, dass es gelungen sei, die »Kirche als gute Gastgeberin« zu zeigen. Das zeigte sich in vielen kleinen Details, aber auch in der Gesamtkomposition der jeweiligen Gottesdienste. Die verschiedenen Elemente des Gottesdienstes wurden gut aufeinander abgestimmt, wobei der musikalischen Gestaltung eine besondere Bedeutung zukam. Hervorgehoben wurde auch die Beteiligung vieler Ehrenamtlicher bei der Gestaltung und die Möglichkeit eines Feedbacks während oder nach dem Gottesdienst.

So wurde in großer Vielfalt erkennbar, dass der Gottesdienst in den Gemeinden ein großer Schatz der Kirche ist, mit dem sie sich und ihre Botschaft überzeugend und einladend präsentiert.

Der Tag des Gottesdienstes war sicherlich der Höhepunkt im Jahr des Gottesdienstes. Eine angedachte Wiederholung dieser Aktion kam bislang nicht zustande, obwohl bereits Ideen für eine Weiterführung entwickelt wurden, z. B. ein »Band des Gottesdienstes«, bei dem, ähnlich dem klingenden Band im Jahr der Kirchenmusik, an jedem Sonntag des Kirchenjahres eine andere Gemeinde ein besonderes gottesdienstliches Angebot macht, ein (Fahrrad-) Pilgerweg von Gottesdienst zu Gottesdienst, eine Predigtkette zu thematischen Schwerpunkten oder kontinuierlichen Texten, Gottesdienste an besonderen Orten, eine »Nacht des Gottesdienstes« oder ein zentraler Gottesdiensttag mit Kirchentagscharakter.

Eckart Schwab/Martin Evang

Qualitätsinitiative der Ev. Kirche im Rheinland

I.

Das Impulspapier »Kirche der Freiheit« des Rates der EKD, das am 1. Juli 2006 vorgestellt wurde, regte die Einführung von Qualitätsmanagement für die Arbeit der zentralen kirchlichen Handlungsfelder an: »Ein vergleichbares Anspruchs- und Qualitätsniveau in allen geistlichen und seelsorgerlichen Kernvollzügen zeichnet die Erkennbarkeit und Beheimatungskraft der evangelischen Kirche aus« (erstes Leuchtfeuer).[1] Auf dem EKD-Zukunftskongress in Wittenberg, der vom 25. bis 27. Januar 2007 stattfand, war die Anregung, über Qualität von Gottesdiensten und kirchlichen Amtshandlungen wie Taufe, Trauung und Bestattung nachzudenken, noch umstritten.[2] Manche Pfarrerinnen und Pfarrer hatten Vorbehalte gegen die Forderung nach qualitativen Maßstäben in diesen ihren »geistlichen« Arbeitsfeldern.

Die rheinische Landessynode fasste Anfang Januar 2007 im Zusammenhang einer Prioritätendiskussion Beschlüsse zu Qualitätsstandards: »Die Kirchenleitung wird beauftragt, für die Landessynode 2008 einen Vorschlag zur Entwicklung von Standards vorzulegen, die der Qualitätsverbesserung kirchlicher Arbeit dienen«.[3]

Der Landeskirchliche Seelsorgeausschuss der Evangelischen Kirche im Rheinland (EKiR), der bereits 2003 einen Diskussionsbeitrag zur »Qualitätsentwicklung evangelischer Seelsorge« ausgearbeitet und diesen auf einem Synodalbeauftragtentreffen im Februar 2004 in Düsseldorf vorgestellt hatte, bat in seiner Sitzung vom 5. Februar 2007 unter Bezug auf die landessynodalen Beschlüsse um den Auftrag der Kirchenleitung, »überprüfbare Qualitätskriterien für Seelsorge in Gemeinden und Institutionen zu entwickeln.«

---

1 Kirchenamt der Evangelischen Kirche in Deutschland (EKD) (Hg.), Kirche der Freiheit. Perspektiven für die evangelische Kirche im 21. Jahrhundert. Ein Impulspapier des Rates der EKD, Hannover 2006, 27 f., 42, 49–52.1 f. u. ö.; <www.ekd.de/download/kir che-der-freiheit.pdf>; Abruf am 8. März 2017.

2 Vgl. Rainer Clos, Evangelische Kirche debattiert Reformkonzepte (epd-Meldung vom 22. Januar 2007).

3 Prioritätendiskussion »Die Gestalt der presbyterial-synodalen Ordnung in der Evangelischen Kirche im Rheinland« (Drucksache 3), in: Verhandlungen der 57. ordentlichen rheinischen Landessynode, Düsseldorf 2007, 130*.136f*.142*; <www.ekir.de/www/downloads-archiv/ekir2007DS_03_-_Presbyterial-synodale_Ordnung_LS_2007.pdf>; Abruf am 8. März 2017.

Im Bereich der Seelsorge waren die Vorbehalte gegen »überprüfbare Qualitätskriterien« geringer, weil in verschiedenen Bereichen (Krankenhaus, Beratungsstellen[4]) bereits seit einigen Jahren positive Erfahrungen mit Zertifizierungen bzw. den Anforderungen von Qualitätsmanagementnormen gemacht worden waren. Durch das »Gesetz zur Strukturverbesserung im Gesundheitswesen« von 1988 war der Abschnitt »Sicherung der Qualität der Leistungserbringung« (§§ 135–139d) ins SGB V eingefügt worden, an dem sich unter anderem auch die refinanzierte Krankenhausseelsorge orientierte.

Die damals zuständige Abteilung II des Landeskirchenamtes stimmte der Bitte des Seelsorgeausschusses zu und schlug den Gremien am 7. Februar 2007 vor, einen analogen Auftrag auch für die Bereiche »Gottesdienst« und »Kirchenmusik« zu erteilen. Das Kollegium und die Kirchenleitung der EKiR übernahmen den Vorschlag und erteilten im Mai 2007 einen entsprechenden Arbeitsauftrag:

> Der Ausschuss für Gottesdienst und Kirchenmusik wird beauftragt, möglichst bis zum Oktober 2007 überprüfbare Qualitätskriterien für die Feier von Gottesdiensten und für die Durchführung von kirchenmusikalischen Veranstaltungen zu entwickeln.

Der Bereich »Gottesdienst und Kirchenmusik« war damit nach der Seelsorge- und Beratungsarbeit eines der ersten Handlungsfelder in der Evangelischen Kirche im Rheinland, das sich um die Entwicklung von Qualitätsstandards und überprüfbaren Qualitätskriterien bemühte. Die übernommene Aufgabe orientierte sich nicht zuletzt an der Einsicht, dass gottesdienstliches Feedback in Form der Visitation seit Beginn der Reformation und als Mittel zur Durchführung der Reformation zum Standard der Qualitätssicherung evangelischer Gottesdienste gehört hatte.

Auch in anderen Bereichen begann 2007 die Arbeit am Qualitätsmanagement. Die Gemeindeberatung/Organisationsentwicklung etwa entwickelte als Pilotprojekt zur Qualitätsverbesserung kirchlicher Arbeit in Anlehnung an vorhandene Prozessmodelle (ISO 9001:2000)[5] einen »Qualitäts-Check«.[6] Die Ergebnisse der verschiedenen Arbeitsvorhaben in der EKiR zum Qualitätsmanagement wurden miteinander abgestimmt.

---

4 Vgl. z. B. §§ 74 Abs. 1; 78a–79a SGB VIII, jetzt neugefasst durch das »Gesetz zur Stärkung des aktiven Schutzes von Kindern und Jugendlichen« von 2012; § 16 Abs. 4 KJHG.NRW u. a.

5 Vgl. dazu z. B. den Wikipedia-Artikel »Qualitätsmanagementnorm« (<de.wikipedia.org/wiki/Qualitäts managementnorm>; Abruf am 8. März 2017.); 2008 und 2015 wurde die Norm revidiert.

6 Claudia Zimmer/Karl-Heinz Knöß, Das Qualitätsprojekt in der Evangelischen Kirche im Rheinland, in: Jörg Rauber (Hg.), Kirche der Freiheit gestalten. Herausforderung für Gemeindeberatung und kirchliche Organisationsentwicklung, Neukirchen-Vluyn 2013, 221–234.

II.

Der Ausschuss für Gottesdienst und Kirchenmusik der EKiR nahm am 27. Juni 2007 die Arbeit an der Fragestellung auf, die damals auch von Vertretern der wissenschaftlichen praktisch-theologischen Forschung schon vorsichtig unterstützt wurde.[7] Es wurden zwei Unterausschüsse »Qualitätsstandards/Qualitätsentwicklung Gottesdienst« und »Kirchenmusikalische Veranstaltungen« gebildet. Die Arbeitsstelle Gottesdienst der EKiR unter ihrem damaligen Leiter Landespfarrer Dr. Martin Evang war an der Ausarbeitung maßgeblich beteiligt. Erste Vorlagen wurden im Oktober und Dezember 2007 in Sitzungen des Ausschusses für Gottesdienst und Kirchenmusik eingebracht. Beim EKD-Workshop »Qualitätsentwicklung von Gottesdiensten – Von anderen lernen« am 22./23. Februar 2008 im Kirchenamt der EKD in Hannover konnten bereits erste Arbeitsergebnisse aus dem Rheinland vorgestellt werden.[8]

Nach weiteren Arbeitssitzungen im Sommer 2008 wurde vom Ausschuss für Gottesdienst und Kirchenmusik der EKiR in seiner Novembersitzung 2008 die erste Rohfassung einer »Handreichung« zur Qualitätsentwicklung von Gottesdienst und Kirchenmusik beraten.

Zur gleichen Zeit beschlossen Kirchenkonferenz und Rat während der EKD-Synode in Hannover im November 2008 die Gründung eines »Zentrums für Qualitätsentwicklung (besonders Gottesdienst und Kasualien)« am Standort Michaeliskloster Hildesheim. Im Gründungsbeirat des Kompetenzzentrums waren Vizepräses Petra Bosse-Huber und Prof. Dr. Michael Meyer-Blanck aus der EKiR vertreten, das Zentrum wurde Ende 2009 eröffnet und führte im Februar 2010 eine erste Fachtagung »Gottes Güte und menschliche Gütesiegel« durch.

In seiner Sitzung am 13. Mai 2009 verabschiedete der Ausschuss für Gottesdienst und Kirchenmusik der EKiR die Endfassung seiner Ausarbeitung unter der Überschrift

> *»... zu schauen die schönen Gottesdienste des Herrn ...« (Ps 27,4). Handreichung für Kirchengemeinden zur Qualitätsentwicklung von Gottesdienst und Kirchenmusik.*

Gottesdienstliche Projekte aus der EKiR, die sich modellhaft an den Kriterien der Handreichung orientierten, konnten bereits auf der Zukunftswerk-

---

7 Vgl. etwa Michael Meyer-Blanck, Anmut, Glanz und Arbeit. Zur Diskussion um gottesdienstliche »Qualitätsstandards« im EKD-Impulspapier »Kirche der Freiheit«, in: EvTh 67 (2007), 350–361. Meyer-Blanck ist Mitglied im Ausschuss für Gottesdienst und Kirchenmusik der EKiR.

8 Dokumentation des Workshops »Qualitätsentwicklung von Gottesdiensten« (epd-dokumentation 18), Frankfurt am Main 2008.

statt der EKD vom 24. bis 26. September 2009 in Kassel vorgestellt werden. Nach letzten redaktionellen Änderungen wurde die Handreichung am 26./27. November 2009 von der Kirchenleitung der EKiR beschlossen und im Februar 2010 veröffentlicht.[9]

III.

In der Handreichung wird empfohlen, bei dem Bemühen um »Qualitätssicherung« und »Qualitätsentwicklung« in Gottesdienst und Kirchenmusik insbesondere folgende Bereiche in den Blick zu nehmen:

- Gottesdienst-Orte in Kirchengemeinde und Region
- Kirchen als Gebäude und Räume
- Gottesdienst-Zeiten
- Gottesdienst in Beziehung – gottesdienstliche Verknüpfungen
- Gottesdienstliche Formen und Zielgruppen
- Eine gottesdienstliche Feedback-Kultur
- Kirchenmusik in Gottesdienst und Gemeindearbeit
- Fort- und Weiterbildung Gottesdienst und Kirchenmusik
- Qualitätsentwicklung Gottesdienst und Kirchenmusik im Leitungshandeln

Zu jedem einzelnen Bereich sind in der Handreichung Rahmenbedingungen, Querverbindungen, Möglichkeiten und Notwendigkeiten aufgezeigt, die bei der Gestaltung vor Ort berücksichtigt werden können und sollen. Es wird angeregt, dass die Leitungsgremien unter den spezifischen lokalen und regionalen Bedingungen und unter Berücksichtigung der Konzeption ihrer gemeindlichen Aufgaben überprüfbare Zielsetzungen zur Verbesserung der Qualität entwickeln. Einige Beispiele solcher konkreten Zielsetzungen:

- Zu »Gottesdienst-Orte in Kirchengemeinde und Region«: »In den nächsten fünf Jahren sollen in unserer Gemeinde zwei Prädikantinnen oder Prädikanten ordiniert werden, damit wir weiterhin auch in unseren Dorfkirchen regelmäßig Gottesdienst feiern können.«
- Zu »Gottesdienst-Zeiten«: »Einmal im Vierteljahr wollen wir einen Gottesdienst zu aktuellen Themen von Kirche und Gesellschaft feiern.«
- Zu »Gottesdienstliche Formen und Zielgruppen«: »Im nächsten Jahr erheben wir durch Interviews mit ausgewählten Personen, die kaum zu Got-

9 »… zu schauen die schönen Gottesdienste des Herrn …« (Ps 27,4). Handreichung für Kirchengemeinden zur Qualitätsentwicklung von Gottesdienst und Kirchenmusik, Düsseldorf 2010, <www.gottesdienst-ekir.de/files/downloads/zu_schauen_die_schoenen_gottesdienste_des_herrn.pdf>; Abruf am 8. März 2017.

tesdiensten kommen, wie sie sich gottesdienstliche Angebote vorstellen könnten.«
- Zu »Kirchenmusik in Gottesdienst und Gemeindearbeit«: »Im nächsten Jahr findet eine Cross-Over-Veranstaltung mit allen kirchenmusikalischen Gruppen statt.«

Ein besonderer Akzent bei »Qualitätssicherung« und »Qualitätsentwicklung« von Gottesdienst und Kirchenmusik liegt auf der Entwicklung und Optimierung einer dem Handlungsfeld angemessenen gottesdienstlichen Feedback-Kultur, die sich auf alles beziehen sollte, was zur gottesdienstlichen Kommunikation gehört, was zu ihr beiträgt und auf sie einwirkt:
- das Ganze des gottesdienstlichen Lebens in einer Kirchengemeinde und einer Region
- das Ganze eines gefeierten Gottesdienstes
- einzelne Dimensionen der gottesdienstlichen Feier
- einzelne Phasen und Elemente des Gottesdienstes
- die einzelnen gottesdienstlichen Akteure

Beim Feedback kommt am ehesten zum Tragen, dass Qualitätskriterien nur dann zu einer spürbaren Qualitätsverbesserung beitragen, wenn es sich um Kriterien handelt, die in gewissem Rahmen *überprüfbar* sind. Beispiele überprüfbarer Kriterien sind etwa mit Blick auf einzelne Dimensionen der gottesdienstlichen Feier:
- In welchem Zustand befinden sich der Raum und seine Ausstattung, und was strahlt er aus?
- Wie wurde die im Gottesdienst erklingende Musik erlebt, was hat sie bewirkt?
- Was hat es der Gemeinde erleichtert oder erschwert, Gesänge und Lieder mitzusingen?
- Wurde verständlich gesprochen, und war die Verstärkeranlage gut eingestellt?
- Hatte die Gemeinde besondere Gelegenheiten, sich – in Freiheit – zu beteiligen?
- Waren die gottesdienstlichen Polaritäten gut ausbalanciert – zwischen Würde und Gelassenheit, Ruhe und Bewegung, Nähe und Distanz?

Um durch die Überprüfung von Qualitätskriterien keine Ängste zu schüren und Blockaden zu fördern, sondern im Gegenteil konkrete Impulse zur Hilfe und Weiterentwicklung zu geben, sollte eine gute Feedback-Kultur in Gemeinde, Gremien und Gruppen, aber auch durch einzelne Personen aufgebaut werden. Die gedeihliche Praxis eines gottesdienstlichen Feedbacks setzt ein gemeinsames Verlangen nach »schönen Gottesdiensten des Herrn« und ein Klima der Geschwisterlichkeit voraus: auf Seiten derer, die sich äußern, eine Haltung von Wertschätzung und Aufrichtigkeit; auf Seiten derer, die für die Gestaltung von Gottesdiensten Verantwortung tragen, eine aufmerksame Bereitschaft, zuzuhören und Kritik entgegenzunehmen.

IV.

Die Handreichung »... zu schauen die schönen Gottesdienste des Herrn ... (Ps 27,4)« ist außer ihrer Veröffentlichung im Internet in einer erheblichen Stückzahl gedruckt und im Gebiet der EKiR verteilt worden. Hat sie in vielen Kirchengemeinden und Gremien und bei vielen Einzelpersonen lebhafte Resonanz gefunden, so darf man nicht verhehlen, dass sich ebenfalls viele Gemeinden, Gremien und Einzelpersonen nicht für sie interessiert haben, oder sie ihnen sogar unbekannt geblieben ist. Solche Schriften gleichen ja vielfach einer Saat, die nur teilweise auf fruchtbaren Boden (um nicht »gutes Land« zu sagen) fällt, was natürlich die Frage aufwirft, wie Kirchen die Zielgenauigkeit und Rezipierbarkeit ihrer Äußerungen und damit ihr Wirkungspotential verbessern können.

Papier ist geduldig, und ungelesene Papiere bleiben stumm. Umso wichtiger war und ist es, die Handreichung ins Gespräch zu bringen und Gelegenheiten dafür zu nutzen oder eigens zu schaffen. Solche Gelegenheiten sind Zusammenkünfte nicht nur der gottesdienstlich Aktiven, die als Begrüßende, Kirchenmusiker, Küsterinnen, Lektoren, Liturginnen, Prediger und Sammlerinnen tätig sind, sondern besonders auch von Presbyterinnen und Presbytern – tragen die Presbyterien nach der rheinischen Kirchenordnung doch im Miteinander mit, aber auch im Gegenüber zu den Pfarrerinnen und Pfarrern die Gesamtverantwortung für das gottesdienstliche Leben in der Kirchengemeinde.

Eine der Hauptaufgaben der Arbeitsstelle Gottesdienst der EKiR ist die gottesdienstliche Beratung der Kirchengemeinden, speziell ihrer Presbyterien, liturgischen Ausschüsse oder Arbeitskreise. Die Nachfrage kirchengemeindlicher Gottesdienstberatung steigt erfahrungsgemäß nach den Presbyteriumswahlen an, wenn neu gewählte Mitglieder für ihre Mitwirkung im Gottesdienst und für die Wahrnehmung ihrer Leitungsverantwortung, die auch den Gottesdienst umfasst, zugerüstet werden wollen. An die liturgiegeschichtliche und -theologische Erschließung der in der jeweiligen Gemeinde gültigen konkreten Gottesdienstordnung oder auch an ein Lektorentraining lassen sich Angebote zur Qualitätsentwicklung des Gottesdienstes erfahrungsgemäß leicht anknüpfen. Hier haben sich einzelne Kapitel der Handreichung als

Reservoir konkreter Anregungen häufig bewährt, z. B. bei der Anbahnung von Feedback-Verfahren, die in der Gemeinde gut umsetzbar erscheinen, oder bei einer fälligen Umgestaltung des Gottesdienstraums.

Auf der Ebene der Kirchenkreise hat die Handreichung bei Beauftragten für Gottesdienst mehrfach das Angebot gottesdienstlicher Workshops bei Kreiskirchentagen angeregt. Workshops unter dem Label »Qualität des Gottesdienstes« gehören ebenfalls zu den regelmäßigen – und regelmäßig am meisten besuchten – Veranstaltungen bei dem alle vier Jahre stattfindenden »Tag rheinischer Presbyterinnen und Presbyter«. Die aus diesem Anlass wiederholt nachgedruckte Broschüre zur Qualitätsentwicklung des Gottesdienstes und der Kirchenmusik ist hierfür seit Jahren zentraler Referenztext.

Vergleichbares gilt für den »Tag des Hauses Gottesdienst und Kirchenmusik« in Wuppertal, zu dem jährlich eingeladen wird. Dort interessieren sich vor allem Prädikantinnen und Prädikanten sowie nebenamtlich tätige Kirchenmusikerinnen und Kirchenmusiker für die Qualitätsaspekte ihres liturgischen Dienstes. Die Handreichung gehört deshalb auch zu den Materialien, mit denen bei der Ausbildung zum Prädikantendienst und in der C-Kirchenmusiker-Ausbildung der EKiR regelmäßig gearbeitet wird.

Die Erfahrungen mit der Handreichung und ihrem Thema in den Pfarrkonventen sind unterschiedlich. Infolge einer rheinischen Superintendentenkonferenz im Jahr 2010, bei der sich die Zentren für Qualitätsentwicklung im Gottesdienst (Hildesheim) und für Mission in der Region (Dortmund u. a.) nach Aufnahme ihrer Arbeit vorgestellt haben, wurde das Thema Gottesdienstqualität bisweilen auf die Tagesordnung von Pfarrkonventen gesetzt, vorwiegend mit freundlicher, aber auch verhaltener Resonanz. Mit größerer Neugier haben sich die Kolleginnen und Kollegen auf Modelle kollegialer Beratung eingelassen, wenn sie – bezogen auf die gottesdienstliche Praxis – in Pfarrkonventen vorgestellt und ausprobiert wurden. In einzelnen Fällen haben sich Pfarrteams daraufhin zu Intervisionsgruppen zusammengeschlossen, die in ihrer Arbeit natürlich nicht allein gottesdienstpraktische Herausforderungen bearbeiten.

In Zusammenarbeit der gottesdienstlichen Arbeitsstellen der Ev. Kirche Berlin-Brandenburg-schlesische Oberlausitz (EKBO), der Ev. Kirche von Westfalen (EKvW) und der EKiR wurde schließlich ein Modellprojekt entwickelt, nach dem in diesen drei Landeskirchen insgesamt vierzig Gottesdienst-Coaches ausgebildet wurden. Mittlerweile vernetzt mit den Gottesdienst-Beraterinnen und -Beratern, wie sie in anderen Landeskirchen heißen, arbeiten die Gottesdienst-Coaches mit gottesdienstlichen Akteuren an ihrem gottesdienstlichen Auftritt, wirken aber auch bei Gremienberatungen und Gruppentrainings mit.

V.

Die Handreichung der EKiR betont, dass »Qualitätssicherung« und »Qualitätsentwicklung« in Gottesdienst und Kirchenmusik auf kontinuierliche Fort- und Weiterbildung aller am Gottesdienst Beteiligten und auf eine strukturelle Verankerung im Leitungshandeln aller Ebenen unserer Kirche angewiesen sind. In der EKiR sind wir auf dem Weg – nicht mehr ganz am Anfang, aber auch noch nicht am Ziel.

Claudia Gerke

Qualitätsentwicklung in Kirchengemeinden in der Ev.-luth. Landeskirche Hannovers

Gottesdienstqualität ist eins der Handlungsfelder im Projekt »Qualitätsentwicklung in Kirchengemeinden und Regionen« der Evangelisch-lutherischen Landeskirche Hannovers. Der umfassende Prozess einer Qualitätsentwicklung hat die gesamte Gemeinde im Blick. Die einzelnen Schritte dieses Entwicklungsprozesses können im Bereich Gottesdienst ebenso wie in vielen weiteren Arbeitsbereichen beginnen.

Seit 2010 wird »Qualitätsentwicklung in Kirchengemeinden und Regionen« als eineinhalbjähriger strukturierter und begleiteter Prozess angeboten. Qualitätsmanagement-Ansätze wurden untersucht, und basierend auf dem EFQM-Modell (European Foundation for Quality Management) wurde ein auf Kirche und Kirchengemeinden zugeschnittenes eigenes Qualitätsentwicklungs-Modell (QE-Modell) erarbeitet. Dieses wird derzeit – nach einem Zwischenbericht in der Synode der Landeskirche – im fünften Durchgang umgesetzt. Der Ansatz setzt auf die Beteiligung der Mitarbeitenden, orientiert sich an den Erwartungen der verschiedenen Interessengruppen und geht von einem Verständnis der Gemeinde als »lernende Organisation« aus. Die teilnehmenden Gemeinden erhalten ein Handbuch mit einem Leitfaden, nehmen an Veranstaltungen zur Qualifizierung und Begleitung der zu bildenden »QE-Teams« teil und erhalten Beratungen vor Ort durch qualifizierte Beraterinnen und Berater. Zunehmend wird das Angebot auch von in Regionen zusammenarbeitenden Kirchengemeinden angenommen. Das gesamte Verfahren basiert auf Selbsteinschätzung und -bewertung, es wird ohne Audit und externe Überprüfung durchgeführt, auch ein Gütesiegel ist nicht vorgesehen. Die Teilnahme ist freiwillig.

Das QE-Modell enthält keine inhaltlichen Vorgaben für die kirchengemeindliche Arbeit, die zu erfüllen sind; es definiert keine Normen, anhand derer Qualität gemessen wird. Es bietet Qualitätskriterien in Form von konkreten Aussagen in dem Leitfaden, der durch die Schritte des Prozesses führt. Zur Bemessung der Qualität wird bewertet, wie vollständig jede Aussage auf die Gemeinde zutrifft. Der Leitfaden beschreibt »lediglich, was zu bedenken, zu beachten, zu planen und zu organisieren ist, um ein bestimmtes Thema im Sinne von Qualitätsentwicklung zu bearbeiten.« (Handbuch Qualitätsentwicklung in Kirchengemeinden und Regionen, S. 7)[10]

10 Das Handbuch Qualitätsentwicklung wurde den teilnehmenden Gemeinden als Arbeitsmaterial zur Verfügung gestellt. Es ist eine interne Veröffentlichung der Landeskirche, die nicht frei erhältlich ist.

Das Verfahren bietet Instrumente und Vorgehensweisen, mit denen das menschliche Handeln in der Gemeinde kritisch betrachtet wird. Unter sich verändernden Voraussetzungen wie den knapper werdenden Finanzen und der Reduzierung von Stellen ist der Blick auf Effizienz und Effektivität erlaubt und gewollt. Immer geht es hierbei um das »Wie«: Strukturen und Abläufe werden verlässlich, zielgerichtet und klar gestaltet, um das »Was«, die Verkündigung der christlichen Botschaft, zu ermöglichen.

Es gibt acht Handlungsfelder, in denen die Gemeinden exemplarisch in einem ersten QE-Zyklus die aufeinander aufbauenden Schritte des Verfahrens umsetzen. Diese orientieren sich an den Grundstandards der Kirchenkreise, sie nehmen die Fragestellungen der Visitation auf und berücksichtigen den Arbeits- und Handlungsalltag der Gemeinden.

Die Handlungsfelder sind

- Gottesdienst, Kasualien und Kirchenmusik
- Gruppen, Kreise und Projekte
- Bildung und kirchlicher Unterricht
- Seelsorge und Diakonie
- Mission, Ökumene, Partnerschaften
- Öffentlichkeitsarbeit und Fundraising
- Leitung und Mitarbeitende
- Einrichtungen in Verantwortung der Kirchengemeinde

Ausgangslage für einen QE-Prozess in Kirchengemeinden ist in der Regel die Wahrnehmung, dass Angebote nicht mehr die erwünschte Resonanz haben oder Zielgruppen nicht mehr erreicht werden. Heutige Ehrenamtliche, aber auch Mitarbeitende fragen nach klaren Regeln, sie wünschen sich Information und Transparenz. Vorbehalte einem Instrument aus der Wirtschaft gegenüber spielen in der Regel keine sehr große Rolle mehr, wenn die Entscheidung für eine Bewerbung erst einmal getroffen ist. Die Fragestellungen in den Bewerbungen beziehen sich auf Strukturen und Abläufe in der Gemeinde und meistens weniger auf konkrete Arbeitsbereiche. In der ersten Selbsteinschätzung zu Beginn des Projektes (»Wo möchten wir besser werden?«) werden dann jedoch häufig einzelne Aufgabenbereiche, die Arbeit mit bestimmten Zielgruppen, die Gewinnung von Ehrenamtlichen oder auch einzelne Aspekte verschiedener Aufgabenbereiche benannt. Im Bereich Gottesdienst beispielsweise diese: moderne Lieder, Organistendienst, Kinderkirche, Beteiligung der Kinder in Familiengottesdiensten, Begrüßungskultur im Gottesdienst und Austausch danach, Gottesdienstbeteiligung, Spiritualität im Gottesdienst, Musik im Gottesdienst, Umgang mit Erwartungen der Besucher an Liturgie und Predigt, neue Gottesdienstformen (Mid-Age, Punk etc.).

Die Stärke des Modells: Gemeinden können nach und nach ihre Arbeitsbereiche »durch die QE-Brille« betrachten. Mit demselben Verfahren können sie die Qualität ihrer Öffentlichkeitsarbeit und ihres Konfirmandenunterrichts (weiter-)entwickeln, die Qualität ihres Kirchenbüros und ihres Friedhofes, die Qualität ihrer Kirchenvorstandsarbeit und ihrer Gottesdienste. Das Selbstverständnis der Gemeinde – ausgedrückt in einer Vision oder einem Leitbild – ist Grundlage für das Handeln in all diesen Bereichen. Für den Beginn der Qualitätsentwicklung hilft es, den Fokus auf einen Bereich zu legen und die Arbeitsweise zu üben.

Die Entscheidung für das zu bearbeitende Handlungsfeld trifft der Kirchenvorstand in Abstimmung mit dem QE-Team auf der Grundlage der Selbstbewertung zu Beginn des QE-Prozesses. Oftmals steigen Gemeinden mit einem bestimmten Interesse in den QE-Prozess ein, dann kann der Selbstbewertungsfragebogen unter Umständen den Blick weiten für weiteren Handlungsbedarf.

Eine besondere Rolle spielt das Pfarramt in einem Qualitätsentwicklungsprozess. Die Pastorin, der Pastor oder im Falle einer größeren Gemeinde mindestens ein Mitglied des Pfarramtes sollte im QE-Team vertreten sein, da sein Blick auf die Gemeinde ein anderer und seine Arbeit in vielen Punkten direkt betroffen ist. Beim Thema Gottesdienst wird dies besonders deutlich: Wie wird mit der Verantwortung für die Gestaltung der Gottesdienste konkret umgegangen?

Wenn ein QE-Team sich für den Gottesdienst als QE-Handlungsfeld entschieden und dies mit dem Kirchenvorstand und dem Pfarramt abgestimmt hat, können diese Fragen hilfreich sein:

Nach welcher Ordnung feiern wir in unserer Gemeinde Gottesdienst? Welche Gottesdienstformen gibt es in unserer Gemeinde? Zu welchen Zeiten werden Gottesdienste gefeiert? In welcher Weise wirken ehrenamtliche Gemeindemitglieder am Gottesdienst mit? Wie ist die Resonanz? Was wissen wir über die Zufriedenheit der Gemeindemitglieder mit Liturgie, Predigt und Kirchenmusik? Welche Gottesdienstbesucher wünschen wir uns? Welche Bedeutung haben Kasualien in unserer Gemeinde? Wie wirken sie sich auf die Gemeindeentwicklung aus? Welche kirchenmusikalischen Aktivitäten gibt es?

Ehe QE-Gemeinden sich auf konkrete Qualitätsfragen des Gottesdienstes konzentrieren, steht eine Auseinandersetzung mit geistlichen Wurzeln und geistlichem Auftrag an. Das Vorgehen im Projekt der Landeskirche legt drei Etappen zugrunde: »Grundlagen«, »Abläufe (Mitarbeitende und Ausstattung)«, und »Ergebnisse«.

Das Arbeiten in der ersten Etappe bezieht sich auf das Selbstbild: die Geschichte der Gemeinde, ihre Vision, ihr Leitbild. Die Ausgangssituation wird wahrgenommen: eine Bestandsaufnahme der vorhandenen Arbeitsbereiche

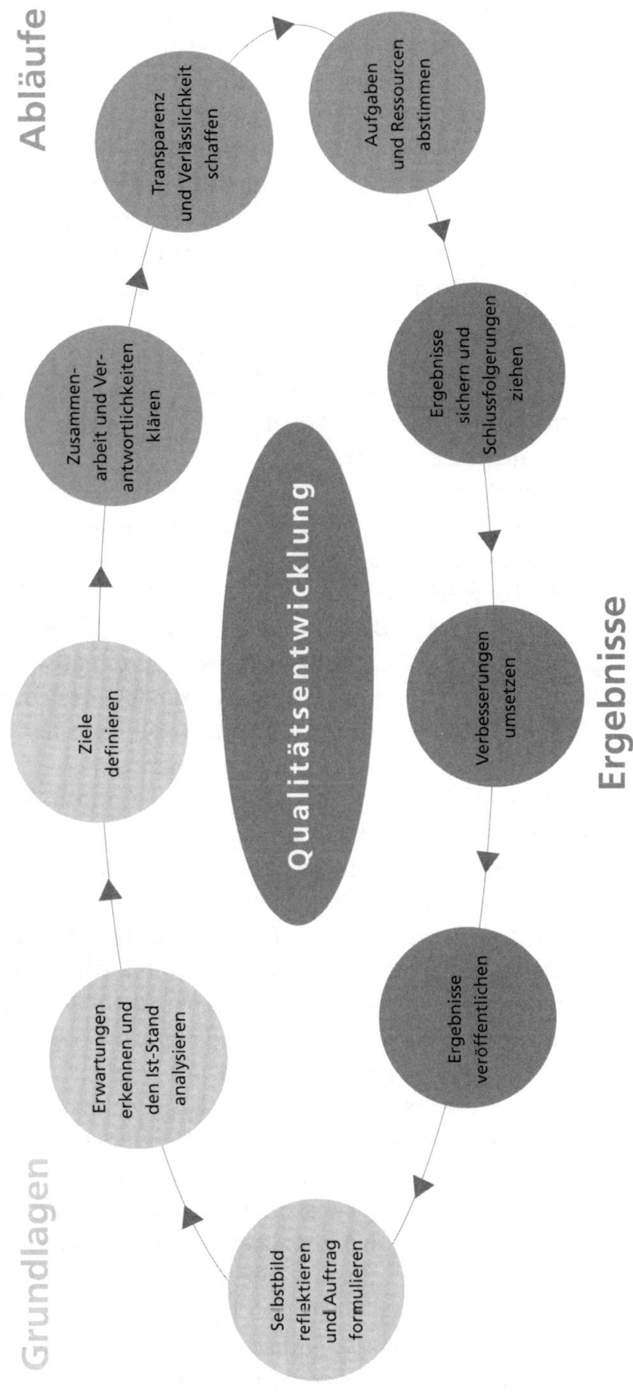
Qualitätsentwicklung
Grundlagen
Selbstbild reflektieren und Auftrag formulieren
Erwartungen erkennen und den Ist-Stand analysieren
Ziele definieren
Abläufe
Zusammen-arbeit und Ver-antwortlichkeiten klären
Transparenz und Verlässlichkeit schaffen
Aufgaben und Ressourcen abstimmen
Ergebnisse
Ergebnisse sichern und Schlussfolgerungen ziehen
Verbesserungen umsetzen
Ergebnisse veröffentlichen

und Angebote. Hier schließt die Analyse des ausgewählten Handlungsfeldes an. Strategische Ziele werden auf Grundlage der Analyse und im Horizont des Leitbilds entwickelt, konkrete Handlungsziele formuliert und Maßnahmenpläne zur Umsetzung aufgestellt.

Auf dieser Grundlage wird sich in der zweiten Etappe den Mitarbeitenden, Arbeitsabläufen und Ressourcen zugewandt: Anforderungsprofile und Qualifikationen der beruflichen und ehrenamtlich leitenden Mitarbeitenden werden betrachtet; die Aufbau- und Ablauforganisation in der Gemeinde wird in den Blick genommen und die Ressourcen mit Blick auf die Ziele der Arbeit abgestimmt.

In der dritten Etappe werden die erreichten Ergebnisse überprüft, Schlussfolgerungen aus den Ergebnissen gezogen, die als kontinuierlicher Verbesserungsprozess in die weitere Arbeit einfließen, und die Form der Kommunikation der Ergebnisse bedacht.

Die Versuchung ist manchmal groß, aktuellen Ereignissen so viel Raum zu geben, dass für das geplante und strukturierte Vorgehen zu wenig Zeit und Energie bleibt. Rückmeldungen der Gemeinden belegen jedoch deutlich: Durch die vorgegebene Struktur wird Qualitätsentwicklung als »ein Geländer« wahrgenommen. Die Schritte helfen, die Qualität des gewählten Handlungsfeldes und die dazu nötigen Prozesse systematisch und strukturiert zu verbessern, ohne in der Umsetzung das Handeln des Kirchenvorstandes und des QE-Teams auf eine zu schmale Spur einzuengen. Immer ist das (Leit-)Bild der Gemeinde Maßgabe des Planens und Handelns.

Qualitätsentwicklung im Handlungsfeld »Gottesdienst« in einer großen Gemeinde in einer Kleinstadt umfasste beispielsweise folgendes Vorgehen. Der Beginn ist eine gründliche SWOT-Analyse, die Kirchenvorstand und QE-Team gemeinsam durchführen: »Stärken und Schwächen« der bestehenden Gottesdienstgestaltung werden zusammengetragen – dies ist der Blick auf die internen, selbst beeinflussbaren Faktoren. Als Schwächen werden z. B. wahrgenommen: Die bislang fast ausschließliche Gottesdienstzeit ist Sonntag, 10 Uhr, eine schlechte Resonanz und nur wenige Möglichkeiten für ehrenamtliche Beteiligung im Gottesdienst. Als Stärken werden unter anderem benannt: mehrere Prediger, Kirchenmusik auf hohem Niveau, mehrere Chöre.

Ebenso werden »Möglichkeiten und Bedrohungen« zusammengetragen, die durch äußere Faktoren, durch das Umfeld gegeben sind, also nicht durch die Gemeinde selbst beinflussbar sind und die sich förderlich oder hemmend auswirken können. Bedrohungen sind beispielsweise: vielfältige andere Angebote am Sonntagvormittag, andere »Anbieter« von Gottesdiensten. Als Möglichkeiten werden z. B. genannt: die Sozial- und Altersstruktur des Ortes, die potentielles Gottesdienstinteresse mitbringt, das Kirchgebäude im Mittelpunkt des Ortes, und auch der Wochenmarkt, der direkt an der Kirche stattfindet.

Die Ergebnisse werden miteinander in Beziehung gesetzt:

- Wie können die Möglichkeiten, die das Umfeld bietet, und die eigenen Stärken optimal kombiniert werden?
- Wie können die Möglichkeiten trotz der bestehenden Schwächen genutzt werden?
- Wie können Bedrohungen durch den Einsatz von Stärken verringert werden?
- Was wird benötigt, um die bestehenden Bedrohungen und Schwächen zu verringern?

Die Antworten auf diese Fragen werden in Stichpunkten gesammelt und vom QE-Team als Grundlage genutzt, um Ziele zu definieren, die dann wiederum mit dem Kirchenvorstand und dem Pfarramt abgestimmt werden. Zusätzlich erfolgt eine schriftliche Umfrage des QE-Teams zu Wünschen an den Gottesdienst, beim Gemeindefest und beim Stadtfest werden Fragebögen verteilt; gezielt werden also auch Menschen befragt, die nicht oder nicht regelmäßig die Gottesdienste besuchen. Auch diese Ergebnisse fließen in die Zieldefinition ein.

Ein mögliches Ziel ist: Die spirituelle Ausstrahlung der Gemeinde zieht viele Menschen an. Daran anknüpfend werden Handlungsziele formuliert, die kleinteilig – handhabbar und umsetzbar und möglichst konkret formuliert – beschreiben, wie Schritte hin zum großen Ziel aussehen können. Die Schritte werden beschlossen und anschließend umgesetzt:

- Eine Andachtsreihe zur Marktzeit am Mittwoch,
- An jedem vierten Sonntag im Monat »Kirche und Bistro«: ein Zusammensein nach dem Gottesdienst mit Getränken und Gebäck, organisiert von Ehrenamtlichen,
- Musik zur Marktzeit am Samstag,
- Eine neue Seite im Gemeindebrief mit Angaben zu Inhalt und Gestaltung der Gottesdienste,
- Ein Überdenken des Gottesdienstbeginns am Sonntag um 10 Uhr im Kirchenvorstand.

Weitere Effekte sind:

- Der Kirchenvorstand setzt sich mit seinem Verständnis vom Gottesdienst oder vielmehr den unterschiedlichen Wünschen, Vorstellungen und Erwartungen auseinander. Eine Klausur gibt Raum dafür. Leitungshandeln wird hier in seiner geistlichen Dimension wahrgenommen – ein Aspekt, der oftmals von Kirchenvorstandsmitgliedern im Tagesgeschäft von Finanz-, Bau- und Personalentscheidungen vermisst wird.
- Ein Ehrenamtskonzept wird erarbeitet, um unterstützende und attraktive Rahmenbedingungen für ehrenamtliches Engagement »rund um den Gottesdienst« festzulegen.

Erfolgsfaktoren für das Handeln des QE-Teams sind die beschriebene Zusammenarbeit mit dem Kirchenvorstand und die Kommunikation in die Gemeinde durch die Vorstellung der Arbeit des QE-Teams beim Gemeindetreff und kontinuierliche Werkstattberichte im Gemeindebrief.

Erfahrungen zeigen: Auch wenn eine Gemeinde an einem anderen Handlungsfeld als dem Gottesdienst arbeitet, kann es förderliche Auswirkungen auf Vorbereitung und Ablauf des Gottesdienstes geben. Eine QE-Gemeinde hat im Projekt unter dem Thema »Leitung und Mitarbeitende« den Fokus auf Abläufe im Kirchenbüro und in der Küsterei gesetzt. Die Auswirkungen auf die Gottesdienste: Es gibt klare Ablaufbeschreibungen mit Zeiten, die einzuhalten sind, für das Erstellen und die Weitergabe der Abkündigungen, für die Vorbereitung des Sakristeibuches, für das Glockenläuten, für den Umgang mit der Mikrofonanlage und für besondere Sonntage, wie für den Ewigkeitssonntag, an dem die Namen der im vergangenen Kirchenjahr Verstorbenen verlesen und Kerzen angezündet werden und die Angehörigen in einem persönlichen Anschreiben zum Gottesdienst eingeladen werden. Diese Ablaufbeschreibungen sind bekannt und zugänglich für die Menschen, die sie – in der Regel und im Vertretungsfall – benötigen: Im Intranet der Gemeinde, in einem Ordner im Kirchenbüro und an den Stellen, wo sie benötigt werden, in diesen Fällen im Gemeindebüro, in der Sakristei und im Turm der Kirche.

Ein anderes QE-Team hat den Küsterdienst in den vielen Kirchen ihrer sehr großen fusionierten Gemeinde detailliert beschrieben, um mit Küstern, Kirchenvorstehern und Ehrenamtlichen jeweils den organisatorischen Ablauf des Gottesdienstes verlässlich und ohne viel Aufwand gewährleisten zu können.

In allen Beispielen ist die Qualitätsentwicklung der Gemeinde nicht mit der Umsetzung der Schritte beendet. Die erzielten Ergebnisse werden überprüft, mit den gesetzten Zielen verglichen und bewertet. Schlussfolgerungen daraus fließen in die weitere Arbeit, die Entwicklung neuer Ziele und den kontinuierlichen Verbesserungsprozess der Gemeinde ein.

Dabei ist Qualitätsentwicklung ein Begleitinstrument und kein Soloinstrument, so formuliert ein QE-Team in der Abschlusspräsentation des Kurses seine Erkenntnis. Sie ist kein Selbstzweck. Die gottesdienstliche Qualitätsentwicklung ist ein Schritt der Gemeinde auf ihrem Weg als lernende Organisation, auf ihrem Weg zu einer Gemeinde, die Werkzeuge kennt und nutzt, um unter sich verändernden Bedingungen wirksam das Evangelium zu verkünden.

Ulrike Beichert/Monika Hautzinger

Projektstelle der Ev. Landeskirche in Baden

Funkelnde Edelsteine in abwechslungsreichen Landschaften

Was klingt wie der Titel eines Bildbandes über die landschaftlichen Schönheiten Badens, wurde auf der Synode der Evangelischen Landeskirche in Baden über den Gottesdienst gesagt, als man ein Projekt mit dem Titel »Wo unser Herz brennt: Qualitätsentwicklung im Gottesdienst« beschloss. Das Bild vom Edelstein prägte dabei der Synodale, der das Projekt der Synode zum Beschluss empfahl. Er meinte, es sei geeignet zu helfen, dass »der Gottesdienst als Edelstein unserer Kirche hell funkelt«.[1] Die Landschaftsmetapher entspricht einerseits der geographischen, historischen und kulturellen Vielfalt Badens und seiner evangelischen Kirche und verdankt sich andererseits einem der drei Ziele des Projekts: Es »kultiviert vielfältige und qualitativ hochstehende Gottesdienstlandschaften durch regionale Differenzierung verlässlicher Gottesdienstangebote und deren Vermittlung in der Öffentlichkeit«.[2]

Der Synodenbeschluss über das Gottesdienstprojekt erfolgte im Rahmen einer längerfristigen Beschäftigung mit dem Gottesdienst, die mit einem Schwerpunkttag der Synode im April 2014 (unter Mitwirkung von Christian Binder, Referent am Zentrum für Qualitätsentwicklung im Gottesdienst in Hildesheim, und Kathrin Oxen, Leiterin des Zentrums für Evangelische Predigtkultur in Wittenberg) begann und sich im Herbst 2015 mit der Verabschiedung eines Perspektivpapiers[3] der Liturgischen Kommission zum Gottesdienst fortsetzte. Dieses Papier schlägt nach einer Analyse der von vielfältigen Veränderungen geprägten Situation, in der Gottesdienstgemeinden tendenziell älter, inhomogener und kleiner werden, zwölf Maßnahmen zur Stärkung der gottesdienstlichen Arbeit vor. Die Landessynode regte die Diskussion des Papiers in den Leitungsgremien von Gemeinden und Bezirken an und bat um Rückmeldungen zu den Maßnahmen, die dann in der Herbstsynode 2017 zu weiteren Beschlüssen führen können.

Parallel zu diesem Prozess arbeiten nun in dem Gottesdienst-Projekt vom 1. Februar 2015 bis zum 31. Januar 2019 Monika Hautzinger als Pfarrerin (mit 50-%-Stelle) und Anke Nickisch als Kantorin (mit 25-%-Stelle) daran, Wege zu

1 Synodenprotokoll der Evangelischen Landeskirche in Baden, Bericht des Haupt- und Rechtsausschusses vom 12. April 2014, 2.

2 A. a. O., 1.

3 Der Titel des Papiers lautet: »Leben aus der Quelle. Herausforderungen und Perspektiven für das gottesdienstliche Leben der Evangelischen Landeskirche in Baden im 21. Jahrhundert«.

bahnen, um die Freude am Gottesdienst und seine Qualität nachhaltig zu fördern. Das Projekt verfolgt drei Ziele:

Das schon genannte Projektziel A, »vielfältige und qualitativ hochstehende Gottesdienstlandschaften durch regionale Differenzierung verlässlicher Gottesdienstangebote und deren Vermittlung in der Öffentlichkeit«, hat einen Arbeitsschwerpunkt in der Erarbeitung, Erprobung, Evaluierung und Etablierung regionaler Gottesdienst-Werkstätten. Solche Werkstatt-Tage für einen oder mehrere benachbarte Kirchenbezirke finden seit 2014 regelmäßig an wechselnden Orten der Landeskirche statt. Zunächst wurde dafür im Rahmen landeskirchlicher Fortbildungen ein Werkstatt-Tag für haupt- oder ehrenamtlich in Gottesdiensten Mitwirkende entwickelt. Er beinhaltet einen einführenden Impuls zu einem aktuellen gottesdienstlichen Thema und unterschiedliche Workshops und wird an wechselnden Orten als Tagesveranstaltung in Gemeindehäusern durchgeführt. Dieses Format wird seit 2015 auch auf Anfrage und in Kooperation mit der Leitung eines oder mehrerer Kirchenbezirke einer Region durchgeführt. Die Erfahrung der beiden bisherigen Projektjahre zeigt: Nur auf dem Weg der Kooperation mit der Leitung der Kirchenbezirke wird das Angebot von Haupt- und Ehrenamtlichen angenommen – dann aber in großer Zahl und mit sehr positiver Resonanz.

Auch die Erarbeitung liturgischer Handreichungen, unter anderem für Gottesdienste mit kleiner Gemeinde und solche ohne ausgebildetes »Personal«, gehört zu diesem Projektziel. Daran wird zunächst in gottesdienstlichen Beratungen und Fortbildungsangeboten gearbeitet, aus denen entsprechende Handreichungen entwickelt werden sollen. Eine weitere Maßnahme besteht im Aufbau und der Etablierung einer Software zur Veröffentlichung aller Gottesdienste (mit Ort, Zeit, Verantwortlichen und Gottesdienstformat) in den Kirchenbezirken. Dies ist mittlerweile in zehn Kirchenbezirken umgesetzt.

Während das Projektziel A so die Außensicht des Gottesdienstes (»Kundenperspektive«) im Blick hat, beziehen sich die beiden anderen Projektziele auf die Binnenperspektive:

Eines bildet gewissermaßen ein Gegengewicht zur »Kundenperspektive«, indem es den Gottesdienst als gemeinsames Anliegen der Christinnen und Christen stärkt. Dafür soll das Gottesdienstprojekt »durch Aufbau und Förderung eines Modells gemeinsamer gottesdienstlicher Trägerschaft« in Gottesdienst-Teams »die reformatorische Erkenntnis des allgemeinen Priestertums in der Gottesdienstarbeit fruchtbar« machen (Projektziel B). Dies lässt sich nur auf dem Weg der Unterstützung interessierter Gemeinden verfolgen. Dafür soll das Projekt ein Modell für den Aufbau und die Arbeit von Gottesdienst-Teams entwickeln, erproben und in einer Handreichung veröffentlichen. An diesem Ziel wurde bisher einerseits in einer Fortbildung (Juli 2015: »Gabenorientiert Gottesdienst-Teams bilden«), andererseits im Rahmen gottesdienstlicher Beratungen einzelner Gemeinden gearbeitet.

Ein besonderer Aspekt dieser Zielsetzung gilt der musikalischen Trägerschaft von Gottesdiensten: Hier geht es um die Stärkung der Sing- und Musizierfähigkeit insbesondere von kleinen Gottesdienstgemeinden, die ohne hauptamtliche kirchenmusikalische Unterstützung auskommen müssen. Auch dafür ist die Entwicklung eines Modells für Aufbau und Arbeit in gottesdienstlichen Musikteams intendiert. Das soll durch die Förderung von Menschen, die gerne im Gottesdienst singen und/oder musizieren, geschehen, damit sie diese Gabe als eine verbindliche gottesdienstliche »Rolle« wahrnehmen können (etwa als Schola, als Vorsänger/innen oder durch Instrumentalbegleitung des gottesdienstlichen Singens). Bei hauptamtlichen KirchenmusikerInnen mussten zunächst Befürchtungen überwunden werden, dieses Projektziel könnte eine Konkurrenz und Schwächung ihrer Arbeit bewirken. Nach dem ersten Projektjahr wechselte die Kantorin des Projektteams in ein Bezirkskantorat, wobei ihr die Weiterarbeit im Rahmen ihres Deputatsanteils im Projekt möglich blieb. Diese Entwicklung schränkt die Arbeitsmöglichkeiten im Rahmen des Projekts, die große zeitliche und räumliche Flexibilität erfordern, ein. Andererseits verbessert sich dadurch die Kommunikation mit anderen hauptamtlichen KirchenmusikerInnen – mit dem Erfolg, dass sich anfängliche Befürchtungen reduzieren und nach und nach BezirkskantorInnen sich das Projektziel zu eigen machen und daran mitwirken. Eine eigene landeskirchliche Kampagne für eine »Singende Kirche« ist mittlerweile im Entstehen.

Ein drittes Projektziel (C) soll drohender Überforderung der Verantwortlichen für den Gottesdienst aufgrund von steigenden Qualitätserwartungen bei gleichbleibenden oder abnehmenden Ressourcen entgegenwirken und ihre Arbeitszufriedenheit, Wertschätzung und Freiheit für lebenslanges Lernen fördern. Dafür soll das Gottesdienstprojekt »einen Kulturwandel hin zu einer Kultur des wertschätzenden Feedbacks in der Arbeit am Gottesdienst [...] durch Etablierung von Gottesdienst-Coaching und Gottesdienst-Beratung als Instrumente der Qualitätsentwicklung« bewirken. Um dieses Ziel zu erreichen, baut das Projekt zur Zeit eine Gruppe von Gottesdienstcoaches und -beraterInnen auf, die entsprechend der EKD-weiten Rahmenordnung ausgebildet sind und nach einer landeskirchlichen Richtlinie beauftragt werden und arbeiten. Dazu wurde im September 2015 eine »Ordnung der Gottesdienstberatung und des Gottesdienstcoachings der Evangelischen Landeskirche in Baden« verabschiedet, die die Ausbildung und Berufung der Gottesdienstcoaches und -beraterInnen und die Organisation und Finanzierung ihrer Arbeit regelt. Im April 2017 beginnt eine badische Langzeitfortbildung, an der neben 14 badischen PfarrerInnen auch drei aus der württembergischen und zwei aus der elsässischen Nachbarkirche teilnehmen. Dadurch wird die Gruppe der bereits in anderen Landeskirchen ausgebildeten badischen GottesdienstberaterInnen und -coaches auf 21 aufgestockt.

Parallel zu dieser Fortbildungsmaßnahme finden seit Projektbeginn Gottesdienstberatungen und -coachings durch die Projektmitarbeiterinnen und die bereits ausgebildeten GottesdienstberaterInnen und -coaches statt. Dabei zeigen die bisherigen Beratungsanfragen, dass der Gottesdienst in vielen Gemeinden, Regionen und Kirchenbezirken verstärkt in den Blick genommen wird. Manchmal geschieht dies notgedrungen, weil man nicht einfach so weitermachen kann wie bisher, wenn die Gottesdienstgemeinde immer kleiner wird oder eine Pfarrperson die Zuständigkeit für Gottesdienste bekommt, die bisher zwei PfarrerInnen verantwortet haben. Manchmal geht man aber auch lustvoll ans Werk, wenn KollegInnen miteinander neue Gottesdienstformen entwickeln wollen, die zu ihren Gemeinden und Regionen passen. Und manchmal ist die Beschäftigung mit dem Gottesdienst angestoßen vom Perspektivpapier »Leben aus der Quelle«.

Zur Halbzeit des Projekts lassen sich die meisten der durchgeführten Beratungen folgendermaßen systematisieren:

Beratungen von Ältestenkreisen bzw. Kirchengemeinderäten

Ältestenkreise/Kirchengemeinderäte machen »Gottesdienst« zum Thema ihres (jährlichen) Klausurwochenendes. Nicht selten tauschen sie sich dabei erstmals darüber aus, was ihnen am Gottesdienst wichtig ist, versuchen aber auch, die Perspektive der Menschen einzunehmen, die künftig in den Gottesdienst kommen sollen. Sie beraten, was vom bisherigen »Angebot« verstärkt werden kann, was verändert werden muss und mit welchen personellen Ressourcen das erreicht werden kann.

In vielen Gemeinden gibt es neben dem Gottesdienst am Sonntagmorgen besondere Gottesdienste, z.B. am Abend. Die sind oftmals durch die Initiative Einzelner entstanden (z.B. MusikerIn und/oder PfarrerIn). Häufig ist nicht geklärt, in welchem Verhältnis diese Gottesdienste zu denen am Sonntagmorgen stehen, wie man mehr Interessierte finden und beteiligen kann, ob es ein Angebot für eine Region sein kann und was nach einem Stellenwechsel passiert.

Eine dritte Beratungssituation entsteht überall dort, wo mit einem Pfarrstellenwechsel die Kooperation oder Fusion von zwei Gemeinden und die Konzentration auf eine Pfarrperson verbunden ist. Wie kann ein Gottesdienstkonzept für zwei oder drei Gemeinden aussehen, das die örtlichen Traditionen, die gesellschaftlichen Veränderungen und die personellen Ressourcen berücksichtigt?

Beratungen von Pfarrkonventen

Zumeist angeregt vom erwähnten Perspektivpapier »Leben aus der Quelle« thematisieren Pfarrkonvente gottesdienstliche »Lust- und Frusterfahrungen« (auch das nicht selten zum ersten Mal gemeinsam). Sie suchen nach Möglichkeiten, das regionale Denken, Planen und Feiern von Gottesdiensten zu verstärken. Gefragt wird auch nach Formen, um mit kleinen Gemeinden und manchmal ohne »Profis« ermutigend und berührend Gottesdienst zu feiern.

Beratung von Kirchenbezirken

Im angesprochenen Projektzeitraum findet im Kirchenbezirk Pforzheim (Stadt) der Evangelischen Landeskirche in Baden ein groß angelegter Beratungsprozess statt mit dem Ziel, ein Gottesdienst-Konzept für den gesamten Bezirk zu erarbeiten und dabei die unterschiedlichen Situationen der innerstädtischen Gemeinden, der am Rand der Innenstadt liegenden und der umliegenden, teilweise ländlich geprägten Gemeinden zu berücksichtigen. Die von der Stadtsynode beauftragte Projektgruppe hat dafür zunächst Kriterien für ein solches bezirkliches Gottesdienstkonzept erarbeitet. Als langwierig und immer noch nicht ganz abgeschlossen hat sich das Vorhaben erwiesen, alle Gottesdienste systematisch zu erfassen. Aufschlussreich für die Analyse der gottesdienstlichen und gemeindlichen Situationen war eine Bereisung und systematische Erfassung aller Gottesdiensträume im Bezirk. Auf der Grundlage dieser drei Elemente wurde ein Entwurf für eine bezirkliche Gottesdienstkonzeption entwickelt, der derzeit in einen Vorschlag an das bezirkliche Leitungsgremium mündet. Die Beratung des Kirchenbezirks Pforzheim entspricht damit genau dem Projektziel A (»vielfältige und qualitativ hochstehende Gottesdienstlandschaften durch regionale Differenzierung verlässlicher Gottesdienstangebote und deren Vermittlung in der Öffentlichkeit«).

Insgesamt bildet sich seit etwa einem Jahr ein Schwerpunkt bei diesem Projektziel. Dies geschieht dadurch, dass die Gottesdienstberatungen, die eigentlich dem Projektziel C, »Feedbackkultur und Qualitätsentwicklung«, zugeordnet sind, zunehmend zur Erarbeitung regionaler oder bezirklicher Gottesdienstkonzepte angefragt werden. Hier zeigt sich einerseits der Wunsch nach größerer Vielfalt im gottesdienstlichen Leben, aber auch die Schwierigkeit, eine solche Vielfalt mit gleichbleibenden oder geringer werdenden personellen Ressourcen und bei divergierender Interessenlage in den Gemeinden zu erreichen. Das geht nicht ohne Veränderungen im gewohnten gottesdienstlichen Leben und erfordert daher sensible Prozesse, für die man gerne Beratung in Anspruch nimmt.

Die Nachfrage nach Beratung zur Erarbeitung regionaler Gottesdienstkonzepte ist aber wohl auch Folge einer kirchenleitenden Entscheidung, die den Gottesdienst massiv betreffen wird: Die Landessynode hat zeitgleich mit dem Gottesdienst-Projekt ein Liegenschaftsprojekt beschlossen, das unter anderem darauf zielt, alle Kirchenräume einer von vier Kategorien zukünftiger Erhaltungsintensität zuzuordnen und die landeskirchliche Unterhaltung der übrigen Gemeinderäume entsprechend einem Quadtratmeterschlüssel abhängig von der Gemeindegliederzahl zu deckeln. Das Liegenschaftsprojekt steuert einen Prozess, in dem bis September 2020 in allen Gemeinden und Bezirken der Landeskirche Beschlüsse über einen verbindlichen Masterplan zur künftigen Unterhaltung ihrer Liegenschaften erzielt werden. Durch die Verbindlichkeit dieses Prozesses ist das Liegenschaftsprojekt ungleich mächtiger als das Gottesdienstprojekt, das sich als freiwilliges Beratungsangebot an Personen, Gemeinden und Bezirke wenden kann. Zugleich wird das Liegenschaftsprojekt die strukturellen Voraussetzungen für das gottesdienstliche Leben in Gemeinden und Bezirken massiv beeinflussen: Manche Gottesdiensträume werden Kategorien zugeordnet, die zukünftig nur noch eine sommerliche oder gar keine gottesdienstliche Nutzung mehr zulassen. Gemeinderäume, die für bestimmte gottesdienstliche Formate notwendig sind (etwa für kirchenmusikalische Proben oder für sozialdiakonische und gesellige Elemente in Verbindung mit dem Gottesdienst), werden zukünftig an manchen Gottesdienstorten entfallen. Der Gottesdienst – längst auch innerhalb der Kirche vom Gegenstand der Ekklesiologie (»Mitte der Gemeinde«) und Ethik (»Sonntagspflicht«) zum Gegenstand der Ästhetik (»Edelstein«) und vom Medium des Gemeindeaufbaus zum Medium des Marktes (»Angebot«) geworden – muss sich nun auch innerkirchlich in einem Geflecht unterschiedlicher und gegenläufiger (Projekt-)Interessen behaupten.

Der findige Marketingstratege würde vielleicht davon sprechen, dass der Edelstein-Gottesdienst so zukünftig in einer schlichteren Fassung umso heller funkeln wird ... Für das Gottesdienstprojekt führt die neue Situation dazu, dass es in der Langzeitfortbildung einen Schwerpunkt auf die Vermittlung von Moderations- und Beratungsinstrumenten legt und Instrumente für die Beratung zur Konzeption regionaler Gottesdienst-Landschaften entwickelt. In Absprache mit dem Liegenschaftsprojekt werden den Bezirken Beratungen angeboten, um ihre Gottesdienstlandschaften durch regionale Differenzierung verlässlicher Gottesdienstangebote so zu konzipieren, dass Kriterien für die Entscheidungen über die dafür nötigen Räumlichkeiten entstehen oder (im Nachhinein) mit der künftigen Ressourcenausstattung die Gottesdienstlandschaft sinnvoll neu aufgestellt werden kann. Die schwierige Seite dieser

Entwicklung liegt darin, dass das Gottesdienstprojekt damit ein Stück weit in den Dienst ökonomischer Entscheidungen gestellt wird. Die Chance kann darin liegen, dass das Gottesdienstprojekt gerade in der Freiwilligkeit seines Beratungsangebots und der Freiheit seiner BeraterInnen von ökonomischen Interessen der Landeskirche seinen Nutzen für die »Kunden« vermitteln kann: Gemeinden und Kirchenbezirke dabei zu unterstützen, Gottesdienste als funkelnde Edelsteine auch in kargen Landschaften zu pflegen.

Catharina Uhlmann

Projektstelle der Ev.-luth. Landeskirche Hannovers

Der Auftrag

Die Ergebnisse der Arbeit des Zentrums für Qualitätsentwicklung im Gottesdienst sollten in die Fläche der Landeskirche getragen werden. Implementierung – so war es formuliert worden – sei die Aufgabe der nächsten Zeit. Implementierung als Schärfung des eigenen Blicks auf des Pastoren liebstes Arbeitsfeld – auf der Pastorin innigste Aufgabe. Die Landeskirche Hannovers errichtete im Frühjahr 2015 daher eine Stelle mit dem Umfang von 50 % einer ganzen Pfarrstelle. Diese halbe Pfarrstelle war am Zentrum für Qualitätsentwicklung angesiedelt und wurde als Referentenstelle skizziert. Am 1. April 2015 begann die Arbeit mit mir, Pastorin Catharina Uhlmann, in dieser Funktion.

In der ersten Phase war dies ein Kennenlernen der Strukturen, ein Einarbeiten in das Denken der Qualitätsentwicklung mit deren Begrifflichkeiten und in die Ergebnisse der Arbeit. Schon in diesen ersten Monaten wurde deutlich, dass der Auftrag der Implementierung, an diese Referentenstelle gebunden, nicht schärfer zu formulieren war. Die Ergebnisse waren von Folkert Fendler und Christian Binder tatsächlich nicht festgeschrieben worden. Zwar lagen die Ergebnisse vor, aber ein weiteres Arbeiten daran war vorgesehen, und es findet bis auf den heutigen Tag statt. Wichtig ist das prozesshafte Arbeiten in einem neuen Aufgabenfeld, das reizvoll und belebend ist. Insofern wäre eine klarere Formulierung des Arbeitsauftrages eher einschränkend gewesen.

Außerdem sind die schon erarbeiteten Erkenntnisse und vorfindlichen Handwerkszeuge nicht einfach in die Fläche der Landeskirche zu transportieren. Dies, weil das Gegenüber, die Menschen, die sich mit dem Thema neu beschäftigen sollen, in ihrer Eigenart und ihrem Arbeitspensum berücksichtigt werden müssen. Genau hier liegen die Schönheit und die Herausforderung der Arbeit am Zentrum für Qualitätsentwicklung im Gottesdienst.

Klärung der Situation – das Arbeiten in Prozessen der Veränderung

Ergebnisse, die in den sieben zurückliegenden Arbeitsjahren als Gewinn zu formulieren waren, sind in ständigen Veränderungsprozessen begriffen. Sowohl vom inneren Anspruch her als auch vom Gegenüber. Die Handwerkszeuge, die im Zentrum für Q entwickelt wurden, mussten sich dementsprechend bewähren. Natürlich waren im Zentrum Multiplikatorenkurse durchgeführt worden, und mit Gewinn und Erfolg haben die Kollegen Binder und Fendler ihre Ergebnisse EKD-weit verbreitet. Insofern lagen Erfahrungen mit Pastorinnen und Pastoren vor. Diese hatten sich intensiv und mit einer großen Offenheit mit dem Thema »Qualität« beschäftigt. Etwas anders gestaltete sich die Arbeit mit Menschen, die diesem Thema eher skeptisch begegnen.

Nun also die Implementierung – das Eintragen, Einpassen der Ergebnisse bei den Menschen, die den Gottesdienst in der Fläche Niedersachsens in der Landeskirche Hannovers verantworten. Dies findet entweder bei Tagungen im Michaeliskloster statt oder in den entsprechenden Kirchenkreisen.

Warum? Wozu?

Die Frage, die alles Denken und Lernen beeinflusst, ist die der Nutzbarkeit. Kolleginnen und Kollegen haben nicht freie Valenzen, die sie zur Verfügung stellen können, um einmal etwas auszuprobieren. Sie stecken in der Regel inmitten der ganz normalen pastoralen Arbeit. Von daher ist die Lust am »freien« Gedankenspiel in der Pfarrerschaft relativ gering, wenn das Ziel nicht klar formuliert werden kann. Ein solches Ziel könnte in der Tat die Hoffnung sein, dass mit irgendeinem Modell oder einem speziellen Handwerkszeug tatsächliche Erleichterung der Arbeit zu spüren ist. Oder aber auch eine Art spiritueller Erfrischung oder ein Perspektivwechsel. »Was bringt das alles? Was bringt mir das?«

Diese Gedanken sind sehr gut nachvollziehbar. Das Leben im Pfarramt und das Erhalten der eigenen Frische und Freude bei der Arbeit werden als Herausforderung erlebt.

Das Arbeiten mit den Modellen

Die ursprünglich geplante Langzeitfortbildung in Anlehnung an die Multiplikatorenkurse des Zentrums Q wurde von den Pastorinnen und Pastoren in der Landeskirche Hannovers zwar wahrgenommen, stieß aber nicht auf ausreichendes Interesse. Die Ergebnisse des Zentrums Q werden stattdessen mit Gewinn in die Angebote eingetragen (implementiert), die vom Zentrum für Gottesdienst und Kirchenmusik im Michaeliskloster veranstaltet werden.

Einige Beispiele

Hier haben sich die einzelnen Handwerkszeuge bewährt, und ein Kollege formulierte folgenden Satz: »Das macht Spaß, so einmal wieder neu auf den Gottesdienst zu schauen!« Besonders beeindruckend sind die Reaktionen auf das Modell des Gottesdienstes in 3G. Eine fast spielerische Freude war zu spüren, ein altes, wohlbekanntes Thema einmal von einer anderen Seite zu betrachten und dabei ganz neue Aspekte zu entdecken.

Aber auch die Annäherung an die Qualitätsdimensionen von Donabedian erwies sich als Augenöffner für die Kolleginnen und Kollegen, die sich mit ihrem Gottesdienst in einer diffusen Gemengelage befunden hatten. Mithilfe dieses Modells konnte geklärt werden, wie verschiedene Faktoren und Abhängigkeiten auf den Gottesdienst einwirken und den Ablauf und das Erleben beeinflussen.

Wo sind mögliche Stellschrauben, wo kann etwas verändert werden? Wo aber ist es unsinnig, Kraft zu verschwenden und Änderungen anzustreben? Mithilfe dieser Denkmodelle konnte spürbar Entlastung erzeugt werden.

Nicht alles muss verändert und sofort erfolgreich umgesetzt werden. Stattdessen werden einzelne Punkte ausgewählt und umgesetzt. Diese Umsetzung ist kontrollierbar, überschaubar. Ebenso eine Bewertung der vorgenommenen Veränderung. Wichtig an diesen Modellen ist die klärende Wirkung. Der Nebel des Unabänderlichen mit Blick auf den Gottesdienst kann mithilfe der Modelle gelichtet werden. Wenn das gelingt, atmen Menschen auf. Und die Freude, die dem Evangelium innewohnt, hat auch eine Chance bei den Personen, die für die Gestaltung und Durchführung verantwortlich sind. Damit aber erfährt auch die Aufgabe der Arbeit am Zentrum für Qualitätsentwicklung im Gottesdienst eine Schärfung, die es wert ist, weiter verfolgt zu werden.

Zeitfragen

Arbeitsfeld sind also in erster Linie die Konvente und Konferenzen der Kirchenkreise. Diese tagen meistens einmal im Monat. Das bedeutet, dass für ein Referat ein Zeitfenster von eineinhalb Stunden vorgesehen ist. Lediglich bei längeren Konventsfahrten gibt es die Möglichkeit, tiefer in die Materie einzusteigen. Das Herantragen der verschiedenen Modelle des Zentrums an die Konvente war stets von der Frage dieses Zeitaufwandes beeinflusst. Das Problem, komplexe Zusammenhänge in der »kleinen« Form wiedergeben zu müssen, ergab sich relativ bald durch die Reisen zu den einzelnen Tagungsorten. Methodische Konsequenzen mussten und müssen noch weiter bedacht werden. Hier liegt noch ein weites Aufgabenfeld, das jedoch von den Mitarbeitern und Mitarbeiterinnen des Zentrums intensiv bearbeitet wird.

Wen interessiert es?

Kurz gesagt: Alle diejenigen, die mit der Planung, Vorbereitung und Durchführung von Gottesdiensten beschäftigt sind, sollten in Kontakt kommen mit den Methoden der Betrachtung und dem Handwerkszeug der Gestaltung aus dem Zentrum für Qualitätsentwicklung im Gottesdienst. Dies geschieht in folgenden Bereichen.

Vikarinnen und Vikare
Hier ist ein relativ großes Zeitfenster für die Gedanken der Qualitätsentwicklung in den vergangenen zwei Jahren vorgesehen worden. Die Auseinandersetzung um diese Thematik ist bei den Vikarinnen und Vikaren angekommen und wird offen diskutiert.

Prädikanten und Lektorinnen
Es liegt nahe, auch den ehrenamtlichen Lektoren und Lektorinnen, Prädikanten und Prädikantinnen die Modelle und Gedanken des ZQG näherzubringen. Hier begegnet eine relativ große Offenheit für dieses Denken, da die ehrenamtlichen Lektoren und Prädikantinnen in ihrer täglichen Arbeit ohnehin mit dem Qualitätsbegriff konfrontiert werden. Berührungsängste gab es hier weniger. Allerdings machte es dieser alltägliche Umgang mit dem meist wertenden Qualitätsbegriff schwer, sich einem anderen Begriff zuzuwenden, der das Wesen des Gottesdienstes in den Blick nimmt. Jedoch lohnt auch hier die ausdauernde Mühe, den Schatz zu heben, der sich in diesem Wesensbegriff verbirgt.

Kirchenvorstände; Kirchenmusikerinnen und Kirchenmusiker;
Küsterinnen und Küster
Kirchenvorstände sind besonders bei Personalwechsel im Pfarramt, aber auch beim neugewählten Kirchenvorstand auf der Suche nach einem neuen, eigenen Verständnis für den Gottesdienst. Hier ist die Begleitung durch die Gottesdienstberatung sehr hilfreich. Auch in dieser Beratungsarbeit gibt es für das Zentrum für Qualitätsentwicklung im Gottesdienst die Möglichkeit, die

verschiedenen Modelle anzubieten, um herauszuarbeiten, wo der Veränderungswille seine segensreichen Möglichkeiten finden kann.

Ähnliches kann ausgeführt werden für die Fortbildungen der verschiedenen Berufsgruppen, die maßgeblich am Verlauf und Gelingen des Gottesdienstes beteiligt sind.

Implementierung – Eintragung der Gedanken und Ergebnisse

Wir sind noch nicht am Ende der Entwicklungsprozesse angelangt. Im Gegenteil. Themen wie die »Feedback-Kultur« und »die Gottesdienstfeiernden als Kunden« sind noch zu vertiefen. Daneben bleibt die Aufgabe, weiterhin methodisch nachzubessern und die Modelle den Adressaten didaktisch entsprechend anzupassen. Vermutlich können, wenn der Gedanke »Qualität im Gottesdienst« lustvoll eingesetzt wird, neue Kräfte frei werden, die dem Hören auf Gottes Wort neue Attraktivität verleiht. Im Gottesdienst soll »nichts anderes geschehen, als dass unser lieber Herr mit uns rede durch sein heiliges Wort und wir wiederum ihm antworten in Gebet und Lobgesang« (*Martin Luther, Schlosskirche zu Torgau 1544*). Dieser Dialog, diese Kommunikation des Evangeliums kann durch die Arbeit mit den Qualitätsbegriffen gefordert und gefördert werden.

Christian Walti

Kompetenzzentrum Liturgik der Universität Bern

Während sich die meisten Liturgiewissenschaftlerinnen und Liturgiewissenschaftler vorwiegend mit Textdokumenten auseinandersetzen, beschreitet das im Jahre 2010 gegründete Kompetenzzentrum Liturgik an der Universität Bern andere Wege. Es lokalisiert sich im Kontext der reformierten Kirchen der Deutschschweiz, die sich seit der Reformation durch eine Vielfalt lokaler liturgischer Traditionen auszeichnen. Spätestens seit dem vergangenen Jahrhundert wurden diese noch pluralisiert durch eine zunehmende Gemeindeautonomie in Gottesdienstfragen: Pfarrpersonen sowie Kirchgemeinderäte oder Kirchenpflegende entwickeln unabhängig von landeskirchlichen Autoritäten oder Expertinnen und Experten der Liturgik neue Gottesdienstformen.

Im gegenwärtigen »Reformstress« (Karle[1]) wird in allen evangelischen Kirchen strukturell viel verändert. In den reformierten Landeskirchen der Deutschschweiz hat dies rasch und in sehr unvorhersehbarer Weise Einfluss auf die Gottesdienstgestaltungen gehabt.[2] Das Kompetenzzentrum Liturgik kam somit gerade noch rechtzeitig und fungiert zur Zeit als Reflexions- und Diskussionsplattform in der Entwicklung des Gottesdienstes der Reformierten.

Liturgik im Kontext der Agendenfreiheit

Das Kompetenzzentrum Liturgik unterscheidet sich von anderen liturgiewissenschaftlichen Einrichtungen dadurch, dass es in Forschung sowie Aus- und Weiterbildung weitgehend mit Angehörigen von Kirchgemeinden arbeitet, die keine agendarisch geregelte Gottesdiensttradition kennen. Dies bedeutet insbesondere, dass sich das Kompetenzzentrum nicht nur auf die Erarbeitung, Kommentierung oder Weiterentwicklung von liturgischen Texten beziehen kann. Solche Texte haben insbesondere in der Deutschschweiz auf Gemeindeebene keine Verbindlichkeit, da unterschiedliche Pfarrpersonen, aber auch

1 Isolde Karle, Kirche im Reformstress. Dem Leben vertrauen, Gütersloh 2010.

2 Vgl. dazu die Beiträge in Ralph Kunz, Der neue Gottesdienst. Ein Plädoyer für den liturgischen Wildwuchs, Zürich 2006.

Kirchenpflegen oder Kirchgemeinderäte eine große Vielfalt von Sonderregelungen und je eigene liturgische Traditionen geprägt haben.

Die Agendenfreiheit ist dabei nicht nur innovationsproduktiv, wie Ralph Kunz[3] behauptet, sondern zeitigt auch ganz eigene Schwierigkeiten, wie etwa fehlende Erkennbarkeit des reformierten Profils,[4] Behinderung der übergemeindlichen und überkonfessionellen Zusammenarbeit[5] und vor allem mangelnde Ermächtigung der Gottesdiensteilnehmenden zur Beteiligung am Gottesdienst.[6]

Die Arbeit auf Landeskirchen- oder Kirchenbundebene an einer Einheitsliturgie oder zumindest verbindlicheren Regeln im Gottesdienst war und ist in der Deutschschweiz von wenig Erfolg gekrönt, da Gemeinden und Pfarrpersonen dies als Einmischung in ihre Selbstbestimmung verstehen.[7] Sämtliche erarbeiteten Texte und Entwürfe sind daher nur als Empfehlungen oder Möglichkeiten liturgischen Handelns zu verstehen.[8] Gestaltungsarbeit am Gottesdienst musste im Deutschschweizer reformierten Kontext also bedeuten, dass Diskussions- und Informationsplattformen eröffnet wurden, auf welchen die verschiedenen lokalen »Gottesdienstsouveräne« mögliche Formen und theologische Argumente für bestimmte Gottesdienstgestaltungen austauschen

---

3 Vgl. Ralph Kunz, Neue Gottesdienste braucht das Land – und Neuland für Gottesdienste!, in: Stefan Schweyer (Hg.), Freie Gottesdienste zwischen Liturgie und Event, Zürich 2012, 59–73; Kunz, Der neue Gottesdienst (s.o.).

4 Die mangelnde Erkennbarkeit der Reformierten wird von Stolz und Ballif als ein wesentlicher Grund für ihre mangelhafte Marktfähigkeit gegenüber anderen Religionsgemeinschaften erachtet; vgl. Jörg Stolz/Edmée Ballif, Die Zukunft der Reformierten. Gesellschaftliche Megatrends. Kirchliche Reaktionen, Zürich [2]2010, 192.

5 Der Besuch eines Gottesdienstes in einer Nachbargemeinde kann nicht nur mit dem Erleben eines vollkommen anderen theologischen Profils, sondern auch eines anderen Verhaltensrepertoires verbunden sein.

6 Vgl. Christian Walti, Symbole und symbolisches Handeln im reformierten Kontext, in: David Plüss/Kirsten Jäger/Ralph Kunz (Hg.), Reformierter Gottesdienst (Praktische Theologie im reformierten Kontext), Zürich 2017.

7 Die Kirchenordnung der Reformierten Kirchen des Kantons Bern sagt im Art. 24, Abs. 1 über die Verantwortung des Gottesdienstes: »Für die Vorbereitung und Leitung des Gottesdienstes ist der Pfarrer verantwortlich. Er gestaltet die Liturgie […] im Einvernehmen mit dem Kirchgemeinderat.«

8 Wie weit die Selbstbestimmung der einzelnen Kirchgemeinden geht, zeigt das jüngere Beispiel einer Zentrumskirche, die per Kirchgemeinderatsbeschluss ihren Pfarrpersonen *verboten* hat, im Gottesdienst ein von allen Teilnehmenden gesprochenes Glaubensbekenntnis anzuleiten. Dies, obwohl das Glaubensbekenntnis in der Grundstruktur der Gottesdienstordnung (RG 150) im von allen Deutschschweizer Kirchen verabschiedeten Reformierten Gesangbuch von 1998 (wenn auch nicht obligatorisch) vorgesehen ist. Dieses Beispiel zeigt, wie sich die Gemeindesouveränität nicht nur auf die positive Festlegung einer bestimmten Gottesdienstform oder bestimmter Elemente, sondern auch auf die explizite Ablehnung von liturgischen Gestaltungen erstreckt – so bedenklich dies ekklesiologisch auch erscheinen mag.

konnten. Durch bloße Etablierung solcher Plattformen konnte der Diskurs aber noch nicht eröffnet werden. Die spezifische Situation der reformierten Kirchenlandschaft sollte zuerst historisch, fundamentalliturgisch und empirisch erfasst werden, damit nicht bloß Meinungen, sondern auch theologische Argumente ausgetauscht werden können. Es musste zunächst festgestellt werden, was denn einen »reformierten Gottesdienst« faktisch ausmacht und anhand welcher Kriterien seine Qualität beurteilt werden kann.

Predigtzentriertheit als Hindernis liturgischer Kompetenz

Freilich stehen die evangelischen Kirchen weltweit im Verdacht, »wortzentrierte« Gottesdienste zu feiern. Stärker aber als im unierten und evangelisch-lutherischen Kontext gilt dies für die Deutschschweizer reformierten Gottesdienste, die sich seit der Reformationszeit vom oberdeutschen *Pronaus, einem spätmittelalterlichen Predigtgottesdienst ohne Eucharistiefeier, her verstehen.*[9] Außerdem haben die Deutschschweizer Reformierten im Unterschied zu den reformierten Kirchen in den Niederlanden oder in der französisch-sprachigen Schweiz kaum Impulse aus der liturgischen und der ökumenischen Bewegung aufgenommen.[10] Die Deutschschweizer Reformierten sind somit schon seit der Aufklärung daran gewöhnt, dass Gottesdienste ihr Zentrum und ihren wesentlichen Gehalt in der von einem Theologen oder einer Theologin vorbereiteten Predigt haben sollen.[11] Die Pfarrpersonen profilieren einzelne Gottesdienste durch eine persönliche und engagierte Rede, in welcher sie neben der Bibelauslegung auch allerlei Lehrreiches und Bedenkenswertes verpacken. Ob ein Gottesdienst gelingt – so die landläufige Meinung – hängt somit wesentlich davon ab, ob es die Pfarrperson versteht, in ihrer Predigt eine für die Lebenssituation der Gottesdienstbesuchenden relevante Botschaft zu formulieren und ob diese Botschaft auch sprachlich verstehbar und rhetorisch anregend vermittelt wurde. Viele Deutschschweizer Reformierte verwenden

9 Vgl. Bruno Bürki, Gottesdienst im reformierten Kontext, in: Hans-Christoph Schmidt-Lauber/Michael Meyer-Blanck/Karl-Heinrich Bieritz (Hg.), Handbuch der Liturgik, 3, Göttingen 2003, 160–171; sowie Ralph Kunz, Gottesdienst – evangelisch reformiert. Liturgik und Liturgie in der Kirche Zwinglis, Zürich 2006.

10 Dazu vgl. Bruno Bürki, The Reformed Tradition in Continental Europe: Switzerland, France, and Germany«, in: Geoffrey Wainwright/Karen B. Westerfield Tucker (Hg.), The Oxford History of Christian Worship, Oxford University Press, USA 2005, 436–462; André Bardet, »Le mouvement liturgique dans l'Eglise réformée du Pays de Vaud«, in: Bruno Bürki/Martin Klöckener (Hg.), Liturgie in Bewegung. Beiträge zum Kolloquium gottesdienstlicher Erneuerung in den Schweizer Kirchen im 20. Jahrhundert, 1.–3. März 1999, an der Universität Freiburg/Schweiz, Freiburg/Schweiz 2000, 140–159.

11 Vgl. dazu Alfred Ehrensperger, Die Theorie des Gottesdienstes in der späten deutschen Aufklärung (1770–1815), Zürich 1971.

daher für ihren Kirchgang die Wendung »ich gang z'Predigt« (»ich gehe zur Predigt«) – und nicht etwa »ich gehe zum Gottesdienst«. Dass auch reformierte Gottesdienste aus einer Liturgie mit Gebeten, Gesängen, Symbolen, Segensakten und dergleichen bestehen, wurde und wird bis heute von den wenigsten Gottesdienstbesuchenden oder Kirchenverantwortlichen wahrgenommen.

Die Hartnäckigkeit, mit der sich der Gottesdienst als predigtzentrierte Veranstaltung im Deutschschweizer Kontext erhalten konnte,[12] erstaunt. Nicht nur, weil schon seit den 1960er Jahren in Reformprozessen »sinnlichere« Gottesdienste und eine Annäherung an die Liturgiereform der römisch-katholischen Kirche gefordert wurde.[13] Sondern besonders auch deswegen, weil in der Zürcher Gottesdienstreform, deren Gottesdienstordnung 1998 ins Reformierte Gesangbuch für die gesamte Deutschschweiz aufgenommen wurde, eine deutlicher an die Messform angelehnte Liturgie vorlag.[14] Die Hartnäckigkeit erstaunt jedoch kaum, wenn deutlich wird, dass historisches und praktisches Wissen über liturgische Gestaltung in der theologischen Ausbildung reformierter Pfarrpersonen bis vor kurzem vollständig abwesend war. Liturgiewissenschaft wurde an reformierten Fakultäten nicht betrieben. Und »liturgische Kompetenz« in Gestaltung und Ausführung von Gottesdiensten war in Pflichtveranstaltungen an der Universität und in Vikariatskursen nicht zu erwerben.

Mehrere Generationen von reformierten Pfarrpersonen hatten also kaum Zugang zum nötigen Wissen über mögliche und sinnvolle Gestaltungsformen von Gottesdiensten über die Predigt hinaus.[15] Sie verstanden und verstehen Gottesdienstgestaltung in erster Linie als *kreativen* Ausdruck theologischer Überlegungen. Meistens verwenden sie Gestaltungselemente und »neue Rituale« neben der Predigt als deren Verlängerung. So etwa feiert eine Vorstadtgemeinde seit einigen Jahren Goldene Konfirmation: Der in der Predigt

12 Anders im lutherischen Kontext die Konzeptionalisierung von Wilhelm Löhe; vgl. Wilhelm Löhe, Die Kirche in der Anbetung – 1. Teilband: Agende für christliche Gemeinden des lutherischen Bekenntnisses (Gesammelte Werke, Band 7), Neuendettelsau 1953.

13 Besonders auffällig in den Arbeitsgruppen der Zürcher Disputation 1984; vgl. Irene Gysel u. a., Zürcher Disputation 84 – Ernte wohin? Ein Tag der Begegnung, der Erinnerung und der Reflexion, Helferei 4, Zürich 1993; ERKZH, Evangelisch-reformierte Landeskirche des Kantons Zürich (Hg.), Zürcher Disputation 84: Ergebnisse, Zürich 1987.

14 Vgl. Alfred Ehrensperger, Die Gottesdienstreform der evangelisch-reformierten Zürcher Kirche 1960–1970 und ihre Wirkungsgeschichte, in: Bürki/Klöckener (Hg.), a. a. O., 192–205.

15 Freilich gab es hier Vordenkerinnen und Vordenker, die sich ihr Wissen oft jenseits der Sprachgrenze in der französischsprachigen Schweiz, jenseits der Konfessionsgrenzen oder jenseits der Theologie in der Kirchenmusik erwarben. So kamen die Impulse von Bruno Bürki, Alfred Ehrensperger und Andreas Marti zustande, die wie keine anderen das liturgiewissenschaftliche Know-how der Deutschschweizer Reformierten zwischen 1975 und 2000 prägten.

angesprochene Segen für das Leben im Ruhestand wird mit dem Überreichen einer Rose »ausgedrückt«, wie eine Pfarrperson meint.[16] Das Ritual ist somit Versinnbildlichung einer Predigtaussage. Dies ist typisch für das landläufige Liturgieverständnis reformierter Pfarrpersonen. Dieses Verständnis versperrt den Pfarrpersonen und den Kirchgemeinden jeglichen Zugang zum Sinn liturgischer Handlungen.

Ermöglichung eines mehrdimensionalen Zugangs zum Gottesdienst

Das Kompetenzzentrum Liturgik an der Universität Bern wollte mit seiner Gründung im Jahre 2010 neue Impulse für die Reflexion des reformierten Gottesdienstes bewirken. Es ist seitdem *einerseits* darauf angelegt, den Gottesdienst als *mehrdimensionales* Geschehen zu begreifen, das von den Theologen nicht nur Predigtkompetenz, sondern auch Gestaltungs- und Ausführungskompetenzen erfordert. Das Kompetenzzentrum versammelt somit unter der Leitung von Prof. Dr. David Plüss nicht nur theologische Expertinnen und Experten für Homiletik und Liturgik, sondern auch Kirchenmusikerinnen und Kirchenmusiker sowie Kenner der Kunsthistorik, die sich mit der Architektur und der Symbolik von Kirchenräumen auskennen.[17] In der Liturgik werden Performance- und Ritualtheorien für ihre Anwendung in der reformierten Gottesdienstlandschaft neu formuliert.[18] In der empirischen Forschung gelangen Gottesdiensträume, Kleidungsstücke und Verhaltensweisen in reformierten Gemeinden in den Fokus.[19] *Andererseits* bildet das Kompetenzzentrum eine *Schnittstelle* zwischen der heterogenen Gottesdienstlandschaft und der universitären Theorie des Gottesdienstes: In Tagungen und Forschungskolloquien, an denen neben Studierenden auch Gottesdienstverantwortliche und Pfarrpersonen teilnehmen, wird intensiv über reformierte Gottesdienstar-

16 Das Beispiel entstammt meiner Studie zur Gottesdienstinteraktion, s. Christian Walti, Gottesdienst als Interaktionsritual. Eine videobasierte Studie zum agendenfreien Gottesdienst im Gespräch mit der Mikrosoziologie und der Liturgischen Theologie (Arbeiten zur Pastoraltheologie, Liturgik und Hymnologie), Göttingen 2016, 329–348.

17 So etwa den ausgewiesene Kenner Johannes Stückelberger; vgl. ders. und Asha De, Funktionaler oder sakraler Raum?, in: David Plüss/Andreas Marti/Ralph Kunz (Hg.), Reformierte Liturgik – kontrovers, Zürich 2011, 219–244, sowie den Kirchenmusiker Andreas Marti; vgl. Andreas Marti, Singen – Feiern – Glauben. Hymnologisches, Liturgisches und Theologisches zum Gesangbuch der Evangelisch-reformierten Kirchen der deutschsprachigen Schweiz, Basel 2001.

18 Vgl. besonders David Plüss, Gottesdienst als Textinszenierung. Perspektiven einer performativen Ästhetik des Gottesdienstes, Zürich 2007; sowie Christian Walti, Gottesdienst als Interaktionsritual.

19 Vgl. Johannes Stückelberger, Die Kirche in der Kirche. Eine neue Aufgabe für den Kirchenbau; Christian Walti, Empirische Liturgik. Ein reflektierter und humorvoller Zugang zur Wirklichkeit von Gottesdiensten, in: Plüss/Jäger/Kunz (Hg.), Reformierter Gottesdienst.

beit debattiert.[20] Kirchgemeinden und Pfarrpersonen können beim Kompetenzzentrum Beratungen und Weiterbildungen anfordern. Die Forschenden wiederum können durch Einblicke in die Praxissituationen der liturgisch Gestaltenden ein differenzierteres Bild der faktischen Situation der Gottesdienstlandschaft der Deutschschweizer Reformierten gewinnen.[21]

Das Kompetenzzentrum ist daher von Beginn auf die enge Verzahnung von empirischen Forschungsmethoden und praxisorientierten Lehrveranstaltungen ausgerichtet. Empirisch kommen in meiner Studie »Gottesdienst als Interaktionsritual«[22] in der deutschsprachigen Liturgiewissenschaft erstmals Videoaufnahmen methodisch kontrolliert zum Einsatz. Ziel der Studie ist dabei nicht etwa die Auswertung von Gottesdiensten, sondern die detaillierte Beschreibung der Gottesdienste als Feld der Interaktion. In den Detailbeschreibungen wird deutlich, welche unausgesprochenen Regeln der Interaktion – trotz Abwesenheit einer Agende – in reformierten Gottesdiensten gültig sind.[23] Der reformierte Gottesdienst soll, in all seinen vielfältigen Erscheinungsweisen, für Praktikerinnen und Praktiker analysierbar und so der kritischen Reflexion zugänglich werden.

Ähnlich angelegt ist auch das laufende Forschungsprojekt von Kirsten Jäger zur Kleidung im Pfarramt. Jäger entwickelt darin eine Theorie der Funktionalität der pfarramtlichen Kleidung reformierter Pfarrpersonen aufgrund empirischer Beobachtungen und qualitativer Interviews, die nachvollziehbarer macht, aus welchen Gründen Pfarrpersonen welche Kleidungsstücke für bestimmte Tätigkeiten – innerhalb und außerhalb des Gottesdienstes – einsetzen.

Die empirischen Studien liefern Grundlagen für die Diskussionsplattformen und regen den Diskurs über Kriterien für reformierte Gottesdienstgestaltungen an. Sie wirken somit nicht nur beschreibend, sondern auch theoriebildend, wobei sich besonders der Diskurs der *Ritual Studies, der sich mit neueren Ritualen unter den Bedingungen der Moderne beschäftigt, als anschlussfähig für die Gestaltungsfragen der reformierten Liturginnen und Liturgen erweist.*[24]

---

20 Vgl. Angela Berlis/David Plüss/Christian Walti (Hg.), GottesdienstKunst. Praktische Theologie im reformierten Kontext 3, Zürich 2012; Christian Walti, Sensible Bewegungen im Gottesdienst der Reformierten Landeskirchen. Ein kommentierender Bericht zum Symposium der Liturgiekommission des SEK ›Gottesdienst Im-Puls‹ am 7. September 2011 in Bern, *Musik und Gottesdienst* 66/2 (2012), 50–59.

21 Walti, Gottesdienst als Interaktionsritual. So etwa in folgenden Studien: Manuela Grossman u. a., Visuelles Auftreten von Pfarrerinnen im Gottesdienst. Eine explorative Studie aus der Deutschschweiz, PTh 102 (2013), 239–257.

22 Vgl. Walti, Gottesdienst als Interaktionsritual.

23 Vgl. ebd., 31 f.; sowie Walti, Empirische Liturgik.

24 Vgl. Walti, Gottesdienst als Interaktionsritual, 75–81; sowie Ronald L. Grimes, Defining Nascent Rituals 50 (4/1982), 539–555; und Catherine Bell (Hg.), Ritual Theory, Ritual Practice, New York 2009.

Horizont: Liturgische Bildungsprozesse als reflektierte Praxis weiterführen

Liturgik und das Thema »Gottesdienst – außer Predigt« sind auch dank der engagierten Mitarbeitenden des Zentrums unterdessen in der reformierten Deutschschweiz feste Bestandteile des theologischen Curriculums an der Universität und in der Aus- und Weiterbildung geworden. Allerdings wirken viele Ausbildungsangebote in der Situation der reformierten Kirchen noch als aufgesetzt. Gerade in der Ausbildung des Pfarrernachwuchses steht das Kompetenzzentrum weiterhin vor großen Herausforderungen.

Die Aus- und Weiterbildungsstelle der reformierten Landeskirchen etwa bietet zwar unterdessen Kurse mit dem Theaterpädagogen und Präsenzcoach Thomas Kabel an, ein im (agendarisch stärker geprägten) lutherischen Umfeld entwickeltes Programm, das auch hierzulande unterdessen einige Anhänger generiert. In vielen Kursen wird »liturgische Präsenz« aber vorwiegend als Auftrittskompetenz verstanden und von einem Schauspieler angeleitet. Wie sehr auch diese Kompetenzen tatsächlich für den Gottesdienst fruchtbar gemacht werden können, so fehlt ihnen doch oft so etwas wie ein liturgisches Bewusstsein für die besondere Situation und die Dynamik des Gottesdienstes.[25] Keine Kompetenz für Theatersituationen oder rhetorische Auftritte kann liturgische Kompetenz einer Pfarrperson oder eines Kirchgemeindemitglieds ersetzen. Das Bewusstsein um den spirituellen Wert eines regelmäßigen oder gewohnheitsmäßigen Gottesdienstbesuchs ist Voraussetzung für liturgische Kompetenz und kann deshalb nicht einfach von ihm abgekoppelt erlernt oder reflektiert werden. Auch in der reformierten Kirchenlandschaft zeigt sich im Gottesdienst eine *theologia prima*, eine gelebte primäre Theologie, die kritisch auf die Systematische Theologie bezogen werden sollte.[26] Es gilt daher die Arbeit des Kompetenzzentrums noch stärker mit gottesdienstlichen Erfahrungen – im ganzen Spektrum der reformierten Gottesdienstlandschaft – und mit theologischer Reflexion in der Systematik zu verbinden.

Der Bedarf nach vermehrter und reflektierter Gottesdiensterfahrung gilt im verstärkten Maße für Studierende mit charismatisch-evangelischem oder freikirchlichem Hintergrund, die unterdessen eine bedeutende Gruppe des theologischen Nachwuchses in der Deutschschweiz ausmachen. Sie bringen meist stark vom reformierten Gottesdienst abweichende Erfahrungen mit. Die restlichen Studierenden, die mit distanziertem oder säkularem Hinter-

25 Vgl. dazu Walti, Gottesdienst als Interaktionsritual, 548 f.

26 Hierzu vgl. Dorothea Haspelmath-Finatti, Theologia Prima. Liturgische Theologie für den evangelischen Gottesdienst, 2014.

grund ein Theologiestudium beginnen, bringen oft *gar keine* gottesdienstlichen Erfahrungen mit. Beide Gruppen können, wenn über reformierte Gottesdienste gesprochen wird, angestellte Reflexionen nicht mit eigenen Erfahrungen verbinden. Für beide ist es deshalb wichtig, dass sie im Laufe der universitären Ausbildung, und dort schon möglichst früh, ein Gespür für den reformierten Gottesdienst, die in ihm verwendeten Lieder (in aller stilistischen Vielfalt), die (unterschiedlichen) Feierformen und theologischen Stile und die Möglichkeiten angesichts der relativ einengenden Vorgaben durch Kirchgemeinderäte, Musikerinnen und Infrastruktur kennenlernen. Sie müssen sich im Laufe ihrer Ausbildung eine erfahrungsgesättigte Kartographie der Handlungsmöglichkeiten innerhalb des spezifischen reformierten Kontextes erwerben können. Dazu gehört nicht nur, aber auch die Kompetenz zur Innovation und Kreativität innerhalb der bestehenden Vorgaben. Es geht also nicht um eine Gleichschaltung oder Indoktrination in eine (wie auch immer imaginierte) »reformierte Tradition«.

Die Praxiskartographie umfasst neben historischem Wissen um unterschiedliche Feierformen und deren theologische Hintergründe und Bedeutungen eben auch *praxisorientiertes Wissen*. Dieses Wissen erfordert die Wahrnehmungskompetenz und zeitgleich die Verhaltenskompetenz: die Fähigkeit, einen Gottesdienst mit allen Sinnen wahrzunehmen, ihn zu beschreiben und Verhaltensweisen in ihm vorhersehen zu können. Solche Wahrnehmungs- und Verhaltenskompetenzen lassen sich nicht in einer Vorlesung oder einem Seminar erlernen, sondern lediglich durch die regelmäßige Teilnahme an reformierten (und anderen) Gottesdiensten und die regelmäßige fokussierte Reflexion dieser Teilnahme.

Universitäre Seminare und Kurse der Weiterbildung in Liturgik müssen daher auch in Zukunft darauf achten, dass sie ihre Teilnehmenden nicht nur über Gottesdienste und ihre Elemente informieren, sondern ihnen auch die Aneignung von *anwendungsorientiertem Wissen* ermöglichen, indem sie wiederholt und über längere Zeiträume liturgische Teilnahme organisieren und reflektieren. Ohne diese teilnehmende Erfahrungsgrundlage sowie die Fähigkeit, Kontexte zu wechseln und während der Ausbildung in unterschiedliche Gottesdienstformen einzutauchen, ist eine kritische Besprechung, geschweige denn das Abschließen der Ausbildung als »reflective practitioner«[27] nicht möglich.

---

27 Dazu Donald A. Schön, The reflective practitioner. How professionals think in action, 46. Aufl., Ashgate 2009.

F

Literatur zur Gottesdienstqualität

Literatur

Das folgende Literaturverzeichnis ist um Vollständigkeit bemüht, kann sie aber nicht garantieren. Neben Artikeln, die sich dezidiert mit der Qualität des Gottesdienstes und der Kirchenmusik beschäftigen, sind auch Artikel aufgenommen, sie sich mit der Qualität kirchlicher Arbeit im weiteren Sinne beschäftigen. Darüber hinaus umfasst das Verzeichnis alle Veröffentlichungen des Zentrums für Qualitätsentwicklung im Gottesdienst.

Aeppli, Alfred, Anhänger gewinnen oder Kunden befriedigen. Reformierte Gottesdienste anziehend gestalten, in: Ralph Kunz/Andreas Marti/David Plüss (Hg.), Reformierte Liturgik – kontrovers (Praktische Theologie im reformierten Kontext, Band 1–2011), Zürich 2011, 245–252.

Arbeitskreis »Qualitätszirkel«, Gegensätze ziehen sich an – Wirkfelder des Gottesdienstes, in: Folkert Fendler/Christian Binder (Hg.), Gottes Güte und menschliche Gütesiegel. Qualitätsentwicklung im Gottesdienst, Leipzig 2012, 183–209.

Arnold, Jochen, Musik im Gottesdienst – liturgietheologische und dramaturgische Überlegungen, in: ders./Folkert Fendler/Verena Grüter/Jochen Kaiser (Hg.), Gottesklänge. Musik als Quelle und Ausdruck des christlichen Glaubens, Leipzig 2014, 165–174.

Arnold, Jochen, Was ist ein (guter) Gottesdienst?, in: Folkert Fendler/Christian Binder (Hg.), Gottes Güte und menschliche Gütesiegel. Qualitätsentwicklung im Gottesdienst, Leipzig 2012, 97–146.

Arnold, Jochen/Fendler, Folkert/Grüter, Verena/Kaiser, Jochen (Hg.), Gottesklänge. Musik als Quelle und Ausdruck des christlichen Glaubens, Leipzig 2014.

Binder, Christian, Redet mit mir freundlich!, in: Folkert Fendler/ders. (Hg.), Gottes Güte und menschliche Gütesiegel. Qualitätsentwicklung im Gottesdienst, Leipzig 2012, 211–237.

Binder, Christian, Tatort Bestattung, in: Folkert Fendler/Thomas Klie/Sieglinde Sparre (Hg.), Letzte Heimat Kirche. Kolumbarien in Sakralräumen, Leipzig 2014, 119–130.

Binder, Christian, Zu schauen die schönen Gottesdienste des Herrn. Perspektiven zur Wahrnehmung von Gottesdiensten, in: LuK 2 (1–2011), 28–37.

Binder, Christian/Fendler, Folkert, ARD-Fernsehgottesdienste an Feiertagen – Entwicklungen und Beobachtungen, in: PTh 103 (2014), 1–21.

Binder, Christian/Fendler, Folkert, Die Wirkfelder des Gottesdienstes, in: FdG 76 (2/2012), 14–21.

Binder, Christian/Fendler, Folkert, »Mein Gottesdienstbesuch«. Erfahrungen mit den Gottesdienstkritiken in »Chrismon Plus«, in: DtPfrBl 2011, 383–386.

Bubmann, Peter, Zur Kriteriologie der Musik im Gottesdienst, in: Jochen Arnold/Folkert Fendler/Verena Grüter/Jochen Kaiser (Hg.), Gottesklänge. Musik als Quelle und Ausdruck des christlichen Glaubens, Leipzig 2014, 175–189.

Deeg, Alexander, »Erkennbar besser«!? Zur Diskussion um Qualität in Gottesdienst und Predigt, in: PTh 99 (2010), 435–448.

Deeg, Alexander/Sagert, Dietrich (Hg.), Evangelische Predigtkultur. Zur Erneuerung der Kanzelrede (Kirche im Aufbruch. Reformprozess der EKD, Band 1, hg. vom Kirchenamt der EKD), Leipzig 2011.

Dobrinski, Matthias, Was ist eine gute Predigt? Beobachtungen und Ratschläge eines Journalisten, in: Arbeitsstelle Gottesdienst 23 (2/2009), 56–62.

Eibach-Danzeglocke, Swantje, Qualitätsstandards für den Gottesdienst – Ein Weg zur Stärkung von Kompetenzen ehrenamtlicher Mitarbeitender, in: Folkert Fendler/Christian Binder (Hg.), Gottes Güte und menschliche Gütesiegel. Qualitätsentwicklung im Gottesdienst, Leipzig 2012, 241–260.

Eichelmann, Gabriele, Pastoral an einer Grabeskirche am Beispiel der katholischen Grabeskirche St. Josef in Aachen, in: Folkert Fendler/Thomas Klie/Sieglinde Sparre (Hg.), Letzte Heimat Kirche. Kolumbarien in Sakralräumen, Leipzig 2014, 133–149.

Famos, Cla Reto, Bedürfnisorientierung im Gottesdienst – Anmerkungen zum Potential des Nonprofit-Managements für Liturgik, in: Ralph Kunz/Andreas Marti/David Plüss (Hg.), Reformierte Liturgik – kontrovers (Praktische Theologie im reformierten Kontext, Band 1–2011), Zürich 2011, 253–259.

Famos, Cla Reto, Kirchen in der Konkurrenzgesellschaft. Gottesdienst zwischen Auftrag und Bedürfnis, in: Folkert Fendler (Hg.), Kirchgang erkunden. Zur Logik des Gottesdienstbesuchs, Leipzig 2016, 49–68.

Fendler, Folkert, Der Gottesdienstteilnehmer als Kunde, in: ders./Christian Binder (Hg.), Gottes Güte und menschliche Gütesiegel. Qualitätsentwicklung im Gottesdienst, Leipzig 2012, 149–181.

Fendler, Folkert, Drei Gs und vier Ws. Wie sich die Qualität von Gottesdiensten messen lässt, in: Zeitzeichen 16 (2015), 35–37.

Fendler, Folkert, Ein guter Gottesdienst ist, wenn... Perspektiven für eine Qualitätsentwicklung im Gottesdienst, in: Kirchenamt der EKD (Hg.), Kirche im Aufbruch. Schlüsseltexte zum Reformprozess (Kirche im Aufbruch. Reformprozess der EKD, Band 7, hg. vom Kirchenamt der EKD), Leipzig 2012, 281–284.

Fendler, Folkert, Frohe Kunde für traurige Kunden? Die kirchliche Bestattung zwischen Tradition und Flexibilität, in: ders./Thomas Klie/Sieglinde Sparre (Hg.), Letzte Heimat Kirche. Kolumbarien in Sakralräumen, Leipzig 2014, 75–96.

Fendler, Folkert, Gelegenheiten zur Taufe, in: Folkert Fendler/Claudia Schulz (Hg.), Taufentscheidungen erkunden und verstehen, Hildesheim 2013, 34 f.

Fendler, Folkert, Gottes-Dienst-Leistung. Sind Gottesdienstbesucher Kunden?, in: ders. (Hg.), Kirchgang erkunden. Zur Logik des Gottesdienstbesuchs, Leipzig 2016, 103–129

Fendler, Folkert, Gottesdienstqualität: Von der Grunderwartung zur Begeisterung, in: Für den Gottesdienst, 2010, Heft 71, 16 f.

Fendler, Folkert (Hg.), Kirchgang erkunden. Zur Logik des Gottesdienstbesuchs (Kirche im Aufbruch, Band 20, hg. vom Kirchenamt der EKD), Leipzig 2016.

Fendler, Folkert, Kirchgang gestern und heute. Von Zahlen und vom Zählen, in: ders. (Hg.), Kirchgang erkunden. Zur Logik des Gottesdienstbesuchs, Leipzig 2016, 11–26.

Fendler, Folkert, Kompetenz versus Qualität? Warum es lohnt, zum Beispiel Taufpfade zu beschreiten – eine Antwort auf Amrei Störmer-Schuppner, in: PTh 100 (2011), 481–489.

Fendler, Folkert, Können Kirchen »buchbare Produkte« sein? Aspekte des Qualitätsbegriffs im kirchlichen Handlungsfeld »Tourismus«, in: PTh 102 (2013), 1–17.

Fendler, Folkert, Literaturgottesdienste – was stimmen muss, was wesentlich ist, was begeistern kann, in: Stephan Goldschmidt (Hg.), Ein Wort so viel wert wie das Leben. Literaturgottesdienste, Freiburg 2016, 35–46.

Fendler, Folkert (Hg.), Qualität im Gottesdienst. Was stimmen muss – was wesentlich ist – was begeistern kann (im Auftrag der Liturgischen Konferenz), Gütersloh 2017.

Fendler, Folkert, Qualitätsentwicklung im Gottesdienst zwischen Gottes Güte und menschlichem Bemühen, in: Christian Stäblein/Traugott Wrede (Hg.), Lieder, Licht und Leidenschaft. Qualität im KirchenRaum, Hannover, 2012, 43–54.

Fendler, Folkert, Von der »Qualitas« zur Messung – Theologisch verantwortet von Qualität reden, in: Liturgische Konferenz (Hg.), LuK 2 (1–2011), 2–27.

Fendler, Folkert, Was am Gottesdienst wichtig ist. Eine Sichtung empirischer Befragungsperspektiven, in: ders. (Hg.), Kirchgang erkunden. Zur Logik des Gottesdienstbesuchs, Leipzig 2016, 87–101.

Fendler, Folkert, Was ist Gottesdienst? Eine narrativ-historisch-theologische Besinnung, in: FdG 85 (1/2017), 19–23.

Fendler, Folkert/Binder, Christian (Hg.), Gewissheit, Gemeinschaft, Geheimnis. Qualitäten des Gottesdienstes (Kirche im Aufbruch. Reformprozess der EKD, Band 15, hg. vom Kirchenamt der EKD), Leipzig 2016.

Fendler, Folkert/Binder, Christian (Hg.), Gottes Güte und menschliche Gütesiegel. Qualitätsentwicklung im Gottesdienst (Kirche im Aufbruch. Reformprozess der EKD, Band 3, hg. vom Kirchenamt der EKD), Leipzig 2012.

Fendler, Folkert/Klie, Thomas/Sparre, Sieglinde (Hg.), Letzte Heimat Kirche. Kolumbarien in Sakralräumen (Kirche im Aufbruch. Reformprozess der EKD, Band 10, hg. vom Kirchenamt der EKD), Leipzig 2014.

Fendler, Folkert/Schulz, Claudia (Hg.), Taufentscheidungen erkunden und verstehen (Gottesdienstqualität. Veröffentlichungen des Zentrums für Qualitätsentwicklung im Gottesdienst 1), Hildesheim 2013.

Friedrich, Johannes, Ansprache zur Eröffnung der Konsultation »Qualität pastoraler Arbeit«, in: Mareile Lasogga/Christine Jahn/Udo Hahn (Hg.), Zur Qualität pastoraler Arbeit – Eine Konsultation der VELKD, Hannover 2010, 9–17.

Frühwald, Christian, Was ist ein guter Pfarrer, wie wird man eine gute Pfarrerin? Welche Qualifizierungsmaßnahmen wurden bisher entwickelt? Welche Rolle spielen dabei Jahresgespräche?, in: Mareile Lasogga/Christine Jahn/Udo Hahn (Hg.), Zur Qualität pastoraler Arbeit – Eine Konsultation der VELKD, Hannover 2010, 67–71.

Gattwinkel, Hilmar, Gottesdienst ist kein Kundendienst. Ein Alternativvorschlag, in: Folkert Fendler (Hg.), Kirchgang erkunden. Zur Logik des Gottesdienstbesuchs, Leipzig 2016, 131–137.

Gundlach, Thies, Die Bedeutung des Gottesdienstes im gegenwärtigen Reformprozess der EKD. Gehversuche im Land der Qualitätsbestimmungen, in: Kristian Fechtner/Lutz Friedrichs (Hg.), Normalfall Sonntagsgottesdienst? Gottesdienst und Sonntagskultur im Umbruch (Praktische Theologie heute, Band 87), Stuttgart 2008, 92–100.

Gundlach, Thies, Wohin wächst die Kirche? Von der Generalzuständigkeit zu Zentren gelingender Kirchen, in: PTh 94 (2005), 217–230.

Gundlach, Thies, Zum Mentalitätswandel in der Kirche. Wie wächst kirchliche Qualität?, in: PTh 97 (2008), 14–19.

Happe, Barbara, Spätmoderne Bestattungskultur, in: Folkert Fendler/Thomas Klie/Sieglinde Sparre (Hg.), Letzte Heimat Kirche. Kolumbarien in Sakralräumen, Leipzig 2014, 13–29.

Happel, Martin, Qualitätssicherung am gottoffenen Raum. Der Beitrag der Evangelischen Kirche von Kurhessen-Nassau zur Qualitätsdebatte der EKD, in: PTh 101 (2012), 302–321.

Haspelmath-Finatti, Dorothea, Gottesdienst als Herzschlag. Von der Fruchtbarkeit liturgischer Spannungen, in: Folkert Fendler (Hg.), Kirchgang erkunden. Zur Logik des Gottesdienstbesuchs, Leipzig 2016, 77–85.

Hauschildt, Eberhard, Gottes Güte und menschliche Gütesiegel. Qualitätsentwicklung im Gottesdienst, in: LuK 4 (2–2013), 88–93.

Hauschildt, Eberhard, Hybrid evangelischer Großkirche vor einem Schub an Organisationswerdung. Anmerkungen zum Impulspapier »Kirche der Freiheit« des Rates der EKD und zur Zukunft der evangelischen Kirche zwischen Kongregationalisierung, Filialisierung und Regionalisierung, in: PTh 96 (2007), 56–66.

Haußmann, Annette, Gottesdienste zählen. Ergebnisse einer Studie zum Gottesdienstbesuch, in: PTh 103 (2014), 77–97.

Heek, Wilhelm, Verabschiedungsgottesdienste im katholischen Kolumbarium Konrad in Marl, in: Folkert Fendler/Thomas Klie/Sieglinde Sparre (Hg.), Letzte Heimat Kirche. Kolumbarien in Sakralräumen, Leipzig 2014, 171–175.

Hempel, Christoph, Was macht Musik zu guter Musik?, in: Jochen Arnold/Folkert Fendler/Verena Grüter/Jochen Kaiser (Hg.), Gottesklänge. Musik als Quelle und Ausdruck des christlichen Glaubens, Leipzig 2014, 127–142.

Henning, Rolf, »Kirchgänger als Kunden zu betrachten, ist ein No-Go in der Kirche«. Interview mit Folkert Fendler, in: QZ (Qualität und Zuverlässigkeit. Zeitschrift für Qualitätsmanagement und Qualitätssicherung) 2/2016, 18 f.

Hermelink, Jan, Der pastorale Zweifel und seine Darstellung. Zu einer Kriteriologie der Qualitätsbeschreibung pastoraler Arbeit, in: Mareile Lasogga/Christine Jahn/Udo Hahn (Hg.), Zur Qualität pastoraler Arbeit – Eine Konsultation der VELKD, Hannover 2010, 73–93.

Herms, Eilert, Die Frage nach der Güte der Arbeit im Pfarramt vor dem Hintergrund der reformatorischen Sicht von Amt und Auftrag der Kirche, in: Mareile Lasogga/Christine Jahn/Udo Hahn (Hg.), Zur Qualität pastoraler Arbeit – Eine Konsultation der VELKD, Hannover 2010, 19–65.

Käpplinger, Klaus/Fendler, Folkert, Das Stuttgarter Taufprojekt: »Taufentscheidungen erkunden und verstehen«, in: Folkert Fendler/Claudia Schulz (Hg.), Taufentscheidungen erkunden und verstehen, Hildesheim 2013, 4 f.

Kamann, Matthias, Journalistische Wahrnehmung von Gottesdiensten, in: Folkert Fendler/Christian Binder (Hg.), Gottes Güte und menschliche Gütesiegel. Qualitätsentwicklung im Gottesdienst, Leipzig 2012, 19–42.

Karle, Isolde, Die Qualität pastoraler Arbeit im Sog gesellschaftlicher Ökonomisierungstendenzen, in: Mareile Lasogga/Christine Jahn/Udo Hahn (Hg.), Zur Qualität pastoraler Arbeit – Eine Konsultation der VELKD, Hannover 2010, 121–143.

Kennel, Gunter, Was ist gute Kirchenmusik? Chancen und Grenzen der Qualitätsdebatte für ein zentrales kirchliches Arbeitsfeld, in: LuK 2 (3–2011), 24–36.

Kirchenamt der Evangelischen Kirche in Deutschland (EKD) (Hg.), Kirche der Freiheit. Perspektiven für die evangelische Kirche im 21. Jahrhundert. Ein Impulspapier des Rates der EKD, Hannover 2006.

Kirchenamt der Evangelischen Kirche in Deutschland (EKD) (Hg.), Materialband. Diskussion des Impulspapiers »Kirche der Freiheit«, Hannover 2006.

Kleemann, Juliane/Pompe, Hans-Hermann (Hg.), Erschöpfte Kirche? Geistliche Dimensionen in Veränderungsprozessen (Kirche im Aufbruch. Reformprozess der EKD, Band 18, hg. vom Kirchenamt der EKD), Leipzig 2015.

Klein, Armin, »Damit Sie gern wiederkommen!« Besucherbindung im Kulturbetrieb, in: Folkert Fendler (Hg.), Kirchgang erkunden. Zur Logik des Gottesdienstbesuchs, Leipzig 2016, 27–47.

Klie, Thomas, Kirchenkolumbarien als religionsproduktive Taubenschläge und Wachräume des sozialen Gedächtnisses, in: Folkert Fendler/Thomas Klie/Sieglinde Sparre (Hg.), Letzte Heimat Kirche. Kolumbarien in Sakralräumen, Leipzig 2014, 179–194.

Klek, Konrad, Musik im Gottesdienst – zwischen künstlerischem Anspruch und Gemeindehorizont, in: Jochen Arnold/Folkert Fendler/Verena Grüter/Jochen Kaiser (Hg.), Gottesklänge. Musik als Quelle und Ausdruck des christlichen Glaubens, Leipzig 2014, 155–164.

Kretzschmar, Gerald, Was ist ein guter Mentor, eine gute Mentorin? Eine qualitativ empirische Studie, in: PTh 99 (2010), 468–487.

Kreutz, Gunter, Töne, die gut tun – kognitive und emotionale Wirkungen von Musik, in: Jochen Arnold/Folkert Fendler/Verena Grüter/Jochen Kaiser (Hg.), Gottesklänge. Musik als Quelle und Ausdruck des christlichen Glaubens, Leipzig 2014, 143–153.

Kunz, Ralph/Aus der Au, Christina/Schlag, Thomas, Qualitätssicherung im Gottesdienst – ein Denkanstoß, in: Ralph Kunz/Andreas Marti/David Plüss (Hg.), Reformierte Liturgik – kontrovers (Praktische Theologie im reformierten Kontext, Band 1–2011), Zürich 2011, 79–85.

Lasogga, Mareile, Tagungsbericht zur Konsultation »Qualität pastoraler Arbeit« der VELKD, in: Mareile Lasogga/Christine Jahn/Udo Hahn (Hg.), Zur Qualität pastoraler Arbeit – Eine Konsultation der VELKD, Hannover 2010, 185–193.

Lasogga, Mareile/Jahn, Christine/Hahn, Udo (Hg.), Zur Qualität pastoraler Arbeit – Eine Konsultation der Vereinigten Evangelisch-Lutherischen Kirche Deutschlands, Hannover 2010.

Latzel, Thorsten, Qualität von Gottesdiensten, in: Mareile Lasogga/Christine Jahn/Udo Hahn (Hg.), Zur Qualität pastoraler Arbeit – Eine Konsultation der VELKD, Hannover 2010, 95–110.

Meyer-Blanck, Michael, Anmut, Glanz und Arbeit. Zur Diskussion um gottesdienstliche »Qualitätsstandards« im EKD-Impulspapier »Kirche der Freiheit«, in: EvTh 67 (2007), 350–361.

Neuschwander, Julia, Qualitätsentwicklung in der Ausbildung zum Pfarrberuf, in: Folkert Fendler/Christian Binder (Hg.), Gottes Güte und menschliche Gütesiegel. Qualitätsentwicklung im Gottesdienst, Leipzig 2012, 261–285.

Oxen, Kathrin/Sagert, Dietrich (Hg.), Mitteilungen. Zur Erneuerung evangelischer Predigtkultur (Kirche im Aufbruch. Reformprozess der EKD, Band 5, hg. vom Kirchenamt der EKD), Leipzig 2013.

Peters, Frank, Agende und Gemeindealltag. Eine empirische Studie zur Rezeption des Evangelischen Gottesdienstbuches (Praktische Theologie heute, Bd 117), Stuttgart 2011.

Pistorius, Dietmar, Visitationen als Instrumente der Qualitätsentwicklung im Kirchenkreis, in: PTh 102 (2013), 106–120.

Plüss, David, Die Qualitäten des Gottesdienstes am Beispiel des Segens, in: Folkert Fendler/Christian Binder (Hg.), Gottes Güte und menschliche Gütesiegel. Qualitätsentwicklung im Gottesdienst, Leipzig 2012, 77–96.

Plüss, David/Rahn, Michael (Hg.), Gottesdienste ins Gespräch bringen. Eine Sammlung von Feedback-Methoden, Zürich 2008.

Plüss, David, Was ist gute Praktische Theologie? Der Qualitätsbegriff aus praktisch-theologischer Perspektive, in: Christian Stäblein/Traugott Wrede (Hg.), Lieder, Licht und Leidenschaft. Qualität im KirchenRaum, Hannover 2012, 26–42.

Pompe, Hans-Hermann/Schlegel, Thomas (Hg.), MitMenschengewinnen. Wegmarken für Mission in der Region (Kirche im Aufbruch. Reformprozess der EKD, Band 2, hg. vom Kirchenamt der EKD), Leipzig 2011.

Rein, Matthias, Was ist gute pastorale Fortbildung? Aktuelle Standards und Bewertungskriterien, in: Mareile Lasogga/Christine Jahn/Udo Hahn (Hg.), Zur Qualität pastoraler Arbeit – Eine Konsultation der VELKD, Hannover 2010, 145–165.

Sagert, Dietrich, Vom Hörensagen. Eine kleine Rhetorik (Kirche im Aufbruch. Reformprozess der EKD, Band 14, hg. vom Kirchenamt der EKD), Leipzig 2014.

Sauer, Martin, Qualitätsentwicklung und -sicherung in der Seelsorge, in: Folkert Fendler/Christian Binder (Hg.), Gottes Güte und menschliche Gütesiegel. Qualitätsentwicklung im Gottesdienst, Leipzig 2012, 43–65.

Schmidt-Rost, Reinhard, Die Auftragsqualität – oder: Arbeit am »Dritten Medium«, in: Mareile Lasogga/Christine Jahn/Udo Hahn (Hg.), Zur Qualität pastoraler Arbeit – Eine Konsultation der VELKD, Hannover 2010, 117–120.

Schulz, Claudia, Kindertaufe und Elternwille zwischen Sakrament und Selbstbestimmung. Erkenntnisse aus einer Taufelternbefragung, in: EvTh 74 (2014), 179–193.

Schulz, Claudia, Kundschaft im Gottesdienst. Einsichten zu Relevanzsetzung und Wahlverhalten der Gottesdienstbesuchenden aus dem Feld empirischer Studien, in: Folkert Fendler (Hg.), Kirchgang erkunden. Zur Logik des Gottesdienstbesuchs, Leipzig 2016, 139–165.

Schulz, Claudia, Methodischer Zuschnitt der Studie »Taufentscheidungen erkunden und verstehen«, in: Folkert Fendler/Claudia Schulz (Hg.), Taufentscheidungen erkunden und verstehen, Hildesheim 2013, 6–27.

Schulz, Claudia/Sänger-Diestelmeier, Rolf, Kollegiale Intervision im Pfarramt. Ein Projekt zur Reflexion von Scheitern und Erfolg – zugleich ein Beitrag zur Qualitätsentwicklung, in PTh 97 (2008), 276–288.

Schwark, Christian, Gottesdienste für Kirchendistanzierte. Konzepte und Perspektiven (Systematische Monographien, Band 17), Wuppertal 2006.

Schwier, Helmut, Liturgische Praxis und Theorie vor der Qualitätsfrage, in: Michael Meyer-Blanck/Klaus Raschzok/ders. (Hg.), Gottesdienst feiern. Zur Zukunft der Agendenarbeit in den evangelischen Kirchen, Gütersloh 2009, 170–179.

Skotti, Kristin, Bestatten in Kirchen in historischer Perspektive, in: Folkert Fendler/Thomas Klie/Sieglinde Sparre (Hg.), Letzte Heimat Kirche. Kolumbarien in Sakralräumen, Leipzig 2014, 31–71.

Sparre, Sieglinde, Kirchenkolumbarien als liturgischer Ort, in: Folkert Fendler/Thomas Klie/Sieglinde Sparre (Hg.), Letzte Heimat Kirche. Kolumbarien in Sakralräumen, Leipzig 2014, 97–118.

Stäblein, Christian/Wrede, Traugott (Hg.), Lieder, Licht und Leidenschaft. Qualität im KirchenRaum (Loccumer Theologische Beiträge), Hannover 2012.

Städtler-Mach, Barbara, Die Bedeutung von Qualitätsmanagement im Sozialwesen: Ursachen, Konsequenzen, Chancen, kritische Anfragen, in: Mareile Lasogga/Christine Jahn/Udo Hahn (Hg.), Zur Qualität pastoraler Arbeit – Eine Konsultation der VELKD, Hannover 2010, 111–116.

Steinbrecher, Hansjochen/Fendler, Folkert, Kirche in Spannungsfeldern. Versuch einer Verortung, in: Folkert Fendler (Hg.), Kirchgang erkunden. Zur Logik des Gottesdienstbesuchs, Leipzig 2016, 69–75.

Stoellger, Philipp, Qualitätssicherung in Sachen »Religion«? Zum hermeneutischen Problem der Qualität, in: Christian Stäblein/Traugott Wrede (Hg.), Lieder, Licht und Leidenschaft. Qualität im KirchenRaum (Loccumer Theologische Beiträge), Hannover 2012 10–25.

Störmer-Schuppner, Amrei, »Welche Qualität braucht die Kirche?«, in: PTh 97 (2008), 491–506.

Tiemann, Hans-Hermann, Persönlich ansprechen. Situationsgerecht Gottesdienst feiern, Band 2, Bielefeld 2016.

Tiemann, Hans-Hermann, Situationsgerecht Gottesdienst feiern. Zur Verbesserung liturgischen Handelns, Band 1, Bielefeld 2009.

Ulrich, Gerhard, Bischöfliche Verantwortung für die Qualifizierung der Pfarrer und Pfarrerinnen mit besonderer Berücksichtigung der Vikarsausbildung, in: Mareile Lasogga/Christine Jahn/Udo Hahn (Hg.), Zur Qualität pastoraler Arbeit – Eine Konsultation der VELKD, Hannover 2010, 167–183.

Von Diemer, Regina, Qualität durch Wertschätzung, in: Folkert Fendler/Christian Binder (Hg.), Gottes Güte und menschliche Gütesiegel. Qualitätsentwicklung im Gottesdienst, Leipzig 2012, 67–74.

Welck, Christian, Gemeindegottesdienst im evangelischen Kolumbarium in Soest, in: Folkert Fendler/Thomas Klie/Sieglinde Sparre (Hg.), Letzte Heimat Kirche. Kolumbarien in Sakralräumen, Leipzig 2014,152–169.

Zahn, Margit/Engel, Ute, »Neue Zeiten – neue Gottesdienste«. Ein Projekt der Innenstadtgemeinden Hanau, in: PTh 103 (2014), 102–114.

Zentrum für Qualitätsentwicklung im Gottesdienst, Feedback. Hilfreich Rückmeldung geben zum Gottesdienst, Hildesheim 2013 (Eigenveröffentlichung).

Zentrum für Qualitätsentwicklung im Gottesdienst, Geheime Gottesdienst-Tester. Eine Auswertung zur Chrismon-Plus Kolumne »Mein Kirchgang«, Hildesheim 2010 (Eigenveröffentlichung).

Zentrum für Qualitätsentwicklung im Gottesdienst, Gottesdienst wirkt! Die Wirkfelder des Gottesdienstes entdecken und gestalten (Gottesdienstqualität. Veröffentlichungen des Zentrums für Qualitätsentwicklung im Gottesdienst 2), Hildesheim 2014.

Ausgaben von Liturgie und Kultur (LuK, Zeitschrift der Liturgischen Konferenz für Gottesdienst, Musik und Kunst) zum Thema »Gottesdienstqualität«:

»Brannte nicht unser Herz ...?« Eine reflektierte Dramaturgie des Gottesdienstes als Beitrag zur gottesdienstlichen Qualitätssicherung, 1. Jahrgang (2–2010).

Qualität im Gottesdienst, 2. Jahrgang (1–2011).

Epd-Dokumentation 18-2008

»Von anderen lernen«. Dokumentation des Workshops »Qualitätsentwicklung von Gottesdiensten«

Vgl. auch die folgenden Materialien-Reihen des Zentrums für Mission in der Region (ZMiR), die über www.zmir.de abrufbar sind:

ZMiR:praktisch

ZMiR:klartext

ZMiR:werkzeug

Autorenliste

Ilsabe Alpermann, Dr.
Pfarrerin, Jahrgang 1959, Studienleiterin für Gottesdienst und Prädikantenausbildung, Berlin

Jochen Arnold, Prof. Dr.
Pastor, Jahrgang 1967, Direktor des Michaelisklosters Hildesheim

Ulrike Beichert
Pfarrerin, Jahrgang 1961, Leiterin der Arbeitsstelle Gottesdienst in der Evangelischen Landeskirche in Baden, Karlsruhe

Christian Binder
Pfarrer, Jahrgang 1967, Dozent im Institut für Aus-, Fort- und Weiterbildung der Evangelischen Kirche von Westfalen, Villigst (2010–2015 Referent im Zentrum für Qualitätsentwicklung im Gottesdienst in Hildesheim)

Christhard Ebert
Pfarrer, Jahrgang 1958, Theologischer Referent im EKD-Zentrum für Mission in der Region, Dortmund

Martin Evang, Dr.
Oberkirchenrat, Jahrgang 1957, Theologischer Referent im Amt der UEK, Hannover

Renate Fallbrüg
Pastorin, Jahrgang 1963, Theologische Referentin im Kirchlichen Dienst in der Arbeitswelt der Nordkirche, Hamburg

Folkert Fendler, Dr.
Pastor, Jahrgang 1961, Rektor des Pastoralkollegs Niedersachsen, Loccum (2009–2016 Leiter des Zentrums für Qualitätsentwicklung im Gottesdienst in Hildesheim)

Hilmar Gattwinkel
Pastor, Jahrgang 1961, 2016 Referent und 2017 kommissarischer Leiter des EKD-Zentrums für Qualitätsentwicklung im Gottesdienst, Hildesheim

Claudia Gerke
Diakonin, Jahrgang 1959, Gemeindeberaterin/Organisationsentwicklerin, Projektleiterin für Qualitätsentwicklung in Kirchengemeinden und Regionen im Haus kirchlicher Dienste, Hannover

Monika Hautzinger
Pfarrerin, Jahrgang 1964, Pfarrerin in Mannheim und Leiterin des Projekts »Wo unser Herz brennt. Qualitätsentwicklung im Gottesdienst« der Evangelischen Landeskirche in Baden, Mannheim

Uwe Herde
Pastor, Jahrgang 1962, Gottesdienstbeauftragter der Ev.-Luth. Landeskirche Schaumburg-Lippe, Kirchengemeinde Pollhagen

Lars Hillebold
Pfarrer, Jahrgang 1972, Pfarrer in Kassel-Bad Wilhelmshöhe, Coach und Referent im Bereich dramaturgisch-homiletische Aus- und Fortbildung

Jochen Kaiser, Dr.
Kirchenmusiker und Liturgiewissenschaftler, Jahrgang 1971, Fachmitarbeiter »Musik und Gemeindeentwicklung« bei der Evangelisch-reformierten Kirche des Kantons Zürich, freier Mitarbeiter im EKD-Zentrum für Qualitätsentwicklung im Gottesdienst, Hildesheim

Hans-Jürgen Kutzner, Dr.
Pastor em., Jahrgang 1951, Hannover (2010–2016 Referent im Zentrum für Qualitätsentwicklung im Gottesdienst)

Kathrin Oxen
Pfarrerin, Jahrgang 1972, Leiterin des Zentrums für evangelische Predigtkultur in der Lutherstadt Wittenberg

Hans-Hermann Pompe
Pfarrer, Jahrgang 1955, Leiter des EKD-Zentrums für Mission in der Region, Dortmund

Dirk Schliephake
Pastor, M.A. Diakonie-Management, Jahrgang 1962, Beauftragter der Ev.-luth. Landeskirche Hannovers für den Kindergottesdienst, Hildesheim

Eckart Schwab
Pfarrer, Jahrgang 1959, Kirchenrat, Theologischer Dezernent im Landeskirchenamt der Evangelischen Kirche im Rheinland, Düsseldorf

Christine Tergau-Harms
Pastorin, Jahrgang 1963, Supervisorin DGSv, Referentin im Michaeliskloster, Leiterin der Gottesdienstberatung in der Ev.-luth. Landeskirche Hannovers, Hildesheim

Catharina Uhlmann
Pastorin, Jahrgang 1961, Referentin im Michaeliskloster Hildesheim und im Zentrum für Qualitätsentwicklung im Gottesdienst

Karl Friedrich Ulrichs, Dr.
Pfarrer, Jahrgang 1966, Studienleiter am Evangelischen Predigerseminar Wittenberg

Christian Walti, Dr.
Pfarrer, Jahrgang 1982, Pfarrer in der Kirchgemeinde Frieden in Bern (2010–2014 Mitarbeiter am Kompetenzzentrum Liturgik und Assistent von Prof. Dr. David Plüss)

Margit Zahn
Pfarrerin, Jahrgang 1961, Stadtkirchengemeinde Hanau und Studienleiterin der Arbeitsstelle Gottesdienst der Evangelischen Kirche Kurhessen-Waldeck, Hofgeismar